환상, 실재, 그리고 문학

환상 실재 그리고 문학

양병호, 윤영옥, 유인실, 이승철, 이강하

전북대학교출판문화원

머리말

대학에서 문학 교육은 크게 이론 중심과 이해 중심으로 나뉜다. 그리하여 이론 교육은 『문학이론의 이해』 강좌에서, 이해 교육은 『한국 현대문학의 이해』 강좌에서 담당한다. 이 책 『환상, 실재, 그리고 문학』은 한국 현대문학 작품을 감상하고 토론하고 이해하기 위한 텃밭의 기능을 목적으로 기획되었다.

기획의 첫 과정으로 우리는 이미 출간된 책들의 편집 방향을 검토하였다. 그 결과 기존의 책들 대부분이 장르상에서는 한국 현대문학 작품의 모든 양식을 대상으로 하고 있다는 점과, 시기상으로는 1910년대 이후부터 현재까지의 작품을 망라하고 있다는 점을 파악하였다. 따라서 기존의 책들은 중등교육에서 접했던 많은 작품들이 중복 편집되어 있었다. 이러한 편집 방향은 어떻게 보면 타당하면서도 한편으로는 안일하거나 상투적이라고 볼 수도 있다.

그리하여 우리는 한국 현대문학 작품을 이해 감상 토론하고자 하는 대학의 교양 교육에 걸맞게 효율성을 고려하여 강좌 신청자 혹은 문학 소비자 중심으로 편집하기로 결정하였다. 그 결과 1990년대 이후부터 현재까지의 시, 소설, 희곡, 수필 중에서 명편들을 선정하기로 하였다. 그 이유는 중등교육에서 접했던 작품을 배제함으로써 신선한 호기심을 유발할 수 있다는 점과, 강좌 신청자들이 이 시기에 태어나 삶을 이루고 있다는 당시대적인 특성 때문이었다.

다음으로 이러한 의도에 따라 선정된 작품들의 배열을 어떻게 할 것인가에 대한 고민이 제기되었다. 기왕의 책들은 대체로 장르별, 작품 발표 순서에 따라 편집되어 있다. 그러나 우리는 이러한 기존의 방식을 거부하고, 테마 즉 작품이 형상화하고 있는 문제의식에 따라 모둠별로 분류하였다. 작가들이 형상화한 삶과 세계에 대한 다채로운 인식을 각 주제별로 압축하려는 이 새로운 방식이 독자들의 감상과 이해의 폭을 확장하고 심화시킬 수 있으리라고 믿었기 때문이다. 예컨대 시와 소설과 희곡과 수필을 주제에 따라 집중 편집함으로써 독자들이 각 장르의 경계를 넘어서 당대의 삶과 세계와 시대에 대한 작가들의 고민과 성찰에 효과적으로 동참할 수 있을 것으로 본 것이다.

그리하여 우리는 주제에 따라, 자아와 존재에 대한 성찰, 인생을 풍요롭게 가꾸는 위대한 사랑, 신화적 상상력과 전통의 가치, 근대의 수용과 식민지 질곡의 삶, 전쟁의 참상과 분단의 그늘, 노동의 가치와 자본의 역할, 민주주의를 향한 공동체의 열망, 환경의 위기와 생태 질서의 정립, 혼융된 실재와 허구 속의 인간, 소수자의 삶과 새로운 가치의 출현, 유랑의 삶과 다문화 수용의 인류애 등으로 분류하였다. 그리고 각 장의 앞에 문학작품을 감상 이해 토론하는 데 도움이 되도록 테마를 안내하는 개괄적인 글을 실었다. 이 개괄 역시 치밀하고 상세한 이론적 접근이라기보다는 주제와 작품에 대한 간략하고 요약적인 소개에 그치고 있다. 그것은 이 개괄이 작품을 감상하고 이해하는 데 있어 일정한 제약으로 작용하는 것을 원치 않았기 때문이다.

우리는 이 책 『환상, 실재, 그리고 문학』을 통하여 독자들이 한국의 현대문학 작품 특히 최근의 시 소설 희곡 수필을 풍요롭게 감상하고 이해할 수 있는 동기를 제공하려고 노력하였다. 하여 우리는 독자들이 문학의 순수한 미학을 향유하는 즐거움을 만끽하기를, 동시에 존재와 삶과 세계와 시대와 현실에 대한 인식의 지평을 확대하기를, 나아가 인간과 세계와 문화에 대한 따뜻한 시선과 휴머니즘의 투명한 정신을 고양하기를 소망한다.

2016년 2월

차례

#01

자아와 존재에 대한 치열한 성찰

#01

자아와 존재에 대한 치열한 성찰

현대인들은 삶의 패러다임이 복잡해진 다원화 세계에서 존재와 삶의 의미를 찾기 위하여 끊임없이 고뇌하며 방황하고 있다. 인간은 원초적으로 자아와 존재에 대한 성찰과 규명을 갱신하며 살아가는 운명을 지니고 있다. 인간은 자아에 대한 성찰과 세계에 대한 인식의 조화를 거쳐 세계내존재가 되기 때문이다. 특히 현대인들은 다양한 삶의 환경 변화로 인하여 자아 존재의 정체성을 새롭게 갱신해야 하는 숙제를 안고 있다.

'존재'란 일반적으로 온갖 실재성reality을 가리키는 근원적 개념이다. 존재는 인식되는 실재성에 따라서 크게 상대적 존재(인간)와 절대적 존재(신)로 구별된다. 일찍이 데카르트는 "나는 생각한다. 고로 존재한다." 라고 언명한 바 있다. 이 말은 개인적이고 주체적인 사유 작용이 상대적 존재인 인간의 존재 이유임을 함축한다. 다시 말해 인간은 관습과 도식에 의존한 사유의 틀을 벗어나 독자적이고 창의적인 사색을 통해 자아의 정체성을 확립함으로써 자유로운 영혼이 되는 것이다. 인간은 자유로운 영혼을 지닌 존재가 되기 위하여 부단히 성찰의 내공을 쌓아야 한다. 이는 바람직한 삶의 좌표를 설정하는 일이기도 하다.

'실존'은 '본질'과 다르다. 즉 개별자의 일반적인 본성을 '본질'이라 한다면, '실존'은 개별자가 그 자체로 '존재함'을 뜻한다. 예컨대 나무가 그와 같은 형태인 것은 나무의 본질이지만, 나무가 현실에 '존재한다'는 사실 자체는 실존인 것이다. 인간의 본질은 권위, 명예, 부, 자아성취, 인정 등의 모든 외적인 요소를 없앤 다음 더 이상 분해할 수 없는 오롯한 상태에 놓이게 될 때 비로소 드러나게 된다. 그러나 인간의 실존은 인간이 세계 속에 존재한다는 것 자체이다. 그리하여 실존을 경험하는 주체는 '세계 속의 자아', '세계 속의 나에 대한 자각'으로 표현될 수 있다. 세계 속의 '주체'는 타자와의 관계 속에서 형성된다. 즉 실존하는 자아의 존재론적 성찰은 타자와의 관계를 통한 내면 성찰과 현실적인 삶의 깨달음 과정에서 이루어진다.

문학 작품 속에 나타나는 자아는 인간의 욕망이 투영된 초상이다. 자아는 인간 중심의 자유 의지를 지닌 의식을 전제로 한다. 즉 스스로의 의지에 의해 만들어진 실존 조건인 현실은 모두 자신의 욕망이 투영되어 형성된 세계인 것이다. 프로이트는 이드, 자아, 초자아의 분화된 개념을 통해 데카르트의 '생각하는 나'의 절대성을 무너뜨렸다. 이후 절대적 가치가 상대적 가치로 변환되는 시대가 도래하였다. 이러한 변화에 따라 생성된 존재의 상대적 가치가 주체 인식의 중심으로 자리 잡게 되었다. 그리하여 실존주의는 사변적인 형이상학과 과학에 의존한 실증주의를 비판하고 '고독한 인간의 내면'과 '삶의 태도'를 성찰하는 현실을 탐구해 왔다. 실존주의의 현실에 대한 관심은 결국 인간과 세계 그 자체에 대한 탐구가 된다.

문학 작품에서 보여주는 치열한 존재 탐구는 인간의 진정한 존엄성을 확인하게 하고, 자아의 존재 가치를 정립했으며, 인간 존재의 궁극적 의의를 형상화 했다. 현재 우리가 실존하는 현실은 부조리와 불합리가 온전한 삶의 영위를 방해하는 상황이다. 그러나 "힘들고 어려운 시대일수록 인간은 더 아름다운 세계를 그리워하고, 혼란스런 현재에 대한 절망과 아픔이 깊을수록 새로움에 대한 동경은 점점 격렬해진다."는 호이징가의 말을 떠올려야 할 때이기도 하다.

문학은 자아와 존재의 본질을 정직하고 냉철하게 인식함으로써 삶의 본질을 은폐하거나 외면하지 않는다. 문학은 현실과 대결하면서 이상적인 자아를 찾고자 하는 인물을 형상화한다. 문학은 진정한 자아의 모습, 존재의 본질에 대한 질문들을 구체적으로 제시한다. 인간은 자아와 존재에 대한 질문을 끊임없이 지속함으로써 참다운 인간을 지향한다. 따라서 우리는 문학 작품에 형상화된 인물들의 자아와 존재에 대한 치열한 성찰 과정을 통해 자아의 정체성을 확립하고, 존재의 본질에 다가가야 한다.

이 장에서는 존재에 대한 성찰이 문학작품에 어떻게 형상화되어 있는지를 고찰할 것이다. 작품을 감상하면서 세계내존재로서의 자아를 탐구해 보도록 하자. 아울러 실존적 존재로서 피할 수 없는 삶과 죽음의 보편성에 대해서도 생각해 보자.

단단하게 두껍다

한숙

단단한 것들, 돌로 껍질을 톡톡 깨다보면
두꺼운 편견 속에 감추어진 비닐막같이
여리고 부드러운 속살을 발견할 수 있다.
호두의 단단한 껍질을 깨면
그녀의 부드러운 속살같이 뽀얗고 매끈한 알맹이가 나온다.
허투루 속살을 보이지 않으려는 속셈이다.
한 대 두드려 맞고 정신을 잃고 나서야
비로소 속을 열어 보이는 단단한 자존심
그 자존심 뭉그러져 바스러지고 나면
오만과 편견의 경계는 그녀의 껍질이 된다.
단단하고 두꺼운 것일수록 부드럽게
살살 다루어야 한다는 것을 깨닫는 순간이다.
방법에 익숙지 못해 버려야 할 것이 많았고
알갱이를 찾지 못해 당황해 하는 순간도 있었다.
단단하게 나를 키우는 일에만 몰두하다
정작 안으로 키워야 할 것들은 놓치고 말았다.
내 안의 알갱이들이 모래알을 씹은 것처럼 서걱거리자
밤의 질감 사이로 보름달이 순하게 여물어가고 있다.
나는 아직 단단하고 두껍기만 하다.

선수들

김관용

전성기를 지난 저녁이 엘피판처럼 튄다
도착해보면 인저리타임
목공소를 지나 동사무소, 골목은 늘 복사된다
어둑해지는 판화 속에서 옆집이라는 이름을 골라낸다
옆집 하고 발음하면 창문을 연기하는 배우 같다
보험 하는 옛 애인이 전화한 날의 저녁은
폭설과 허공 사이에서 방황하고
과외 하는 친구의 문자를 받는 날 아침은
접시 위의 두부처럼 무심해진다
만약이라는 말에 집중한다
만약은 수비수 두세 명은 쉽게 제쳤으며
늘 성적증명서보다 힘이 셌다
얇은 사전을 골라 가장 극적인 단어를 찾는다
아름다운 지진이란
지구의 맨 끝으로 달려가 구두를 잃어버리는 것
멀리 있는 산이 침을 삼킨다
하늘에선 땅을 잃은 문장들이 장작 대신 타고
원을 그리며 날던 새들의 깃털이 영하로 떨어진다
원점은 어딘가 빙점과 닮았다

전열

윤의섭

얼마나 견딜 것인가
가을나무 역시 전열을 가다듬는다 격정적으로 암울해진다
무너지면 그리웠다는 듯이 파국을 주겠지
기억의 후방으로부터는 외면당했다는 생각
제 이야기가 끝난 지점에 묻힌 관처럼
모든 말단에는 적막이 있다
그러모을 수 있는 것은 낯선 기대뿐
머지않아 누선이 뚫렸다는 소식이 전해질 테고
두려워 전율이 일 테고
그때마다 낙엽 지듯 철새의 아치가 흩어지듯 태양계 행렬이 끊어지듯
최후에는 모래의 점성일 수밖에 없는 난망
물러서지 않았으며 뒤돌아서지 않았다고 적힌 일지만이 붉게 물든다
죽음을 내놓으면 상냥한 죽음을 먹여 주겠지
쏟아지다 멈춘 폭포가 여기 있다
다가올 날의 시간이 모조리 모여들어 영원 너머에 이른 듯 순식간에 늙어버린다
몇몇은 비상했지만 사실은 이번 세상에서는 비운이었다

즐거운 인생

김산

그러니까 재작년 가을이었습니다. 군대 동기 녀석과 소주 두어 병을 기분 좋게 마셨습니다. 집에 돌아와 바지도 벗지 않고 방바닥에 엎질러졌습니다. 좀처럼 잠이 오지 않았습니다. 무작정 서른셋이란 나이가 버거웠습니다. 시만 붙들고 늘어지다 훌쩍 지나가버린 이십대가 야속했습니다. 김광석과 커트 코베인과 빈센트 반 고흐의 얼굴이 떠올랐습니다. 벽에 걸린 못이 꼿꼿하게 나를 노려보았습니다. 매듭이 지어진 싸구려 넥타이를 못에 걸고 목을 집어넣었습니다. 얼마나 시간이 지났을까. 힘을 빼고 축 늘어져 있으니 눈알이 튀어나오고 목구멍이 타는 듯했습니다. 눈물이 흐르고 침이 흘렀습니다. 살고 싶다고 발버둥쳤습니다. 그러자, 녹슨 못대가리가 고개를 숙였습니다. 목에 두 가닥 붉은 선이 그어졌습니다. 목젖에서 끊어져 하나가 되지 못한 붉은 두 가닥 선, 목이 메었습니다. 아침을 먹는데 아버지와 어머니가 번갈아가며 제 목을 쳐다보셨습니다. 술 먹고 늦게 들어오는 것 같더니 누구와 싸웠냐고 물으셨습니다. 밤에 언덕을 오르다 동네 빨랫줄에 걸려 생긴 흉이라고 했습니다. 아버지와 어머니는 그리고 아무 말도 하지 않으셨습니다. 고개를 푹 숙이고 몇 숟갈 뜨다 말고 제 방으로 들어왔습니다. 밥상도 치우지 않고 흐느끼는 어머니의 울음이 안방에서 새어나왔습니다. 목을 맸는데 죽지도 못하고 목만 메이는 것이었습니다. 보름이 지나니 흉은 씩씩하게 사라졌습니다. 이제 와 생각하니 저는 오래전에 이미 목 대신 시를 매달았음을 알았습니다. 공중에 붕 떠서 죽지 않고 발버둥치며 질기게 잘 살아 있습니다. 아무도 시킨 사람 없는데 자발적으로. 자발적으로 어머니 배를 발로 차고 당당하게 나왔습니다.

꽃등 켜는 손 하나

김정란

내 마음은 너무 가라앉아서 밑도 보이지 않지

적요한 우울…… 나는 가만히 엎드리고
하아 하아 숨쉬고 있어 내 마음
상처받은 어리석은 짐승 음… 음…
입을 틀어막고 견디지 나는 혀를 깨물어 삼킨다
얘기할 방법이 없어 난 안으로만 파고든다
어쩔 수 없어 내 안에서 해결할 거야
그러다 망하더라도 어떻게든 이 안에서 끝장을 볼 거야
난 바깥으로 줄줄 쉽게 끌고 나가지 않을 거야
어쨌든 한 원칙 안에서 진도를 다 떼기 전엔
(나는 나를 가두고 있는 맥락을 죽어라 물고 늘어진다)
이를 악물고 난 참을 거야
난 울지 않아 난 일어날 거야
난 알아 난 죽음과 대결하고 있는 거야

살아야 해 알겠니 살아 남아 지혜로와져야 해

봄바람 설핏 불어간다 가끔 나는 떠오르기도 해

그럴 때 내 다친 짐승 부스스 몸을 떨지
가끔 그놈 눈꼽 비비고 눈부셔하며 바라봐

내 작은 방 어디 한구석에
나지막이 꽃등 켜는 손 하나
겸손하고 초라한 기적처럼!
(맥락이 조금 부서진다…… 적어도 무력해진다)

그 손 주위로 물에 젖은 빛 한없이 흔들리고

방 조금씩 흔들리며 떠오르고

울음의 벌레들 젖은 날개 털며 와와 날아오르네

바람……………… 먼지가 풀썩 일어난다

그때 네가 왔었다 문득 내 얼굴 지워지고

사람의 얼굴

신영복

「사람의 얼굴」과 「희망의 언어 석과불식」 마지막 두 꼭지를 남겨 두고 있습니다. 벌써 첫눈도 내렸습니다. 처음 강의 시작할 때가 낙엽지기 시작하는 초가을이었습니다. 온 가을을 관통하여 겨울까지 함께한 긴 여정이었습니다. 지금부터는 그동안 나누었던 이야기들을 정리하는 시간으로 갖기 바랍니다.

「사람의 얼굴」은 자기의 사상을 어떻게 키워 가야 할 것인가에 관한 고민이라고 할 수 있습니다. 또 무엇이 그 사람의 사상이라고 할 수 있는가에 관한 질문이기도 합니다. 빙산은 바닷속에 더 큰 몸체를 묻어 놓고 있습니다. 우리들의 사상도 글이나 말로 표현된 것보다는 더 깊숙한 곳에 그것의 뿌리가 있습니다. 자기가 분명하게 의식하지는 못하지만 우리의 생각과 언설 속에 무의식중에 녹아 들어가는 그러한 정신적 연원이 있습니다. 이 글에서는 그것을 '연상세계'라고 하고 있습니다. 「가고파」라는 노래를 부를 때면 그 노래와 함께 연상되는 바다가 있습니다. 그것이 연상세계입니다. 그 연상세계는 그 사람의 생각에 대단히 큰 영향을 미칩니다. 프로이트Sigmund Freud가 말하는 잠재의식입니다. 잠재의식이 인간 의식의 90%를 차지한다고 합니다. 자기는 의식하지 못하지만 그 영향에서 벗어나기 어려운 것입니다. 이 글은 우리가 연상세계를 주목함으로써 우리들의 생각을 건강하게 키워 갈 수 있지 않을까 하는 고민을 담고 있는 글입니다.

내가 연상세계를 주목하기 시작한 것은 독방의 무료를 달래기 위한 노래 때문이었습니다. 징역 초년에 독방에서 자주 허밍했던 노래가 영화 「부베의 연인」의 주제곡이었습니다. 내가 감옥 가기 전 마지막으로 본 영화이기도 하고, 그 영화의 첫 장면과 함께 흐르는 주제곡의 선율이 그렇게 마음에 와 닿았습니다. 영화의 첫 장면과 마지막 장면이 인상적이었습니다. 전사한 오빠의 친구이자 레지스탕스 대원이고, 지금은 살인죄로 7년째 복역하고 있는 연인 부베를 접견하러 가는 마라의 프로필이 열차 차창에 실루엣으로 뜨면서 독백과 함께 주제곡이 흐릅니다. 영화의 마지막 장면 역시 처음의 열차 차창으로 다시 돌아오면서 주제곡의 잔잔한 선율로 끝납니다. 내게는 마라처럼 접견 오는 사람이 없었지만 독방에서 자주 그 곡을 허밍했습니다. 그때 문득 깨달았습니다. 우리들의 생각은 그와 함께 연상되는 연상세계로부터 자유로울 수 없었습니다. 그래서 나는 나의 연상세계를 하나하나 점검하기 시작했습니다. 그리고 깜짝 놀랐습니다. 나의 연상세계는 대단히 창백했습니다. 노래의 연상세계와는 달리 내가 구사하는 일상적 개념의 연상세계는 매우 관념적이었습니다. '실업'이란 단어에서 연상되는 것은 이러저러한 경제학 개념이었습니다. '빈곤'은 엥겔계수가 연상되었습니다. 메마른 이론과 개념으로 뒷받침되고 있는 생각이란 얼마나 창백한 것인가. 창백한 것에 그치지 않고 얼마나 비정한 것인가라는 반성을 하게 됩니다. 실업이나 빈곤이란 단어에서는 이론이나 개념에 앞서 실업자와 가난한 사람이 연상되어야 마땅할 것입니다. 인간에 대한 애정이 사상整象된 사상思想이 무슨 의미가 있을까 하는 회의가 들었습니다. 그래서 내가 자주 만나고 자주 구사하는 단어들부터 그 연상세계를 조사하기 시작했습니다.

오늘 우리가 함께 읽는 「사람의 얼굴」은 창백한 연상세계에 '사람'을 심으려 했던 노력이 실패로 끝난 아픈 경험에 관한 이야기입니다.

노래의 연상세계와는 달리 내가 지주 구사하는 사회과학적 개념의 연상세계에는 사람이 없었습니다. 그러한 연상세계라면 휴머니스트는 고사하고 파시스트와 다를 것이 없겠다는 절망감마저 들었습니다. 연상세계를 바꾸는 작업을 시작했습니다. 우선 '실업'이라는 단어의 연상세계에 사람을 심기로 했습니다. 내가 잘 아는 실업자 친구의 얼굴을 연상세계에 앉히는 작업입니다. 온 종일 행상과 막노동으로 고달픈 삶을 이어갔던 그를 실업의 연상세계에 심으려고 했습니다. '실업'이란 단어와 그 친구의 얼굴이 동시에 떠오르면 나의 생각 자체가 훨씬 더 인간적인 것이 될 듯했습니다. '실업'이란 단어뿐만 아니라 '분단', '민족', '양심' 등 내가 자주 만나는 단어에 지인들의 얼굴을 심는 작업을 해 나갔습니다. 그러나 연상세계에 사람의 얼굴을 심는 작업은 결국 실패로 끝납니다. 연상세계란 독방에 앉아서는 불가능한 것이었습니다. 생각하면 연상세계란 따로 있는 것이 아니라 희로애락으로 점철된 우리의 삶 그 자체였습니다. 그것이 추억이 되고 연상세계가 되는 것이었습니다. 연상세계를 심는 일은 독방에서는 될 일이 아니었습니다.

그러나 독방은 소중한 공간이었습니다. 바로 그 연상세계를 대면하게 했습니다. 그 연상세계를 채울 수많은 사람들을 불러오게 했습니다. 지금까지 살아오면서 만난 사람과 겪은 일들을 하나하나 불러오는 추체험追體驗의 시간이었습니다. 내 경우에는 네 살 때의 유년시절까지 기억을 거슬러 올라갈 수 있었습니다. 그때부터 겪은 크고 작은 일들과 만난 사람들을 불러내어 다시 추체험했습니다. 이웃끼리의 사소한 다툼이라고 생각했던 일이 실은 해방공간의 사상적 반목이었음을 뒤늦게 깨닫기도 하고 오랜 만남에도 불구하고 내게 별로 남아 있지 않은 친구가 있는가 하면 잠시 스치듯 지나간 사람임에도 불구하고 내 마음속 깊숙한 곳에 머물면서 내게 지속적인 영향을 주고 있는 사람도 없지 않았습니다. 비록 연상세계에 사람을 심는 일에는 실패했지만 독방은 수많은 사람들을 만나는 시공간이었습니다.

지금도 잊지 못하는 독방의 추체험입니다. 아마 중학교 1학년 때였으리라고 기억됩니다. 신년식이 끝난 추운 교실이었습니다. 담임선생님이 새해 각오를 한 사람씩 차례로 이야기하라는 것이었습니다. 난로도 피우지 않은 추운 교실에서 우리는 속으로 불만이었습니다. 처음에는 내키지 않은 대답이어서 끊기고 꾸물대기가 지루할 정도였습니다. 그러나 갈수록 대답하는 속도가 조금씩 붙어 가다가 어느새 장난기까지 곁들여 가며 한 사람이 "숙제 잘하겠습니다." 하면 그다음 사람은 얼른 "심부름 잘하겠습니다." 하고 이어갔습니다. 숙제, 심부름, 거짓말 등 몇 개의 '각오'가 번갈아 리듬을 타고 일사천리로 진행되고 있었습니다. 그런데 중간쯤이었습니다. 한 녀석이 그 리듬을 끊고는 주섬주섬 이야기를 시작했습니다. "저는 각오할 게 없는데요?" 선생님이 "왜 없어?" 하고 되물었습니다. 아이들이 "야, 아무거나 얼른 대!" 하고 핀잔도 했습니다. 그 친구가 주섬주섬 주워섬긴 이유는 다음과 같습니다. 세월이란 강물처럼 흘러가면 그만인 것, 굳이 1월 1일이라고 무엇을 각오하라는 것이 잘 이해가 안 된다는 그런 내용이었습니다. 어렸던 우리들도 충격이었습니다. 어린이들이었지만 우리 교실은 그 말이 갖는 철학(?)적 깊이에 충격을 받았습니다. 나도 얼마나 후회했는지 모릅니다. '저 이야기를 내가 할 걸.' 그 친구의 이름은 끝끝내 기억해 내지 못했습니다. 공부도 운동도 전혀 눈에 띄지 않는 평범한 친구였습니다. 신나게 리듬을 타고 '숙제' 아니면 '심부름'을 댔던 나로서는 뼈아픈 후회로 남았습니다.

내가 옥중에서 가족에게 보낸 옥중 서신이 『감옥으로부터의 사색』으로 출판되었습니다. 그 책은 출소하기 전에 만들어졌습니다. 옥중서신의 일부가 발췌되어 『평화신문』에 연재되었습니다. 후배와 지인들이 양심수 석방 운동의 일환으로 소개한 것이었습니다. 독자들의 요청에 의해서 연재의 연장선에서 아예 책으로 출판하자는 의견이 모아져 책을 만들었습니다. 누군가의 충고를 받고 혹시라도 출소에 좋지 않은 영향을 끼칠까 우려한 부모님이 출판 연기를 요청합니다. 그래서 출판을 잠시 미루었다가 출소와 함께 출판되었습니다. 내가 이 이야기를 새삼스레 소개하는 것은 책 이야기를 하기 위해서가 아닙니다. 제목에 들어가 있는 '사색'이란 단어 때문입니다. 물론 책 제목도 내가 붙인 것이 아닙니다. 내가 붙였다면 설마 '사색'이란 외람된 단어를 쓸 리가 없습니다. '감옥으로부터의 사색'은 『평화신문』에 연재될 때의 제목이었습니다. 만약 나의 옥중 서신 속에 조금이라도 사색적인 내용이 있다고 한다면 그것은 '세월이란 강물같이 흘러갈 뿐이라…….'라고 했던 그 친구의 영향 때문이라고 생각합니다. 그 강물의 이야기가 어딘가 마음 한구석에 잠재의식으로 남아 있었기 때문에 그 후 살아가면서 조금은 생각하는 습관을 가지게 되지 않았을까 생각합니다.

지금 이야기하는 우리들의 연상세계도 그렇습니다만 나는 '나'의 정체성이란 내가 만난 사람, 내가 겪은 일들의 집합이라고 생각합니다. 만난 사람과 겪은 일들이 내 속에 들어와서 나를구성하는 것입니다. 그러한 사람과 일들로부터 격리된 나만의 정체성이란 있을 수 없습니다. '나는 관계다.'를 주장하는 이유입니다. 독방은 내게 최고의 철학 교실이었습니다.

연상세계에 '사람의 얼굴'을 심지는 못했지만 나는 그 대신 '서울의 얼굴'을 나의 연상세계에 심을 수 있었습니다. '서울'을 증오했던 한 친구 때문이었습니다. 서울 지하철 1호선이 1974년에 개통되었던가요? 내가 감옥에 있는 동안에 신입자들 편에 소식을 들었습니다. 신입자가 지하철에 대해 전혀 무지한 우리들을 앞에 놓고 지하철이 자기 것이나 되는 듯이 한참 사설을 풀고 있는데, 그때 칼 같은 그의 핀잔이 날아들었습니다. "야! 지하철이 니네 자가용이냐? 밤티(야간절도) 보는 주제에 지하地下 좋아하고 있네!" 제3한강교가 준공되고 「제3한강교」 노래가 바깥에서 유행할 무렵이었습니다. 신입자가 몇 사람을 옆에 불러 앉히고는 그 노래를 가르치고 있었습니다. "강물은 흘러갑니다. 제3한강교 밑을……." 그때 느닷없이 그의 날 선 핀잔이 또 날아들었습니다. "야, 잠 좀 자자. 한강 물이 제1한강교, 제2한강교 밑으로는 안 흘러가냐?" 그는 서울을 증오하고 있었습니다. 한마디로 그의 서울에 대한 증오는 증오 이상이었습니다. 나는 그 까닭을 알고 있었습니다. 그는 열세 살 무렵 열두 살 난 어린 누이동생을 서울역에서 잃어버렸습니다. 처음 상경한 서울역에서 눈 깜짝할 사이에 누이동생을 그만 잃어버리고 말았습니다. 밤중까지 역 주변을 헤맸지만 끝내 찾을 수 없었습니다. 정확히 10년 후에 그 누이를 만납니다. 서울역에서 멀지도 않은 양동 창녀촌에서였습니다. 너무나 달라진 얼굴 때문에 미처 알아보지 못하는 사이에 오빠를 먼저 알아본 누이동생이 달아나고 말았습니다. 그는 출소하기만 하면 누이동생을 잡아 죽인다는 각오를 다지고 있었습니다. 누이동생을 죽이겠다는 그의 분노는 물론 서울을 향한 분노입니다. 서울은 잘못 겨냥한 표적일 수도 있습니다. 그러나 그에게는 '서울의 얼굴'이란 참혹하게 변해 버린 누이동생의 얼굴과 다르지 않았습니다. 나는 한 도시를 평가하는 기준이 무엇인가에 대하여 생각할 때마다 그의 서울에 대한 증오를 떠올립니다. 그리고 보지는 못했지만 참혹하게 변한 '누이의 얼굴'을 떠올립니다. 빌딩이나 도로, 자동차, 교량 또는 화려한 쇼윈도의 진열 상품을 떠올리는 우리들과는 전혀 다른 기준을 그는 가지고 있었습니다. 적어도 그에게 서울이란 '열두 살의 의지할 곳 없는 어린 소녀를 10년 만에 창녀로 만드는 도시'였습니다. 창녀로 변해 버린 누이동생의 참혹한 얼굴이 적어도 그에게는 서울의 숨겨진 얼굴이었습니다. 물론 개인적인 아픔이 과도하게 개입된 편견일 수도 있습니다. 그러나 그는 우리가 잊고 있는 판단의 준거를 보여주고 있었습니다. 지금 우리가 이야기하고 있는 인문학적 기준, 사람을 중심에 두는 준거틀을 그는 가지고 있었습니다. 도시는 복잡하기 그지없고 그만큼 도시를 평가할 수 있는 마땅한 준거틀을 찾기가 쉽지 않습니다.

이제 50가호로 이루어진 A, B 두 마을을 예로 들기로 하겠습니다. 각각 열두 살의 사고무친한 어린 소녀를 투입하고 10년 후 확인합니다. A마을에서는 여자고등학교 졸업 후에 농협 직원으로 다니고 있는 데 비하여 B마을에서는 술집 창녀로 변해 있다면, A, B 두 마을의 차이는 확연히 드러납니다. 그 차이를 인정한다면 적어도 우리는 인간을 중심에 놓는 판단 준거를 승인하고 있는 것입니다. 내겐 지금도 서울의 모습이 이중적입니다. 서울의 연상세계에 '누이의 얼굴'이 중첩되고 있기 때문입니다.

연상세계에 사람을 심으려던 나의 노력은 결국 나에게 작은 위로와 작지 않은 고민을 안겨 주는 것으로 끝났습니다. 친구들의 얼굴은 그와의 개인적인 우정에도 불구하고, 또 개인적인 우정 때문에 우리 시대를 객관적으로 인식하는 데 장애가 되었습니다. 사람이란 누구나 누구의 친구이고 누구의 가족일 터이지만 그것이 우리의 사고 속에 계속 친구나 가족으로 남아 있는 한 우리의 사고가 주관적 감상에 기울지 않을 수 없기 때문입니다. 그러나 또 한편 돌이켜보면 우리의 삶은 어차피 절친한 친구들로부터 출발하지 않을 수 없습니다. 그러기에 나는 독방의 고독한 공간에서 뜨겁게 해후한 나의 친구들을 소중히 간직할 것입니다. 생각하면 그것은 친구들과의 재회였고 나 자신과의 뜨거운 '해후'였습니다.

『자기 앞의 생』에서 모모가 하밀 할아버지에게 물었습니다. "할아버지, 사람이 사랑 없이도 살 수 있나요?", "살 수 있지, 슬프지만." 하밀 할아버지의 대답은 정답이 못 됩니다. 살 수 있다면 결코 슬프지 않습니다. 생각하면 우리가 생명을 저버리지 않고 살아가고 있는 한 우리는 누군가를 사랑하고 있습니다. 그리고 사랑한다는 것은 기쁨만이 아닙니다. 슬픔도 사랑의 일부입니다. 마치 우리의 삶이 그런 것처럼.

갑을고시원 甲乙考試院 체류기

박민규

그 특이한 이름의 고시원이 아직도 그곳에 있는지는 알 수 없다.

물론 여타의 세상일들이 그러하듯 있을 수도 없을 수도 있겠다는 생각이지만, 아무래도 좋은 일이다. 설령 사라졌다 한들, 또 그것이 누구의 탓도 아니니까. 10년이란 세월이 흘렀다. 이래저래, 죽은 사람도 있고 죽은 고시원도 있는 거겠지.

살다보면, 말이다.

이제는 있어도 그만, 없어도 그만인 그 고시원의 밀실이 생각난 것은 '몸에서 사람의 귀가 자라는 쥐'의 뉴스 보도를 보고 있을 때였다. 이유는 알 수 없다. '몸에서 사람의 귀가 자라는 쥐'를 보고 있는데 그냥 그 고시원의 모든 것이 한꺼번에 떠오른 것이다. 마치 쥐의 몸에서 자라난 사람의 귀처럼. 엉뚱하게, 쑥쑥.

그 귓속의 달팽이관 속의 달팽이처럼, 나는 잠시 고요한 감회에 젖어 들었다. 그랬다. 나는 분명 쥐의 몸에서 자라난 사람 귓속의 달팽이관 속의 달팽이처럼, 그 고시원의 복도 끝방에서 살았던 적이 있다. 아주 오래전의 일이지만, 분명한 사실이다. 만약 당신이 그런 고시원에서 살아

본 적이 없다면, 부디 '달팽이관 속엔 달팽이가 없어.'라는 식의 힐난은 삼가주기 바란다. 장담컨대, 세상의 일은 아무도 알 수 없다.

잘 둘러보면

그런 고시원의 복도 끝방에 인간이 사는 것처럼, 그런 귓속의 달팽이관 속에 달팽이가 살 수도 있는 것이다. 다를 바 없는 얘기다. 그러니까 이것은— 그런 귓속의 달팽이관 같은 고시원의 복도 끝방에 살았던 인간의 이야기이다. 이미 10년도 전의 일이지만 그 고시원의 유전자는 분명 나의 몸속에 이식되어 있다. 어쩌면 내 등 뒤에는 이미 커다란 '고시원의 귀'가 자라 있을지도 모른다. 설령 그렇다 해도, 그것 역시 누구의 탓도 아니란 생각이다. 귀가 자라는 사이에도, 죽은 사람이 있고 죽은 쥐가 있고 죽은 달팽이가 있듯이.

즉

살다보면, 말이다.

1991년의 봄에는 여러 가지 일들이 있었다.

살다보면 여러 종류의 봄을 맞이하기도 하겠지만, 정말이지 그런 봄은 처음이었다. 우선 봄이 오기 전 겨울에 아버지의 사업이 부도를 맞았다. 집안 곳곳에 차압딱지가 붙고, 빚쟁이들이 들이닥쳤다. 막대한 규모의 사기성 부도에다 지독한 사기를 친 주인공은 아버지의 친동생이었다. 물론 삼촌이란 얘기지만, 그런 인간을 삼촌이라 부를 수는 없는 거겠지. 집은 사라지고 가족들은 흩어졌다. 부모님은 시골을, 형은 막노동판을, 나는 나대로 친구의 집을 전전하게 되었다. 한순간의 일이었다.

그리고 봄이 왔다.

봄이 되자 나의 기숙寄宿도 한계에 이르기 시작했다. 어느 날 친구의 가족들과 아침을 먹으려는데 유독 나만 계란프라이가 빠져 있었다. 여긴 계란이 없네? 친구가 묻자 친구의 어머니가 대답했다. 글쎄, 계란이 떨어졌지 뭐니. 별 생각 없이 잘 먹고, 잘 먹었습니다 인사를 하고 일어서는데 냉장고 위에 얹혀 있는 두 판의 계란이 눈에 들어왔다. 등 뒤에서, 친구의 여동생이 수저를 내려놓는 소리가 여느 때보다도 크게 들렸다.

방으로 돌아온 나는 곧 짐을 싸겠노라고 친구에게 얘기했다. 왜? 영문을 몰라 하는 친구에게 갈 곳이 있다고 얘기는 했지만, 실은 눈과 입을 봉한 채 그 집의 기둥이나 문짝이라도 되고 싶은 심정이었다. 1층과 2층 도합 세 대의 에어컨과 청동 보일러가 설치된 집이었다. 나는 우선 형을 찾아갔다. 미안해, 이게 전부야. 컨테이너 숙소 앞에서 자초지종을 들은 형은 말없이 30만 원을 챙겨 주었다. 숙소의 주변에는 개나리가 한창이었다.

잘 다니던 회사를 형이 그만둔 이유는 차압 때문이었다. 월급에도 차압이 들어올 거란 사실을 알고서 일찌감치 사표를 쓴 것이다. 형의 퇴직금은 부모님의 생활비와 나의 등록금으로 고스란히 날아가 버렸다. 그 돈으로 이제 막 2학년이 된 나는, 여러모로 부끄러운 3류 대학의 대학생이었다. 현실적으로 군대가 유일한 도피처였지만, 시력 때문에 보충역 판정을 받은 나로서는 그나마도 비빌 언덕이 아니었다. 여러 부의 생활정보지를 들고 올라간 도서관 앞에는 두 마리의 배추흰나비가 날고 있었다.

도서관의 양지바른 테이블 위에서 나는 한 마리의 달팽이처럼 느리고 끈적하게 생활정보지의 곳곳을 기어다녔다. 칸막이가 없는 6인용의 넓은 테이블에는 나 외에도 두 명의 여학생이 마주앉아 『셰익스피어』와 『사진예술의 이해』를 읽고 있었다. 좀 초라하고, 불편하고, 부끄러운 기분이었지만— 좀 초라하고, 불편하고, 부끄러우면 어때? 어차피 나는 기둥이나 문짝을 동경한 최초의 인간인데. 갓 뽑아낸 밀크커피처럼 봄볕은 따뜻했다.

월 9만 원. 식사 제공.

선택의 여지가 없었다. 30만 원으로 얻을 수 있는 방은 이 지상에 존재하지 않았고, 오로지 고시원이— 이름도 처음 들어본 '고시원'이란 곳이, 유일하게 내가 갈 수 있는 곳이었다. 그리고 그 고시원 섹터의 가장 위에, 고시원 중에서도 가장 저렴한 '갑을고시원'이 있었다. 그것은, 단 한 푼의 보증금도 없이 이 어두운 세상을 밝혀주는 한 줄기 빛이었다.

바로 다음 날, 나는 친구의 집을 나왔다. 컴퓨터를 제외하고는 너무나 간편한 짐이었으므로, 그것은 '이사'라기보다는 '이동'에 가까운 것이었다. 그 '이동'마저도 친구가 차로 도와주었으므로 마치 가벼운 '운동'이라도 하는 기분으로 나는 이사에 임했다. 힘들면 언제든 다시 찾아오렴. 인사를 올리는 나에게, 친구의 어머니는 그런 말씀을 하셨다.

학교에서 500미터 떨어진 곳의, 여러 개의 골목길을 꺾어 들어간— 한적하고 초라한 외곽지대에 갑을고시원은 자리하고 있었다. 페인트가 벗겨진 낡은 3층이었지만, 건물 뒤편에 작은 야산이 있어 더할 나위 없이 공기가 상쾌한 곳이었다. 야산 쪽을 향한 진입로의 입구에는 몇 그루의 벚꽃나무가 흔들리며 서 있었다.

고시원? 여긴 고시 공부하는 데잖아? 차에서 내린 친구는 어이가 없다는 표정을 지었다. 나 역시 걱정이 들긴 마찬가지였으나, 내심 고시생이라 우기면 되겠지 정도의 얄팍한 계산을 하고 있었다. 그러나 우리가 미처 몰랐던 중요한 한 가지 사실은— 이미 그 무렵부터 세상의 고시원들이 여인숙의 대용 역할을 하기 시작했다는 것이다. 즉

걱정도 팔자였던 것이다. 변화의 이유는 알 수 없다. 아무튼 1991년은 — 일용직 노무자들이나 유흥업소의 종업원들이 갓 고시원을 숙소로 쓰기 시작한 무렵이자, 그런 고시원에서 아직도 고시 공부를 하는 사람이 남아 있던 마지막 시기였다. 그러니까 그곳을 찾는 사람에게도, 또 '고시원'으로서도 조금은 쑥스럽고 애매한 시기였던 셈이다. 어쨌거나

그런 사실을 알 리 없는 우리는 조심조심 계단을 올라갔다. 누구의 탓도 아니었다. 20대에는 누구나 이름과 외모로 세상을 판단하며, 우리는 마침 스무 살이었고, 어쨌거나 그곳은 '갑을고시원'이란 간판을 걸고 있

었으니까. 이윽고 고시원의 현관 앞에 이른 우리는 한 차례의 심호흡을 한 후 조심스레 문을 열었다. 현관에는 발 디딜 틈이 없을 만큼 빽빽한 —열세 켤레의 운동화와 네 켤레의 구두, 다섯 켤레의 하이힐과 세 켤레의 슬리퍼, 그리고 도무지 주인을 짐작할 수 없는 한 켤레의 백구두가 있었다.

실내 정숙.

현관에 올라서니 우선 큰 글씨의 현판이 사람을 압도했다. 누구나 쓸 수 있는 붓글씨의, 누구도 걸지 않을 촌스런 액자였다. 그리고 그 현판의 아래에 쥐구멍 같은 유리창의 작은 카운터가 보였다. 주인은 50대의 아줌마였다. 아, 전화 주셨던 분? 네. 최대한 정숙한 목소리로, 나는 대답했다.

우리는 곧장 방으로 안내되었다. 터무니없이 길고, 좁고, 어두운— 폭이 40센티미터가 될까 말까 한 복도였다. 때문에 기차놀이라도 하듯, 저절로 우리는 일렬一列이 되었다. 정숙하게, 기차는 터널 속으로 들어갔다. 그런데 터널의 한복판에서 누군가 문을 열고 튀어나왔다. 충돌이다! 외쳐도 좋을 만큼 절묘한 타이밍이었는데 그가 잽싸게 몸을 틀어 벽에 자신을 밀착시켰다. 놀라우리만치 빠르고 숙달된 동작이었다. 게다가 정숙했다. 이럴 수가! 역시 같은 동작으로 그 곁을 통과하는 기차의 선두를 따라, 우리도 몸을 돌려 그 곁을 빠져나왔다. 나는 침을 삼켰고, 어느새 두 발꿈치를 들고 있었다. 방은 복도의 맨 끝에 있었다.

빈방이 하나뿐이에요. 방의 키를 따며 주인이 속삭였다. 내일도 누가 와서 본다고 하는데, 먼저 예약하신 분이 있다고 말해 버렸지 뭐야. 참, 그러고 보면 방 임자는 따로 있는 거라니까. 그리고 갑자기 말이 많아진 주인이 문을 여는 순간— 우리는 정말이지 기겁을 했다. 그것은 방房이라고 하기보다는, 관棺이라고 불러야 할 사이즈의 공간이었기 때문이다. 망연자실, 나는 두 발꿈치를 바닥에 내려놓았다.

요약하자면, 도저히 다리를 뻗을 수 없는 공간에 책상과 의자가 놓여 있다. 그곳에서 공부를 한다. 그러다 졸음이 온다. 자야겠다. 그러면 의자를 빼서 책상 위에 올려놓는다. 앗, 책상 아래에 이토록 드넓은 공간이(방의 면적을 고려할 때 참으로 드넓은 공간이라 말할 수 있다.)! 그 속으로 다리를 뻗고 눕는다. 잔다— 였다.

그 자세로 바닥에 눕게 되면, 누구나 천장을 가로지르는 두 가닥의 빨랫줄과 책상 위쪽에 붙어 있는 작은 옷장을 볼 수 있다. 천장의 중간에는 — X-RAY 사진 속의 희미한 뼈 같은, 초소형의 형광등이 켜져 있다. 골절된 쇄골처럼 허약하고, 투영된 인체처럼 허망한 불빛이다. 그다지 보고 싶지 않은 불빛이지만, 잠을 잘 때를 제외하고는 언제나 형광등을 켜야 한다. 창문이 없기 때문이다. 그럼 식사는 어떻게?

아, 따라오세요. 우리는 다시 기차놀이를 하듯 건물의 옥상으로 올라갔다. 그곳엔 작은 옥탑방이 하나 있었고, 그 속에 4인용의 식탁 하나와 대형 전기밥솥이 놓여 있었다. 주인은 보란듯이 밥솥의 뚜껑을 열어젖혔다. 오래된 듯한 밥이, 그러나 많이, 밥솥 속에 들어 있었다. 각자 반찬만 준비해서 언제든 먹으면 되는 거예요. 밥은 늘 있으니까.

또 개인 공간이라 여겨도 좋을— 그만큼 협소하고 밀집된— 공용의 세면장과 화장실, 휴게실이 있었는데 역시 공용의 세탁기와 고물 TV가 각기 한 대씩 비치되어 있었다. 참, 휴지만큼은 각자가 사서 써야 해요. 물론 제가 구비를 해야 하는 건데 화장실에 두기만 하면 가져가 버리니 어디 감당을 할 수 있어야지. 그래서 그렇게 된 거니 이해 좀 해주세요.

그럼 짐을 옮기겠습니다.

뭐랄까, 의외로 담담한 마음으로 나는 그렇게 얘기했다. 첫 달치 방세를 건네고, 장부에 신상을 기재하고, 키를 넘겨받던 그 순간— 나는 갑자기 어른이 된 느낌이었고, 왠지 이 세계에 대해 조금은 알게 되었다는 기분이, 들었다. 멸망한 집에서 쉬쉬하며 그것들을 빼돌릴 때처럼, 나는 말없이 한 대의 컴퓨터와 다섯 개의 가방을 방으로 나르기 시작했다. 복도와 거의 폭이 일치하는 모니터를 나르며 친구는 이렇게 속삭였다.

여기서 사람이 살 수 있을까?

왠지 생각에 잠겨보지도 않은 채 덜컥 이런 곳에서 산다는 것은, 인간의 도리가 아니라는 말투였다. 듣는 사람에 따라, 또 새겨듣기에 따라 화가 나거나 서운하거나 서러움이 북받치기에 충분한 말이었다. 그런데 그 말을 듣는 순간, 나는 전혀 예상치 못한 뜻밖의 감정에 사로잡혔다. 이상한 일이었다. 나는 화가 나거나 서운하거나 서럽지 않고, 대신

외로웠다.

이사는 그렇게 끝이 났다. 문을 잠근 나는 다시 건물의 아래로 내려가 친구를 배웅했다. 정말 괜찮은 거니? 길고 긴 담배연기를 내뱉으며 친구가 물었다. 왠지 이곳에서 황달이라도 걸린 듯한, 노래진 표정이었다. 괜찮아. 나는 대답했다. 친구는 잠시 하늘을 응시하더니 말없이 차의 시동을 걸었다. 고마웠어, 잘 가. 끄덕.

언덕을 내려선 빨간색 스포츠카의 후미가 사라지자, 어디선가 완연한 봄바람이 불어왔다. 나는 다시 한 대의 담배를 더 피워 물었다. 세상은 정숙했고, 진입로의 입구에서는 몇 그루의 벚꽃나무가 여전히 흔들리고 있었다. 그러니까— 별일 아닌 듯해도 여러 가지 일들이 있었던 1991년의 봄이었다. 돌이켜보면 왜 그렇게

화창한 봄이었을까?

첫날 밤 내 방문을 두드린 사람은 김 검사였다.

컴퓨터가 문제였는데 모니터를 놓으면 의자를 올릴 수 없고, 즉 누울 수 없다는 결론이 나왔던 것이다. 그러나 선택의 여지가 없는 공간이어서 금세 해답을 찾을 수 있었다. 나는 다리를 펴지 않기로, 했다. 결심을 하고 보니 과연 새우잠이 건강에도 좋다는 얘기를 어디선가 들은 듯도 했다. 그럴 수도

있겠지. 스스로를 위로하고 보니 어느새 밤이었다. 그 첫날 밤은 아직도 생생하다. 예수가 다시 태어나도 좋을 만큼 고요한 밤이었고, 너무나 검소하고 청빈해서 거룩한 밤이었다. 잠이 오지 않는 나는 조용히 가방을 뒤졌고, 세 번째 가방의 옆구리에서 워크맨을 찾아냈다. 그런데 이어폰이 보이지 않았다. 결국 숨을 죽이며 주파수를 맞춘 다음, 들릴락 말락 최저의 볼륨으로 음악을 듣기 시작했다. 그러니까 얼마나 최저의 볼륨이었나 하면— 가사는 전혀 알아들을 수 없고 그저 음악이 나오는구나 정도를 알 수 있는 '쟁쟁쟁쟁'의 연속이었다. 이상하게도 그 쟁쟁쟁쟁을 듣고 있으니 왈칵 눈물이 났다. 제목을 알 수 없는 그 쟁쟁쟁쟁은 그 정도의 명곡이었던 것이다.

똑똑

노크 소리가 나기 직전에 옆방의 문이 열리는 소리를 들었으므로, 나는 노크의 주인공이 옆방 사람이란 걸 쉽게 알 수 있었다. 인사라도 하고 지낼까라는 생각으로 문을 열자 인사를 도저히 할 수 없는 화난 얼굴이 문밖에 서 있었다. 남자로선 작은 키, 땅딸한 체구, 나보다 열 살 정도는 많아 보이는 짧은 머리의 남자가 두 손을 허리춤에 얹은 채 나를 노려보고 있었다. 금테 안경 속의 작은 눈은 충혈되어 있었다.

조용히 해.

단 한마디만을 내뱉은 후 남자는 자신의 방으로 들어갔다. 나는 조용히 문을 닫은 후, 뭔가 큰 잘못을 저질렀다는 생각에 불을 끄고, 몸을 웅크린 후, 잠을 잤다. 물론 잠이 올 리 없었지만 잠을 자야 한다고 열심히 생각했다. 나는 노력했다.

다음 날 아침에는 주인아줌마가 나를 보자고 했다. 아줌마는 어젯밤의 일을 소상히 알고 있었고, 이런저런 충고에 이런저런 협조를 아울러 부탁했다. 요컨대 문제의 옆방 남자는 이 고시원 최후의 진짜 고시생이었으며, 그런 이유로 실내 정숙에 각별한 신경을 써달라는 얘기였다. 아줌마는 그를 '김 검사'라고 불렀다.

조심하겠습니다.

뭔가 할말이 있다는 기분도 들었지만, 대체로 나는 내가 처하게 된 이 특수한 상황을 현실로서 받아들이기로 마음먹었다. 달리 수가 없기도 했거니와 뭐랄까, 대체로 그런 성격이었다. 넌 아버지를 빼닮았다. 어머닌 늘 그런 말씀을 하시곤 했다.

그날 이후, 1센티미터 두께의 베니어판을 사이에 둔 나와 '김 검사'의 동거가 시작되었다. 정말이지, 동거가 아닐 수 없다고 나는 생각했다. 내 쪽에서도 책상을 구르는 볼펜의 소리라든지, 또 훌쩍 코를 들이키는 소리 같은 것을 너무나도 생생히 들을 수 있었기 때문이다. 때문에 가끔 미치도록 '쟁쟁쟁쟁'이 그리울 때도 있었지만, 무섭게 충혈된 작은 눈을 떠올리며 꿀꺽 침을 삼키고는 했다. 나는 점점 조용한 인간이 되어갔다.

주의를 기울여 보면, 인간의 몸에선 참으로 여러 가지의 소리가 난다.

한마디로, 인간은 꽤나 시끄러운 동물이다. 김 검사의 성격은 그야말로 예민한 편이어서 내가, 아니 나의 몸이 아주 작은 소리를 내기만 해도 불쾌한 기색을 여지없이 드러내고는 했다. 예를 들어 끄응, 이라든가 아니면 벽을 딱, 하고 때린다거나. 그럴 때마다 나는 깜짝, 이 또한 여지없이 접촉이 나쁜 형광등처럼 불안한 파장으로 몸을 떨고는 했다.

결국 나는 소리가 나지 않는 인간이 되었다. 어느 순간인가 저절로 그런 능력이 몸에 배게 된 것이다. 발뒤꿈치를 들고 걷는 게 생활화되었고, 코를 푸는 게 아니라 눌러서 조용히 짜는 습관이 생겼으며, 가스를 배출할 땐 옆으로 돌아누운 다음— 손으로 둔부의 한쪽을 힘껏 잡아당겨, 거의 소리를 내지 않는 기술을 터득하게 되었다.

피…… 쉬……

온순한 한 마리의 열대어와 같은 가스를— 아무도 없는 좁은 방 안에서— 엉덩이 한쪽을 최대한 잡아당긴 채— 조심조심 방류放流하다 보면— 나는 늘 가족들이 보고 싶거나, 아니면 머릿속에 「그리운 금강산」 같은 노래를 조용히 떠올리고는 했다. 이유는 알 수 없다. 하여간에,

「그리운 금강산」이다.

누구의 주제런가 맑고 고운 산
그리운 만 이천 봉
말은 없어도 이제야 자유만민

옷깃 여미며
그 이름 다시 부를 우리 금강산
수수만년 아름다운 산
더럽힌 지 몇 해
오늘에야 찾을 날 왔나
금강산은 부른다

그 한 달이 가장 힘들고 외로웠던 시기였다. 계절이 봄이란 이유로 히터를 전혀 가동하지 않았으므로, 실제 방안의 체감온도는 몹시도 추운 편이었다. 그리고 나는 늘 혼자였다. 그 좁고, 외롭고, 정숙하고, 정숙해야만 하는 방안에서— 나는 웅크리고, 견디고, 참고, 침묵했고, 그러던 어느 날

인간은 결국 혼자라는 사실과, 이 세상은 혼자만 사는 게 아니란 사실을— 동시에, 뼈저리게 느끼게 되었다. 모순 같은 말이지만 지금도 나는 그렇게 믿고 있다. 즉, 어쩌면 인간은— 혼자서 세상을 사는 게 아니기 때문에, 혼자인 게 아닐까.

아무튼 말이다.

그 한 달이 지나자 나는 그럭저럭 고시원에서의 생활에 나름대로 적응을 해나가기 시작했다. 예를 들어 양치질을 하고 있는데 등 뒤의 화장실에서 우렁찬 소변 소리가 들려도 무감각할 수 있었고, 그 문이 벌컥 열리며 여자가 튀어나와도 놀라지 않게 되었다. 또 반대로 내가 화장실에 있

을 때 누군가 세수를 하는 소리가 들려도, 또 문을 열고 나왔을 때 그가 여자였다 해도 담담하게 그 곁을 지나칠 수 있었다.

모쪼록 그런 식이었다. 나는 내 치약과 칫솔, 비누와 수건들을 챙기는 요령을 익혔고, 언제 한 번 새벽에 휴지가 떨어져 고통을 겪었던 후로 언제나 휴지가 떨어지지 않게 주의했으며, 내 빨래를 남의 빨래와 섞이지 않게 너는 기술과 오래된 밥을 먹는 방법을 터득했고, 시장의 맛있는 반찬가게와 가장 가까운 공중전화의 위치를 알게 되었다.

학교생활에도 많은 변화가 있었다. 나는— 장학금을 타기 위해 정말 열심히 공부를 했고, 닥치는 대로 아르바이트를 했으며, 어느 날 담당교수로부터 "넌 참 눈에 띄지 않는다."란 얘기를 들었으며, 조교로부터 '애늙은이'란 소리를 다 듣고, 1학년의 여자 후배들로부터 "걸음걸이가 우아하다."란 얘기를 들었다. 그럴 수도

있겠지. 나는 고개를 끄덕였다. 어느덧 계절은 초여름으로 접어들고 있었다. 시원한 바람은 더 이상 불어오지 않았고, 내 인생은 더 이상 한가롭지 않았다. 쟁쟁쟁쟁 매미들이 우는 소리가 들려왔다. '쟁쟁쟁쟁' 목놓아 울 수 있는 것은 매미들뿐이었다.

시간이 흐르자 고시원의 사람들과도 꽤나 안면을 트게 되었다. 하지만 마주친다 해도 대개가 가벼운 눈인사에 불과했고, 대화를 한다거나 따위의 일은 좀처럼 일어나지 않았다. 나중에 알게 된 사실이지만, 이들은 대부분 자신의 처지를 부끄러워하는 인간들이었다. 그래서 가능한

마주치지 않고, 서로를 피하는 게 이곳의 예절이었다.

의외로 씩씩한 것은 여자들이었다. 세면장 겸 화장실에서 마주쳐도 여자들은 언제나 당당했고 자신의 볼일을 척척 다 보고, 서로의 방을 오가며 소곤소곤 환담을 나누기도 하고, 함께 장을 보러 가는가 하면, 그 좁은 옥탑방에서 몇몇이 어울려 즐겁게 식사를 하고, 웃기까지 했다. 아니, 웃었다! 옥상에 나와 담배를 피우던 나는 하마터면 소리를 지를 뻔했다. 그곳에서 '웃는다'는 것은, 그만큼이나 희귀한 일이었다.

업소의 여급임이 분명할 그녀들의 웃음소리를 들으며, 나는 그래도 이 세상을 유지하고 있는 것은 여자들이 아닐까, 라는 생각을 했다. 건강한 것은 여자들이다. 과연 남자들만의 세상이란— 생각만 해도 부끄러운 것이었다. 서로가, 서로의 낯을 쳐다볼 수 없을 만큼이나, 말이다. 쟁쟁쟁쟁 매미들이 목 놓아 우는 소리가 들려왔다.

이곳에서 자신을 부끄러워하지 않는 남자는 오직 김 검사뿐이었다. 그는 언제나 당당했고, 누구 앞에서나 꼿꼿했으며, 무엇을 해도 늘 열심이었다. 새벽 여섯 시와 밤 아홉 시엔 어김없이 옥상에 올라와 맨손체조를 했고, 밥을 먹을 시간이 되면 식탁에 누가 있더라도 당당히 자신의 반찬을 늘어놓았다. 그것은 뭐랄까, 보는 사람이 민망할 정도의 당당함이었다.

예컨대 체조를 해도—여자들이 있는데도— 허리를 한껏 제치며 골반을 내민다거나, 한쪽 다리를 확 벌려 엉덩이를 들썩이는 동작을 그렇게 열심히 하는 것이다. 아마 나라면, 숨쉬기 운동도 제대로 못할 것이다.

또 세수를 해도— 물론 누가 있더라도— 푸파푸파 엄청난 소리를 내며 얼굴과 목이 뻘겋게 될 정도로 빡빡 문지른 후, 킁 하고 크게 코를 풀어 그 덩어리를 탁 떨치는 것으로 늘 마무리를 하고는 했다. 아마 나라면

말을 말자.

김 검사는 그런 인물이었다. 그리고 그 배후에는 법대 출신이라는 자존심과 주인아줌마의 각별한 대우가 늘 자리 잡고 있었다. 물론 나이로도 가장 연장자임이 분명했지만, 그는 자신이 필요할 때 늘 대부분의 사람들에게 명령조의 반말을 썼다. 남자들은 물론, 즐겁게 웃고 떠들던 여자들도 김 검사가 옥상에 올라오면 일제히 입을 다물었다. 적어도 이곳에선

그는 완전한 검사였다.

그와 마주칠 때마다 나는 꼬박꼬박 인사를 했다. 대개가 옥상이나 식탁에서였는데. 딱 한 번 아르바이트를 하던 호프에서 그를 만난 적이 있었다. 인사를 하던 나도 놀랐고. 인사를 받던 그도 상당히 얼굴을 붉혔다. 잘은 몰라도, 뭔가 흐트러진 모습을 남에게 들켰다는 표정이었다. 안주도 없이 혼자 처량히 술을 마시고 있었기에, 나는 주방장 형에게 부탁을 해 오징어를 내다주었다. 마침 손님도 주인도 없던 터였다. 뭐냐?

서비스예요.

대수롭잖다는 표정으로 그는 고개를 까딱했다. 이를 핑계로 맞은편

자리에 앉은 나는 오징어의 다리를 뜯으며 이런저런 얘기들을 늘어놓기 시작했다. 물론 이유가 있어서였다. 우선 집안의 몰락엔 대해 자세한 설명을 한 후, 그래서 형이나 내가 취직을 해도 월급을 몽땅 차압당한다고 들었다. '과연 법적으로' 아버지의 빚을 우리가 갚아야만 하는 것인가. '과연 법적으로' 그런 의무가 있는 것인가. 그래도 생활은 할 수 있어야 할 것 아닌가. '과연 법적으로' 죽을 때까지 빚을 갚아야 하는가— 등의 평소 억울하고 답답했던 의문점들을 낱낱이 고해 바쳤다. 뚱하니 나의 하소연을 듣고 있던 그의 대답은 너무나 짧고, 간단했다.

돈을 빌렸으면 갚아야지.

언덕을 향해 올라가던 똥돼지의 뒤통수가 사라지자, 어디선가 후끈한 바람이 불어왔다. 하필이면 에어컨의 통풍구 곁에서 나는 담배를 물고 서 있었다. 세상은 여전히 정숙했고, 저 멀리 진입로 쪽의 벚꽃나무들은 미동도 하지 않은 채 서 있었다. 그러니까— 그가 바로 첫날 밤 내 방문을 두드렸던 김 검사였다. 정말이지

말을 말자.

인간은 누구나 밀실에서 살아간다. 이하동문이다.

라는 낙서를 화장실 벽에서 발견한 것은 아마도 추석 무렵이었을 것이다. 눈에 잘 띄지 않는 구석 모퉁이에 깨알 같은 글씨로 적혀 있었고, 이미 희미해진— 아주 오래전의 낙서였다. '인간은 누구나 밀실에서 살아

간다.'는 검은 볼펜으로, '이하동문이다.'는 그후 누군가가 푸른색 사인펜으로 답글을 단 것이었다. 나 역시

이하동문이다.

낙서의 주인공은 이곳에서 꽤나 많은 사색을 한 듯했다. 또 다른 모퉁이에는 '인생을 사는 것이 고시를 패스하는 것보다 힘들다.'란 글귀가 같은 필체, 여전한 크기로 적혀 있었으며 역시나 거의 지워질 정도의 오래된 낙서였다.

그럴 수도.

라고 나는 생각했다. 무렵의 나는 여러 가지로 지쳐 있었다. 장학금을 받아내긴 했으나 과중한 아르바이트와 '정숙'의 스트레스가 알게 모르게 심신을 지치게 했다. 늘 이런 곳에서 잠을 자야 하다니, 이건 마치 닭이 아닌가. 아침에 눈을 뜨면 그런 생각이 들고는 했다. 그 작은 방안에선 아무것도 할 수 없었다. 말 그대로 잠만 잘 뿐이다.

상체와 하체를 동시에 움직이는 행동이 거의 불가능하기 때문에, 나중엔 결국 움직임 자체가 거의 없어지게 된다. 다리를 뻗을 수 없으니 늘 어딘가가 뭉쳐 있는 느낌이고, 몸은 점점 나무처럼 딱딱해져 간다. 마치 가구家具 같다. 아닌 게 아니라, 늘 그 자리에 붙박이인 오래된 가구처럼 말이다.

1센티미터 두께의 베니어로 나뉜 칸칸마다 빼곡히 남자나 여자들이

들어차 있다. 그 속에서 다들 소리를 죽여 가며 방귀를 뀌고, 잠을 자고, 생각을 하고, 자위를 한다. 살아간다. 생각할수록 그것은 하나의 장관이다. 뭔가 통해 있고, 비릿하고, 술렁이는 느낌이다. 어쩌면 이것은 세포막이 아닐까? 베니어의 벽에 손을 얹은 채, 나는 그런 생각에 잠기고는 했다. 문은 늘 잠겨 있고, 창문은 없다. 그저 질식을 하지 않는 것이 신기할 따름이다. 나의 폐는 이미 퇴화된 게 아닐까? 어느새 나는, 아가미 호흡과 같은 것을 하고 있는 게 아닐까? 겨드랑이 아래의 흉곽을 짚어보며 나는 생각했다. 그러고 보니

기포와 같은 것이

방 속을 두둥 떠다니는 것을 본 듯한 기분도 들었다. 그것은 무엇이었을까. 어쩔 수 없이— 온순한 열대어처럼 항문을 빠져나와야 했던 억눌린 가스의 덩어리였을까. 아니면 가구로 변해 버린 육신을 잠시나마 이탈해 있던 나의 지치고 고단한 영혼이었을까.

이미 그 무렵엔— 지칠 때까지 일을 하거나, 일이 없는 날이면 배회라도 하다가 말 그대로 들어와 잠만 자는 것이 습관이 되었다. 물론 원하기만 한다면, 일하던 가게의 쪽방에서 잠을 잘 수도 있는 일이었다. 다리를 쭉 편다는 것은 얼마나 근사한, 일이란, 말인가. 그럼에도 불구하고, 나는 언제나 나의 밀실로 스며들고는 했다. 이유는 바로

컴퓨터 때문이었다.

여름이 끝나갈 무렵 고시원에서 절도사건이 있었다. 한밤중에 여자 하나가 복도로 뛰쳐나와 고래고래 소리를 질렀다. 나 못 살아 나 못 살아 결국, 누가 월급을 훔쳐갔다는 얘기였다. 경찰이 와 수사를 벌였지만, 범인은 잡히지 않았다. 여자는 못 살진 않았는데, 살아 있다고도 할 수 없는 표정이었다. 사건이 있은 직후 주인아줌마가 나를 찾았다.

컴퓨터 때문이었다.

아줌마는 누차 문단속을 강조했고, 맡기지 않은 귀중품의 분실은 목욕탕에서도 책임지지 않는다는 사뭇 법적인 얘기를 장황하게 늘어놓았다. 알았노라고, 나는 대답했다. 모두가 내부인의 소행이라 믿고 있었다. 카페 여급의 월급을 훔쳐갈 놈이라면, 빈티 나는 대학생의 컴퓨터도 예외는 아닐 거란 생각이 들었다. '386DX-II'. 당시로선 어딜 내놔도 빠지지 않는 고급 기종의 컴퓨터였다. 그리고 그것은

이 험난한 세상에서 가진 나의 전 재산이었다. 이마저 없어진다면— 나는 그야말로 빈털터리란 생각이 들었으므로, 결국 어떤 일이 있어도 나는 나의 밀실로 돌아오곤 했었다. 누구나 자신의 전 재산이 자신의 전부라 믿게 마련이다. 나 역시, 그랬단 생각이다.

하루는 군 입대를 앞둔 동기의 송별회가 있어 꽤 늦은 밤까지 술을 마시게 되었다. 다들 밤을 새자는 분위기였지만, 결국엔 컴퓨터가 떠올랐다. 나는 말없이 술자리를 빠져나왔다. 자정의 언덕길은 어둡고, 쌀쌀하고, 고요했다. 이미 몸에 밴 '우아한 걸음걸이'로 건물 앞에 이르렀는데,

야산의 진입로 근처에서 누군가 흐느끼는 소리가 들려왔다. 술기운 탓이었을까, 나도 몰래 소리가 나는 쪽으로 다가서게 되었다. 전구를 교체할 시기를 훨씬 넘긴 가로등 아래에서, 확실히 어떤 남자가 소리를 죽여 흐느끼고 있었다.

김 검사였다.

깜짝 놀란 나는 건물의 벽 뒤로 몸을 숨겼다. 자세히 보니 그곳에는 김 검사만 있는 것이 아니었다. 나무를 등진 채 서 있는 묘령의 여자가 보였고, 김 검사는 그 앞에서 울고 있었다. 처음 보는 여자였다. 여자는 냉랭했고, 김 검사는 계속 뭔가를 하소연하고 있었다. 여자는 끝까지 냉랭한 표정을 유지하더니 결국 김 검사의 손길을 뿌리치며 언덕 아래로 내려갔다. 놀란 나는 다급히 방으로 올라왔다.

쿵.

들어와 누운 지 얼마 지나지 않아 옆방의 문소리가 큰 소리로 울렸다. 평소 때와는 확실히 다른 소리였다. 무슨 일이 있었던 걸까. 김 검사에겐 또 어떤 사연이 있는 걸까. 그 여자는 누구였을까. 궁금한 가운데 새벽의 정적 속에서 '쟁쟁쟁쟁' 뭔가 아주 작은 소리로 계속해서 훌쩍이는 소리가— 삼투압에 의해, 베니어의 세포막을 넘어— 내 방까지 스며들었다. 그것은 마치, 멀리서 들려오는 슬픈 벌레의 울음 같았다.

얼마나 시간이 지났을까. 벌레의 울음이 심한 부스럭거림으로 대체

되었다. 마치 무언가를 급하게 찾는 느낌이었다. 인생에 반드시 필요한 그 무엇— 어쩌면 그녀의 사진이 아닐까. 혹은 최초로 받았던 그녀의 러브레터? 도무지 잠을 이룰 수 없는 밤이었다. 그 부스럭거림은 점점 더 신경질적이 되어갔다. 오늘은 정말이지 조심해야겠다, 라고, 나는 생각했다.

큰일이다.

그때 어떤 거대한 기운이 뱃속에서 폭발하는 느낌이었다. 한순간의 일이었다. 그것은 분명 메탄이 아니라 LPG였고, 아무리 엉덩이를 잡아당긴다 해도 수습할 성질의 것이 아니었다. 더불어 진짜 큰 문제는 움직일 수가 없다는 점이었다. 움직이기만 해도— 결코 온순한 열대어가 아닌, 한 마리의 백상어가 입을 벌린 채 튀어나올 것만 같았다.

술자리의 과식을 탓하며 나는 조심스레 엉덩이를 잡아당겼다. 최대한, 그리고 내가 할 수 있는 최선을 다해 화가 난 백상어를 달래고 또 달래었다. 결국 튀어나온 것은 한 마리의 참치였다. 그나마 성공이라고 생각했지만, 문제가 끝난 것은 아니었다. 뭐랄까, 백상어가 작아져서 참치가 된 것이 아니라— 한 마리의 백상어가 여러 마리의 참치로 쪼개진 느낌이었기 때문이다. 여러 마리의 참치는 결코 만만한 것이 아니었다.

아, 씨.

분명 그런 소리가 옆방에서 들려왔다. 낮은 소리였지만 분명한 불쾌감과 초조함이 그 속에는 녹아 있었다. 두 번째 참치가 튀어나왔을 때는 예의 부스럭거림과 아, 씨가 나란히 최고조를 이루었다. 나는 두려웠다. 그래서 오늘은 정말이지…라고 결심하는데 그만 세 번째 참치가 순전히 자신만의 의지로 튀어나왔다. 맙소사, 비록 의도가 아니긴 했어도, 그 크기가 거의 「노인과 바다」 수준이 아닌가. 후회를 했으나 이미 때는 늦었다. 벌컥 옆방의 문이 열리는 소리를 나는 들었고, 곧이어 연결된 네 번의 노크 소리를 나는 들었다. 이건 마치 '운명'이 아닌가. 이젠 죽었다, 라는 생각으로 문을 열자— 다름 아닌 김 검사가 작은 눈을 부릅뜨고 서 있었다. 상기된 얼굴로 그가 말했다.

휴지를… 좀 얻을 수 있을까?

휴지를 말아 쥔 채 복도를 빠져나가는 김 검사를 바라보면서— 나는 웃음이 나오거나, 슬프거나, 어떤 비애를 느끼기보다는— 외로웠다. 어둠 속에서 화장실의 문이 급하게 개폐開閉되는 소리가 들렸고, '쟁쟁쟁쟁' 뭔가 아주 작은 소리의 음악 같은 것이— 삼투압에 의해, 화장실의 세포막을 넣어— 내 귀까지 스며들었다. 문을 닫았다. 네 번째의 참치는 이미 뱃속에서 한 통의 통조림이 되어버린 지 오래였다. 참치도 인간도. 결국은 밀실에서 살아간다. 그런 낙서라도 하고 싶은 심정이었다. 그 일이 있은 지 얼마 후

형이 죽었다.

사고였다. 잘못된 전기 공사에 의한 감전, 추락사였다. 7층의 높이에

서 하늘을 날았던 형은, 화장이 끝난 후 한줌의 가루가 되어 납골당에 안치되었다. 형의 마지막 거처는 마치 '갑을고시원'의 일부인 듯, 작고 어두운 방이었다. 통조림 속에 보관된 참치처럼, 형은 그 작고 어두운 방 속으로 들어갔다. 참치도 인간도, 결국은 밀실에서 죽어간다.

그 후 겨울이 왔을 때, 나는 북극곰만큼이나 말이 없는 인간이 되어 있었다. 김 검사는 그해의 고시에서 낙방을 했고, 한 아가씨는 취객에게 폭행을 당해 코뼈가 부러졌으며, 주인아줌마는 은행 바로 앞에서 오토바이 날치기를 당했고, 나머지 사람들은 여전히 스스로를 부끄러워하며 눈을 마주치려 하지 않았다. 그 겨울의 어느 날, 고시원의 히터가 고장을 일으켰다. 수리를 위해, 또 각방의 통풍구를 점검한다는 이유로 30분 가량 모두가 방을 비워야 했다. 담배나 피울까 싶어 옥상으로 올라가니, 마치 약속이라도 한 듯 대부분의 사람들이 그곳에 몰려 있었다. 더러는 잡담을, 더러는 담배를, 더러 언 손을 부미며 먼 하늘을 쳐다보기도 하는 사람들을 쳐다보며— 나는 문득

누구에게나 인생은 하나의 고시考試와 같은 것이 아닐까.

라는 생각을, 했다. 통풍구의 점검이 끝났다는 외침이 들리자, 사람들은 우르르 자신들의 밀실로 돌아갔다. 나는 그곳에 남아 다시 한 대의 담배를 더 피워 물었다. 세상은 얼어붙었고, 진입로 입구의 벚꽃나무들은 긴긴 겨울잠을 자고 있었다. 나무가 아니라면, 그러니까 인간은— 누구나 밀실에서 살아간다. 그것은 고시를 패스하는 것보다 훨씬 힘든 일이다. 누군가 그런 낙서를 끼적여 놓았다면, 정말이지

이하동문이 아닐 수 없다.

그 특이한 이름의 고시원이 아직도 그곳에 있었으면 좋겠다.

세월이 흘렀다. 그 후 나는 그곳에서 1년 반을 더 살았다. 도합 2년 6개월이란 세월을 그곳에서 보낸 것이다. 그런 곳에서 2년 6개월을 살다니, 거짓말 같은 얘기가 아닐 수 없다. 그리고 10년이란 세월이 지나갔다. 이래저래 죽은 사람도, 죽은 고시원도 있겠지만— 나는 살아남았다. 살다보니, 말이다.

김 검사는 다음 해의 고시에서도 낙방을 했다. 그리고, 그 다음은 알 수 없다. 언젠가 시골에서 그의 부모들이 올라왔고, 마지막 고시생은 울면서 짐을 쌌다는 얘기를 전해 들었다. 즉, 전해 들었을 뿐이다. 늦은 밤 돌아오니 그의 방은 텅 비어 있었다.

코가 무너졌던 아가씨는 수술로 코를 일으켜 세웠다. 아마도 다음 해의 여름방학 때였을 것이다. 나는 그녀의 소개로 그쪽 업소의 웨이터 일을 하기도 했는데, 생각보다 수입이 좋았다. 넉 달 남짓 나는 그곳에서 일을 했고, 어느 날인가 몹시 취한 상태에서 그녀와 자게 되었다. 그것이 나의 첫 경험이었다. 인생은 참으로 이상한 것이다.

절도 사건은 엉뚱한 곳에서 실마리가 풀렸다. 범인은 건물 2층의 속셈학원 원장이었고, 마찬가지로 건물 1층 중국집의 간이금고에 손을 대다가 덜미를 잡혔다. 경찰에서 그는 순순히 범행을 시인했고, 돈이 목적이 아니었다는 둥 실은 그 여자를 사랑했다는 둥 전혀 속셈을 알 수 없는 말들을 늘어놓았다고— 했다. 물론 합의를 빌미로 세 배의 돈을 뜯어냈다는 그 여급이, 살 만하다는 표정으로 떠든 말이었다.

'386 DX-II'에 대해서는 도대체 무슨 말을 해야 할지 모르겠다. 말이 필요 없다는 생각도 들고, 아주 많은 말이 필요하다는 생각도 든다. 그것은, 저절로 버려졌다. 언제 어느 때였는지조차 기억나지 않는다. 삶이란, 무엇이란, 말인가.

빚에 대해서도 마찬가지의 생각이다. 역시나 시간이 지나면서 빚은 저절로 사라졌다. 세상은 그런 식으로 우리의 죄를 사해 준다는 생각이 들기도 하고, 아니면 형이— 죽음으로써 그 빚을 모두 갚았을 거란 생각이 들기도 한다. 어떤 쪽도, 결국은 빚이란 생각이다.

백구두의 주인이 누군지는 끝까지 알 수 없었다.

아버지와 어머니는 농사를 지으신다. 물론 대부분의 생활비는 내가 보내드리는 것이고, 이른바 소일거리로서의 농사이다. 아버지의 친동생은 미국에서 붙잡혔다. 수감되었다는 소식, 그 이후의 소식은 알지 못한다. 결국 인간은 밀실에서 살아간다.

스포츠카를 몰던 친구는 미스코리아와 결혼을 했다. 더 정확히 말하자면 미스코리아 대회의 참가자와 결혼을 한 것이다. 소문은 간단하게, 미스코리아와 결혼을 한 것으로 났는데, 모두가 그 소문을 전해 들었을 즈음 이혼을 했다. 그리고 연락이 끊어졌다.

그리고 나는— 졸업을 하고, 취직을 하고, 결혼을 했다. 셋 중 어떤 일을 떠올린다 해도 간신히, 간신히, 안간힘을 다해 할 수 있었다는 생각뿐이다. 과연 인생은 고시를 패스하는 것보다 힘들었고, 그나마 나는 운이 좋았다는 생각뿐이다. 오로지?

오로지.

할 수 있었다. 비록 작고 초라한 곳이지만 입주를 하던 날 나는 울었다. 아마 당신이라도, 울 수밖에 없었을 것이다. 마치 꿈처럼— 나는 두 발을 뻗고 자고, 아주 자주, 내 몫의 계란프라이를 먹으며 살고 있다. 그리고 간혹, 아주 가끔

나는 그 고시원의 작은 밀실을 떠올리고는 한다. 그러니까 어제처럼, '몸에서 사람의 귀가— 자라는 쥐'의 뉴스라도 보면서 말이다. 이제 그것은 먼 옛날의 일이고, 나는 비교적 긍정적인 마음으로 그 특이한 이름의 고시원을 추억할 수 있게 되었다. 마치 쥐의 몸에서 자라난 사람의 귀를 이해하듯. 엉뚱하게도, 말이다. 결국 시간은 우리의 편이다.

마치 정숙이란 이름의 여자와 동거를 하는 기분이었어. 늘 정숙, 정숙, 정숙해야 했거든. 놀랍게도 맥주를 마시며, 어젯밤 나는 아내에게 그런 농담을 던지기까지 했다. 아내는 웃었고, 그럼 지금은 어때? 라고 묻기를 결코 빼먹지 않았다. 글쎄, 지금은 어떨까?

물론 천국이지.

라고 말하던 그 순간— 나는 불현듯 그 특이한 이름의 고시원이 아직도 그곳에 있었으면 좋겠다는 생각을 했다. 이유는 알 수 없다.

아내가 잠든 후, 나는 조용히 침대를 빠져나왔다. 베란다의 창을 열자 15층의 넓고 광활한 밤하늘이 시원하게 펼쳐져 있었다. 저 빛들은 무엇일까. 두둥실, 마치 기포와 같이 잔뜩 무리를 지어 떠 있는 저 빛들은— 어쩔 수 없이 이 세계를 빠져나가야 했던 죽은 이들의 동정 어린 시선일까. 아니면 이 가구家具와 같은 삶을 잠시나마 이탈한, 살아 있는 우리들의 지치고 고단한 영혼들일까. 담배를 피우며 나는 생각했다.

어쩌면 나는 여전히 그 밀실 속에서 살고 있다는 기분이다. 또 혹시나, 우리가 소유한 이 모든 것들이 실은 '386 DX-II'와 같은 것들은 아닐까 걱정이다. 물론 그럴 리는 없겠지. 이 모든 것들은 나나 당신에게 실로 소중한 재산이고, 또 우리는 누구나 그것을 모으고 지키기 위해 살고 있을 테니, 말이다.

어쨌거나
그 특이한 이름의 고시원이
아직도 그곳에 있었으면 좋겠다.
이 거대한 밀실 속에서
혹시 실패를 겪거나
쓰러지더라도

또 아무리 가진 것이 없어도
그 모두가 돌아와
잠들 수 있도록.

그것이 비록
웅크린 채라 하더라도 말이다.

#02

인생을 풍요롭게 가꾸는 위대한 사랑

#02
인생을 풍요롭게 가꾸는 위대한 사랑

사랑은 문학 예술 전반에 걸쳐 지속적으로 추구되어온 주제이다. 사랑은 우리의 삶을 풍요롭게 만들며, 역동적으로 이끄는 요소이다. 동서고금, 남녀노소를 막론하고 사람들은 사랑 이야기에 매혹 당한다. 사랑의 열정은 평범한 개인의 삶 가운데 빛나는 한 시절을 엮어내며, 예술가에게는 예술적 영감을 낳는 원천으로 작용한다. 수많은 대중가요는 물론 서정시가의 오랜 전통을 가진 주제 역시 사랑이다. 「황조가」, 「정읍사」, 「가시리」에서부터 황진이와 매창의 시를 거쳐 김소월과 한용운의 시에 이르기까지 사랑은 우리 시의 주제였다.

사랑은 누구에게나 일생을 거는 중요한 일이고, 사랑에 빠지면 맹목적인 순수한 사람이 된다. 사랑은 인생을 마술처럼 바꿔 놓는다. 평범한 사람을 무모할 정도로 용감하게 만들기도 하며, 아름다운 존재로 탄생

시키기도 한다. 사랑에 빠진 순간에는 그 빛으로 인해 대상만 보이고 타인은 보이지 않지만, 사랑의 막이 내리면 황홀한 마술의 세계는 일시에 그쳐 버린다. 사랑은 행복에서부터 불행까지 우리 삶에 다채로운 색깔을 부여하는 감정이다. 그러나 사랑의 정확한 실체나 본질은 여전히 풀리지 않는 숙제이다. 그럼에도 사랑은 우리의 모든 삶과 관계되어 있는 인생의 본질인 것이다.

인간은 사랑을 통해 자아를 완성하고, 세상과 조화를 이루며, 삶의 진정한 가치를 구현한다. 사랑은 감정이입을 통해 타자와 정서적 통합을 이루는 순결한 영혼의 합일이다. 사랑의 필수적인 요소는 순수성과 진정성이다. 타자와의 합일을 희구하는 사랑의 가치는 오로지 순수하고 진정성 있는 열망을 통해 이루어진다. 사랑이 지니고 있는 타자에 대한 긍정적인 열망은 세상을 밝히는 순결한 화합의 불꽃이다. 개인이 자아가 아닌 타자와 영혼의 조화를 통해 이루는 사랑의 완성은 극치의 희열을 제공한다.

"꽃잎은 떨어지지만 꽃은 영원히 지지 않는다."는 어느 성자의 말이나, 모란이 지고 난 후에야 비로소 봄은 찬란한 슬픔의 빛을 발한다는 영랑의 시구는 사랑과 이별의 숙명적 관계를 보여준다. 사랑의 깊이는 이별의 상처로 증명된다. 또한 이별의 아픔에 머물고 있는 한 사랑은 끝이 아니다. 꽃잎이 떨어짐으로써 만남은 끝이지만, 그 꽃을 기억하는 한 사랑은 끝이 아니다.

현실에서의 죽음과 이별을 통하여 사랑을 완성하려는 모습은 사랑의 한 단면을 보여준다. 고전들은 사랑을 신분, 제도, 시대적 통념을 뛰어넘는 위대한 힘으로 그리고 있다. 『춘향전』과 『로미오와 줄리엣』의 남녀 주인공은 고통과 자기희생적인 사랑을 통하여 인간과 인간의 참다운 만

남을 가로막는 기존 질서를 장렬하게 무너뜨리는 사랑의 대서사를 완성한다. 예컨대 자신의 삶을 태워 불 지핀 사랑의 힘은 진실한 사랑을 가로막았던 부정적 요소를 불살라버린다.

이렇듯 문학 작품이 보여주는 진정한 사랑은 구원의 형상으로 구현된다. 괴테의 『파우스트』에 나오는 그레트헨은 자신의 삶을 희생하여 파우스트를 구원하려 한다. 이는 괴테가 표방하려는 사랑의 속성이다. 그레트헨의 기도가 천사들을 감동시킴으로써 파우스트의 타락한 영혼이 구원 받았듯이, 작가인 괴테 역시 사랑에 힘입어 구원 받고자 했던 것이다. 결국 헌신적인 사랑은 불쌍한 파우스트의 영혼만이 아니라 모든 인간을 타락한 세속의 삶으로부터 구원해준다는 의미를 지니고 있다. 그리하여 진정한 사랑은 개인의 정서 만족 차원을 넘어 진정한 자아를 발견하고 삶을 아름답게 완성하려는 숭고한 구원의 차원으로까지 승화된다.

인간이 존재하는 한 사랑은 영원한 고전이다. 콜럼부스가 대륙을 발견하기 전에도 그 자리에 대륙은 있었지만, 콜럼부스가 대륙을 발견했을 때야 비로소 그 대륙은 아메리카 대륙으로 명명되고 인지되었다. 사랑도 이와 유사하다. "누가 나의 이름을 불러주기 전에는 다만 하나의 몸짓에 지나지 않았지만, 누군가 나의 이름을 불러줌으로써 비로소 꽃이 되었다"는 시인의 말처럼, 사랑은 우리가 살아있음을 일깨워주는 신선한 신대륙이다.

시인과 작가들은 희열과 아픔, 그리움과 기다림 등 다양한 모습으로 사랑을 형상화하고 있다. 이 장에서는 사랑을 말하는 작가들의 목소리에 귀 기울이면서 삶을 일깨우는 사랑, 자아를 완성하는 사랑에 대해 생각하는 기회를 갖게 될 것이다.

성에꽃

김일태

어쩌자고 그대는
내 그리움 바깥에만 머무시는지
그 험한 은하 몇 광년 달려와
내 잠든 침실 창문이나 두드리다 가셨는지

나 떠난 뒤
태을성 어느 외진 소행성에 머문다는 소식만
밤마다 풍문으로 들리더니
어쩌자고 이제야 겨우 찾아와서는
밤새 창밖에서 안을 향해 애를 피우다
햇살의 훼방으로 올 때처럼 희미하게 가셨는지

이불 속 같은 이 적막에다
한 번도 기억나지 않는 만남의 모습으로
짭조름히 돋을새김해 놓은

발목 세워
그대 다녀가신 표시 위에 입술 포개 보면
시리게 낙화하는

해질녘 잔광처럼 세상에서 가장 짧게 피었다 지는
내 사랑꽃

뜨신 밥

박윤배

자기瓷器 몸안에 밥하고 싶다

흰 쌀알 통통 불려서 뜸도 좀 들이고
잇몸뿐인 그대에게 잘 익은 밥 대접하고 싶다

가끔 입가로 밀려나오는 슬픔 내 입술로 닦아 주고
온전히 속을 익혀 굴뚝 위로 띄우는 달

불면이던 그댈, 배불려 눕히는 노동
기러기 날아가는 하늘을 그대 등 아래 깔아 주고 싶다.

무른 논에서 영근 나, 다시 무른 그대 살 틈에 숨어
말갛게 씻기고 싶다

어떤 평화인들 이만하랴

한 근의 무게

원희석

돼지고기 한 근 들고 바삐 뛰던 날은 영혼 한 근이 줄고 달빛 한 근 밟고 지샌 날은 영혼 한 근이 곱게곱게 쌓였습니다 한 근의 무게, 아마 그분도 그것밖에 가진 것이 없으서서 곳곳마다 향기를 숨겨두셨겠지요 쓰레기 한 근 어두움 한 근 시기 질투 슬픔 한 근, 제 소화 능력에 온당치 못한 음식들은 가슴속에 이별로 배달했습니다 상처로 쌓였습니다 구슬땀 한 근의 무게 봄비 한 근의 무게 냉이 달래 씀바귀 그 싱싱한 이름 한 근의 무게 바위보다 무거웠습니다 뼛속까지 내려가 꽃으로 피었습니다 이젠 아시겠지요 깨끗한 눈물 한 근 충만한 믿음 한 근 넘치고 넘쳐 백 근이 되는 것 천 근이 되는 것 이 땅의 앉은뱅이저울로는 이 땅의 눈빛으로는 측량할 수 없는 것 아시겠지요 한 근의 무게 볼 수도 잴 수도 없는 말간 사랑 한 근의 무게

사랑가 · 3

이경록

1

그대 나를 위해서 마침표라도 되어다오. 아니, 쉼표가 되어다오. 쉼표가 되어 내가 긋는 사랑의 궤적, 그 위에 인印으로 찍어다오. 아침에도 찍고, 저녁에도 찍어다오. 내가 돌아와 뜯어보는 아화阿火, 팔백 리 밖 사람아. 찍어다오. 숨 쉴 때마다, 그대 내 육신의 구석구석까지 찍어다오.

내 생의 작문, 도막도막 구절, 그대 찍는 쉼표 앞에 놓이게 되리라. 여기서도 쉼표, 저기 가도 쉼표, 이 세상은 쉼표, 시각마다 쉼표.

2

나는 마침내 한 개의 마침표가 되겠다. 그대여. 모든 그대의 쉼표가 쉼표로써 끝나고, 어미 '……겠다'와 함께 종결로 올 때 나는 그 끝에 스러져 마침표가 되겠다. 끝없는 죽음, 그 백면白面을 나 혼자 만나겠다, 그대여

욱

김나영

오랫동안 나를 떠나지 않는 이름 하나 있지
죄와 벌의 마지막 페이지를 덮을 무렵이었던가
푸른 눈의 혁명가 이마에 키스할 무렵이었던가
그 도서관에서 우리는 눈을 맞췄지
때마침 화단의 맨드라미는 미친 듯 타올랐고
청춘을 장전裝塡한 우리는 두려울 게 없었지
사랑과 혁명을 도모하기에 우리는 충분히 위험했지
그때 '종욱'이었던가 '진욱'이었던가 '동욱'이었던가
혈기왕성하던 다혈질의 나와 함께
청춘백서를 필사하던 '욱'
체크남방 안에서 키우던 근육은 어디로 갔을까
지금쯤 착한 여자 만나 조용히 잘 살고 있을까
그를 이제 내 품에서 해방시켜 줘야 할 텐데
뾰족하던 그의 정신에도 둥글둥글 살이 붙어
적금통장 부풀리는 일에 전력질주하고 있을지 모를 일인데
사회적 동물이라는 말을 그리 실천하고 있을지 모를 일인데
TV를 켜거나 신문을 뒤적거리다 보면
그때나 지금이나 세상은
아날로그에서 디지털로, 흑백에서 칼라로
옷만 바꿔 입었을 뿐이라고

그가 내게서 와락! 돋아난다
푸른 주먹을 불끈! 쥔다
겉이 아니라 속을 바꿔야 한다고
내 안에서 수없이 종주먹을 꺼낸다
세상을 향해 '욱' 어퍼컷을 날린다

연애의 여왕

김경욱

세계무역센터가 무너질 때 나는 연애의 여왕을 만나고 있었다. 연애의 여왕의 서재를 찍으러 갔던 것이다. '연애의 여왕'은 발표하는 작품마다 대박을 터뜨리는 소설가의 별명이었다. 연애의 여왕. 작가의 별명치고는 꽤나 선정적이었다.

연애소설만 고집해 붙은 별명이라고 일러준 것은 여자 친구였다. 취재 건에 대해 입을 열었을 때 여자 친구는 정말이냐고 거듭 물었다. 브래드 피트를 만나러 간다면 그럴까 싶었다. 그리 유명한 사람이냐는 말에는 휘둥그런 눈으로 뜨악하게 쳐다보았다. 딴 세상에서 온 사람이라도 목전에 둔 얼굴이었다. 급기야 이런 말까지 내뱉었다. 그러니 파토스가 부족하다는 소릴 듣지. 그것은 내 첫 번째 사진전 뒤풀이 술자리에서 한 선배가 던진 말이었다. 선배는 농 반 진 반이었지만 나는 얼굴이 굳어졌다. 건축물만 찍던 나의 궁극적인 관심사는 촬영자의 시선을 사진에서 지우는 것이었으니까. 그 선배는 나와 여자 친구를 번갈아 보며 이런 말도 했다. 너희 둘은 참 난해하구나. 여자 친구와 나는 대학 사진 동아리방에서 처음 만났다. 여자 친구는 사람의 뒷모습만 찍었더랬다. 뒷모습은 찍어주는 사람이 없다면서.

연애의 여왕은 얼굴 없는 작가였다. 보통은 얼굴 사진을 책날개에 싣게 마련이지만 그녀의 사진에는 노트북 자판 위에 올린 손만 보였다. 다섯 권 모두 그랬다. 흰 자판 위에 살짝 얹은 손에는 검은 망사 장갑이 끼워졌다. 짧고 가는 손가락, 검정 매니큐어를 바른 손톱. 전구 한 알 갈아끼울 것 같지 않은 손이었다. 무엇 때문인지 연애의 여왕은 공개석상에 얼굴을 내민 적 없었다.

날개 돋친 듯 팔렸다는 다섯 권의 소설을 읽은 것은 취재원에 대한 예의 때문도 극성 팬을 자처하던 여자 친구의 성화 때문도 아니었다. 호기심 때문이었다. 타블로이드 신문의 기사 제목에서 오려낸 것 같은 선정적인 별명에 대한 호기심 말이다. 연애 소설의 여왕도 아니고 연애의 여왕이라니. 질척거리는 감상이 싫어 연애소설 같은 건 거들떠보지 않던 나였다. 타인의 삶이 못 견디게 궁금할 때는 자서전이나 전기를, 시간을 죽여야 할 때는 추리소설을 읽었다.

연애의 여왕이 쓴 다섯 권의 책을 사흘 만에 읽어치웠다. 문장은 감상적이고 이야기는 작위적이었다. 주인공은 희귀한 병 때문에 죽을 운명이었고 죽음은 사랑이 정점에 오른 순간 빚쟁이처럼 찾아왔다. 죽는 쪽은 대체로 여자 주인공이었다. 여자 주인공의 영혼이 살아있는 사람, 그것도 사랑해서는 안 되는 사람의 몸을 빌려 나타나기도 했다. 남자 주인공이 죽어야 할 때는 교통사고가 동원되었다. 죽음의 방식은 달랐지만 가장 행복한 순간 가장 비극적으로 죽는다는 사실에는 예외가 없었다. 여자 친구가 빌려준 책은 곳곳이 풀을 먹인 듯 빳빳했다. 눈물 자국이었다. 눈물 자국도 눈물로 얼룩진 대목도 나로서는 요령부득이었다.

첫 번째 소설에는 자랑'이라는 단어가 아흔한 번 나왔다. 두 번째 소설에는 백일곱 번, 세 번째 소설에는 백스물두 번, 네 번째 소설에는 백쉰여섯 번, 다섯 번째 소설에는 백일흔아홉 번. 갈수록 태산이었다. 다음으로 빈도가 높은 단어는 '운명'이었다. 각각 아흔두 번, 아흔여덟 번, 백한 번, 백열다섯 번, 백스물한 번 등장했다. 이 모든 결점에도 불구하고 일단 손에 쥐면 끝장을 보지 않을 수 없었다. 어디까지 가나 보자는 심산이었다. 소설은 어김없이 갈 데까지 갔다. 책장을 덮을 때마다 이런 말이 절로 튀어나왔다. 그래서?

집과 스튜디오를 오가는 지하철에서, 여자 친구를 기다리는 카페에서 연애의 여왕의 책을 펼쳐든 사람들이 적잖이 눈에 들어왔다. 십중팔구 젊은 여성이었는데 그들은 하나같이 손꼽아 기다리던 고백이라도 듣는 듯 상기된 얼굴이었다. 어쩌다 눈이라도 마주치면 내 손에 들린 책을 일별하고는 수상쩍은 미소를 지어보이기도 했다. 공공연히 드러내지 못하는 신앙을 공유하는 사람들끼리 나눌 법한 은밀한 미소였다. 나는 못 볼 거라도 본 것처럼 황망히 눈길을 돌렸다. 그 많은 사람들이 이제껏 숨어 있다 나타났을 리 없었다. 내가 연애의 여왕의 책을 읽기 전부터 그들은 지하철과 카페의 수많은 자리를 차지하고 있었을 테고 수상쩍은 미소를 난수표처럼 주고받았으리라. 이 땅의 젊은 여성은 연애의 여왕을 읽은 자와 그렇지 않은 자로 나눌 수 있다는 사실을 나는 그녀의 책을 읽고서야 알게 된 것이다. 연애의 여왕을 읽은 자들은 열광했고 그렇지 않은 자들은 침묵했다. 읽은 자들의 경배는 극성스러웠다. 간혹, 읽은 자들의 비난도 극렬했지만 연애의 여왕의 책이나 기사 밑에 들러붙은 까칠한 글은 경배자들의 십자포화를 견디지 못하고 누더기가 되기 일쑤였다. 복권이라도 당첨된 것처럼 부러워하는 여자 친구에게 나는 짐짓 무심한 투로 이렇게 말했다 서재만 찍을 거야.

연애의 여왕을 만나러 가는 길은 순탄치 않았다. 차부터 말썽이었다. 한참의 실랑이 끝에 겨우 시동을 걸 수 있었다. 출고한 지 9년 8개월 된

갤로퍼는 최후의 숨을 몰아쉬듯 몸을 부르르 떨고서야 겨우 움직였다. 시동 모터부터 점화플러그까지 몽땅 갈지 않으면 낭패를 볼 거라던 정비소 사장의 충고를 귀담아들었어야 했는지도 몰랐다.

일행은 없었다. 연애의 여왕이 취재를 허락하며 내건 조건이었다. 조건은 세 가지였다. 사진작가만 올 것, 서재만 찍을 것, 게재 전 사진을 미리 보여줄 것. 업계에서 콧대 높기로 소문난 잡지사의 데스크도 베일에 싸인 베스트셀러 작가의 서재를 찍을 기회를 붙들기 위해 선선히 백기를 들었다. 기왕 들인 공을 고려한다면 조건은 세 개가 아니라 삼만 개라도 들어주었을 것이다. 폴 오스터와 밀란 쿤데라의 서재 탐방조차 실은 연애의 여왕을 낚기 위한 포석이었다는 소문이 나돌 정도였으니까. 공교롭게도 그들은 연애의 여왕이 좋아한다고 밝힌 작가들이었다. 작가 인터뷰는 서면으로 하게 될 것이었다. 편집장이 직접. 어쨌거나 최초의 인터뷰였다.

한강을 거슬러 한 시간 반을 달리도록 약도에 표시된 진입로는 나타나지 않았다. 두물머리를 지나자마자 보일 거라던 편집장의 장담과는 달리 이정표는 춘천까지 남은 거리를 표시할 뿐 진입로라고 여길 만한 샛길을 보여주지 않았다. 어영부영 춘천까지 갈 판이었다. 아무래도 지나친 것 같았다. 청평댐 앞에서 다리를 건넌 뒤 편집장에게 전화를 넣었다. 편집장은 그럴 리 없다고 항변했고 나는 확실하냐고 다그쳤다. 작가가 보내준 약도라며 편집장이 목소리를 높였다. 작가의 연락처를 알려달라고 했더니 전화는 없고 이메일이나 팩스로만 연락할 수 있다는 답이 돌아왔다. 내가 쥐고 있던 약도도 팩스로 받은 거라면서 자세한 정보를 알아내 연락 주겠다고 했다. 갓길에 차를 세우고 약도를 찬찬히 들여다보았다. 취중에 그린 듯 선은 비뚜름했고 글자는 휘청거렸다. 잠시 후

휴대전화가 울렸다. 편집장이었다. 한강을 오른쪽에 낀 채 두물머리를 지나면 '세라비'가 나오고 그곳을 지나자마자 왼쪽 능선으로 난 진입로가 보일 거라 했다. '세라비'가 뭐냐고 물었더니 라이브 카페 같은 게 아니겠냐고 대꾸했다.

이번에는 처음 출발할 때보다 시동을 거는 데 더 많은 시간과 땀이 필요했다. 서울 쪽으로 되짚어가다 두물머리 즈음에서 다리를 건넜다. '세라비'는 라이브 카페가 아니라 러브호텔이었다. 러브호텔을 지나 30여 미터쯤 가자 산자락으로 올라가는 진입로가 보였다. 신호등이 없어 진입로에 들어서려면 반대편 차선을 가로질러야 했다. 기회를 엿보기 위해 속도를 늦췄지만 맞은편에서는 차가 꼬리를 물며 달려들었고 뒤쪽에서는 경적이 날카롭게 날아들었다. 어쩔 수 없이 액셀을 밟았다. 유턴하기 위해 20분 넘게 달려야 했다.

진입로 초입에 차를 들이민 것은 약속시간을 한 시간 반이나 지나서였다. 포장도 안 된 좁은 길은 완만한 커브를 거듭하며 가파른 산자락을 꾸역꾸역 기어올랐다. 길은 울창한 숲 사이로 나있어 짐승이라도 튀어나올 것처럼 주변이 어둑어둑했다. 도무지 사람 사는 집이 있을 성싶지 않았다. 길을 잘못 들었나 싶은 의심이 고개를 들 무렵 언덕 위쪽으로 건물이 희끗 이마를 드러냈다. 비탈의 끝에 이층집이 강을 굽어보며 서 있었다. 제법 넓은 마당에는 푸른 잔디가 양탄자처럼 고즈넉했고 하얗게 페인트칠한 건물 회벽에는 담쟁이덩굴이 아우성이었다. 문 앞에는 나무로 만든 집 모양의 빨간 우체통을 세워 놓았다.

현관문을 열고 나를 맞은 이는 눈매가 고운 여자였다. 검정 재킷, 검정 셔츠 그리고 검정 바지. 신이 아름다운 생각을 하며 빚었을 것이 분명한 그 여자는 자신의 아름다움을 애도하기라도 하듯 검정 일색의 옷을 걸치고 있었다. 나는 잡지사 이름을 댔고 여자는 엷게 미소를 지었다. 우아한 미소였다. 늦어서 미안하다고 말했을 때도 미소로 답했다. 미소 지을 때 여자의 눈가에 잔주름이 잡혔다. 가녀리고 섬세한 자태, 예민하고 내성적인 성격. 소설을 읽으며 떠올렸던 이미지와 크게 다르지 않았다. 외모는 기대 이상이었다. 마흔을 넘겼을까. 잡지사에도 작가의 나이를 아는 사람은 없었다.

여자는 앤티크풍의 탁자에 딸린 의자에 앉으라고 권했다. 나는 의자에 앉아 실내를 둘러보았다. 거실의 절반은 건물 천장까지 트여 있었고 나머지 절반은 이층을 이고 있었다. 이층으로 난 나선 계단이 거실과 주방을 나누었다. 나선 계단 아래 놓인 화분에 뿌리를 묻은 담쟁이덩굴이 이층까지 뻗어 올라갔다. 진짜 담쟁이였다. 나선 계단 안쪽으로 세 개의 문짝이 서로 곁눈질하며 서 있었다. 천장까지 뻗은 거실 한쪽 벽은 맞춤 책장으로 채워졌고 책장에는 책이 빼곡했다. 책장용 사다리도 보였다.

"여기서 글을 쓰시나 봅니다."

내가 물었다.

"선생님께서는 이층 집필실에서만 작업하십니다. 차 드실 시간이라 곧 내려오실 겁니다."

검은 옷을 입은 여자가 대답했다. 내가 잘못 짚었다. 그녀는 연애의 여왕이 아니었다.

연애의 여왕을 기다리며 나는 서가를 찬찬히 살폈다. 책은 종류에 따라 가지런히 꽂혀 있었다. 심리학 책이 많았고 해부학에 관한 책도 보였다. 머리 위에서 방문이 벌컥 열리고 쿵 닫히는 소리가 들리는가 싶더니 나선 계단으로 누군가 저벅저벅 내려왔다. 발소리가 유난히 크게 울렸다.

"선생님, 사진작가분이십니다."

검은 옷을 입은 여자가 연애의 여왕에게 나를 소개했다. 연애의 여왕은 작고 왜소했다. 바가지 모양으로 짧게 자른 머리에 보라색 치파오를 입었다. 중국 전통의상을 입은 여자를 직접 보기는 처음이었다. 치파오에는 매화 문양이 촘촘했다. 짧은 머리카락과 보라색 치파오 사이에 남성의 것도 여성의 것도 아닌 각진 얼굴이 탐사되지 않은 행성처럼 수상쩍게 떠 있었다. 이목구비는 자잘했고 광대뼈는 도드라졌다. 동안이었다. 짧게 친 바가지 머리와 각진 턱 때문인지 남자 중학생처럼 보이기도 했다. 코는 낮고 입술은 빈약했지만 눈동자는 탄피처럼 빛났다. 성을 구별 짓는 걸 깜빡한 신이 실수를 보상하기 위해 지상의 뭇 나라에 통용되는 미추의 개념을 일격에 날려버릴 총알을 박아 넣은 듯했다.

"안녕하세요. 처음 뵙겠습니다."

내가 인사했다.

"주영 씨, 손님 왔는데 과일이라도 내오지?"

연애의 여왕이 말했다. 변성기의 문턱에 막 들어선 소년의 목소리. 연애의 여왕은 치열 교정기를 끼고 있다. 말투가 천진해서였을까. 사양의 말이 혀끝에 맴돌았지만 차마 내뱉지는 못했다. 검은 옷을 입은 여자가 주방에서 차와 포도를 내왔다.

"난 포도가 좋아."

연애의 여왕이 포도 한 알을 뜯어 입안에 날름 넣으며 말했다. 껍질을 벗기지도 않고. 의례적인 인사도 환대의 시늉도 없이. 나는 연애의 여왕의 손을 유심히 살폈다. 짧고 가는 손가락, 검정 매니큐어를 바른 손톱. 차가 우러나기를 기다리며 연애의 여왕은 연신 포도를 먹었다. 씨를 뱉는 법이 없었다. 유리 포트에 담긴 물이 갈색으로 변하자 차를 잔에 부었다. 보이차라고 했다. 중국 윈난 성에서 재배하는 차로, 노화를 막고 면역력을 강화시켜줘 황제들이 즐겼다며 예찬의 말을 늘어놓았다. 묵언의 계율에서 오래간만에 풀려난 사람처럼 쉴 새 없이 떠들었다.

"올해 몇?"

연애의 여왕이 스스럼없이 물었다.

내가 묻고 싶은 질문이었다. 나이를 대고 나서도 나는 몇 가지 질문에 답해야 했다. 연애의 여왕이 반말을 하고 있다는 사실을 나는 다섯 번의 답변을 더하고서야 깨달았다.

"말 놔도 괜찮지?"

연애의 여왕이 물었다. 일곱 번째 질문이었고 이제껏 말을 놓았는지 몰랐다는 투였다.

"네."

내가 반말을 눈치 채지 못했던 것은 연애의 여왕의 말투에 밴 자연스러움 때문이었다. 질문은 초면에 실례일 수도 있을 사적인 것이 대부분이었지만 불쾌하지는 않았다. 악의 없는 호기심이 묻어났다. 말을 갓 배운 아이가 사물의 이름을 궁금해 하는 것 같은 천진한 호기심 말이다. 나도 묻고 싶은 게 많았지만 좀체 기회를 잡지 못했다. 대답이 끝나기 무섭게 또 다른 질문이 내 호기심에 빗장을 질렀다. 연애의 여왕은 내 대답에 이렇다 저렇다 코멘트를 달지 않았다. 뭐라 답하든 상관 없었는지도 모르지만 나는 사실대로 말했다. 사귀는 사람이 있느냐는 질문만 빼고.

"이런! 내가 너무 말이 많았네. 이 집에 온 첫 번째 남자 손님이니까 특별히 한 가지 질문을 받을게. 뭐든 괜찮아."

뜻밖의 선심에 당황한 나는 얼결에 입을 열고 말았다.

"왜 연애소설만 쓰시나요?"

"나는 연애소설 쓴 적 없어. 소설을 썼을 뿐이지. 아니, 소설을 쓴 적도 없어. 글을 쓴 적은 있지만."

연애의 여왕은 나를 빤히 쳐다보았다. 학생이 자신의 말을 이해했는지 살피는 선생 같았다.

"범주라는 것은 바깥 없이는 성립하지 않아. 그러나 바깥 역시 더 큰 범주의 안에 불과해. 눈앞의 사람은 바라보는 각도에 따라 달라 보이지. 보는 사람과 보이는 사람이 동일한 범주에 있기 때문이야. 사람이 먼지만 해지는 상공의 비행기에서는 각도를 바꿔도 대상은 달리 보이지 않아. 먼지는 먼지일 뿐이지. 범주가 달라진 거야. 사람들이 왜 범주에 집착하는지 알아? 범주 바깥에 대한 두려움 때문이야. 먼지라는 걸 인정하는 게 두려운 거지. 두려워서 제가 속한 범주를 벗어나는 부분은 괴물이라며 잘라버려. 프루크루스테스처럼. 잭이 콩나무를 도끼로 자른 것도 두려움 때문이잖아. 결국 두려움 때문에 다시는 구름 위의 세상으로 갈 수 없게 된 거지. 어려 석은 잭! 요컨대 연애소설이라는 범주에 갇힌 자는 도스토옙스키의 작품조차 연애소설로 읽지. 명심해. 괴물은 바깥이 아니라 안에 있어."

연애의 여왕의 말은 거침없고 정연했다. 수천 번 반복되는 질문의 후 단련된 정교한 답 같았고 수학 문제를 풀이하는 듯한 말투였다. 감상적이고 낭만적인 대답을 예상했던 나로서는 뜻밖이었다. 다섯 권의 통속적인 연애소설을 쓴 사람이 맞나 싶을 정도였다. 연애의 여왕이라는 별명을 어떻게 생각하느냐는 질문은 꿀꺽 삼켜야 했다. 나도 모르게 의자를 당겨 앉았다.

"아! 포도 달다. 주영 씨, 포도 한 송이 더."

연애의 여왕이 입맛을 다시며 말했다.

나는 한 알도 먹지 않았는데 포도는 어느새 줄기만 남았다.

"선생님, 오늘 간식 너무 드셨어요."

검은 옷을 입은 여자가 말했다.

"한 송이만."

연애의 여왕이 왼손 검지를 치켜들며 청했다.

"안 된다는 거 잘 아시잖아요, 선생님."

검은 옷을 입은 여자가 미소를 지으며 말했다. 어린애를 달라는 것 같은 투였다.

연애의 여왕은 손목시계를 보더니 티타임이 7분이나 초과되었다며 자리에서 일어났다.

집을 찾아오기까지의 역경에 비하면 촬영은 순조로웠다. 남향인데다 채광창이 큼지막해서 광원은 넉넉했다. 벽을 덮은 책장과 책장 가득한 책 그리고 책장용 사다리까지 그럴듯한 그림을 연출하기에 부족함이 없었다. 책장 가운데 걸쳐둔 사다리 밑에 드러누워 여러 컷 찍었다. 책으로 쌓아올린 성벽 같은 느낌이 마음에 들었다. 게다가 성벽을 공략하는 사다리까지.

책을 몇 컷 접사하자 준비해 간 필름이 동났다. 채광창을 뚫고 들어온 햇살이 그새 깡똥했다. 해부학 책을 한 권 꺼내 펼쳐 보았다. 의대생들이나 봄직한 두툼한 원서였다. 연애소설을 쓰는 데 도움이 될 만한 책은 아니었다. 다빈치가 인체를 스케치한 그림을 모은 화집도 있었다. 『카마수트라』 영역본을 발견했을 때는 휘파람이 절로 나왔다. 다양한 섹스 체위가 삽화와 함께 소개되어 있었다. 연애의 여왕의 소설에는 섹스 장면이 드물었다. 어쩌다 등장해도 변죽만 울리다 말았다. 섹스는 사랑의 부록에 지나지 않는 것처럼. 있어도 그만 없어도 그만인. 그러니 『카마수트라』는 해부학 책만큼이나 연애의 여왕이 쓴 소설과 무관해 보였다. 사실 연애의 여왕에게 가장 궁금했던 것은, 그래서 단 한 번의 기회가 주어졌을 때 물었어야 했던 질문은 이런 것이었다. 소설은 경험을 바탕으로 쓰시나요?

내가 현관을 나설 때도 연애의 여왕은 집필실에서 내려오지 않았다. 집필 중에는 내려오는 일이 없다고 검은 옷을 입은 여자가 말했다. 변명처럼 들리지는 않았다. 인사는 해야겠다고 했지만 검은 옷을 입은 여자는 괜찮으니 그냥 가라 했다. 막아서는 서슬이 완강해 물러서지 않을 수 없었다. 어색하게 작별 인사를 하며 나는 명함을 건넸다. 연애의 여왕에게 전해달라고 부탁하면서.

나, 혼인신고할까?

운전석에 앉았을 때 휴대폰 상에 문자메시지가 떴다. 여자 친구가 보낸 것이었다. 서쪽의 낮은 하늘에 주저앉은 태양은 보랏빛으로 질려가는 구름 너머에서 어슴푸레했다. 여자 친구의 문자를 뜯어보던 나는 그것이 세 번째 질문이라는 것을 직감했다. 선보러 나가도 돼? 여자 친구의 첫 번째 질문이었다. 좋을 대로 해. 대답하는 데 1분도 걸리지 않았다. 정확히 47초. 그 대답으로 바뀐 것들을 생각하면 너무 성급했는지도 몰랐다. 두 번째 질문에 답하는 데는 10분쯤 걸렸다. 정확히 9분 52초. 나, 결혼할까? 여자 친구의 생일이었다. 나는 이렇게 대꾸했다. 그걸 왜 나한테 물어? 이듬해부터 나는 여자 친구의 생일날 함께 있을 수 없었다. 여자 친구는 두 번째 선에서 만난 남자와 결혼했다.

휴대폰을 만지작거릴 뿐 나는 선뜻 답문을 보내지 못했다. 뭐라 답할지 막막했다. 두 가지는 분명했다. 답하는 데 10분은 더 걸리리라는 것과 이번이 마지막이라는 것. 차 키를 꽂고 시동을 걸었지만 엔진은 묵묵부답이었다. 괜찮아. 당황하면 안 돼. 다 잘될 거야. 나는 혼잣말을 중얼거렸다. 휴대폰을 주머니에서 꺼내 다니던 정비소에 전화했다. 사장이 받았다. 아무래도 점화장치 부품을 바꿔야 할 것 같다고 했더니 진작 자기 말을 듣지 그랬냐며 핀잔했다. 사람을 보내줄 수 있는지 물었더니 일손이 달린다며 말꼬리를 흐리면서도 어딘지 물어왔다. 위치를 대자 한숨만 쉬었다. 두 배의 출장비를 약속하고서야 직원을 보내주겠다는 다짐을 받아낼 수 있었다.

나는 시트를 뒤로 젖히고 눈을 감았다. 설핏 잠들었는지 차창 두드리는 소리에 몸이 진저리치며 튀어 올랐다. 검은 옷을 입은 여자가 어렴풋한 노을의 타 버린 심지인 양 허리를 꺾은 채 서 있었다. 등받이를 세우고 창을 내리자 무슨 일인지 물었다. 사정을 설명하자 집에 들어와 기다리라 했다. 이층 창문께를 흘끔거리며 그래도 되겠느냐고 물었더니 '선생님'의 뜻이란다. 저녁을 준비 중인데 괜찮다면 함께 먹자고 했다. 대답하기도 전에 배에서 꼬르륵 소리가 들려왔다.

검은 옷을 입은 여자가 준비한 메뉴는 송아지 안심스테이크였다. 글이 잘 풀렸는지 연애의 여왕은 식사 내내 명랑했다. 끼적거리던 나와 달리 스테이크를 쓱쓱 잘라 맛나게 먹었고 검은 옷을 입은 여자에게 와인을 꺼내오게도 했다. 솜씨가 나쁘지 않았지만 나는 음식 맛을 온전히 감상할 수 없었다. 여자 친구의 문자가 머릿속에 맴돌았다. 문자를 받은 지 한 시간이 지났다. 정확히 한 시간 4분. 답문에 대한 궁리보다 여태 답문을 보내지 못했다는 낭패가 마음의 발목을 잡았다.

"세계문학사에서 위대한 여성작가가 드문 이유가 뭔지 알아?"

연애의 여왕이 내게 물었다

"글쎄요."

"밥해줄 사람이 없었기 때문이야. 매 끼니 밥을 지어줄 사람이 있어야 위대한 작품이 나올 수 있어. 그런데 남자들은 제 끼니조차도 스스로 해결하지 못하는 족속이니 여자들이 위대한 작품을 쓸 수가 없지. 내가 다섯 권의 책을 낼 수 있었던 건 모두 주영 씨 덕분이야. 문학사가 기억하지 않는 부엌의 영웅들을 위해 건배!"

검은 옷을 입은 여자는 연인에게 달콤한 찬사를 들은 것처럼 얼굴을 붉혔다. 검은 옷을 입은 여자의 손톱에도 검정 매니큐어가 발라져 있었다. 손가락은 짧고 가늘었다. 나는 두 여자의 관계가 문득 궁금해졌다.

연애의 여왕이 와인을 권했지만 나는 운전해야 한다며 사양했다. 한 번 더 청하면 못 이긴 척 한 잔 정도는 마실 수 있었지만 더 권하지 않았다. 내가 차를 몰고 돌아가야 한다는 사실을 깜빡했다는 듯 아! 탄성을 내뱉고는 입을 다물었다. 연애의 여왕이 입을 다물 때마다 침묵이 흘렀다. 울음이 여자 친구만의 언어였다면 침묵은 나만의 언어였다. 여자 친구는 내 말수가 적다고 불평하곤 했다. 불평은 식사할 때 특히 심했다. 말 좀 하면서 먹으라는 것이었다. 내가 밥을 먹으면서 말을 거의 하지 않는다는 사실을 그전에는 몰랐다. 밥을 급히 먹어치운 나는 숟가락을 내려놓고 여자 친구가 식사를 마치기를 기다리곤 했다. 묵묵히. 침묵에 대해 숱하게 불평했던 여자 친구는 내 침묵의 이유에 대해서는 단 한 번도 묻지 않았다. 묻지 않은 것에 대해서는 침묵하는 법이다. 묻지도 않은 것에 대해 말할 때는 헛소리를 하게 되니까. 묻는 말에는 거짓으로 대답하게 마련이고. 거짓말과 헛소리를 빼면 어떤 이에게는 울음만 남고 어떤 이에게는 침묵만 남는다. 진실은 울음과 침묵 사이에 있을 것이었다.

어떤 원고를 쓰고 있었는지 묻자 연애의 여왕은 기다렸다는 듯 입을 열어 특유의 차분하고 정연한 말투로 설명했다. 잡지에 실릴 산문을 썼단다. 일 년 넘게 연재 중인데 곧 책으로 묶어낼 계획이라 했다. 첫 번째 산문집이었다. 어디서 내기로 했냐고 물었더니 귀에 익은 이름을 댔다. 서재 촬영을 의뢰한 잡지사가 속해있는 출판 그룹의 단행본 브랜드였다. 잡지사가 연애의 여왕을 취재하기 위해 그토록 공을 들인 이유를 알 것 같았다.

책 제목을 아직 못 정했다고 연애의 여왕이 푸념했다. 사랑에는 리콜이 없다. 사랑한다면 미치도록. 사랑은 죄가 없다. 셋 중 어떤 게 낫냐고 물었다. 나는 첫 번째를, 검은 옷을 입은 여자는 세 번째를 꼽았다. 연애의 여왕은 두 번째로 갈 것 같다고 말했다. 두 번째 제목의 느낌이 어떠냐고 묻자 검은 옷을 입은 여자는 제깟 게 뭘 알겠어요, 라며 다소곳이 눈을 내리깔았다. 호박 빛 조명 때문인지 와인 때문인지 볼이 발그레했다. 이런 말도 수줍게 덧붙였다.

"선생님이 좋다면 저도 좋아요."

'사진사 양반은?"

"글쎄요. 좀 과하다 싶은데……."

"쌈빡해서 좋은데."

검은 옷을 입은 여자가 내 말꼬리를 잘랐다.

"제목이 '없다'로 끝나면 부정적인 느낌이 강해서 책이 팔리겠어?"

연애의 여왕이 말했다.

다시 침묵이 찾아왔다. 여자 친구에게 문자를 받은 지 한 시간 54분이 지났다. 55분. 56분. 57분. 58분. 59분. 나는 앞의 빈 잔에 와인을 부었다.

"운전해야 된다며?"

연애의 여왕이 물었다.

"한 잔 정도는 괜찮습니다."

와인 맛은 무겁고 씁쓸했다.

정비소 사장으로부터 전화가 걸려왔을 때 나는 와인을 석 잔째 채우고 있었다. 급한 일이 생겨 직원을 보내주기 어렵게 됐단다. 내일 아침에나 가능하겠다고 했다. 급하면 다른 곳을 소개해줄 수도 있지만 지금 전화를 받는 곳은 없을 거라는 말도 덧붙였다. 나는 잠시 생각해보겠다며 전화를 끊었다.

"생각할 거 없어. 사장 말대로 여태 문 연 데는 없을 거야. 일부러 지금까지 기다렸다 전화했겠지. 오늘 꼭 가야 한다면 태워다 줄 수도 있지만 주영 씨, 밤에는 핸들 안 잡아. 여기서 자. 내일 아침에 오라고 하는 대신 출장비를 깎아. 약속을 어겼으니까. 내일부터 거래처 바꿔. 부품 교체할 때마다 엄청 남겨 먹었을 거야. 출장비 얘기는 지금 꺼내지 말고 직원이 오면 하고."

연애의 여왕이 말했다.

두 번째로 마개를 딴 와인병이 바닥을 보일 즈음 연애의 여왕이 대뜸 한자성어를 대보라고 주문했다.

"한자성어요?"

내가 반문했다. 사양 않고 거푸 들이켠 와인 덕에 긴장이 풀린 나는 낯선 여자들과의 대화에 점점 익숙해지고 있었다.

"아무거나. 지금 머리에 떠오르는 걸로."

"소곤소곤."

검은 옷을 입은 여자가 말했다.

"그건 한자가 아니잖아."

연애의 여왕은 무덤덤하게 말했고 검은 옷을 입은 여자는 농담이라며 배시시 웃었다. 나는 주마간산이라고, 검은 옷을 입은 여자는 유구무언이라고 했다

"사진사 양반은 두려운 게 많지? 누군가를 사랑하는 것은 두렵고 누군가 사랑해주는 것은 더 두렵지? 상처받는 것은 두렵고 상처 주는 것은 더 두려우니 말에서 내릴 엄두가 안 나. 말 위에서는 울 일도 없을 테고."

생소한 내용을 담고 있는 책을 읽어내려는 듯 연애의 여왕이 나를 찬찬히 뜯어보며 말했다. 『카마수트라』 영역본이나 해부학 책을 펼쳤을 때도 저런 표정이었을까. 돌아앉은 세상의 단단한 등짝을 꿰뚫려는 의지를 감추지 않는 눈빛이었다. 자비도 악의도 없이 오직 돌파의 집념으로 단단하게 빚어진 탄피 같은 눈빛.

언제였던가. 여자 친구는 단 한 번만이라도 내가 우는 모습을 보는 게 소원이라고 농담처럼 말했다. 농담이 아니라는 것을 나는 잘 알았다. 꺼내기 곤란한 말을 농담인 양하는 게 여자 친구의 버릇이었으니까. 상처받지 않기 위해. 맞선 보러 가도 되냐고, 결혼해도 되냐고 물을 때 그랬던 것처럼. 농담을 빌려도 드러내지 못하는 마음은 눈물로 뱉어냈다. 여자 친구는 자주 울었다. 애지중지하던 어떤 세상의 종말을 통보받은 것처럼 울었다. 좋을 대로 하라고 했을 때도 울었고 그걸 왜 내게 물어보냐고 반문했을 때도 울었다. 감정이 걱정스러울 정도로 풍부한 여자 친구에게 울음은 일종의 모국어였다. 해독이 불가능한 낯선 나라의 언어 앞에서 내 가난한 겨드랑이는 식은땀을 흘리곤 했다. 내가 무슨 잘못을 했나 따져보느라 곤혹스러웠고 이렇다 할 잘못이 떠오르지 않아 당혹스러

웠다. 어떻게 해야 눈물을 그칠까. 내 머릿속에는 그런 생각뿐이었다. 그때 이렇게 말했다면 어땠을까, 저렇게 대답했다면 어땠을까. 덧없는 공상이 잠자리를 어지럽혔지만 다른 장면을 상상하는 것은 힘들었다. 첫 문장이 태어나기도 전에 결말이 정해진 이야기처럼 마지막 장면은 한결같았다. 여자 친구는 울었고 나는 식은땀을 흘렸다. 잠들지 못하는 어둠이 부추긴 결론은 늘 같았다. 내가 무슨 말을 했든 여자 친구는 울었을 거야. 맞선자리에 나가지 말라 해도 울었을 거고 맞선에서 만난 남자와 결혼하지 말라 해도 울었겠지. 우는 모습을 보는 게 소원이라던 여자 친구에게 나는 이렇게 말했다. 난 태어나던 순간에도 안 울었어.

"유구무언이라……."

연애의 여왕의 말이 더 이상 귀에 들어오지 않았다. 와인이 담긴 글라스 위로 말에 올라탄 늙은 사내의 몰골이 버석거렸다. 말 잔등이 위에서 만년의 밤과 낮 동안 내내 두려움에 짓눌린 노인. 불치의 고독을 앓는 자들이 믿는 신을 위해서조차 흘릴 눈물 한 방울 없는 삭정이 같은 인생이 거기 지나갔다. 그 흔한 개 한 마리 거느리지 않은 채. 나는 와인을 단숨에 비웠다. 만년의 밤과 낮 동안 두려움에 짓눌린 노인도 노인이 탄 말도 더 이상 보이지 않았다. 다만 한 방울의 술만 남았다. 두려움에 관해서라면 나는 많은 것을 말할 수 있었다. 농담을 팔지 않아도 술을 빙자하지 않아도 아주 많은 것을 얘기할 수 있었다. 진실이 울음과 침묵 사이에 있다면 사랑은 떨림과 두려움 사이에 있다. 울음이 떨림이라면 침묵은 두려움이다. 그러니 우는 자는 떠는 자이고 침묵하는 자는 두려워하는 자다.

예정에 없던 술자리가 나는 슬슬 불편해졌다. 연애의 여왕의 거침없고 정연한 언변이, 검은 옷을 입은 여자의 불가사의한 아름다움이, 전혀 어울리지 않는 두 사람 사이의 야릇한 분위기가, 이 모든 것을 불편해하는 스스로가 불편했다. 불편한 기색을 감추기 위해 나는 와인을 편애했다. 내 몫의 와인을 사랑하기 위해 내가 먼저 건배를 청하기도 했다. 연애의 여왕도 검은 옷을 입은 여자도 사양하는 법이 없었다. 세 병째 와인의 마개는 내가 땄다. 술기운이 올라오면서 잔 비우는 속도는 빨라졌고 말은 느려졌다. 사정은 두 여자도 마찬가지였다. 여자 친구에게 문자를 받은 지 세 시간이 훌쩍 지났다. 세 시간 27분.

"해부학 책은 왜 보세요?"

내가 연애의 여왕에게 붙었다.

"다빈치는 인체 해부도를 자주 그렸어. 정확하고 실감 나는 몸짓을 그리기 위해서였지. 소설도 마찬가지야. 인물의 동작을 제대로 묘사하려면 장딴지에 어떤 근육이 붙어있는지, 뱃속에 어떤 기관이 들어있는지 속속들이 알아야 해."

"글은 언제부터 쓰셨어요?"

"학교마다 그런 애들이 하나쯤 있지. 예쁘고 공부 잘하고, 게다가 착하기까지 해서 다른 애들의 질시와 선생의 총애를 한몸에 받는. 일등을 놓치거나 숙제를 깜박해야 뉴스메이커가 되는 아이들, 내가 다니던 고등학교에도 그런 애가 있었어. 글도 잘 썼지. 백일장을 휩쓸었어. 한 번은 교내 백일장에서 내가 장원으로 뽑힌 거야. 나는 글을 내지도 않았는데. 그 애가 제 글에 내 이름을 적어낸 거였어. 나는 알 수 있었지. 나한테 빌려 간 보라색 볼펜으로 씌어있었으니까. 갑자기 가슴이 콩닥콩닥 뛰더라고. 그 후로 뭔가를 끼적거리게 되었지."

"그 친구는 어떻게 되었죠?"

연애의 여왕은 대답을 미룬 채 잔을 비웠다. 연애의 여왕이 술병으로 손을 뺀자 검은 옷을 입은 여자가 제지했다.

"그만 드세요, 선생님."

"한 잔만."

"안 돼요."

"딱 한 잔만."

"어제도 잠 안 온다며 한 병 다 드셨잖아요."

"정말 한 잔만 더 할게."

"어제도, 몇 그제도 한 잔만 한다고 하신 거였잖아요."

"손님도 왔는데……."

검은 옷을 입은 여자가 술병을 낚아챘다. 연애의 여왕이 야단맞은 아이처럼 침울해졌다.

"참! 드라마!"

검은 옷을 입은 여자가 리모컨을 집어 들고 주방 벽에 걸린 텔레비전을 켰다. 남녀 주인공이 마침내 키스하는 날이라고 상기된 얼굴로 말했다. 연애의 여왕의 소설은 모두 드라마로 만들어졌다. 이번에 방영되는 것은 다섯 번째 소설이었다.

"재들 진짜로 사귄다는 기사가 떴더라고요."

검은 옷을 입은 여자가 말했다.

"거짓말이야. 드라마 띄우려고 일부러 퍼뜨린 소문이야."

연애의 여왕이 심드렁하게 대꾸했다

"그랬군요."

"재가 사귄 애는 따로 있어."

"누구죠?"

"장현준."

"지난번에 같이 출연했던?"

"이젠 아냐."

"무슨 말씀이세요?"

"갔어."

"장현준을 찼다고요?"

연애의 여왕이 고개를 까딱였다.

"그래서 얼굴이 수척해졌구나."

"턱을 깎아서 그래."

"어쩐지."

남자 배우의 이름이 귀에 익었다. 여자 친구가 좋아하는 배우였다. 여자 친구의 문지를 받은 지 네 시간 48분이 지났다. 나는 아직 답을 보내지 못했다. 네 시간 49분. 나는 아직도 답을 보내지 못했다. 네 시간 50분.

"어머!"

검은 옷을 입은 여자가 외마디 탄식을 내뱉었다.

텔레비전은 뉴스속보를 내보냈다. 나란히 선 거대한 두 개의 빌딩이 화염 속에서 숨을 헐떡였다. 화염의 진원에는 뭇 생명을 집어삼킬 악성의 종양 같은 심연이 돋아났다. 심연은 쉴 새 없이 검은 연기를 뿜어냈고 더 검은 재를 쏟아냈다. 수라장의 참혹을 카메라는 냉정하게 잡아냈다. 지옥을 굽어보는 신의 무관심한 시선으로.

"오 마이 갓."

연애의 여왕이 어두운 탄식을 토해냈다.

"저럴 수가!"

검은 옷을 입은 여자도 입을 다물지 못했다.

모두 한동안 숨죽인 채 텔레비전을 지켜보았다. 시간도 가던 걸음을 멈추고 지켜보았다. 얼마나 오래 멈추었는지는 알 수 없었다.

“그런데 쌍둥이 빌딩, 백십 층이지?”

연애의 여왕이 물었다.

“백육 층 아닌가요?”

검은 옷을 입은 여자가 대꾸했다.

“밀레니엄 세리머니 보러 갔을 때 들렀던 레스토랑이 백칠 층에 있었어.”

“아, 셰프가 궁중요리사의 자손이라던 프렌치 레스토랑!”

“백십 층이 맞는 것 같은데.”

“백구 층이었던 것 같기도 해요.”

“백구 층인가?”

“장담은 못 하겠어요.”

“답답하네.”

“인터넷을 뒤져볼까요?”

“아니야. 이런 건 기어코 기억해내야 해. 안 그러면 뇌세포가 줄어.”

“정말요?”

“백십 층이 맞을 거야. 사진사 양반은 어떻게 생각해?”

연애의 여왕이 텔레비전에 시선을 고정한 채 물었다. 나는 입을 다물었다. 서늘한 침묵이 재처럼 켜켜이 쌓였다. 나는 입을 꼭 다물었다.

“사진사 양반…….”

대꾸가 없자 연애의 여왕이 고개를 돌렸다. 연애의 여왕과 눈이 마주쳤다. 나는 여전히 입을 꼭 다물었다. 연애의 여왕은 대체 무슨 일이냐는 듯 눈을 동그랗게 뜨고 나를 물끄러미 바라보았다. 연애의 여왕을 모른다고 했을 때 여자 친구가 그랬던 것처럼. 아니, 눈물을 보이는 여자 친구 앞에서 내가 그랬던 것처럼. 여자 친구의 문자를 받은 지 얼마나 지났을까. 먼저 입을 열면 패배하는 게임이라도 벌이듯 아무도 침묵을 건드리지 않았다.

연애의 여왕은 나에게 일층 화장실 옆방을 내줬다. 화장실에 들어가 세수를 하고 연애의 여왕이 내준 새 칫솔로 양치질을 했다. 쓰레기통에 내 명함이 처박혀 있었다. 명함은 멀쩡했다. 명함을 집어 지갑에 끼워 넣었다. 방에는 이부자리가 깔려 있었다. 한 번도 쓴 적 없는 새 이불 같았다. 휴대폰 폴더를 열고 여자 친구의 번호를 몇 번이나 눌렀다 취소했다. 문자를 썼지만 차마 보내지는 못했다. 많은 문자를 썼다 지웠다. 괜찮아? 자? 내가 하지 말라면 안 할 거야? 한자성어를 대봐. 나중에는 지우기 위해 쓰는 것 같았다. 수신자 없는 문장은 헛된 희망조차 불러 세우지 못한 채 덧없이 사라졌다. 무릇 말이라는 게 그러하듯이. 진실의 적은 진실이라는 말이고 사랑의 적은 사랑이라는 말인 것처럼,

미안해. 내 어눌한 손가락이 최후까지 붙들고 있던 문장이었다. 취소 버튼을 누르려다 발송 버튼을 누르고 말았다. 핸드폰 창에 뜬 편지 봉투에 날개가 달렸다. 날개를 부러뜨리고 싶었다. 불을 끄고 누웠지만 잠은 나에게 한 움큼의 곁도 허락하지 않았다. 눈을 뜨면 이 세상에 나 혼자 깨어있을 것만 같았다. 뒤척일 때마다 지구가 걸친 수의 같은 어둠이 바스락댔다.

갈증을 느끼며 어둠 속에서 눈을 떴다. 나는 어둠을 노려보았다. 어둠도 나를 노려보았다. 어둠의 미간이 좁아졌다. 불을 켜고 휴대폰으로 시

간을 확인했다. 새벽 다섯 시를 조금 넘긴 시각이었다. 아무렇게나 던져진 카메라 가방을 보고서야 어디에 와 있는지 새삼 깨달았다. 주방으로 나가 물을 마셨다. 식탁에는 간밤의 소요가 고스란했다. 빈 병과 빈 술잔과 빈 접시. 집안은 숨소리조차 들리지 않아 적막했다. 고요한 어둠 속에서 더 고요한 어둠이 붉어지는 기척이 희미했다. 서재로 가 의자에 앉았다. 처음 앉았던 때처럼 주위를 둘러보았다. 나선 계단이 눈에 밟혔다. 일층 침실 문은 굳게 닫혀있었고 나선 계단은 계속 눈에 밟혔다. 이번에도 호기심이 이겼다. 나는 나선 계단을 살금살금 올라갔다.

이층에는 방이 두 개였다. 그중 하나가 집필실일 터였다. 연애의 여왕이 공개를 거부했던. 나란히 서있는 두 개의 문. 오른쪽 문을 열자마자 나는 흠칫 놀랐다. 파리한 어둠 속에 두 사람이 서있었다. 방에 고인 어둠이 빠져나가며 눈이 밝아지자 두 사람은 두 벌의 옷으로 변했다. 다정히 어깨를 맞대고 서있는 보라색 치파오와 검은 재킷. 검은 재킷을 걸친 옷걸이에는 검은 셔츠와 바지도 함께 걸려있었다. 나는 벽을 더듬어 전등스위치를 켰다. 어둠의 전모가 드러났다. 나란히 세워진 두 개의 행어에는 옷이 빽빽이 걸려있었다. 보라색 치파오 뒤에는 같은 색의 수많은 치파오가, 검정 재킷 뒤에는 같은 색의 수많은 재킷이. 어두운 마법에 걸려 마주볼 수 없는 연인들처럼. 일층에서 인기척이 들렸다. 나는 화들짝 놀라 불을 껐다. 어둠이 돌아오자 두 벌의 옷은 두 명의 사람으로 돌아갔다. 문을 여닫는 소리, 슬리퍼 끄는 소리, 다시 문을 여닫는 소리가 차례로 들려왔다. 누가 화장실에 간 모양이었다. 나는 방에서 나와 나선 계단을 조심조심 내려갔다.

집 밖의 어둠은 더욱 엷어졌다. 강 너머의 먼 산봉우리가 밤새 녹아내린 촛농더미처럼 고요했다. 촛농더미의 정수리가 오렌지 빛으로 부글

부글 끓었다. 나는 차에 올라타 시동을 걸어보았다. 단박에 차가 꿈틀거렸다. 시동을 살려둔 채 차에서 내려 집안으로 돌아갔다. 카메라 가방을 어깨에 메고 방을 나오는데 화장실 문이 열렸다.

"가는 건가요?"

검은 옷을 입었던 여자였다. 잠옷도 검은색이었다.

"네. 인사라도……."

"선생님은 아직 주무세요. 한 시간은 더 있어야 일어나십니다."

검은 잠옷을 입은 여자가 화장실 문을 닫으며 말했다.

"그런데 차는 벌써 고쳤나요?"

거짓말처럼 시동이 걸렸다는 말을 던지고 나는 도망치듯 차에 올라탔다.

뭔가를 빠뜨렸다는 느낌이 떠올랐을 때 차는 이미 서울에 접어들고 있었다. 빠뜨린 게 뭔지 생각해내고서도 나는 한참 망설였다. 꼭 돌아가야 할 필요는 없었지만 차를 돌렸다. 그러고 싶었다.

이번에도 현관문을 연 이는 검은 옷을 입은 여자였다. 검은 옷을 입은 여자의 눈이 가늘어졌다. 두고 간 게 있냐는 물음에 연애의 여왕에게 부탁할 게 있다고 대답했다. 무슨 부탁이냐는 물음에는 직접 말하고 싶다고 답했다.

"누구?"

연애의 여왕의 목소리였다. 연애의 여왕은 서재 의자에 앉아 차를 마시던 참이었다. 어제 나선 계단을 내려오던 모습 그대로. 한 치의 흐트러짐도 없었고 여전히 보라색 치파오 차림이었다. 탁자를 사이에 두고 연애의 여왕과 마주앉았다. 연애의 여왕은 아무 말도 하지 않았고 어떤 표정도 읽어낼 수 없었다. 간밤의 벅적했던 술자리가 꿈처럼 여겨질 만큼 데면데면해 명함이라도 새삼 건네야 할 것 같았다. 나는 카메라 가방에서 책을 꺼냈다. 연애의 여왕의 다섯 번째 소설이었다.

"사인을 부탁드려도 될까요?"

"그것 때문에 돌아왔어?"

나는 머리를 긁적였다.

검은 옷을 업은 여자가 어느새 만년필을 가져왔다.

"사진사 양반 이름이 뭐였지?"

연애의 여왕이 물었다.

"아는 사람이 작가님 팬이라서……."

"이름은?"

나는 여자 친구의 이름을 댔다. 목소리가 떨렸다.

#03

전통의 가치와 신화적 상상력

#03

전통의 가치와 신화적 상상력

신화는 어느 한 집단이나 민족의 기원, 우주와 인간과의 관계, 민족이 살아남기 위한 투쟁, 지도 이념, 삶과 죽음, 인간의 미래 등 한 민족 내지 인류 전체의 가장 본질적인 문제들을 상징적으로 이야기한 것이다. 즉 신화는 인류의 문화 질서와 관습의 축적물로서, 그 속에는 가능한 인간관계의 전형과 자연적 질서의 원형이 존재한다. 초월적 존재들에 관한 이야기임에도 불구하고 신화의 이면에는 공동체의 관심과 생존과의 조화를 위한 보편적인 문화적 틀이 자리하고 있다. 그것은 서로 다른 시간과 공간에서 구조적인 유사성을 지니고 반복되며, 이로 말미암아 문학적 상상력의 원천이 되어왔다.

신화는 인간이 우주와 존재의 문제를 심각히 관찰하고 해석한 결과 도달한 이야기 체계이다. 그래서 신화에는 인간 존재와 삶과 세계에 대한 인식과 통찰이 반영되어 있다. 예컨대 '판도라의 상자' 때문에 세상에 죽음이 퍼지게 되었다는 이해하기 어려운 필연적인 현상을 정당화하는 기능을 한다. 이러한 설명의 기능은 결국 창조적 상상력의 세계를 확장시키는 역할을 한다. 그래서 신화는 상상력의 보고라 할 수 있다.

신들의 이야기는 소박한 민담으로부터 거창한 서사시에 이르기까지 가장 사랑받고 숭앙받는 문학의 소재가 되어 왔다. 따라서 신화의 측면에서 볼 때, 문학은 한 집단 나아가서는 인류의 공통적인 꿈의 표현이 된다. 다시 말해 신화에는 공동체의 역사와 삶을 지배했던 의식과 가치가 융해되어 있기 때문에 문화적이고 문학적인 전통의 중요한 핵심을 형성한다. 따라서 신화는 인류가 이어받은 문화적 유산일 뿐만 아니라 현재를 풍요하게 가꾸고 미래를 위해 물려줄 문화적 전통이기도 하다.

전통은 오랜 과거가 현재에 물려준 삶에 대한 신념, 관습, 방법 등이다. 즉 오랜 역사를 통하여 형성된 한 집단의 '문화'를 현재 그 집단에 속한 사람들과의 관련성 속에서 바라본 것이 전통이다. 진정한 의미의 전통은 과거의 가치 가운데서 현재에도 살아 숨쉬며 신선한 창조력의 모태가 되는 것이다. 따라서 전통은 주어지는 것을 그대로 수용하는 것이 아니라 적극적이고 능동적으로 획득해야 할 대상이다.

어떤 집단의 문화적 전통은 그 집단의 다층적인 기억과 삶과 정서의 집적물로서 한 집단의 정체성을 유지할 수 있도록 해준다. 또 새로운 변화와 창조를 수용함으로써 항상 새롭게 변화한다. 한편, 문학은 전통을 변화시키고 창조하는 역할을 담당하고 있다. 따라서 전통은 과거의 문화유산을 깊이 받아들인 현대 작가를 통해 새로운 형식으로 변주된다.

신화와 전통은 문학의 주요한 소재, 나아가 창작의 동기를 제공해 왔다. 그것은 현대 사회의 특징과 깊은 관련이 있다. 현대 문명사회에서는 신화적 공간인 원시사회처럼 인간과 자연의 통일, 자아와 세계의 공감적 융합 등 미분화된 원초적 통일성을 찾아볼 수 없다. 그런가 하면 현대적 이성은 사물의 차이를 구별하고 사물들을 분리 고립시켰다. 더욱이 과학적 지성은 분업화, 전문화라는 이름으로 분열 현상을 가속화시켰다. 뿐만 아니라 이러한 문명의 발달로 인해 세계와 생활이 바뀌자 과거의 생활과 사물들은 낡은 것으로 치부되면서 버려야 할 가치로 전락하게 되었다. 이는 과거 나아가 전통 부정의 현상으로 드러난다. 그리하여 현대인들은 과거의 신화와 전통을 상실함으로써 세계와 자아로부터 소외당한 초상이 된다.

세계와 자아의 통합을 위해 우리는 신화와 전통의 세계를 지향한다. 그럼으로써 안정감과 균형 잡힌 시선을 갖게 되기 때문이다. 따라서 문학에서 신화와 전통은 현대사회를 사는 인간들의 정서적 불안정을 치유하는 원천으로 작용한다. 신화의 모티브가 변용되어 차용되기도 하고, 신화의 구조가 문학의 상상력 구조로 나타나기도 한다. 전통 역시 문학의 형식적 측면에서 계승 변용되기도 하고, 소재 측면에서 노래되기도 한다. 신화나 전통 설화에 접맥된 동일성은 개인적 동일성이 아니라 원형적 동일성이다. 그 원형에 자신을 동화시킴으로써 우리는 통시적 동일성의 감각을 가질 뿐만 아니라 자아를 더욱 심화하고 확대한다.

이 장에서는 어떤 신화와 전통이 문학의 소재로 기능하고 있으며, 그것이 변용과 재창조의 과정을 통해 무엇을 이야기하는지 고찰해 본다. 나아가 도시화, 산업화, 서구화, 과학화의 특성을 지닌 현대 사회에서 전통과 신화의 기능과 역할에 대해서도 생각해 본다.

시암치기

이오장

고추 탱글탱글 여물어[1] 가고
막걸리가 부글부글 끓어오르는 땡볕 징한 날[2]
논배미마다 벼포기 차올라
목마르게 소나기를 기다린다
오늘은 시암치기[3] 하는 날
동네 가운데 시암 옆
향나무[4] 그늘에 모여 밧줄과 동이를 챙기는 사람들
"아따, 어떻게 쓰간디[5] 이렇게 시암이 더럽다냐"
"여지껏 이 물을 동네 사람들이 먹은 것이여"
웃도리 벗고 허리춤을 동여 맨 남정네가
밧줄을 몸에 묶고 시암 속에 들어간다

---

1 씨가 익어서 단단해져

2 '징그럽게 힘든 날'의 사투리

3 '우물'의 사투리. 매년 한번 초복 무렵이나 백중 때 공동으로 우물을 청소하고 동네의 친목을 다졌다. [사전에 없는 말]

4 측백나뭇과에 속한 상록 교목. 재목은 조각이나 가구의 재료 또는 향을 피우는 데에 쓰인다.

5 '어떻게 쓰는데'의 전라도 사투리

"조심허소 붕알[6] 떨어지면 약도 없응게[7]"

"꼭 잡어요 허리 부러지면 개똥 어메 도망가"

한 해 한 번

초복[8] 무렵 시암 치는 날

바닥이 날 때까지 물 퍼 올리고

옷자락, 나뭇가지, 그릇조각, 두레박[9] 끈 등

온갖 잡동사니[10] 건져 올리고 나면

유황[11] 덩어리를 내려 풀고

누구누구네 것이라며 혀를 차는 아낙들 앞에

시암 속에 말간 물이 차오른다

"아그들[12] 조심 혀야 혀[13]"

"시암물이 목숨 줄인게"

---

6 '불알'의 방언

7 '없으니까'의 전라도 사투리

8 삼복(三伏)의 첫째. 여름철의 몹시 더운 기간을 초복(初伏), 중복(中伏), 말복(末伏)으로 나눈 것 중에서 첫 번째로서, 하지(夏至)로부터 세 번째 경일(庚日)이다.

9 줄을 길게 달아 우물물을 긷는 데 쓰는 기구

10 별 소용이 없는 여러 가지가 잡다하게 뒤섞인 것. 또는 잡다하게 뒤섞인 물건

11 비금속 원소의 하나. 기호는 S이고 원자번호는 16이며, 원자량은 32.07이다. 온천욕이나 피부미용, 보양식에도 사용되며 촌락에서는 우물 소독에 썼다.

12 '아이들'의 방언

13 '해야 해'의 전라도 사투리

동백대왕 신종

송찬호

辛卯年 九月 동백국 가는 뱃길에 커다란 종 모양의 물 언덕이 나타났다
뱃머리로 부딪쳐 나아가니 웅장한 종소리가 났다
어부들은 동백국이 보낸 神物이라 하여 크게 기뻐하고
그물로 끌어와 땅을 쌓고 그물 언덕을 세웠다
그리하여 흉어기일 때면 어부들은 바다에 나아가지 않고
그 언덕에서 물고기를 구하였다 이 소문을 듣고
사방에서 矜恤들이 모여들어 살게 되었으니
마침내 긍휼의 수가 만구를 넘게 되자
언덕에 쇳물을 입혀 이를 기리게 하였다
때마침 피리를 불며 어디선가 아름다운 두 마리 새가
나타나 춤을 추며 즐거워하였으니,
그게 바로 그 신종에 새겨져 지금껏 날고 있는 봉황이었다

올림푸스 세탁소

최치언

이 마을 가장 높은 곳엔 세탁소가 있다.
바짓단을 줄인 듯 껑충한 머리의 주인장은
지붕 위에서 함석을 기우고 있다.
코끼리 궁둥이만한 느린 구름장이
세탁소 지붕 위에 도달할 쯤
주인장은 망치와 못을 들어 함석을 박는다.
망치가 한 번씩 내리쳐질 때마다
미싱 밟는 아내의 머리 위로 실밥이 날린다.
누룽지 같은 곰보의 얼굴이
거울 속에서 수줍게 실밥을 털어낸다.
이 마을의 가장 높은 곳엔 올림푸스 세탁소가 있다.
종일 천둥처럼 망치를 내려치는 사내가 있고
때 묻은 옷더미 속에서 바늘대로 꼿꼿이 말라가는
그의 여자가 있다.
오늘도 비는 내리지 않고
저녁 안개가 흰 빨래처럼 펄럭거릴 쯤
주인장은 지붕 위에서 내려온다.
풀어진 세제 속에 붉게 달아오른 두 손을 담그고
여자는 하루 종일 바람을 맞은
그의 구겨진 마음을 다림질한다.

그 변소간의 비밀

박규리

십년 넘은 그 절 변소간은 그동안 한번도 똥을 푼 적 없다는데요 통을 만들 때 한 구멍 뚫었을 거라는 등 아예 처음부터 밑이 없었다는 등 말도 많았습니다 변소간을 지은 아랫말 미장이 영감은 벼락 맞을 소리라고 펄펄 뛰지만요, 하여간 그 곳은 이상하게 냄새도 안 나고 볼일 볼 때 그것이 튀어 엉덩이에 묻는 일도 없었지요 어쨌거나 변소간 근처에 오동나무랑 매실나무가 그 절에서는 가장 눈에 띄게 싯푸르고요 호박이랑 산수유도 유난히 크고 훤한 걸 보면요 분명 뭔가 새긴 새는 것이라고 딱 한 우리 스님도 남몰래 고개를 갸우뚱거리는데요 누가 알겠어요, 저 변소는 이미 제 가장 깊은 곳에 자기를 버릴 구멍을 찾았는지도요 막막한 어둠 속에서 더 갈 곳 없는 인생은 스스로 길이 보이기도 하는 것이어서요 한줌 사랑이든 향기 잃은 증오든 한 가지만 오래도록 품고 가슴 썩은 것들은, 남의 손 빌리지 않고도 속에 맺힌 서러움 제 몸으로 걸러서, 세상에 거름 되는 법 알게 되는 것이어서요 십년 넘게 남몰래 풀과 나무와 바람과 어우러진 늙은 변소의 장엄한 마음을, 알 만한 사람은 다 알 만도 하지만요 밤마다 변소가 참말로 오줌 누고 똥 누다가 방귀까지 뀐다고 어린 스님들 앞에서 떠들어대는 저 구미호 같은 보살말고는, 그 누가 또 짐작이나 하겠어요

군평선이[1]

오성인

녀름[2]만 짓던 몸으로 피비린내 진동하는 붉은 바다위에서 총칼을 맞았더니 입들이 모두 파랗게 질려 있습니다 빳빳해진 입맛들에 기름칠 좀 해줘야겠습니다 오늘 먹는 밥이 생애 마지막 밥이 될지 알 수 없기에 그 하나하나에 밴 여운들까지 꼭꼭 씹어 넘겨야 합니다 긴장이 풀어지며 밥그릇 긁는 소리 젓가락 부딪치는 소리 입맛 다시는 소리 방 안에 요란합니다 모두들 어머니 젖가슴 같은 그릇에 얼굴을 파묻고 퍼먹기 정신없습니다 한 숟갈 한 그릇씩 더 먹어놔야 한 놈의 적이라도 더 벨 수 있습니다 태산 같은 장군도 오늘만큼은 체면 따위 벗어던집니다

장졸들 틈에서 정신없이 밥을 먹던 장군이 문득 행동을 멈추고는 한 생선을 가리키며 무엇이냐고 묻습니다 그 이름을 모르는 이들은 눈만 끔뻑이며 서로의 얼굴만 쳐다볼 뿐입니다 낯선 생선을 앞에 두고 일순간 정적이 흐르는 밥상 한 여인이 들어와서는 낯선 생선을 한 접시 더 두고 갑니다 많이들 드시와요 하며 여인이 물러나려고 하자 장군이 그녀의 이름을 묻습니다—평선이라 하옵니다 평, 선, 이옵니다

---

1 농어목 하스돔과의 바닷물고기이다. 깊은 바다에 살며 비늘이 강하고 뼈가 단단하다. 맛이 좋아 샛서방고기라고 불리며, 여수에서 유명하다.

2 농사의 옛말.

—네 이마가 참으로 반질반질하고 넓으니 여기 장졸들과 곳곳에 상처 입어 널브러진 민초들의 깊은 시름을 가히 받아낼 만 하다 입술은 도톰하여 오갈 데 없는 아우성들을 능히 품어내겠고 눈동자가 넓동그랗고 맑으니 피로 얼룩진 입맛들을 고이 감싸 안을 수 있겠다 가만 보니 너와 이 생선이 흡사하다 눈, 입, 이마, 어떤 격정에도 중심을 잃지 않을 가시 같은 기개가 매우 그렇다 평선이라고 했느냐 이 낯선 생선을 오늘부터 평선이로 부르고 함부로 여기지 말아라

평선이라는 여인네 닮은 생선 즐겨 먹었던 그 힘으로 장군은 드넓은 광장에 굳건히 서 계시는가 봅니다 눈빛은 여전히 팽팽하고 추상같은 호령은 마를 새 없습니다 가벼운 혀놀림으로 엎질러진 시간을 감당하지 못한 채 얼굴 바꾸기 급급한 이들에게 장군의 얼이 깃든 이 생선 맛 한가득 부어주면 일휘소탕 혈염산하一揮掃蕩 血染山河 서슬 퍼런 문장이 명치 끝에 아리게 새겨져 정신 번뜩 들게 할는지도 모르겠습니다

배뱅이 구설

엄인희

- 등장인물 -

배우 1

배우 2

시작

배우1 등장, 관객에게 인사.
배우1, 무대 중심에 바짝 선다.

배우 1

[창唱]

아- 헤 에헤 어루 어허이야 염불이로다.

뒤로다 올려보니 삼각산이고

내려서 굽어보니 덕수궁인데

덕수궁에 나는 새는 하얀 구름을 안고 돈다.

(후렴)

여보시오 소년님네

백발을 보구 설랑은 허허 웃지 말고

젊은 혈기를 자랑마소

나도 엊그저께는 청춘홍안이더니마는

이제 백발이 더욱 섧다.

(후렴)

넘어 가자 넘어 가자

넘어가자 넘어 넘어간다.

산 염불로 넘어가자

(후렴)

오늘 이 자리에 모이신 손님

집집마다 복을 받으시고

(후렴)

인제들 가시면 어느 때 뵙나

다시 뵙기만 기다려요

노래를 마치고 앞으로 썩 나선다음.

배우 1 옛날 경상도 태백산 아래 어느 마을에 부자 한사람이 사는데, 9대째 내려오는 무당의 자손이었습니다. 성이 최가인 이 화랭이는 어찌나 굿을 잘 놀았던지 돈을 겁나게 모아서 나라에 흉년이 들면 상감마마가 딸라 이자로 꾸어갈 정도가 됐습니다. 그렇지만 무당이라고 해서 누가 사람대접을 해줘야 말이지. 동네 강아지들도 이 최화랭이의 똥은 무당의 똥이라 해서 식사를 안 하셨어요. (먹는 시늉을 하다가 멈추고) 아이구 내가 돈만 있으면 뭐하나. 내가 배운 것도 많고 아는 것도 많으니까 벼슬이나 한자리 얻어서 호령이나 치고 살아야겠다. 하고서, 하루는 있는 돈 조금 헐어서 양반을 사고 한양으로 올라갔겠다. 한양의 어느 대감 댁을 발바닥에서 불이 나도록 드나들고, 손바닥에 지문이 닳도록 비벼서 사또 벼슬을 하나 사가지고 경상 감사로 내려 오게 되었습니다.

배우1은 놀던 자리에서 떠난다.
오히려 종전까지 놀던 사람을 가당찮다는 듯이 훑어보며 객석에 앉는다.

배우 1 (손을 들며) 저기, 배우 오빠요! 질문이 있어요. (일어나서 관객에게) 엄마! 나더러 오빠래. 야... 참... 그냥, 아저씨라고 그러쇼. 아저씨! (다시 앉고) 그래도 인기배우한테 어떻게 그래요. 난 못해요. 학벌이 있지. 그런데 오빠! 오빠는 거짓말쟁이야. 배뱅이굿을 한다고 해놓고서는 최화랭이는 뭐고 경상감사는 또 뭐예요? 난 몰라. 그러니까 텔레비전 선전에서도 유사품에 주의하라고 그러지. 배뱅이굿이 아니라 최뱅이 굿인가 봐.

객석을 떠난다.

배우 1 네! 성급하셨습니다. 최화랭이는 배뱅이의 부친. 즉 배뱅이는 최배뱅이입니다. 다들 성이 배씨에다 이름이 뱅이인줄 알고 계신데, 아니에요. 그러면 왜 배뱅이가 최배뱅이인가? 근거는 무언가? 어떤 학설에 의한 것일까?

배우2, 자기 차례를 기다리다 등장한 것처럼 들어오다가 자연스럽게 말을 받아넘긴다.

배우 2 원래 우리나라 습관에 부모가 울면서 자식 이름 부를 때 성까지 부르지 않잖아. 이 배뱅이굿에서도 배뱅아, 배뱅아! 하면서 울거든, 이름이 뱅이였어 봐라. 뱅이야, 뱅이야! 하고 울어야 옳지. 안 그래?

배우 1 (되받아 넘기며) 어쨌든 배뱅이 아버지는 경상감사가 되어 내려가는데 혼자 가기가 어째 빽빽하고 빳빳하였던지 종놈인 상장 구덱이를 대동하였것다.

배우2 굽실거리며 따라다닌다.

배우 1 (그를 가리키며) 이 상장 구덱이란 놈은 원래 최 감사가 화랭이 노릇할 때부터 장구 잡혀 부리던 종놈이라, 감영에서 방자라도 시켜 먹을 량으로 데리고 가는 것이었어요.

배우 1 은 말을 타는 흉내를 낸다. (입으로 떠그덕 떠그덕 하는 소리를 내며)
배우2는 말을 끄는 시늉.
배우2, 다 왔다는 마임.
배우2, 엎드려 있으면… 배우1이 말에서 내려 좌우를 둘러보고 의자(배우2)에 앉는다.

배우 1 여봐라! (웃어가며) 홍홍! 기생년들의, 홍홍! 아랫것을 수세미로 박박 씻어다가 아랫목에 따끈따끈하게 데워놓았는고?

배우 2 (엎드린 채로) 예이!

배우 1 여봐라! 백성들에게 꾸어줄 쌀에다 가는 모래 반을 넣고 보리쌀에다가는 자갈 반을 넣어 주라고 일렀는데, 지켰는고?

배우 2 예이!

배우 1 여봐라! 우리 도내의 물이란 물구녕에서 나오는 것은 모두 세금을 매겨서 거두어들이라 하였는데 받았는고?

배우 2 예이!

배우 1 여봐라! 병역 나갈 놈들은 돈. 옷감. 곡식을 받고 빼줘야 할 것이고 30년 내에 죽은 영감서부터 길에 나다니는 수탉에게까지 병역필 도장을 받으려거든 현금 얼마 얼마를 이 최감사 앞으로 온라인으로 부치라고 일렀는데, 들어왔는고?

배우1, 배우2는 다시 원위치로 돌아간다.
배우1, 거들먹거리고 지나간다.
배우2, 꼬꼬댁 꼭꼬- 하고 닭이 우는 소리를 낸다.

배우 2 아이구, 이년의 닭이 하필 감사또 행차하시는데 울게 뭐야. (때리는 시늉) 이년의 닭! 이년의 닭!

배우 1 아니, 웬 수탉이 지저귀느냐? (배우2가 때리는 닭을 살펴보는 마임을 하며) 그래, 병역필 도장은 받았는고?

배우 2 아이구, 나리! 이년의 닭은 암탉이옵니다. 방금 알을 낳았다고 울지를 않습니까요.

배우 1 그래? 이놈은 수놈이다.

배우 2 아닙니다요, 이년은 암년입니다요.

배우 1 내가, 이 감사또가 수탉이라면 수탉인 거야. 웬 잔말이 많으냐.

배우1은 다시 원래의 위치로 돌아오고 배우2는 그대로 정지하다가 배우의 대사 중에 상장 구덱이로 변신한다.

배우1 이렇게 지내던 중에 하루는 상장 구덱이란 놈이 술을 잔뜩 처먹고는, (술에 취한 시늉) 무당 놈이 감사또를 하는데 상장 구덱이가 이방 한자리 못할 것도 없지. 하고서…

배우2가 일어나 비틀거리며 술주정을 하는 마임. 창을 하는데 소리는 배우1이 하고, 몸짓은 배우2가 나눠서 한다.

배우1 [창唱] 니가 니가 굿하고 소리할 적에는 문안이요, 문밖이요 소리 없이 드나들게 하더니만. 니가 니가 노랑돈 수만냥 주고 매관매직한 뒤로는 문안이요 안 했다가는 뜨거운 물만 퍼붓는구나. 양반인지 좆반인지 허리 꺾어 절반인지 개다리소반이지 몰라도 동네 과부들은 다 먹어 조지고. 단돈 7푼을 빌려주고 선이자로 한 냥 7푼을 고스란히 꿀꺽하시기를 누워서 핫도그 먹듯 하는구나. 동네 각설이 한 놈이 찾아와서
(말로) 나리 나리 강아지 나리. 배가 고파서 우리 9대 독자 외아들이 다 죽게 되었습니다. 쌀 한 홉만 꾸어줍쇼, 예! 이놈아! 쌀 없으면 찹쌀 먹고 찹쌀 없으면 밀가루 먹고 밀 없으면 잣죽 먹지. 여긴 왜 찾아왔느냐!
(각설이 말로) 이것저것 다 있으면 씨씨발발 뭐하러 왔겠소. 그리 빨러 왔겠소이까. 뭐 빠지게 지은 농사. 양반이란 놈들이 칼도 안 대고 털도 안 뽑고 다 말아먹고. 동헌장부에 이자 돈만 늘여 놓으니, 살겠소?
(다시 창) 니가 니가 그런 권세를 부리려고 양반을 샀느냐, 감사를 샀느냐? 할 말 있으면 나와 봐! 야, 야! 사또! 나와 보라니까!

배우2는 양반다리를 하고 앉는다.
수염을 쓰다듬으며 안절부절못하며 화를 내며 부들부들 떤다.

배우 1 (관객에게) 사또가 방안에서 가만히 들어보니까 자기 욕이 분명하고. 조금 더 말이 나오다가는 제 신분이 들통이 나게 생겼거든. 그래서 양반 사대부 체통을 살려서 호령을 하는데 이렇게 하는 것이었다.

배우 2 (입을 실룩거리며) 사실 본관사또는 동네 과부가 벽장에 있는 쥐를 잡아달라고 청하여, 그것도 백성이 원하는 바라 거절치 못하고, 과부네 벽장에서 쥐를 잡다가 그 쥐가 과부의 치마 속으로 들어가는 바람에, 쥐도 꺼내주고 과부의 응색도 풀어주었던 것이고. 에- 본관사또는 어느 보름날 밤에 민원을 살피려고 시찰에 나섰다가 공동묘지 근처에서 처녀가 고쟁이가 찢어져 울고 있는 것을 보았는데 마침 갖고 다니던 휴대용 실, 바늘로 꿰매 주겠다는 친절을 베풀어 고쟁이를 벗겼는데, 기왕에 친절한 김에 처녀를 친절하게 다루어 연거푸 세 번을 베풀어주었던 것이고. 에- 본관사또는 쌀에다가 모래를 섞으라고 명령한 적이 없어요! 누가 그런 허무맹랑한 말들을 합니까! 말이 와전된 거에요. 나는 모래에다가 쌀을 섞으라고 한 적은 있습니다. 알아도 제대로 알고 모함을 하라고 당부하고 싶은 것이에요.

배우2는 계속 부들부들 떨고 앉아있다.

배우 1 옛날 같으면, 이 최 감사가 칼을 턱 쥐고 나서서. [창唱] 아- (가사

없이) 아- 아- 어험이로다. 하면서 혼구녕을 낼 텐데 사또 체면을 지키느라 칼로 못하고 법으로 하는 것이었다.

배우 2 (헛기침을 하며, 코 먹은 소리로) 으흠흠! 어전들은 듣거라!

배우 1 (관객에게) 사또는 원래 무당이었어서요. 화가 끝까지 나면 저렇게 코 먹은 소리가 납니다.

배우 2 으흠! 저 상장 구덱이 놈을 유언비어 살포 죄, 명예훼손죄, 동헌앞들 소란 죄, 대화정치 방해죄의 혐의를 물어 옥안에 가두어라!

배우 1 (권투하는 시늉을 하며) 야, 야! 너 말야, 사또! 넌 돈으로 양반사고 벼슬 산 거니까 말야. 정통성 여부가 문제가 되는 거야. 널 말야. 감사또가 된 원인 무효로 솟장을 내서 맞고소를 하겠어. (이를 갈며) 샹!

배우1은 목을 풀고 있다. 창을 하려고.

배우 1 (배우2에게) 이거 봐! 장구채를 잡아야지.

배우 2 그래서 어떻게 됐는데?

배우 1 뭐가?

배우 2 그 두 사람이.

배우 1 상장 구덱이는 풀려났고 최삼가는 배겨났지 뭐. 그래서 경상도에서는 더 살 수도 없어서 황해도로 올라갔다는 거야. 그런데 황해도로 어떻게 가느냐... 들어보거라.

[창唱] 충남. 충북을 건너가고, 경기감영 돌아들어, 황주, 봉산 내려들어 황주라 하면 누루지 같은데, 평산의 광암 같은데, 대안의 무란이 같은데, 봉산이 양마동 같은데, 행주의 독굿 같은데, 신계

의 풍요 울 같은데...

(말로) 이러한 좋은 명소를 다 놔두고서 곡산이란 곳으로 당도하여 집을 짓고 논밭 전지를 마련하였던 것이었다. 논밭 전지를 마련하고서, 앞뒷집에 먼저 낙향한 김정승. 이정승과 의형제를 맺고 살게 되었겼다. 헌데 이 세 사람이 약속이나 한 듯이 슬하에 자식이 없어요. 하루는 세 부인이 의논을 하여 가지고 명산 대찰을 찾어가 산신기도를 드리기로 하였답니다.

배우2, 여인의 자태를 흉내 낸다.
이고 온 음식 바구니를 내려놓고, 촛불을 켜는 마임.
술 한 잔 떠올리는 마임. 절을 한다.
다음 두 손을 모으고 빈다.

배우 2 (여자소리로) 비나이다 비나이다 칠성님 전에 비나이다. 아들을 낳든지 딸을 낳든지 간에 목침덩이 같은 것 열댓 개 낳게 해 주시길 비나이다.

연이어 배우1이 여인의 자태로 치마꼬리를 휘어잡으며 교태를 부리며 천천히 앉고는 두 손으로 빈다.

배우 1 (손을 비비며) 삼신할머니께 비나이다. 삼신할머니! 어느 날 어느 시에 우리 두 부부가 옷 벗고 몸을 섞어야 하는지 딱 부러지게 일러주세요. 그것만 점지해 주신다면 이 몸이 부서져서 가루가 된다고 하여도 아낌없이 온몸으로 하고 또 하고 아예 옷도 안 입고 지내렵니다.

배우 2 (교태를 부리며) 아- 이! 칠성님! 애기 하나만 낳게 해줘요. 떡두꺼비 같은 아들 하나만… 안돼요? 그러면 토끼 같은 딸이라동- 칠성님! 이번에도 애가 안 들어서면 십일조 안 내 버릴까 봐요. 으응?

배우 1 (버릇처럼 하품을 하며, 여자소리) 아하- 어젯밤에 꿈을 꾸었는데요. 갑자기 하늘이 쩍 벌어지더니 달 세 개가 뚝 떨어지길래 치마폭에다가 싸 가지고 들어오는 것을 꾸었거든요. 근데 몇 시간이 안 됐는데 글쎄요. 뒷다리가 빵빵하고 골머리가 쨔근짜근 아픈게 그저 먹고 싶은 것은 시금털털한 호박 짠지나 한 그릇 먹었으면 좋겠어.

배우 2 (버릇처럼 트림을 하며) 나두 꿈을 꾸는데요. 달이 네 개가 뚝 떨어지길래 치마폭에다가 싸 가지고 들어왔는데, 아, 그 다음부터는 밥을 먹으면 생쌀내가 나고 물을 마시면 비린내가 나구요. 먹구 싶은 것은 새금새금한 개살구나 먹었으면 좋겠어요.

배우 1 (입을 비쭉거리며) 나는 꿈에 백발 노인이 달비 한 쌍을 주길래 달비를 치마폭에다가 배뱅뱅 틀어 놓는 꿈을 꾸었는데 아무렇지도 않습니다. (입을 비쭉거리다가 헛구역질로 넘어간다. 헛구역질 계속-)

배우 2 (장구를 치며) 어지간히 해라.

배우 1 이러구서 입덧을 하더니만, 한두 달에 피가 되고 다섯 여섯 달에 오장육부가 생겨 가지고 아홉 열 달에 아랫문을 열고 세상으로 나오게 되었습니다.

배우는 관객에게 잡동사니를 뺏어서 뱃속에다 잡아넣는다.
배가 잔뜩 아픈 표정. 누워서 몸을 뒤틀며.

배우 1 [창唱] 아이구- 아이구 배야! 아이구 배야! 어허 이 지경이 웬일인가. 칠성님 전에 빌 적에는 이 고통 받자고 빌었소. 허리가 아프니 궁둥이 좀 받들어주오! 산파! 산파요!

배우2가 눈을 질끈 감은 흉내를 내고 더듬거린다.

배우 1 어서 궁둥이 좀 받들어주오!

배우2는 배우1의 머리를 잔뜩 치켜든다.

배우 1 머리통이 아니구요. 아야야!

배우 2 내가 눈이 멀었으니 제대로 찾을 수가 있나.

배우 1 아이구 미련한 영감. 자기 마누라 아랫것 보는 게 싫다고 장님 산파를 데려다주다니, 아야 아야야! 다시 아이를 낳겠다고 비는 년은 개딸년이라 하옵겠소. 아이구 아이구...

배우2는 뱃속에 집어넣은 것을 꺼내어 안는다.
배우2는 입으로 응애응애- 소리를 낸다.
배우2는 더듬더듬 아이의 몸을 만져보는 마임.

배우 2 (고개를 흔들며) 에이 도끼로 꽉 찍었네 그려. (재빨리 아이 받는 것 반복. 마치 빠른 필름이 돌아가듯이) 에이- 미끈둥하는 게 걸리적거리는 것이 없네 그려. (다시 반복하고) 에이- 묵은 조개 속에서 햇조개가 나왔네 그려. (관객에게 빌린 물건을 돌려주고, 우리

애기 잘 기르라는 농도 지껄이며-)

배우 1 이렇게 해서 세 부인이 딸 셋을 낳아 놓구서는 태몽을 따라 세월이 네월이 배뱅이라고 이름을 지었습니다. 이 세 딸년들은 앞서거니 뒷서거니 하며 탈 없이 무럭무럭 자라나서, 가는 세월 붙잡지 못하여 어언간 이구 십팔, 십팔 세가 되었습니다. 앞집의 세월네 뒷집의 네월네는 시집가서 아들 딸 놓고 잘 사는데, 배뱅이는 애들보다 더 시집 잘가 보겠다고 서당을 졸업 서당원으로 진학해서 논문이 통과, 이제 혼처만 마련하면 되게 되었습니다. 하루는 마당쇠. 요샛말로 하면 정원사를 불러 들여서 중간보고를 듣기로 하였것다.

배우2가 주머니에서 16절지 종이를 꺼내서 테만 남기고 안을 손으로 찢어 낸다.
네모난 액자같이 된 것을 손에 들고, 관객 한 명씩 얼굴에 대고,

배우 2 (전문 경매사 흉내를 내며) 키 175, 나이 28, 사법행정과거 동시 패스.

배우1은 다른 사람이 보지 못하게 하느라고 윗도리로 손을 가리며, 신랑의 조건에 따라 손가락을 폈다 놨다 한다.
둘은 거리를 두고 있다는 것을 염두해 두면서 한다.

배우 2 (배우에게) 손님, 손님! 지금 단위가 억대라는 건 아시고 입찰하시는 거죠.

배우1은 물론이라는 몸짓. 다시 경매가 시작된다.

배우 2 (관객을 바꾸고) 키 168, 나이 32, 올 봄에 신경외과 전문의 패스. (관객을 바꾸고) 키 170, 나이 35, 7년 전에 안수 받고, 현재 신도 수 3만, 주일요금 순수익 이천만 원. 박사 학위 과정 중.

배우2, 이번에는 자기 얼굴에 종이 틀을 대고

배우 2 키 160, 나이 36, 연극배우로서 현재 "배뱅이 구설"이라는 연극에 첫 주연을 맡아 15년 조연을 탈피한 만능 배우.

배우 1 (배우2의 말투를 따라하며) 여기는 초특급 신랑감 경매장이지 쓰레기 처리장이 아님.

배우2는 종이액자를 날려버린다.
종이가 날아 앉는 것을 지켜본 다음

배우 1 어쨌든 간에 배뱅이는 약혼을 하고 신방 차릴 날만 기다리는 신부가 되어 부지런히 바느질 솜씨를 익히게 되었답니다.

배우1은 바느질을 하는 시늉을 한다.
배우2는 목탁을 들고 배뱅이 집 앞에 서서 절을 하며 염불을 외는 마임을 하면서…

배우 2 [창唱] 일심으로 정념은 극락세계 어허 어험이로다. 염불이면 동창 시방 제일 어진 시주님네 평생 인정에 잡순 마음 연명하신 백발노인 일평생을 잘 사시고 잘 노시다 왕생 극락을 발원허시고…

배우 1 (기지개) 아흠! 웬 염불 소리지?

배우1, 창문을 열고 밖을 내다보는 마임.
염불이 계속되는 동안, 배뱅이(배우1)는 밖의 중을 보고 반한 표정을 짓는다.
바느실에 뜻이 없어 아무렇게나 바늘을 휘두르는 마임.

배우 2 주검 길에도 노소가 있어, 늙으신네나 젊은네나 늙으신네는 먼저 가고 젊은 청춘 나중 갈 제, 공명 천지는 하느님 아래 흘러가는 물이라두, 선후 나중은 있겠구료, 수만 산천 만장봉에 청산녹수가 나리는 듯이 차례 차례로 나 흘러시왕 극락을 나리소사 나무 아미타불이로다.

배우1은 바늘에 찔리는 마임. 아얏! 소리를 낸다.

배우 2 저런... 피 좀 보게. 아가씨! 그 손가락 이리 내세요. (부끄러워하는 배우1(배뱅이)) 바늘 독이 무서운 거예요. 어서 이리 주세요.

배우2는 배우의 손가락을 입에 넣고 빠는 마임.
배뱅이는 몸을 꾼다.

배우 2 (손가락을 물려주고) 덕분에 저녁공양 잘 했습니다.

배우2는 인사를 하고 돌아선다.

배우 1 내가 약혼한 몸만 아니었으면 저 중을 불러들여 놀다가 가라고 할 텐데. 에고, 운도 없는 년이지. 저 몸 좀 봐... 으흐흠!

배우2는 목탁을 두드리며, 흐느적거리면서 "시주하오, 시주하오, 시주, 시주" 등등을 웅얼거리다가 목탁을 팽개치고 누워서 끙끙 앓는다.
배우1은 배우2의 옆으로 가서 머리에 찬 수건을 얹어주는 마임.
얼른 일어나 몸을 조아리고.

배우 1 아이고 주지스님 내려오셨습니까? 무슨 병이냐구요? 글쎄, 지난 번 걸립 나갔을 때 어떤 동네에서 아가씨를 본 다음부터 이러고 있습니다. 예, 예? 산에 가서 싸리나무를 베어다가 채독을 만들어 가지구요. 예! 그 안에 들어가 있으면 배뱅이 방안에 데려다 주시겠다구요? (넙죽 절하며) 감사합니다. 감격이올시다.

배우1은 배우2를 채독 속에 들어 앉히는 마임.
채독을 넣은 지게를 지는 마임.
누가 불렀는가… 좌우를 둘러보며 관객에게 다가간다.

배우 1 왜 그래 또… 배우 오빠를 왜 자꾸만 찾아. (객석에 앉아서) 아유! 오빠 말고요. 저기 잘 생긴 오빠 말예요. 인기 배우면서 인격 배우인 저 오빠한테 물어볼 말이 있어요. (일어나서 험악한 표정으로) 그래서! (다시 앉아서) 아유, 누가 인상 배우 아니랄까봐 인상을 쓰고 그러셔. 좋아요. 그럼 아저씨한테 묻겠는데요. 채독이 뭐예요?

배우1은 일어나서 장구채를 찾아든다.
옆에 칠판이 있다는 마임.
장구채로 칠판을 가리키고.

배우 1 (또박또박) 채독. 우리말 큰 사전 삼천이백십구 페이지. 왼쪽에서 열셋째 줄. 명사. 싸릿개비 가는 오리나무 따위로 결어서 독 모양으로 만든 채그릇의 한 가지. 산간 지방에서 마른 곡식을 갈무리할 때에 많이 씀. 참고로 옆의 그림을 봐주시기 바랍니다. 그러면 봤다고 치고. 갈무리. 명사. 저장한다는 뜻의 순우리말. 여기서 본인의 주 해석을 달자면 배뱅이굿에서 채독을 쓴 이유는, 그냥 항아리는 너무 무겁고 숨이 막힐 우려가 있기 때문에 채독을 쓰는 것이 실감을 더욱 높여주기 때문이 아닌가 생각됩니다. 이상!

배우1은 장구채를 던진다.
마임으로 채독을 들여오는 표현. 배우1은 배뱅이 아버지로 변신한다.

배우 1 아이구, 아이구! 조심들 하세요. 부처님께 불공드릴 곡식이라는데 우리 집에서 제일 깨끗한 방은 우리 딸 배뱅이 방이오니 이리로 들여놓으세요. 그렇지. 옳지. 조심하세요. 예, 잘 되었습니다. 염려들 마시고 걸립 끝나서 돌아가실 때 찾아가세요. 예, 안녕히 가세요. (합장하며) 나무관세음보살! (합장 반복하고) 이렇게 하구서 채독을 배뱅이 방에 턱 들여놓으니 독 안에 든 상좌중은… 아이구, 배뱅이 아가씨가 들어오네.

배우1은 얼른 채독 안으로 들어가는 마임.
배우2는 조신하게 앉은 뒤, 물레를 돌리는 마임.

배우 2 (물레를 돌리면서) 저게 낮에 중들이 맡기고 간 독이라지… 아! 얼마 전의 상좌중 생각이 절로 난다. [창唱] (한숨을 쉬며 중얼거린다) 삼승 팔승 십이승 나서 어느 낭군의 의복 해줄까 보구지구 상좌중이 보구지구.

배우1은 채독에 웅크려 앉아 있다가,
노래 소리를 듣고 깜짝 놀란다.

배우 1 [창唱] (놀란 가슴을 쓸어안으며) 보구나 싶거든 제가 와서 보라지 그립다 사정을 누굴 다려하나요.

배우2는 더욱 놀란다.
사방을 둘러보고 아무래도 채독이 의심이 간다는 마임.

배우 2 [창唱] (심드렁하게 물레를 돌리며) 귀신 와서 흉내를 내나 사람 와서 흉내를 내나 보구지구 보구지구 상좌중이 보구지구.

배우 1 [창唱] (조바심을 내며) 상좌중이 좋거든 얼른 달려들라지 그립다 앉아서 소리로만 하나요.

배우 2 [창唱] (남이 들을까 조심하며) 누가 있어 소리를 내나 바람 와서 소리를 내나 보구지구 보구지구 상좌중이 보구지구.

배우 1 야! 이렇게 나가다가는 밤새도록 노래로 문답이나 하고 말겠구나. 옛다. 모르겠다. 현실적으로 톡 까놓고 나가봐야지. [창唱] 반짝이는 별빛아래 소곤소곤 소근대던 그 날 밤. 천년을 두고 변치 말자고 댕기 풀어 맹세한 님아. 사나이 머리 깎고 바친 순정 너무나도 몰라주니. 그대여 지금 당장 독 뚜껑이나 열어주오. 보고픈

님아 내 사랑 배뱅이야.

배우 2가 독 뚜껑을 여는 시늉. 서로를 확인하고 포옹한다.

배우 2 도련님! 아니, 스님!

배우 1 배뱅아!

배우 2 이게 꿈은 아니겠죠?

배우 1 그럼. 실제 상황이란다.

배우 2 예?

배우 1 연습상황이 아니고 실제상황이라 그 말이야.

배우 2 아이, 미치겠어. 어머? 누가 오나봐요. 어서 벽장 안으로 숨으세요.

배우1은 얼른 벽장으로 들어가 숨는 흉내.
머리만 박고 궁둥이는 높이 치켜든 모습이다.
배우2는 얼른 몸단장을 하고 문밖을 내다보는 마임.
"네, 네! 어머니!" 하면서 나간다.

배우 1 (고개를 빼꼼 들고) 이렇게 해서 배뱅이와 상좌는 꿈같은 세월을 보내게 되었는데. 그러던 차에 어느 비가 부슬부슬 오던 날이었습니다. 배뱅이가 상좌중을 앉혀놓고, (옆에 앉아 있다는 몸짓) 서방님! 우리가 이렇게 몸도 섞고 마음도 섞게 되었으니 어찌 이런 징역살이를 계속하겠어요. 어디로든지 가서 떳떳한 부부가 되어 봅시다. (돌아앉으며) 귀여운 것! 내가 할 말을 니가 하는구나. 하지만 내 머리가 임자 무르팍같이 맨질맨질한데 이 꼴로 다니다가 어떤 나리한테 붙들려서 공짜로 볼기 삼십대 맞기가 십상이다. 내가 가서 머리를 길러 가지고 돌아올 테니 기다려다오. (무얼 내놓는 몸짓을 하고) 그럴 줄 알고 여기 가발을 준비했사옵니다. (돌아앉으며) 나는 어려서부터 절에만 있어서 속가 생활을 하게 되면 농사를 지을 수 있나 장사를 할 수 있나. 또 너는 약혼한 몸으로 장래가 극락까지 보장된 남자를 뿌리치고 나한테로 오면 남의 이목은 어쩌려느냐. (돌아앉으며) 그래서 서방님! 대처승 절을 하나 봐두었습니다. (돌아앉으며) 에이, 그렇더라도 난 나물 먹고 물 마시며 부처님 공양하며 살겠다. 이번 일은 없었던 걸로 해라. (일어나며) 세상은 돌고 도는 법. 인연이 닿으면 또 만나겠지. (펄쩍 뛰며) 펑! (사방을 살펴보는 마임) 어머! 벌써 사라졌네. 도둑놈!

배우1은 주위를 자세히 둘러보다가 한숨을 쉬고.

배우 1 이때에 배뱅이 방에 불을 때주려고 온 배뱅이 어머니는 마침 벌어진 장면을 보고, 눈물을 찍으며 들어오는 배우2에게 달려들어 장구채로 때리면서 죽어라, 죽어! 이년! 혼인날을 받아 논 년이 잘한다. 죽어, 죽어, 이년! 이 망할 년아, 이년아! (자세를 바꾸고) 이렇게 충고를 하면서 사정없이 부지깽이로 내려치는 것이었다.

배우 2 (누워서 뒹굴며) 어머니! 아닌 밤중에 웬 부지깽이여요.

배우 1 (변사 조로) 배뱅이는 죽어야할 수밖에 없었던가! 꽃다운 나이 열여덟을 넘기지 못하고 저승사자를 따라 나서야 했던 것이었단 말이냐! 그러니까 그 날 그 사건 이후로 배뱅이는 식음을 전폐하고 들어 누웠던 바, 날로 쇠약해지기를 여러 달. 하루는 입을 열어,

어머니, 어머니! 나는 갑니다. 빨리 부엌에 가서 무명 아홉 자, 밥 세 그릇, 신 세 켤레 가져다 줘요. 어머니 나는 가요. 어머니... 하더니만 눈을 희끗 뜨고 돌아누워서 그만 빳빳하게 장작개비가 되어버리는 것이 아닌가!

배우2는 누워서 한번 용트림을 하다가 뻣뻣해진다.

배우 1 드디어 저승사자가 왔다. 아가씨! 가시죠. 싫어요. 저승사자님도 남자. 당신을 믿고 따라갔다가 저승이 아닌 화성에라도 데려다 놓으면 난 어떡하라구요. 남자라면 몸서리가 납니다. 할 수 없이 저승사자는 도로 물러갔는데... (여자 목소리로) 가시죠. 아가씨! 아! 저승사녀! 네! 좋아요. 따라가죠.

배우1이 앞장서서 걸어간다.
배우2는 부스스 일어나 저승으로 가는 발걸음.
극장 안을 한 바퀴 정도 돈다.
배우1이 관객을 향해 바로 서면, 배우2는 눈물을 찍으며 손짓으로 인사를 하며 배우1의 뒤로 가서 몸을 감춘다.

배우 1 이렇게 불쌍한 배뱅이 육신을 북망산에 묻고 내외가 손 붙잡고 살려니까 도무지 눈에서 이슬이 마를 날이 없거든. 에라, 이렇게 살 바에야 배뱅이 있는 저승으로 나 따라가야겠다고 두 양주는 염라대왕 앞으로 특별면회를 신청해 놓았것다. 그러나 염라대왕이 통 만나줄 것 같지가 않은 지라. 무당 불러다 굿을 하여 배뱅이 혼을 만나보아야겠다고 무당 찾는다고 광고를 내니. 8도의 한다하는 만신들이 백결치듯 몰려들었것다. 먼저 무당 하나가 신칼을 들고 달려드는데, (관객에게) 인제 여기가 굿판입니다.

배우1은 신칼을 들고 무당으로 나선다.
배우2는 배뱅이의 죽은 모습으로 앞에 쇠붙이와 그것을 때릴 공이를 들고 앉아있다.

배우 1 [창唱] (육자배기 조로) 아이고 답답 내 팔자야 아이고 답답 내 신세야. 어떤 사람 팔자 좋아 고대광실 높은 집에 부귀영화로 잘 사는데 이년의 팔자는 어이 하야 북망산천 머나먼 길 말도 없이 갔다가 굿치는 소리에 허겁지겁 온단 말이냐. 어이 어어이 엉엉- (우는 시늉) 왔심니더 왔심니더 불쌍하게 죽어서 황천 갔던 이 문둥이 가시나 배뱅이 가예. 경상도 아지매의 입을 빌고 몸을 빌어 갖고 예. 왔심니더. 어무이!

배우2 땡! (공이로 쇠를 두들기고)나는 문둥이 가시나가 아니다. 땡!

배우 1 [창唱] (다른 무당의 모습으로) 아리 아리랑 쓰리 쓰리랑 아라리가 났네. 아리랑 으- 아라리가 났네. 배뱅이가 간다고 아주 가겠소. 엄니 아부지 만나려고 다시 왔지롱 와 부렸네 와 부렸네 진짜로 와부렸네. 황천 갔던 배뱅이가 호남선 타고서 와 부렸네요. (말로) 오매! 어찌까 이 일을. 그렇게 싸고 들어 누웠으면 잉. 이 싸가지 없는 년 배뱅이는 어떻게 황천엘 가라고요, 잉.

배우 2 땡! 나는 싸가지 없는 년이 아니고 싸가지가 있다. 땡!

배우 1 (동작이 느려지며) 왔- 시- 유- (상 위의 음식을 집어먹는 시늉) 왔- 시- 유- 배뱅이가유-

배우 2 땡이유! 다신 오지 마시유!

배우 1 [창唱] (활달한 무당의 모습을 하며) 기차가 떠나려면 철다리가 울구요, 이 사람이 떠나려면 처남의 누이가 운다네. 어랑 어랑 어려함이 디여라. 내 사랑아 왔읍지비 왔읍지비 배뱅이가 왔읍지비. (말로) 어마이 아바이 눈시깔 화끈 뜨고 아이 보겠음메. 이 종간나 에미나이 배뱅이가 왔다 에이요.

배우 2 땡! 사투리나 제대로 하면서 나서거라. 땡!

배우 1 [창唱] (다른 무당으로, 빠르게) 나무아미타불이로다. 온다고 하기도 계면쩍고, 간다고 하기도 부끄러워 요렇게 왔다 조렇게 갈 길, 원근 당차 왜 왔던가. 나무아미타불 (말로) 나왔시오. 배뱅이가 왔시오. 불쌍히 죽어 황천 갔던 배뱅이가 왔다… 그러야요. 오마니 아바지! 어카 갔시오? 내래 그냥 가야 됩네까? 어카 갔시오?

배우 2 땡 하겠습니다. 땡! 어카 갔시오?

배우1은 이제까지와는 다른 모습으로 분위기를 대신해서 들어온다.

배우 1 (입으로 운명교향곡의 주제를 울리며) 짜자자잔 짜자자잔. 서울무당 올시다 짜자자자 잔잔 짜짜짜 잔잔잔잔, 짜자자자안! 이건 운명이올시다! (떠벌이며) 날이면 날마다 찾아오는 사람이 아니에요. 텔레비전처럼 틀면 나오고 끄면 꺼져주는 무당도 아니에요. 나로 말할 것 같으면 저 심산유곡에서 이 배뱅이굿을 위하여 그야말로 운명적으로 심혈을 기울여 신 들여온 사당패. 일명 스타워즈 사당패 소속 가입 번호 팔육팔팔번의 무당 조방방이올시다. (인사)

배우 2 (혼잣말) 방망이 조-?

배우 1 아! 박수들 치지 마세요. 아직 시작도 안 했습니다. 그리고 한 가지 부탁이 있습니다. 나중에... 아주머니들하고 처녀들... 어린 여학생들... 심지어 할머니들까지 집으로 돌아가지 않고 기다리고 계시다가... 내 머리칼, 넥타이, 구두, 바지, 더 나아가서 속곳까지 벗겨 가지고 울면서 오빠, 오빠! 하시는데 이거 곤란합니다. 이런 거 일체 사절입니다. 돈만 빼고는 일체 받고 있지 않습니다. 이 점에 유의하셔서 파릇파릇한 세종대왕 건만 던져 주시기 바랍니다. (시작한다는 듯한 몸짓을 하다가 멈추고, 관객 하나를 가리키며) 쯧쯧, 벌써 기절하시면 어떡하자는 겁니까! 예? 이제 시작하니까 지금부터 이성을 잃어주세요. (속주머니에서 까만 색안경을 꺼내 쓴다. 장갑 하나를 낀다. 브레이크 댄스를 추고 나서)

배우 1 [창唱] 빗. 잇! 빗. 잇! 배뱅잇! 배뱅잇! 캄은 캄은 베이비. 오, 예! ('수지큐'라는 노래에 맞춰) 오 수지 큐, 베비 아 러브 유 배뱅이, 음- 배뱅이!

배우 2 (서툰 우리말 흉내로) 땡! 배뱅이는 주체성이 강한 여자라서 양놈 저승으로는 안 갔습니다. 땡!

배우 1 [창唱] (바라를 들고 춤을 추며) 어화 벗님네 아니 노진 못하리다. 바라를 사오 바라를 사오. 이 바라를 사 옵시면 아들 낳으면 효자를 낳고 딸을 낳으면 열녀 낳고 나라에는 충신이요 부모님께는 효자로다 얼씨구나 좋다, 지화자 좋네. 아니 노진 못하리다. 말은 가자고 굽이를 치고 님은 잡고서 놓질 않네. 벗님아 날 잡지를 말어라. 지는 저 해를 잡아주소. 일천 간장 맺힌 사랑도 부모님 생각뿐이로구나. 얼씨구나 좋다, 지화자 좋네. 아니 노진 못하리다.

배우2도 노래 중간에 따라하며 춤도 추다가,
다음 노래를 받아서 부른다.

배우 2 [창唱] 아니 쓰지는 못하리라. 지루합니다. 임 이별이 생각 사로만 목이 멘다. 잠을 자야지 잊을까 해도 꿈 중에도 못 잊겠네. 앉아 생각, 누워 생각 사로만 덧 없을래 기러기 하늘을 날아 님의 소식을 전할 손가. 청빈은 가려 없고 임의 소식이 없으니 밤낮 주야로 근심걱정. 나는 이제 금붕어나 되어 정근 님 낚싯대를 꽉 물어볼까. 얼씨구 좋다 지화자자 좋아. 아니 노진 못하리다.

배우 1 땡! 도무지 배뱅이 혼이 올 것 같지 않으니 굿판 걷어버리고 우리 두 양주 노랑머리 박박 풀고 두 손을 마주 잡고 저승으로나 떠나야겠다. (울면서) 우리 배뱅이가 꽹맥이(제금) 소리 듣고도 안온다면 부모가 생목숨 끊고 서라도 만나봐야지. 엉 엉엉엉.

배우2가 위로하는 몸짓.

배우 1 (배우2에게) 여깄네. 우리 두 사람 밥숟가락. 이거 자네한테 맡겨두고 가겠네.

배우2는 눈을 깜박깜박 거리고 있다.

배우 1 밥숟가락 놨다네. (계속 배우2는 깜박깜박) 이번엔 젓가락도 놓겠네.

배우 2 이번엔 내가 누구지?

배우 1 주막집 노파.

배우 2 (맞았다고 하는 표정을 하며) 아이구! 배뱅이 오마니 아바지! 왜 이러십네까. 며칠만 기다리시라요. 내 용한 무당을 불러 오갔시오. 아무리 귀한 딸이 죽었기로 소니 늙은 부모가 생목숨 끊을 수야 있갔소? 그 저 조그만 기다리시라요. 용한 무당을 데려올 때까지 밥숟가락 놓지 마시고 꽉 붙들고 계시라요. 그럼 이만 갑네다. (몇 발작 옮기고, 몸을 비틀며 웃고는) 내가 용한 무당을 데려온다는 큰소리를 왜 쳤는지 아는 사람? (관객에게) 아세요? 아침 우리 주막집에 건전한 놈이 와서 며칠째 뻐드러져 있거든요. 그놈이 소리도 곧잘 하니까, 내가 배뱅이네 굿판에다 데려다 놓고. 배뱅이 부모의 넋을 빼서 재물도 긁어내서 나눠 갖고, 배뱅이 부모의 목숨도 구해낼 요량으로 이렇게 한 겁니다. 그러면 주막집에 며칠째 뻐드러져 있는 놈은 누구냐?

배우 1 (앞으로 썩 나서며) 저 평양 사원 파발거리에 살던 이광옥이란 한량으로서 평양 제일 부자의 무녀 독남 외동아들로 수억 만금의 재산을 물려받았으나, 호사다마라고 이놈의 신분이 서자 출신이거든. 그러니 돈이 있으면 뭐하나. 사회에서는 칠월 복중의 똥 강아지만도 못한 신센데. 해서 신세타령, 주색잡기, 엽색행각 등등으로 홍콩 가기를 수만 차례. 집안에서는 바가지 가지고 쌀독만 긁어대는 소리가 박박 들려오게 되었던 것이었다. 하루는 부인을 불러 하는 말이, (배우2를 토닥거리며) 여보 마누라! 우지 마시오. 내가 이제는 돈을 다 없앴으니까 앞으로는 한 푼이라도 벌면 벌었지 없앨 수는 없지 않겠소. 걱정 마시오. 내가 이 길로 떠나서 삼 년 만에 돌아오면 돈을 벌어 가지고 오는 사람이요. 삼 년이 넘으면 죽은 줄 아시고 재혼이나 하시오.

배우 2 (코를 훌쩍이며) 비비 골골… 내가 술자리에서나 보증수표 쓰던 솜씨라 노잣돈 떨어지니 배도 곯고 몸도 곯아서 꼭 좆 떨어진 고자신세처럼 비비골골 거리는구나. (주위를 둘러 보며) 여기가 어디냐?

배우 2 황해도 곡산의 배뱅네 마을 어귀의 주막집 앞이다.

배우 1 그래. 내꺼는 조랑말까지 야무지구나. 어디 보자. (주막집 안을 넘본다) 카아! 해는 서산에 뉘엿뉘엿 지는데 술 익는 냄새라니… 카아! 쩝쩝. 저 늙은이 혼자 하는 것 같으니 나중에 매맞고 쫓겨나더라도 덜 아프겠지.

배우1은 말에서 내린다.
배우1이 거만을 떨며 주막으로 들어가는 마임.
배우2는 수건을 둘러쓰고 주막집 노파가 되어 배우를 술청에 앉힌다.

배우 1 거 할머니! 여기 술 한 탁배기만 주시 구래. (술을 마시는 시늉. 쩝쩝거리며 입가를 손으로 닦고) 어이그 오금이야! 저릿저릿 하구나, 야! 할머니! 하나 더!

배우 2 돈은 있수?

배우 1 아까 먹은 건 외상이고 지금 시키는 건 거저 먹는 것이고 또 다음에 시키는 것은 크레디트 카드로 처리 하겠수다.

배우 2 뭔 카드?

배우 1 신용 외상 딱지다 그 말이네. 그것이 안 되면, 가입은 어렵지만 들어놓으면 천당 입장표만큼이나 혜택이 많다는 아메리칸. 익스프

레스 카드도 있네.

배우 2 이놈이! 순 건달 아냐.

배우 1 (배우2를 잡으며) 아이구, 누님! 누님이 이게 웬일이세요. 어쩌다가 이 황해도 곡산까지 흘러 들었데요. 앞치마 이리 주세요. 동생이 술청을 닦아 드리리다. 누님!

배우 2 (뿌리치며) 이 손 놔라! 언제 봤다고 누님이냐, 누님이…

배우 1 누님도 참 어지간하십니다. 우리 아버지로 말할 것 같으면 팔난봉오입쟁이로 몸에서 나오는 씨란 씨는 남김없이 사용하였던 바, (우는 시늉을 하며) 아버지가 돌아가시면서 유언 하시기를… 세상의 모든 여자를 의심하여라. 혹시 네 누이들이 아닌지. 고로 너는 어떠한 여자와도 관계치 말고 한 마누라만 건사하도록 하여라. 하시었더니… 그 말이 진실이었구료. 누님! 누님!

배우 2 (배우1의 등을 두드려주며) 응응! 그러면 술손님들 잔심부름이나 하고 누나말 잘 듣고 여기 계시게.

배우 1 망극하옵니다요. 누님!

배우1은 술을 연거푸 먹는 마임.
배우2는 혀를 차며 돌아나간다. 배우1은 몹시 취한 모습으로 비틀거리며 선다.
나가는 할머니 뒤 꼭지에다 대고. 불쾌하다는 듯이.

배우 1 이봐, 할머니! 사람이 말야. 그러면 안 된다구. 술 먹을 땐 먹구, 놀땐 놀구, 춤출 땐 추고, 일할 땐 일해야 된다구. 할머니! 내가 누군지 모르지? 모를 꺼야. 이 촌구석에서 술장사나 하는 늙은이가 나를 알 리가 있나. 나로 말할 것 같으면 평양 사는 이광옥이란 말씀이야. 이광옥! 전주 이씨에다가 빛날 광, 구슬 옥. 평양감사도 정초에 세배를 왔던 재산가의 아들이시다 이거야. 그 많은 재산을 어디다 썼느냐. 기생들 밍크코트 사는데, 조찬 오찬 만찬 새찬 하는데 모두 퍼부었다. 그 말이야. 한마디로 통 크게 놀았다 이거야. 왜? 왜 그 많은 돈을 썼을까? 왠줄 아시나? 그건 왜냐하면 나는 이광옥이기 때문이다 이거야. 아니라고 그럴 자신 있는 개 아들놈이 있으면 나와 보라 이거야. 야, 야! 이거 왜이래! 난 알구 있다 이거야. 돈을 어떻게 버는 지 말야. 농사짓고 공장 다니고 생선 잡으러 나가면 돈이 벌리니? 엉? 돈이 벌려? 흥! 다들 그렇게 아시지… 참… 순진하면 누가 세금 고지서 열 장 줄 거 다섯 장으로 줄여 준다더냐. 돈. 돈. 돈이 뭐냐? 돈을 어떻게 버는가? 그거 알고 싶으면 빨리 이 앞에 와서 무릎 꿇고 꺼뻑 죽어 보라 이거야. 왜? 그건 왜냐? (코를 골며 바닥에 푹 박히면서) 내가 이광옥이기 때문이다 이거야. 음냐, 음냐…

코를 골며 자는 배우1.
덩더쿵 반주 고조된다.
배우1은 궁둥이부터 흔들흔들, 어깨를 움칠움칠, 팔을 훨훨 펼치고 다리를 놀리며 일어나는 춤을 덩실거린다.
배우2는 조무가 된다.

배우 1 얼씨구!

배우 2 얘, 얘! 주막집 할머니가 너 찾는다.

배우 1 왜?

배우 2 얼른 가서 할머니가 일러준 대로 굿하는 척을 해서 배뱅이가 온 것처럼만 하면 배뱅이 부모가 맺힌 것이 풀리니 죽을 목숨이 살아날 것이고. 너는 재주껏 놀고 배뱅네 재물을 조금 얻어내니 너도 살리는 길이고. 할머니도 외상값 받으니 서로 좋은 일이 아니냐. 얼른 오랜다.

배우 1 그럼 가야지. (가려다 말고) 꼭 일러준 대로만 하면 틀림없지?

배우 2 틀림없어.

배우 1 자, 굿 청으로 들어간다. 쳐라!

활달한 장단, 활달한 춤. 춤으로 굿판이 들어가는 모습을 표현한다.
방울과 부채를 받아들고 장삼과 고깔을 쓰고 장내를 위압하는 춤을 춘 뒤.

배우 1 [창唱] 에헤- 어떠한 신장이며 어떠한 신장인줄 알았더냐. 앞다리 선각 뒷다리 후각에 양지머리 칼 꽂구 노는 무당이라구 여쭈어라.

배우 2 알아들었으니 굿이나 하라구 여쭙신다.

배우 1 [창唱] 왔구나- 왔소이다 왔소이다. 불쌍히 죽어서 황천갔던 배뱅이 혼신. 평양 사는 박수무당의 입을 빌고 몸을 빌어서 오늘에야 왔소이다. 오마니, 오마니! 오마니! 우리 오마니는 어딜 가시고 딸자식 배뱅이가 떴다고 하는데도 모른 체 하나요. 살았을 적 같으면 내가 어디를 갔다온다면, 우리 오마니가 나를 보고서 동지섣달 꽃 본 듯이 화닥닥 뛰어서 나오련만. 죽어지고 길 갈라서니까 쓸곳이 없구려. 오면 온줄 알며, 가면 간줄 아나. 오마니, 오마니! 어디 갔소. 오마니! 에에에에- (객석에 비비고 앉아, 옆의 사람에게) 아이구 정말 배뱅이 혼이 꼭 왔구만, 정말 왔지요?

배우 2 더 두고 봐야 한다는데.

배우 1 내가 기왕에 왔으니까 하고 싶은 말 다 하고 가겠소이다. 오마니! 나는 죽어서 육신을 북망산천에 묻혔지만 영혼이야 죽었으며 내가 자던 침방이야 변했겠소. 유자 장판 깍지 듸배에 비단 반지 옥장 등장 금장로, 자지 함농 반닫이 금단요 대단이불 원앙침 잣비게 첩첩히 얹어놓고, 면경 채경 몸거울 인물병풍을 이리저리 둘러치고, 간드랑 간드랑 놋 촛대 쓰는 요강 천은 대에다 받혀 놓던 내 침방은 그대로 있건마는 우리 오마니는 어디를 가셨나. 오마니!

배우1은 객석에서 오마니를 찾는다.
만만한 관객을 하나 잡고 오마니라고 정한다.

배우 1 아니구 오마니! 여기 계셨으면서 그렇게 모른 척 하셨나요. (더욱 서럽게) 오마-니! 나 있을 적에 시집 갈려고 모아두었던 옷감, 해가 돋아 일광단 달이 돋아 월광단 길주 명천 호령주에 제일모직 순모 양복지 열 벌 반도패션 남성복 결론은 버킹검까지. 바리바리 모아두었던 것 다 내다줘요. 저승에 가져가서 쓸 테니까요. 말이 나온 김에 신랑 준다고 맞춰 논 다이아반지 순금 한 냥 롤렉스 손목시계 그라나다 현대아파트 문서에 삼천만 원짜리 침대보까지 모두 내다줘요. 오마니! (관객에게 떼를 쓰며) 빨리 준다고 이 자리에서 대답해줘요. 오마니! 오마니!

배우 2 가져 가랜다. 다 준데.

배우 1 (넙죽 절을 하며) 오마니! 날 같은 불초 여식을 길렀다가 무엇에 쓸라고 길렀나요. 서산에 지는 해는 지고 싶어 지며, 늙으신 양친부모를 버리고 가는 나는 가구 싶어 가겠소이까. 나는 내 명에 죽

었습니다. 조금도 서러워 말고 잘 있어요. 오마니! 어어-

배우1은 오마니(관객)에게 인사를 하며 떠난다.
다음 아바지를 찾으며 굿 계속.

배우 1 마지막 왔다가 가는 길에 오마닌 보았으나 아바진 어딜 갔소. 아바지! 아바지! 얼굴이라도 보구 싶어요. 어어- (한참 찾다가 배우2를 부여잡고) 아바지! 내가 내가 죽어서 이승에도 못 있고 저승으로도 못 가고. 영혼이 동남풍에 휘날리고 있으니 다리굿이나 해줘요. 다리굿.

배우 2 (눈물을 닦으며) 그래, 그래. 그까짓 예단이 뭐가 대단하냐. 기둥뿌리라도 뽑아주고 다리굿이 아니라 궁둥이 굿이라도 해주마. 야, 이거 정말 빼근하구나, 야!

배우 1 그러면 그러면 화끈한 우리 아빠지! 제주도에 별장 지으려고 사둔 땅문서하고 여차하면 외국으로 도망 갈려고 모아둔 수백만 딸라 꽁꽁 뭉쳐서 청자 도자기 안에 넣어두었던 것하고…

배우 2 너무 과하게 나오는구나, 야! 동네 사람한테 다 들통나지 않녠.

배우 1 그래요? 그러면 아바지! 나머지는 아바지 양심에 맡기갔어요.

배우 2 양심은 야! 저 바다 건너로 수출 보냈다야.

배우 1 그러면 그것도 도로 수입해와서 이 배뱅이한테 다 갖다줘요. 아바지!

배우 2 달랄 것은 나중에 더 달라고 하고, 그래 이승에서 맺힌 것은 없느냐? 그걸 풀고 가야지. 맺힌 것은 없어?

배우 1 아이고 끌끌 내 팔자야. 모진 세상에 딸년으로 태어나 귀염받고 자랄 적에는 이 고통 받을 줄 알았겠소. 약혼한 몸으로 사랑한 죄 수도하던 스님을 파계시킨 죄 부모님보다 먼저 죽은 죄. 이 모든 것이 전부 배뱅이 죄란 말이요. 아바지! 오마니! 이렇게 말해줘요. 약혼한 몸으로 다른 사람 사랑 좀 하면 어떠냐!

배우 2 그리, 그러면 좀 어때. 죽을죄는 아니구나.

배우 1 에에에에- 스님하고 좋아해서 아이 좀 낳고 살면 어떠냐... 오마니, 아바지! 그래도 늙으신 부모님 이렇게 이승에 버려도고 혼자 떠난 불효는 좀 어떠냐가 안 되는 구만요. 에에-

배우 2 오냐, 오냐! 그만 울어라. 우리보다 먼저 갈 수도 있지. 네가 먼저 가서 기다리고 있다고 생각하면 우리 두 늙은이 죽는 것도 두렵지 않다.

배우 1 그러면 오마니, 아바지! 맺힌 것도 풀고 대접도 잘 받았으니 저승으로 곧장 가겠습니다. (반주자에게 신호) 정기정기 정저쿵!

이승을 떠나는 애절한 춤이 간단하게 펼쳐진다.
춤이 끝난다.

배우 1 이렇게 해서 배뱅이 부모가 준 온갖 재물을 조랑말에 싣고 이광옥이는 의기 양양. 황해도 곡산 땅을 떠나 때마침 사람이 백결치듯 몰린다는 황해도 봉산의 큰 장날의 장터마당으로 들어섰것다. 한쪽에서는 탈춤 놀지 한쪽에서는 사당패 놀지. (조랑말을 타고 주위를 둘러보며) 좋다 됐다. 있는 돈을 어디다 쓰랴. 여기서 한번 놀다 가야겠다 하구서. 우선 요기나 할 요량으로 가마솥 걸어놓고 팥죽 끓여 파는 포장으로 들어갔것다. 이랴! (포장으로 들어가는 마임) 이봐요! 아주머니! 여기 팥죽 한 사발 주시구래!

배우 2 (반갑게 나오는 시늉을 하며) 아니, 왜 말 잔등에서 그러슈. 내려와서 드리지.

배우 1 그럴까… (내려오다가 무엇을 발견한 표정) 와! (입맛을 다시며) 쩝 36, 23, 36… 애사당치고는 낄낄낄… 어유. 빽적지근하구나, 야! 아주머니! 얼른 가져 오시구래. 아무데서 먹으면 어떱네까. 돈만 내고 먹으면 되잖습네까.

배우2는 팥죽을 가져다주는 마임.
매우 뜨겁다는 표현을 오도방정을 떨면서 한다.

배우2는 팥죽을 말잔등 들어 엎는 마임.
배우는 몸이 튕겨지며 떨어지고.

배우 2 에그머니 나나… 에고, 에고, 손님! 짐이 다 떨어지는데요. 에고, 저 구데기 끓듯 모여든 사람들한테… 에고, 다 주워가네. 손님! 재수 옴 붙었구랴. 물건을 다 날렸으니… (다시 자기 자리에 앉으며) 뜨끈뜨끈한 팥죽 드시라요!

배우 1 (배우2를 한 대 치려는 몸짓을 농으로 하고) 이 지경으로 애써 읅어낸 재물을 몽땅 날리고 이광옥이가 어디로 갔는지는 나도 모르겠습니다. 이만 마치겠습니다.

배우 2 뜨끈뜨끈한 팥죽 드시라요!

둘은 관객에에 인사한다.

#04

근대의 수용과 식민지 질곡의 삶

#04

근대의 수용과 식민지 질곡의 삶

서양에서 대두된 '근대'의 이념은 18세기에 발생한 계몽주의 운동으로 표현된다. 계몽주의 운동의 핵심 사상은 세 가지 특징으로 압축할 수 있다. 첫째 이성의 능력에 대한 믿음, 둘째 자연관에 대한 변화, 셋째 진보에 대한 믿음이다. 근대성은 데카르트와 칸트에서 시작된 계몽과 이성의 철학적 근거를 통해 프랑스 혁명과 산업 혁명을 거치면서 봉건적 이데올로기로부터 인간 해방을 내포한 개념이다. 이와 같은 개념은 봉건적 질서 속에서 개인의 자유와 신체의 구속을 강요당해야 했던 농노적 상태의 인간에게 하나의 구원으로 작용한다. 이후 근대성은 자연을 지배와 이용 대상으로 파악하는 인간 중심주의, 제도화와 표준화, 중앙집권화, 자본주의와 접목한 다다이즘 등을 포괄하는 양상으로 나타난다.

서구는 이러한 근대성을 바탕으로 국민국가를 건설하고 근대과학을 발전시켰다. 그러나 그들의 핵심담론이라 할 수 있는 인간중심주의는 역설적으로 인간성 상실과 생태계 파괴를 불러 일으켰다. 또한 서구와 북미 이외의 지역에 존재하던 제3세계의 다양한 문명과 문화를 그 뿌리에서부터 위협했다. 이러한 현상은 국가와 국가 혹은 도시와 도시의 관계를 중심으로 확산되거나 또는 그 경계를 모호하게 함으로써 소위 '세계화'의 의미를 획득하게 된다.

우리나라는 1890년대 이후에 계몽운동을 통해서 서구 근대성의 기본 가치인 민주주의, 민족주의 정신을 수용하게 된다. 그런데 서구의 근대적 지식을 수용하는 과정에서 우리나라를 포함한 동양은 서양의 하위체제로 전락하게 된다. 그로 인해 동양의 전통적 지식은 축소 혹은 소멸되고, 그 공백을 서구의 근대주의가 차지하게 되었다.

일본으로부터 식민지 지배를 겪었던 우리나라는 제국주의의 침탈을 위한 근대화가 전개되었다. 그런데 해방 이후에도 식민지 잔재에 대한 물질적 정신적 청산을 거치지 않고 분단의 비극으로 빠져들었기 때문에 식민지 지배는 과거에 머무르는 것이 아니라 형태를 달리하여 부분적으로 이어지고 있다. 그로 인해 해방 이후 일본에 대해 폐쇄정책을 폈음에도 역사적, 지리적, 문화적 인접성으로 인해 우리나라는 일본을 경유하여 서양의 지식과 문물을 수입하게 된다.

우리나라의 근현대 사회에 대한 이해는 서구처럼 자본의 발달이라는 측면만으로 고찰해서는 안 된다. 우리나라는 산업화에 걸맞게 정치적 민주화가 진행되지 못 했으며, 지역 갈등과 격차, 빈부 격차 등의 여러 문제를 떠안게 되었다. 또한 개발 독재가 나타나 결과적으로 정치발전의 정체를 야기했으며, 정경유착에 의한 부정부패가 만연하게 되었다.

급속한 경제 성장은 도시와 농촌, 세대, 계층 간의 격차를 유발하였다.

현재 동아시아는 과거사의 문제로 정치적 불화를 겪고 있다. 우리는 물리적 폭력, 즉 일제강점기 시대의 인명 피해와 폭압, 관동대지진 때 조선인 학살, 강제징용, 일본군 위안부 등과 같은 문제에 대한 사과를 요구하고 있다. 또한 한일 양국 사이에는 독도에 대한 영토문제, 역사교과서 기술문제를 둘러싼 충돌이 빈번하게 일어나고 있다. 현재 경제적 정신적 위기를 맞은 일본은 자국의 위상을 높이기 위한 우경화의 추세로 치닫고 있다. 이로 인해 한일 양국 사이에 과거사에 대한 충돌은 불가피해 보인다.

우리나라가 일제로부터 해방된 지도 반세기가 훨씬 지났다. 그럼에도 불구하고 우리는 아직도 일제강점기 시대의 문제를 청산하지 못하고 있다. 역사가 현재의 사회 현실에 영향을 미치지 않는 아주 먼 과거의 사건이라면 우리는 그 역사를 기억하지 않을지도 모른다. 그러나 그 역사가 현재의 질서에 영향을 주고 있다면 우리는 현재의 시선으로 과거의 역사를 응시하게 된다. 이 장에서는 문학 작품을 통해 일본에 의한 식민지 지배와 근대화라는 과거를 어떻게 이해해야 하며, 이를 해결할 방안은 무엇인지에 대해 고민하게 될 것이다. 우리는 문학 작품을 읽으면서 과거 사건에 대한 진실과 마주하게 될 것이며, 과거 사건의 현재적 가치와 의의를 재구축하게 될 것이다. 그리고 과거를 기억하는 것과 더불어 상처받은 사람들을 치유하며, 용서와 화해를 통한 과거 청산이라는 것에 대해서도 성찰하는 시간을 갖게 될 것이다.

심봉사

아버지가 죽었을 때 하던 일 중단하고 꼬박 삼년상을 치렀다는
한 양공주의 삶에 대하여

최두석

해방 조국에 돌아온 일가족이
굶어 죽은 꼴 볼 수 없어
심청이가 외국 뱃놈과 거래하듯
몸을 판 여자가 있었다.

그녀를 밀가루 포대로 산 남자는
흑인 로이 대위
남동생을 통역으로 취직까지 시킨
대위의 성의를 무시할 수 없었다.

대위가 귀국하던 날
그녀는 늙은 소나무를 타고 올라가
떨어졌다
거울 뒷면 수은을 긁어 먹었다
그렇지만 아이는 떨어지지 않았다

검둥이 아이를 데리고
진해에서 부산으로, 부산에서 동두천으로

그녀는 이른바 양색시였다
미군들은 미제 물건 뒷거래한 돈으로
그녀를 데리고 살았다

삼단 같은 머리채 성긴 백발로 변하고
이제 현역에서 은퇴했으되
한반도 미군 철수는 도무지
꿈도 꾸지 않는 할머니,
누가 그녀의 생애에 돌을 던지랴
이 땅의 심봉사인 사내들이여.

다리주점

임현정

우리 동네 다리 밑에는 손수레를 개조해서 만든 간이주점이 있다.
곧바로 뜨건 물을 부어주는 컵라면에
짠내 나는 마른 멸치까지
하나같이 소박한 상차림이지만
그중 최고는 한 잔에 백 원 하는 잔술이시겠다.

불콰해진 노을이 별 소득도 없이 귀가를 서두르는 저녁
오백 원짜리 커피믹스를 건네는 상냥한 신사냥반들이 있어
머리를 바짝 지진 수줍은 숙녀분들도 다리 밑 소파에 앉아
스리슬쩍 딴청을 피워보는 것이다.

늘 오던 손님이 영 안 보이는 날이면
별로 섭섭하게 생각도 않고
외상값 갚으라고 타박했더니 양지주점으로 옮겨간 모양이라면서
잔술 한 잔 모른 척 띄워 보내는

고작 삶은 계란 몇 알을 시켜놓고는
부끄러운 지갑들도 여기선 한턱 내겠다고
허세를 부려보는 것이다.

장마철이면 오갈 데 없는 뒤축들이 모여
골동품 라디오만큼이나 한물간 곡조를 흥얼대다가
빗방울 시스터즈의 청승맞은 앵콜 공연에
눈물까지 찍어댄다는데

남는 게 없으면 어떠리.
국방색 전대를 두른 주인 할매도 취중영업 중인 걸,
누가 손님이고 누가 주인인지 영 헛갈리는 다리주점에선
모두 다 세월의 손님인기라.

철 Fe

성윤석

강철은 어떻게 단련되는가. 아직 부산집 젊은
아버지들은 아침 햇살 같은 바퀴를 굴리며, 철강회사로
가고, 우리는 최루탄과 마르크스를 먹고 마시며,
교정을 다 걷고 있는 것 같은데, 돌에서 철로
철에서 강철로 가기까지
철은 죽은 아우, 창자의 애가 끊어져 널부러지는 것과 같이,
달빛을 향해 온 힘을 다해, 스스로를 피워올리는
밤의 꽃들같이,

강철은 어떻게 단련되는가, 가난이 가난을 열고
가난이 다시 가난을 열어, 미래의 하늘은
옛날이 뒤집어진 것과 불과하리라, 선언될 때
프로메테우스의 아이들은 자라 다 사라지고

강철은 어떻게 단련되었습니까.
철을 핥아보면 언제나, 철의 피냄새가 나지.
철강회사로 출근하던 아버지. 철에서 하루종일
산소를 떼어내러 가던
옛 아버지.

무인칭의 죽음

최승호

뒷간에서 애를 낳고
애가 울자 애가 무서워서
얼른 얼굴을 손으로 덮어 죽인 미혼모가
고발하고 손가락질하는 동네사람들 곁을 떠나
이제는 큰 망치 든
안짱다리 늙은 판사 앞으로 가고 있다

그 죽은 핏덩어리를
뭐라고 불러야 서기書記가 받아쓰겠는지
나오자마자 몸 나온 줄 모르고 죽었으니
생일生一이 바로 기일忌日이다
변기통에 붉은
울음뿐인 생애,
혹 살았더라면 큰 도적이나 대시인이 되었을지
그 누구도 점칠 수 없는

그러나 치욕적인 시詩 한 편 안 쓰고 깨끗이 갔다
세발자전거 한 번 못 타고
피라미 한 마리 안 죽이고 갔다.

단 석 줄의 묘비명으로 그 핏덩어리를 기념하자

거기에서 떨어져
변기통에 울다가
거기에 잠들었다.

이태원에서

김정환

어느날 밤 버스가 이태원 정거장에 멈추어 섰을 때
거리를 흘러가는 숱한 외국인들과 양공주들과 아메리칸
웨스팅하우스 장교 전용클럽 화려한 네온사인의 홍수 속에서
난 여자의 자궁에 대해서 생각해 보았지
비가 쓰러져 내린 거리를 촉촉이 적셔주고 있었고
짙은 루즈를 바른 얼굴들이 촉촉함 속에서 빛나고 있었다
버스는 심장을 두근거리며 덜컹대고
내게 뭔가를 강요하는 듯했지만
난 슬퍼할 수만은 없었다 이토록 처절하고 찬란한 목숨의 우글거림 앞에서
비는 부슬부슬 조금씩만 내리고 있었고
더러워서 아름다운 조국의 땅더미가 쏟아져 내린 네온사인 불빛에
뼈만 남은 앙상함을 송두리째 드러낸 모습은
슬픔보다도 더 눈물겨웠으니까
조금 거세어질 듯한 빗발이 움켜쥔 손가락처럼 내 얼굴 위를 흘러내렸다
그리고 갈수록 빗발이 거세게 차창을 때렸을
버스 엔진 고동소리 터질 듯 숨결 거칠어졌다
북받칠 눈물도 없이, 완고한 절망도 없이

어느새 흐려진 내 시야를 두 눈 부릅떠 바라보며
난 가난한 나라의 비참한 삶이 한 많은 강물 같은 것은
남자나 여자나 마찬가지려니 생각했다
아름다움의 원초적 의미란 무엇일까
안간힘 속에서도 시야가 흐려지며 문득
그 화장 짙은 여자의 아름다움은 더욱 생생해져 갔다
버스가 허리를 휠 정도로 덜컹거렸고
몸부림치는 짐승에게처럼, 화살처럼 비가 차창에 들어와 꽂혔다
아아 온밤 내가 저 여자와 온몸으로 껴안고 있다면
아메리카는 또 그 거대한 화려함을 쇠몽둥이처럼 휘두르며
풍요의 향긋한 향기와
풍요의 더욱 무지막지함을 강요할 터이지만
그때쯤이면 나는 그 화려한 아메리카의 허리를 칭칭 동여맨
우리들의 비린내 나는 가난이
더 끈끈하고, 더 위대한 것이라는 이야기를
그녀와 밤새 이야길 할 수 있을 것이다
온통 하얗게 쏟아져내리는 빗속에서
그 진정한 흐려짐의 찬란함 속에서
난 그녀의 오만함이 마구마구 덜컹거리는 것을 보았다
난 나의 완고함이 마구마구 덜컹거리는 것을 느꼈다
그리고 흐려진 내 시야의 차창 속에서
덜컹거림이 덜컹거림을 으스러져라 껴안고 있었다.

연밥 따는 시간

박찬순

피카소의 그림 때문이었다. 화폭 왼쪽에는 벌거벗은 여인들과 어린 소녀가 파르르 떨며 서 있고 오른쪽에는 마치 기계 인간처럼 보이는 건장한 군인들이 기관총으로 이들을 겨냥하고 있는 그림. 그 그림만 아니었다면 나는 지금 홍콩에 있는 영화사 자막실에서 묵묵히 번역에 몰두하고 있을 터였다. 홍콩행 비행기에서 그 그림과 함께 평론을 볼 때부터 뒷목이 근질거리기 시작했다. 해묵은 종기 자리가 도진 적은 전에도 가끔 있던 일 이었다. 문제는 다른 때보다도 더 심하다는 데 있었다.

아무튼 그 그림은 나를 홍콩에서 서울로, 또 봉화로 향하게 만들었다. 어젯밤까지도 홍콩에 있던 내가 지금은 외가가 있는 한적한 봉화 땅에 와 있는 것이다. 외삼촌을 만나고 사랑채를 나와 중문을 거쳐 안채로 들어가면서 나는 목 뒤에 손을 대어본다. 목덜미에서 욱신거리던 통증이 많이 가신 느낌이다. 다만 기세가 한풀 꺾인 채 자근거리는 박동이 그놈의 종기가 아직은 뒷목에 살아 있음을 넌지시 알려주고 있다.

아무리 생각해봐도 믿을 수가 없다. 하던 일까지 중단하고 밤늦게 비행기로 날아와 숨 가쁘게 청량리에서 새벽 기차를 타고 여기까지 내려왔다는 사실을. 목덜미에서 쑤셔대는 종기로 밤잠을 설치고 나서 무턱대고 고향으로 향하는 무궁화호 열차에 몸을 맡겼다. 어머니가 봉화에 내려가 계실 때면 내가 늘 하던 버릇 그대로였다. 영주에서 기차를 내려 봉화행 시내버스로 갈아탈 때만 해도 뒷목의 성난 종기 때문에 내 눈엔 아무것도 보이지 않았다. 오래된 종기 자리가 다시 들썩이기 시작했을 때의 참담함이란.

아직 여름의 더운 기운이 남아 있는 마당에서는 동네 아낙네 들이 모여 한창 유과 만들기에 바쁘다. 곧 다가오는 추석을 맞아 주문이 밀린 모양이다. 그 아낙네들 속에 어머니의 모습은 없다.

머릿속에서 어머니의 모습을 불러내본다. 집안에 큰일이 있을 때마다 누구보다도 빨리 그리고 맛깔스럽게 유과를 빚어내 던 어머니의 손. 그때까지는 아직 주름도 없고 손마디도 가늘었다. 말하자면 요즘 유명해진 봉화 유과의 원조가 되는 손. 날렵한 어머니의 손이 유과에 마지막 장식을 한다. 말린 연꽃잎을 하나하나 사각 유과에 붙이는 손길이 빠르고도 정확하다. 열두어 살가량의 소년이 멍석 앞에 쪼그리고 앉아 어머니의 손을 지켜본다. 유년기의 소년에게 가장 맛있는 간식거리라면 명절에 한 번씩 얻어먹는 향긋하고 아삭아삭한 봉화 유과였다. 그중에서도 소년의 어머니만이 할 수 있었던 연꽃 유과. 닭실 마을에 오자 어머니 생각보다도, 연꽃이 수놓이고 깨물면 달콤한 조청이 묻어나던 유과 생각에 군침이 먼저 돈다. 유과 속이 텅 빈 것은 그 안에 연향을 담기 위해서일 거라고 나는 지금도 생각한다. 내게 연향은 곧 늙은 내 어머니의 냄새였다.

"이게 누구시이껴. 재용이 되런님. 아유. 기별도 없이 어쩐 일이시니껴."

부엌문 쪽으로 달려가 찐 찹쌀가루 반죽이 담긴 시루를 함께 들자 몸피가 함지박처럼 옆으로 퍼진 사촌 형수가 놀라 소리친다. 나는 눈짓으로 형수에게 손을 놓으라고 한 뒤 시루를 번쩍 들어 마당으로 갖고 나온다.

"멥쌀보다 몇 배는 더 곱게 빻아야 된데이. 그담엔 찹쌀가루가 녹신녹

신하도록 푸욱 쪄야 되고"

어머니의 말이 귓가에 들리는 듯하다. 멍석 위에는 반죽을 펼 때 쓰는 나무판이 깔려 있다. 끈끈하게 점도가 높은 반죽을 나무틀에 부은 뒤 홍두깨로 밀어 평평하게 만든 다음 넙적한 모양으로 썰면 사각의 '입과'가 되고 엄지손가락 크기로 썰면 '잔 유과'가 된다. 모든 것이 손으로 이루어지기 때문에 유과 만드는 방식은 어머니 때나 지금이나 똑같을 것이다.

"상촌댁 아들 아이라. 참말로 이게 을마 만이고."

먼 친척뻘 되는 법전댁이 나를 반기자 외숙모가 한마디한다.

"어매 돌아가고는 첨이제. 그래, 어매 없는 위가에 무신 볼일이 있겠노."

그러자 다른 친척 아주머니들이 한마디씩 거든다

"그래도 자주 찾아 봐야제."

"그러믄, 그게 말이라꼬. 그 난리통에 너이 사 남매, 외가 없으면 우예 살았겠노."

팔꿈치까지 오는 붉은 고무장갑을 낀 사촌형은 쪄낸 찹쌀가루에 콩물과 소주를 넣어 반죽을 한다. 수제비 반죽과 비슷한 농도다. 형은 반죽을 절구에 넣고 떡메로 내리친다. 더 찰지고 연하게 만들기 위해서다. 그런 다음 반죽덩어리를 나무판에 얹어놓고 홍두깨로 얇게 밀어낸다. 옆에 있는 해저댁과 봉성댁은 그걸 받아 도마 위에 올려놓고 사각이나 엄지 모양으로 썰어 채반에 담는다. 채반에 담긴 떡쌀은 따뜻한 온돌방으로 옮겨 며칠동안 바싹 말린다. 떡쌀을 말리는 데는 시간이 걸리기 때문에 형수는 찹쌀을 물에 불려 빻아 시루에 찌는 일을 하루도 거르지 않는다.

한쪽에서는 오록댁과 사그막골댁이 휴대용 가스렌지를 켜놓고 며칠에 걸쳐 이미 말려둔 떡쌀을 높은 온도의 기름에 재빨리 튀겨낸다. 며느리들에게는 친정 동네 이름을, 출가한 딸들에게는 시집동네 이름을 딴 택호가 붙여졌다. 어머니는 우리 친가쪽에서는 평생 닭실댁으로 불렸지만 외가에서는 시집 동네 이름을 따서 상촌댁으로 불렸다. 팽팽하던 뺨에 주름이 자글자글해진 5, 60대 아주머니들. 맵시 곱던 새댁 시절의 모습 대신 이제는 무슨 일이든 마다않고 받아들이는 유순한 이마와 날랜 손들이 먼저 눈에 들어온다. 한 가문에 시집온 오록, 사그막골, 해저. 봉성. 법전, 소천의 여인들은 그렇게 해서 이 집안에 뼈를 묻었다. 친척 여인네들의 유과 만드는 손길을 보면서도 나는 오늘 아침 화연과의 통화를 다시 생각해본다.

"잠시 돌아왔어. 마감을 어겨 미안해. 피카소 그림 때문이야."

"……"

청량리를 떠난 기차가 제천에 이르렀을 무렵 나는 화연에게 전화를 했다. 하지만 그녀는 아무 대꾸도 하지 않았다. 그녀의 침묵은 나를 더욱 곤혹스럽게 만들었다. 듣지 않아도 그녀의 대답은 알 수 있을 듯했다. '그림을 그림 그대로 감상할 줄도 모르는 가엾은 인간.' 평소 같으면 그렇게 쏘아붙였을 게 뻔했다. 나는 간밤의 사정을 전화로는 다 설명할 수가 없어 전화를 다시 걸지 않았다.

어제 하루 종일 자막실에서 일하다가 머리가 아파 구룡반도 끝자락에 있는 침사추이 해안으로 산책을 나갔다. 홍콩 섬의 빽빽한 고층 빌딩숲에서 쏘아 올리는 레이저 쇼를 구경하기 위해서였다. 빛의 교향악이라는 상상을 하자 실은 화연이 생각났었다. 내게 진정 심포니 오브 라이트를 안겨준 이는 화연이었다. 그녀는 묘하게도 나의 아픔을 찬연한 빛으로 만들어내는 재주가 있었다. 그녀의 몸속에 들어가 있을 때면 모든 것을 잊고 끝없는 불꽃놀이를 하는 것 같은 착각에 빠졌다. 그런데 그 불빛 끄트머리에 어떻게 그 영상이 떠오를 수가 있었을까. 그건 정말이지 달리 설명할 수가 없었다. 피카소 그림 때문이라고 할 밖에는. 레이저 불빛은 불꽃놀이 경연 대회처럼 음악 소리에 맞춰 형형색색의 불빛을 캄캄한 공중에 쏟아냈다. 바다는 그 빛을 받아 무지갯빛 비늘을 뒤척이고 있었다. 화연을 생각하며 가슴 설레는 순간, 캄캄한 하늘에 양손이 묶인 채 등장한 사내의 영상은 다시 솟아오르는 불꽃을 맞자 그 자리에서 픽 쓰러졌다. 그 장면은 쏘아 올리는 불꽃마다 달라붙어 마치 게임의 일부처럼 반복되었다.

홍콩으로 가는 비행기 안에서 앞좌석 포켓에 꽂힌 미술 잡지를 읽은 것이 화근이었다. 창간 30주년 기념 공모에 당선된 평론, 「피카소의 '한국에서의 학살'에 대한 고찰」이었다. 잡지에는 우리나라에서 오랫동안 전시가 금지되었던 피카소의 그림이 천연색으로 실려 있었다. 그림 속에는 임산부가 두 명. 아이를 안은 여인과 손으로 부끄러운 데를 가리고 서 있는 어린 소녀가 각각 한 명씩. 그리고 놀라서 도망치려는 어린아이와 아무것도 모르는 채 땅바닥에서 흙을 만지며 노는 어린 아이가 보였는데 모두 다 벌거벗은 모습이었다. 여인네들의 모습은 피카소 특유의 화법으로 윤곽이 일그러져 있었지만 벌거벗은 채 와들와들 떨고 있는 여자는 어린 소녀임이 분명했다. 가운데 소실점에 보이는 먼 산길에서도 포화에 뭔가가 불타고 있었다. 총을 든 군인들은 얼굴에 마스크를 쓰고 옆으로 서 있고 뼈마디가 굵은 것이 도무지 정체를 알기 힘들었다. 기관총은 여러 개가 겹쳐져 무자비한 살인 병기가 되어 한가운데 턱 버티고 있었다. 전체적으로 청회색 톤인데다 군인들의 모습에 금속성의 느낌이 강해서 힐끗 보기만 해도 으스스한 분위기였다.

그림의 구도는 나폴레옹의 스페인 침략을 증언한 고야의 「마드리드. 1808년 5월 3일」에서 따온 것이었다. 그로부터 50여년이 지난 뒤 마네도 역시 같은 구도로 나폴레옹 3세의 멕시코 침략과 배신을 다룬 그림 「막시밀리안 황제의 처형」을 그렸다. 그리고 다시 수십 년이 지나 한국전쟁 무렵 피카소가 똑같은 구도의 그림을 그렸고 거기에다 「코리아에서의 학살」이라는 제목을 붙였다. 북측에서는 황해도 신천리 양민학살 사건이 그 배경이라고 선전을 해댔다. 그러나 평론은 피카소의 그림이 어느 지역이나 이념에 한정된 것이 아니고 그저 전쟁의 참상을 고발하고 있다는 내용이었다. 평론가는 결국 이 작품의 국내 전시를 굳이 금지할 이유가 있었겠느냐고 묻고 있었다.

담배를 피워 물고 고개를 들어 사방을 둘러본다. 무언가를 보호하려는 듯 산들로 첩첩이 둘러싸인 소백산 자락에 오롯하게 자리 잡은 이곳은, 말 그대로 금닭이 알을 품은 모습이어서 예부터 유곡酉谷, 우리말로 닭실이라 불리는 마을이다. 동쪽 봉우리는 수탉. 서쪽 봉우리는 암탉이라고 했던가. 이제는 봉우리 이름조차 가물가물하다. 외가를 비롯한 마을의 기와지붕 위에서는 예스럽고 단아한 기품이 감돌고 있다. 500년의 세월이 그 처마 끝에 걸려 있는 듯하다. 오랜 세월 마을을 내려다보고 있는 봉우리들을 바라보면서 약국에서 산 연고를 뒷목에 바른다. 도도록하게 올라온 종기가 만져지자 녀석이 도지려고 근질거리기 시작하던 간밤의 일이 떠오른다.

네이던 가에 있는 시네마 빌딩 24층 영화사 자막실. 비디오의 조그셔틀로 두 번째 릴을 찾았다. 영화사 측에서 20분가량을 새로 편집했다면서 출장 번역을 해달라고 하는 바람에 그제 저녁 그곳으로 날아간 거였다. 나머지는 이미 서울에서 번역을 끝내 넘겨주었고, 자막이 제자리에

뜨는지만 확인하면 되었다. 요즘은 영화사들이 자막 작업을 외국에서 하는 경우가 자주 있었다. 어떻게 된 셈인지 개봉도 하기 전에 영화가 인터넷에 먼저 뜨는 일이 많았다. 그런 뒤부터는 항공 택배를 이용하지 않고 직원이 필름을 품에 안고 보디가드를 대동한 채 받아올 정도로 보안이 철저했다.

영화의 제목은 「P. S. 아이 러브 유」. 병으로 죽은 남편에게서 아내에게 계속 편지가 온다. 살아 있을 때는 비좁은 아파트 때문에, 또는 아이 낳는 문제로 티격태격 다투기만 하던 남편이었다. 그랬던 그가 편지에서 매번 한 가지씩의 숙제를 내고 끄트머리엔 항상 P. S. 아이 러브 유, 라는 말을 덧붙인다. 7번 릴에서 새로 삽입된 남편의 마지막 편지를 번역하기 시작했다.

1. 당신이 날 얼마나/변하게 했는지 모를 거야

직역 투여서 자연스럽지 않다. 주어를 바꿔서 말해볼까.

1. 당신 덕. 에 내가 얼마나/변했는지 몰라
2. 당신 사랑으로/나 비로소 남자가 됐지

남자? 아니지. 여기서는 성숙한 인간이 되었다는 뜻일 거야.

2. 당신 사랑으로/나 비로소 어른이 됐어
3. 이쯤에서 큰 숙제를/ 낼게
4. 다시 사랑하기를/두려워 말 것

너무 문어체 같다. 자연스러운 구어체로 바꿔볼까.

4. 다시 사랑이 찾아온대도/두려워하지 마
5. P. S. 아이 윌 올웨이즈 러브 유

화면에는 검은색과 흰색으로 디자인된 네모난 유골함이 보였다. 첫 번째 편집분엔 없던 것이었다. 유골함이 나오자 갑자기 어머니의 말이 떠올랐다. 둘째 외삼촌이 병환으로 환갑도 못 채우고 세상을 떠났을 때였다. 외숙모가 장지로 떠나는 관을 붙잡고 울며 놓지 않자 어머니는 부러운 듯이 중얼거렸다.

"뼈라도 추려서 손에 쥐어 봤으면……"

어머니의 말이 생각나면서 비디오 화면에는 그놈의 장면이 떠올랐다. 검은색 양복 차림의 30대 남자가 양손이 묶인 채 서 있다가 군인들의 총이 불을 뿜는 순간 단번에 쓰러지는 그림이었다. 그 장면은 프로그램이라도 된 듯 일정한 간격을 두고 되풀이되었다. 몇 초도 걸리지 않았다. 화면은 정상 속도로 돌아갔다가는 배속으로, 다시 슬로모션으로 재생됐다. 때로는 요란한 총소리와 함께 신음소리까지 들렸다. 남자의 얼굴이 클로즈업 됐다. 양복 차림에 동그랗고 검은 뿔테 안경을 낀 단정한 모습의 남자, 그는 명함판 크기의 사진으로만 남은, 내 아버지였다. 피카소 그림이 잠잠하던 내 머릿속을 헤집어놓은 것이었다. 몇 달 전 종기가 났던 자리가 들썩이며 욱신거리기 시작했다.

쏟아지는 대사를 한 화면에 열 글자씩 두 줄로 요약해내려면 화면을 몇 번이고 되돌려보아야 한다. 자연히 유골함 부분을 수도 없이 되돌려 보게 되었다. 아버지의 영상이 어른거려 통 진도가 나가지 않았다. 참다

못해 머리를 식히자고 침사추이에 있는 스타의 거리로 나간 것이 도리어 종기를 들쑤신 꼴이 되었다. 흠뻑 취해서 그 환상을 털어내고 싶었지만 술도 소용이 없었다. 그러자 나도 모르게 발길이 공항으로 향했다. 그러고는 이튿날 새벽, 나는 외삼촌이 계시는 봉화로 향했다. 집안의 호랑이로 소문난 분이었지만 어쩐지 내 고민을 들어줄 사람은 그 분밖에 없을 것 같았다.

마을에서 가장 큰 기와집이 외가댁이었다. 대문 한쪽에는 '봉화 유과'라는 간판이 걸려 있었다. 오래전 어머니가 하던 유과 일을 지금은 외사촌 형 내외가 맡아서 하고 있었다. 대문 안으로 들어서면 전면에 사랑채가 있고 중문을 들어서면 안채가 자리한 전형적인 영남 반가의 ㅁ자형 집이었다. 종종 보수를 했다고 해도 외가댁은 허술하게 지은 데다 수십 년이 넘은 고가였다. 삽이라도 갖다 대면 기와가 와르르 무너질 것만 같았다. 살집이라고는 찾아볼 수 없는 말라깽이였지만 꼬장꼬장한 삼촌의 모습은 여전했다. 큰절을 하고 꿇어앉았다. 세 벽면이 모두 한서로 가득 채워진 책꽂이를 배경으로 외삼촌은 작은 앉은뱅이책상 앞에 앉아 있었다. 나는 먼저 집안 어른들의 안부며 종형들의 근황을 물으면서 시간을 끌었다.

"니가 글쟁이가 된 것도 다 내림일 게다. 새 형님 시화 솜씨가 보통이 아니었제."

그러고는 잠시 어색한 침묵이 흘렀다.

"혹시 알고 계신지요. 아버지가 언제 어디서……"

내가 아버지 얘기를 막 물어보려고 하는데 삼촌이 다시 말을 이었다.

"참, 얼마 전에 내가 뭘 찾은 게 있니라."

외삼촌은 일어서서 맨 위 선반에서 한서를 뽑아 펼쳤다. 누렇게 전 편지 봉투 하나가 포르르 떨어졌다. 수십 년 동안 두꺼운 책갈피에 눌려 면도날처럼 얇아진 봉투였다. 외삼촌이 봉투를 주워 내게 건네주었다. 홀연, 아버지의 편지라는 생각이 들었다. 두려웠다. 아버지와 관련된 일이라면 무엇이든 잊고 싶은 심정이었는데, 그렇지만 아버지의 환상을 떨치려 하면서도 한편으론 그를 그리워한 적이 있었다. 최소한 그의 손때가 묻은 무엇이라도 한 가지 있었으면 했다.

얼마 전 나는 거제의 청마 문학관에 갔다가 시인이 이상, 조지훈, 김춘수 등 여러 문인들과 시 「행복」을 읊을 때면 떠오르는 이영도 시조시인에게 보낸 편지를 담은 봉투들이 유리관 속에 어깨를 부대끼며 빼곡히 진열된 것을 보았다. 수십 년 시간의 압박을 이기고 그 빛을 지키고 있는 것도 있었지만 시간에 먹혀들어 누렇다 못해 거무스름한 심해의 한 구석을 닮아가던 봉투들도 있었다. 그러나 햇빛 밝은 날 하늘에 비쳐보면 거기 거제의 해안선 한 봉우리에서 내려다보이는 순 하디 순한 옥빛 바다가 일렁일 것만 같았다.

그때 문득 나는 청마와 비슷한 시기에 이 땅에 태어나 이 바람 저 폭풍우에 시달렸던 내 아비의 편지 한 통쯤 가슴에 품을 호사를 누릴 수 없다는 말인가, 하고 잠시 서러워했었다. 재질과 모양, 색깔이 청마가 주고받은 봉투와 거의 똑같았다. 절다 못해 거무스레해진 봉투에는 소화 15년 10월 2일자 소인이 찍혀 있었다. 내가 태어나기 훨씬 전의 일이었다. 제사가 끝나고 음복할 때가 되면 지난 번 기제 때에는 누구누구가 빠졌다며 일일이 이름을 불러 호통 치던 외삼촌의 엄격함이 그 봉투를 지켜낸 것이었다. 무엇 하나 그냥 넘기지 않는 삼촌의 철두철미한 성품이 오늘은 얼마나 감사하게 여겨지는지 모른다. 손이 떨려왔다. 가슴이 뛰기 시작했다. 아버지가 충북 수산에서 개업을 하고 있을 때다. 지금은 의사 없는 동네가 되어 면장이 의사를 공개 초빙한다는 광고를 내는 곳이었다.

떨리는 손으로 봉투를 열었다. 누렇게 변한 편지지에 세로로 쓰인 한 장의 편지. 펜으로 쓴 글씨체는 꼿꼿하면서도 수려했다. 청평호를 허리에 꿰차고 있는 수산水山에서 쓴 편지여서 일까. 뭔가가 핏속으로 파고 들었다. 뼈도 한 줌 추릴 수 없는 자의 마지막 남은 글씨는 홀로 청청하다 못해 처연하기까지 했다. 하지만 한자가 반 이상을 차지하는 통에 읽기 어려웠다. 내가 더듬거리자 외삼촌이 읽어주었다.

> 面晤하려는 옛 期約도 背信者의 잠고대로 化하엿으니 형은 應當 疑訝의 念을 먹음엇으리라. 하나 思惟와 行動의 間隙이 생김은 기시 事情에 拘碍됨에 因함이니 寬許의 餘地가 잇으리라는 漢然한 自慰策으로 詭辯의 길을 더듬지 아니하네……
>
> 王尊長 腫氣로 平安치 안타하시니 놀나우나 日刊 差度 如何. 侍病에 疲勞함이나 없난지.

마지막구절에 가서 귀가 번쩍 뜨였다. 일제시대에 혁명을 꿈꾸던 사람의 편지는 어떨까. 혹시 불온 문서는 아닐까 했는데 기껏 손자사위로서 처조부의 종기 안부를 묻는 편지였다. 편지 속의 그는 지극히 자연스러운 보통 사람에 지나지 않았다. 그러자, 문득 아버지가 내 종기의 안부를 물어오는 듯했다. 무어라고 내게 추신을 써넣은 것 같았다. 영화 속의 남자가 쓴 P.S. 아이 러브 유 대신 다른 무엇인가를. 뒷목으로 아버지가 손길을 뻗어오는 것이 느껴졌다. 갑자기 북에서 내려온 친척 일로 수인囚人이 되었을 때 내게 솜바지 저고리를 사다 입히면서 하던 수사관의 말이 생각났다.

"이제 어엿한 혁명가의 아들다운데그래."

한 번도 혁명을 꿈꾼 적이 없는 나는 어이가 없었다. 혁명가는 이렇게 해서 만들어지는가 싶었다. 편지 속의 아버지는 곁에 있다면 아들의 깨진 무릎에 약을 발라주며 상처를 후후 불어줄 사람이었다. 사람들은 왜 이런 평범한 사람에게 덧칠을 하는지 이해가 되지 않았다. 외삼촌은 오늘도 그의 신화를 이야기했다.

"보통 사람들과는 달랐지. 청암정에서 시회가 열릴 때면 명필에다 호쾌한 기품으로 마을 어른들을 설복했다."

하지만 내 머릿속에서는 신화가 깨졌다. 아버지는 한 사람의 자연인으로 다시 태어나고 있었다. 오늘까지 내 머리에 새겨진 그의 이미지는 일제시대 농민 운동가였다. 그 이미지는 학살 그림과 연결되어 환상으로 나타났다. 아버지를 부정하면 할수록 환상은 더욱 악착스럽게 달라붙었다.

내가 딴 생각에 빠져 있는 사이 어느덧 기름에 튀긴 유과가 바구니에 수북이 쌓인다. 나란히 앉아 튀긴 유과를 조청에 굴리고, 찹쌀 튀밥을 묻히는 손들이 나비 날개처럼 나풀거리는 듯하다. 날렵한 여인들의 손길을 멍하니 바라보고 있는데 사촌 형이 말을 걸어온다.

"고모가 개발한 연꽃 유과가 L.A.까지 진출한 거 알기나 아나?"

"그랬어요? 금시초문인데요."

"요새는 우체국 택배 덕분에 전국에서는 물론이고 L.A.하고 뉴욕에서도 주문이 밀려온데이. 명절에는 만들지를 몬해 못 팔 정도라 카이. 연꽃잎을 색깔이 바래지 않게 말리는 게 제일 큰 문제인데 동생 니가 한번 연구해보래."

"그래요? 대량 생산 하려면 기계도 들이고 공장도 지어야겠네요."

내 말에 짙은 구릿빛 얼굴의 형은 두 손을 젓는다.

"무신 소리로. 우리 유과는 한 장 한 장 손으로 만들어서 유명한 긴데. 공장에서 만들면 봉화 유과가 아이제."

나는 언제부터인가 유과 속의 빈 공간에 연향을 담아야 한다고 생각해왔지만 그 방법에 대해서는 뾰족한 수를 내놓지 못하고 있었다. 아직은 그 누구도 유과 안에다 연향을 담는 비법을 생각해내지 못해 그저 겉면에다 말린 연꽃잎을 붙이고 있을 뿐이었다. 고질병인 내 종기를 낫게 하려고 어머니가 연꽃 즙을 내 뒷목에 붙여주었듯이.. 연꽃 즙을 만들고 남은 꽃잎은 거즈에 싸서 내 베개 속에 넣거나 차를 끓여주었듯이. 어떻게든 연향이 내 몸에 스며들어 종기가 다스려지기를 기원했을 것이다. 그것은 어쩌면 세상과 불화하고 있는 나의 뒤틀린 심기를 풀어주려는 어머니 나름대로의 향기 처방이었는지도 모른다.

"너거 아부지는 연꽃 차를 즐겨 드셨제."

내가 연꽃 차를 보고도 시큰둥하게 여길 때마다 어머니는 고개를 가볍게 숙여 찻잔을 물끄러미 내려다보면서 잔을 내 책상 위에 소리 나지 않게 조용히 내려놓고는 했다. 쟁반에서 찻잔을 들어 내리는 동작이 얼마나 느렸던지 어머니는 그 시간을 지연시키려고 일부러 뜸을 들이는 것 같았다. 연꽃 차가 담긴 찻잔을 내려놓는 그 찰나의 시간 속에 어머니는 수십 년의 가족사를 내 앞에 내려놓고 있었다는 것을 나는 이제야 알 것 같다. 또한 연꽃잎을 다루는 어머니의 정성이 왜 그다지 지극했는지도.

어머니는 말릴 꽃잎이라면 아침에 따야 하고 너무 활짝 피지 않은 꽃잎을 골라야 한다고 말했다. 그래야만 색깔이 변하지 않는다는 거였다. 아침에 딴 꽃잎은 채반에 나란히 편 다음 바람이 잘 통하는 서늘한 그늘에 두었다. 꽃잎이 다 말라갈 무렵이면 한지로 된 책 속에 끼워 눌러서 반반하게 만들었다.

말린 연꽃을 쓰는 것 말고 어머니가 연꽃차를 만드는 방법이 또 한 가지 있었다. 녹차 잎을 거즈에 싸서 오후쯤 연꽃이 오므라들기 전에 꽃 속에 넣어뒀다가 이튿날 새벽에 꽃이 벌어지면 꺼내기를 사흘쯤 되풀이해 연향이 찻잎에 배어들게 하는 것이다. 연꽃은 여느 때는 통 향기가 없는 듯 느껴지지만 이른 아침 봉우리가 탁 하고 터지는 순간에는 가장 짙게 향기를 풍긴다. 그 향기를 잡기 위해 이른 새벽 청암정의 연못에 나가 꽃잎이 벌어지기를 기다리던 어머니. 어머니는 연꽃이 열리는 순간을 잡기 위해 밤잠을 설치며 새벽을 기다렸다. 연꽃엔 별의 한숨이 서려 있다고 어머니는 말했다. 밤하늘을 지키느라 졸린 별이 마지막 하품을 할 때쯤에 연꽃이 피기 때문이다. 나는 사촌 형과 연꽃잎 얘기를 나누면서도 며칠 전 카페에서 나누었던 화연과의 대화를 생각했다.

"종기 때문이라고?"

그녀는 정색을 하고 말했다.

"구차한 핑계 대지 말고 다 그만둬."

나는 왼손으로 그녀의 긴 머리를 뒤로 젖히고 오른손으로는 이마에서 뺨까지 천천히 훑어내리면서 내 마음은 변함없음을 알리려고 했다. 하지만 화연은 내 손을 사납게 밀어제치고는 마지막 선언을 하면서 벌떡 일어나 나가버렸다. 그 뒤로는 번역 일에 관한 얘기 말고는 아무 대화도 나눈 적이 없었다. 그녀는 내가 종기를 핑계로 자신과 합치기를 차일피일 미루고 있다고 생각하는 것 같았다. 그녀를 붙잡고 싶었지만 자신이 없었다. 한번 도졌다 하면 그 참을 수 없는 종기의 통증을 무어라고 하소연할 길이 없었다.

그동안은 종기가 도지더라도 담당자인 화연에게 마감 날짜를 늦추어 달라고 부탁하면서 겨우 참고 견뎌왔다. 하지만 홍콩에서는 손을 들고 말았다. 그냥 뒀다가는 또다시 종기에 잡아먹힐 것 같았다. 병원 처치실이 곧 고문실인 것처럼 느껴지던 때의 기억이 되살아났다. 의사가 내 뒷목에다 무엇을 하는지 목이 빠질 듯이 쑤셔오곤 했다. 목덜미를 가느다란 쇠꼬챙이로 쿡쿡 찌르는 느낌이었다. 메스로 종기를 연 뒤 고름을 빨아내고, 구멍이 난 자리에 거즈로 심을 박는 모양이었다.

반죽을 미는 사촌형을 바라보면서 의사가 심을 박던 뒷목에 손을 대본다. 깊게 뿌리내리고 있다가 다시 도졌던 그 종기가 아버지의 편지를 받고 나서부터는 신기하게도 진정되고 있다. 뒷목을 들었다 놓았다 하는 듯 거세던 박동도 기세가 점점 잦아드는 중이다. 목덜미가 진정되자 이 마을에서 자라면서 어릴 때부터 유과를 만들던 한 소녀가 생각난다. 머리를 종종 땋아 길게 늘이고 검은 통치마에 흰 저고리를 입고서 기름에 튀긴 유과에다 쌀 튀밥을 붙이던 소녀.

어른이 된 소녀는 몇 십 년 뒤 남산 대공분실에서 두 손에 수갑을 차고 포승줄에 묶인 채 내 품에 안겨 울었다.

"지가 죄인이니더. 지만 처벌해주이소. 가는 아무것도 아는 거 없니더."

머리는 갈래갈래 흐트러지고 얼마나 울었는지 눈이 퉁퉁 부은 어머니. 어리둥절해하는 내게 수사관이 내밀던 친척 아주머니의 사진은 아직도 내 머리에 선연하게 새겨져 있다. 귓속을 날카롭게 찔러오던 수사관의 말과 함께.

"아버지 소식이라는 것도 다 거짓말이었어요. 그 말에 속아 재워준 것도 엄연한 죄지요."

방송 기자로 어렵사리 입사한 지 6개월도 채 지나지 않았을 때였다. 6년으로 생각될 만큼 질질 끌었던 6개월의 재판 기간. 나만 풀려나게 되었을 때 어머니가 보여주었던 그 환한 얼굴. 그때 법정에서 합장하던 어머니의 모습은 지금 내가 갖고 있는 청암정의 연꽃 사진을 닮았다. 다소곳하게 여며진 연꽃은 고개를 숙이고 합장한 어머니의 모습 그것이었다. 그 사진을 갖고 구치소로 갔을 때였다. 기력이 많이 떨어져 보인다고 내가 걱정하자 어머니는 단호하게 잘라 말했다.

"내사 괜찮다. 아직도 구천을 떠도는 혼백도 있는데……"

맨 처음 아버지의 예사롭지 않은 죽음을 떠올리게 된 것은 어머니의 그 말 때문이었다. 이상하게도 그 말은 내 머리에 꽂혀 와 아버지가 어느 총부리 앞에 스러져갔을 것이라고 믿게 만들었다. 이번에는 거기에다 피카소의 그림이 더해져 그 믿음은 거의 확신으로 굳어졌다.

튀긴 떡쌀이 조청에 담겨지는가 싶더니 금세 하얀 찹쌀 튀밥 옷을 입은 유과가 바구니에 가득 쌓인다. 마지막으로 남은 일이 꽃잎 장식이다. 여인들의 날랜 손이 분홍색과 붉은색의 연꽃잎을 조청으로 유과에 붙여나간다. 연꽃 모양으로, 또는 '福'자 모양으로. 그 순간 나는 야릇한 착각에 사로잡힌다. 사각 유과에 한 잎 두 잎 붙여지는 연꽃잎들이 어렴풋이 아버지의 얼굴 윤곽을 닮아가고 있다고. 내 눈은 분명 무언가에 의해 산산이 부서졌던 아버지의 몸이 수줍은 색깔로 한 점 한 점 되살아나는 모습을 본다. 어머니가 처음 개발한 봉화의 연꽃 유과 위에서. 홀연 어머니는 아버지에 대한 그리움으로 연꽃을 말리기 시작했는지도 모른다는 생각이 머리를 스친다.

나는 시식하러 내려온 'TV맛 기행'의 음식비평가라도 되는 듯 당당하게 연꽃이 발린 사각 유과 한 개를 덥석 집어 천천히 깨물어본다. 아삭하는 소리와 함께 혀에 감기는 맛이 연하고 부드럽다. 연꽃잎이 씹힐 때마다 은은한 연향이 혀에서 코로 올라온다. 나는 눈을 감고 연꽃잎으로 되살아난 아버지의 몸을 깨물어 먹으면서 그 몸이 부스러질 때마다 배어나는 향기를 한껏 삼킨다. 아버지의 살을 우적우적 씹어 먹는 내 입가에 홍건히 묻는 환상을 보면서. 그 환상을 통해서만 그는 연꽃잎으로 되살아난다는 것 또한 나는 알고 있다. 어머니가 내 몸에 꽃 즙을 바르고 차를 만들어 마시게 하고 베개에 넣어주기도 하면서 갖은 애를 썼지만 좀체 내 몸 안에 들여놓을 수 없었던 연향. 그 향기가 이제 내 온몸에서 발산될 것만 같다. 그 향기는 내 종기에 붙일 연꽃 즙을 만들던 어머니의 모습을 불러낸다.

어머니는 연꽃을 들고 하연 수건 위에다 한 잎 한 잎 따놓는다. 미색에 가까운 흰 꽃은 주로 무안의 회산연못이나 아산의 인취사에서 얻어온 것이다. 홍련보다 훨씬 귀하다는 백련 꽃잎을 얻기 위해 어머니는 인취사에서 몇 달씩 손이 부르트도록 공양보살로 일하기도 한다. 보라색에 가까운 홍련은 전주 덕진 공원에서 얻어온 것이다. 연꽃잎이 다듬어지면 하얀 거즈를 돌돌 말아 물을 살짝 묻힌 뒤 잎에 묻은 먼지를 닦아낸다. 그러나 의식을 하듯 정갈하게 연꽃잎을 다듬던 어머니의 손은 마디가 굵고 핏줄이 울퉁불퉁 불거져 나왔다. 짧고 투박해진 손가락이 붉은색과 흰색의 꽃잎을 하얀 사기그릇에 옮겨 담는다. 힘줄이 퍼렇게 튀어나온 주름진 손이 작은 나무 방망이로 자근자근 꽃잎을 찧기 시작한다. 하얀 사기그릇엔 발그스레한 연꽃 즙이 생겨난다.

지문도 닳아서 없는 어머니의 뭉툭한 손가락이 핀셋으로 약솜을 집어 종기 주위를 닦아낸다. 세균이 죽으면서 뽀글뽀글 거품이 생기는 것이 느껴진다. 따끔거릴까봐 어머니는 입으로 상처 부위를 후후 불어준다. 꾸덕꾸덕해질 때까지 한참 기다렸다가 기름종이에다 꽃 즙을 담아 종기를 덮는다. 그 위에 하얀 거즈를 대고 반창고로 고정시킨다. 하도 여러 번 해보아서 익숙한 솜씨다.

“의사인 너거 아부지 종기도 내가 연꽃 즙으로 다스렸니라.”

어머니가 그 말을 할 때면 마지막 반창고를 붙였으니 몸을 움직여도 된다는 뜻이었다. 이제 나는 안다. 내 목에 얹혀졌던 짓이겨진 연꽃은 아버지의 살이었음을. 새하얀 사기그릇에 한 방울 두 방울 모이던 발그스레한 즙은 아버지의 피였음을.

처음 서울 인근으로 이사 와서 몇 년간은 안양에서도 변두리에 살았다. 어머니는 연꽃이 탐스럽게 핀 연못이 가까이 있다며 교통이 불편한데도 덜컥 세를 얻었다. 다 허물어져가는 연립주택이었다. 나는 연꽃과 교통을 바꾸는 어머니가 도무지 이해되지 않았다. 몇 년 뒤 연못과 더불어 일대가 아파트 부지로 지정된 덕분에 세든 가구에도 보상금이 조금 나왔다. 그 돈으로 신림동에 방을 얻어 이사했으니 우리는 그야말로 연꽃위에 누워 자는 셈이었다. 그 일 역시 아버지와 무관하지 않다는 것을 이제 알 것 같다. 나는 연꽃에 대한 어머니의 맹목적인 신앙을 한심하다는 투로 이야기했지만 화연은 연꽃 이야기만 나오면 귀를 쫑긋 세웠다.

“우리 언제 청암정에 연밥 따러 갈까. 연밥 따는 날이면 어쩐지 자기 상처가 다 아물 것 같아.”

그녀는 어떻게든 내 힘겨운 삶과 알 수 없는 슬픔의 연원을 찾아내 뿌리 뽑고 싶어 하는 눈치였다. 그렇게 해서 그녀는 서슴없이 끼어들기 시작했다. 내 황폐한 삶에.

언젠가 그녀를 고향으로 데려와 아버지 이야기를 마저 들려주고 싶다. 그러나 그것도 이제는 이루어질 수 없는 꿈이 되고 말았다. 외가 옆 대숲에서 바람이 인다. 사각거리는 바람 소리는 내게 옛이야기를 속삭인다. 일제 때부터 뭔지 알 수 없는 책에 빠져 지내던 아버지와 경찰이 오는 기미만 보이면 책을 상자에 담아 마루 밑에 집어넣고 쿵쿵대는 가슴을 손으로 눌러대던 어머니. 어머니 말에 따르면 일어로 된 '막스 네닌' 책들. 머슴들에게도 존댓말을 쓰라 이르고 똑같이 밭에 나가 일하자고 하던 아버지는 무슨 일이었는지 일경에 검거됐다가 풀려나기도 한다.

내가 그 사상의 깊이를 너무 단순하게 보는 건지도 모르겠다. 하지만 어쩌면 아버지는 호치민처럼 그 정체가 무엇인지도 모르는 것에 무작정 말려들었는지도 모른다. 서방 강대국의 힘을 약화시키기 위해 레닌은 무조건 식민지 해방을 부르짖었고 식민지 먹물들에게 그 말은 복음으로 들렸다. 그도 호치민 같은 혁명가를 꿈꾸었을까. 그렇지만 내가 아는 그는 우리 모자를 불행으로 내몰고 끊임없이 끔찍한 환상만을 안겨줄 뿐 내 종기 하나도 어쩌지 못하는 존재였다. 그는 이렇듯 내 곁에 부재함으로써 도리어 내 인생을 통째로 지배하고 있었다. 내 뒷목의 종기까지도. 그것은 거의 횡포에 가까웠다. 하지만 그것을 어떻게 떨쳐내야 할지 몰라 나는 여태껏 끙끙대고 있었다. 이런 내 사정을 자세히 알 길 없는 화연은 나만 보면 졸라댔다.

"올 가을엔 연밥 따러 봉화에 가자."

"글쎄, 왜 연밥에 목숨 건 사람처럼 그래?"

내 말에 그녀는 어디서 알아냈는지 나도 잘 모르는 연밥의 용도를 늘어놓았다.

"연밥을 가루로 내면 국수도 빼고, 만두도 빚고, 죽도 끓이고 못 하는 음식이 없어. 연엽주에다 심지어는 연자 아이스크림도 있다니까."

장미꽃 무늬의 벽지가 누렇게 변한 여관방에서였다. 담배를 피워 물고 돌아누워 군데군데 담뱃불 자국이 얼룩진 벽 쪽을 보면서 나는 말했다. 나 같은 녀석한테 말려들어선 안 돼. 그녀는 내 어깨를 쓸어내리면서 대답했다. 내가 사회인과 자연인을 구별할 줄도 모르는 줄 알아? 그러고는 다짐하듯 낮은 목소리로 덧붙였다.

"나랑 같이 연밥 따는 날, K는 다시 자연인으로……"

그녀는 마치 내게 주문이라도 거는 듯 '연밥 따는 날'이라는 말을 자주 되풀이했다. 나는 무엇보다도 자연인이라는 말이 새롭게 들렸다. 하지만 그게 말이 되는 이야기인가 싶었다. 인간은 사회적 동물이라고 배웠다. 사회를 떠나서는 살 수가 없으니 당연한 말이다. 이제는 그 기약마저 공허한 일이 되고 말았지만 내게서 어떻게 사회적인 동물을 제거하겠다는 말인지 알 수 없었다. 남북 화해의 시대라고 떠들어대면 댈수록 나는 더욱 배신감을 느꼈다. 어느 누구의 잘못도 아닌 야릇한 굴레에 씌워져 힘들게 들어간 직장에서도 나와야 했고 곁에 있던 여자들도 모두 떠났다.

아버지 생각만 하면 일이 통 손에 잡히지 않아 얼마 전에도 나는 화연에게 마감 시간을 늦춰달라고 하소연했었다. 그녀는 무슨 생각에서인지 비가 쏟아지는데도 당장 지하철 경복궁역으로 나오라고 했다. 우리는 통의동에 있는 정부기록보존소에서 마이크로필름에 보관돼 있는 1932년도 어느 날의 신문 기록을 찾아냈다. 봉화 농민단 사건. 연루자 검거. 김종수. 아버지의 이름을 확인한 순간, 나는 숨이 턱 막혀왔다. 우산도 받지 않고 아름드리 가로수가 우거진 길을 마냥 걸었다. 그녀도 우산을 접고 내 곁에 다가와 어깨동무를 했다. 빗줄기 속에 그녀의 속삭임이 아련하게 들려왔다.

"자기 부모님은 우리 근대사를 온몸으로 사셨어."

그때였다. 내가 아버지를 다시 보기 시작한 것은. 나는 빗물이지 눈물인지 모를 뜨거운 물길이 몸을 타고 흐르는 것을 느끼며 통의동 길을 빠져나왔다.

봉화 유곡리라는 간판을 뒤로 하고 외가 옆에 있는 청암정으로 향한다. 거북처럼 생긴 큰 바위에 춘양목으로 지은 정자는 지금도 옹골차고 탄탄한 모습이다. 정자 주위를 둘러싸고 있는 연못에 연꽃은 다 지고 없겠지만 연밥은 탐스럽게 달렸을 것이다. 연못 가장자리에는 오래된 대나무 숲이 있고 그 옆에는 수백 년 된 회화나무와 소나무, 청단풍이 정자를 감싸고 있다. 연밥 따기에 앞서 아버지가 앉았던 정자 마루에 가서 앉아 보고 싶다.

기다란 돌덩이로 된 다리를 건너 정자에 오른다. 돌다리를 건너면서 나는 몇십 년을 훌쩍 뛰어넘는다. 돌계단을 지나 신을 벗고 마루에 오른다. 정자에서 열리는 시회에 자주 참석했었다는 아버지. 양복 차림을 즐겨했다는 아버지가 한복을 입은 외가 어른들 사이에서 붓을 들고 엎드려 한지에 뭔가를 써내려가는 모습이 보이는 듯하다. 서늘한 저녁 바람이 불어온다. 그 바람 속에 무슨 냄새가 실려오는 것만 같다. 묵향일까, 연향일까. 팔을 벌려 큰 숨을 들이켠다. 치졸함으로 꽉 들어찬 허파꽈리를 하나하나 다 씻으려는 듯이.

점퍼 속주머니에 손을 넣는다. 아버지의 손길이 닿았던 편지를 다시 만져본다. 그의 오랜 부재를 메워주는 단 한 장의 편지. 내가 태어난 지 얼마 안 되어 내 곁에서 사라졌던 그가 뒤늦게 돌아와 손을 내민다. 늦었다며. 너무 오래 걸렸다며. 너에게도 부재하는 아비만이 아닌 육체를 지니고 살아 있는 아비가 여기 있다고 말하는 듯. 다가와 내 손을 맞잡는 아버지의 손. 뜨겁지도 차갑지도 않은. 그저 따스한 일상의 체온이 담긴. 그러나 뼈마디가 툭툭 불거지도록 야윈 손. 어머니는 툭하면 길고 가느다란 그 손에 반했다고 말하곤 했다. 나는 가늘고 쭈글쭈글해진 그 손에서 아버지의 추신을 다시 읽으려 애써본다. P. S. 아이 러브 유, 그런 것 말고 뭔가 다른 것을.

연못을 내려다보던 나는 잠에서 깬 듯 화들짝 놀란다. 어찌된 일인지 연은 구경도 할 수 없다. 꽃은 졌어도 연잎은 무성하고 연밥이 튼실하게 맺혀 있어야 하는데. 연밥이 든 구멍을 두 개만 집중해서 바라보던 때가 있었다. 그러면 영락없이 어머니 젖가슴이었다. 계단을 내려가 연못가로 내려간다. 그때 누군가가 작은 보트를 타고 무언가를 줍고 있는 모습이 보인다. 해질녘이어서 어스름한데다가 물가에는 나무 그림자가 짙게 드리워져 누군지 가늠할 수가 없다. 나는 계단에서 돌다리로 내려가던 걸음을 멈춘다. 저 여인이…… 그럴 리는 없다. 여인이 일어서서 허리를 펼 때 비로소 바구니에 수북이 담긴 나뭇잎과 쓰레기들이 눈에 띈다. 나는 연못을 가리키며 더듬거린다.

"예, 예전에 그, 그 많던……"

"연밥 따러 오셨니껴. 연이 없어진 지가 벌써 언제라꼬요. 거촌리 황전마을 있잖니껴. 누런 학이 날아와서 온 논밭이 온통 누렇게 물들었다는. 예전에는 거기 있는 도암정에서 해마다 연을 캐다 심었제요. 물은 논에 대는 도랑물을 돌아나가게 했고요. 그런데 가을 되면 논에 물이 필요없으이 위에서 도랑을 막았부리니더. 그러이 연을 심을 수가 있니껴. 못 심제요."

여인은 오랫동안 이야기 상대를 못 만난 사람처럼 학마을이며 청암정의 물대기 내력까지 죄다 읊을 태세다. 나는 더 이상 아무것도 묻지 않는다. 단지 그녀의 해명에도 나는 연을 못 심는 이유가 좀처럼 납득되지 않는다. 청암정의 연은 학마을처럼 이제 옛이야기가 되고 말았다. 나는 그저 작은 한숨만 내뱉는다. 연밥 따러 언제 갈거야. 하던 화연의 목소리가 들리는 듯하다. 너무나 오랫동안 그녀를 기다리게 했는데. 이제 청암정에 연은 없다. 청암정의 연밥은 잊힌 지 오래다. 그것은 화연과 나의 해묵은 대화 속에만 남아 있다. 지켜지지 않은 공허한 약속으로만. 연밥도 화연도 모두가 내게서 사라져갔다. 이제 피카소 그림도 화연의 말처럼 별다른 감정 없이 그림 그대로 담담하게 볼 수 있을 것 같은데. 그녀는 떠났다. 있는 것이라고는 달랑 속주머니에 품고 있는 아버지의 편지 한 장뿐. 연이 없어진 것에 놀란 마음을 차분히 가라앉히고 눈을 감는다. 연못의 물이 미세하게 찰랑거리며 가슴에 와서 닿는 것 같다. 가슴팍이 간지러울 정도로만. 이윽고 천천히 노 젓는 소리고 들리고 연밥이 아닌 물에 떨어진 나뭇잎과 쓰레기를 담은 바구니를 안고 여인이 보트에서 내려 땅바닥을 딛는 소리가 들린다. 눈을 떴을 때 언뜻 화연의 얼굴이 보이는 듯했다. 서울에 올라가면 그녀에게 연락을 해야 할까. 목덜미가 다시 근질거리기 시작한다.

#05

전쟁의 참상과 분단의 그늘

#05

전쟁의 참상과 분단의 그늘

우리는 평소에 우리나라가 지구상에 남은 마지막 분단국가라는 것도, 지금 한반도는 종전이 아닌 휴전 상태라는 것도 인식하지 못하고 지낸다. 더군다나 민족이나 국가와 같은 거시적인 차원의 이념보다는 사회구성원 개개인의 욕망이나 인권이 더욱 중요시되는 풍토가 확산된 1990년대 이후에는 분단이니 통일이니 하는 거대 담론이 우리의 일상사에서 점점 멀어지고 있다. 이것은 전쟁을 통해 분단을 직접적으로 경험한 세대가 점점 줄어들고 있다는 점과 분단체제를 정치적으로 이용하던 시기로부터 다소간 벗어나 있다는 점 때문이다.

한국전쟁은 분단과 관련된 가장 극적인 사건이다. 한국전쟁은 우리 민족 내부의 갈등을 폭발시켰으며, 우리에게 분단의 아픔과 피해의식을 지속적으로 확산시키는 역할을 하였다. 1980년대 들어 전쟁 미체험

세대에 의해 분단문학이 활발하게 쓰이기 시작했다. 그 이전의 분단문학은 한국전쟁이나 이산離散에 대한 내용이 대부분을 차지하였다. 그에 비해 이 시기 분단문학의 새로운 경향은 일명 빨치산문학이라 불리는 작품들이다. 이 시기의 작품들은 그 동안에는 반공 논리에 의하여 적으로 치부되던 빨치산조차도 역사의 제물이었다는 시각을 보여준다. 또한 분단이 단순히 민족 분열이라는 차원에 그치는 것이 아니라 정치적 민주화의 문제, 노동 문제, 국제적인 역학관계 등과 긴밀하게 연관된 문제라는 인식을 보여준다.

분단문학은 시대마다 그 모양을 조금씩 달리 하면서 꾸준히 생산되어 왔다. 한국전쟁은 과거에 벌어졌던 일회적인 사건이 아니다. 그것은 여전히 우리의 삶에 강력하게 영향을 미치고 있는 현재진행형의 사건이다. 분단 극복 혹은 통일을 위해서는 서로를 잘 알아야 한다. 극단적인 반공 이데올로기가 지배하고, 북한에 관한 자료가 거의 공개되지 않았던 시기에 비하면, 북한 사회에 대한 인식이 많이 변화되었다. 그러나 한편으로는 동포애를 바탕으로 한 연민과 반공 이데올로기에 기인한 적대감이 여전히 지배적이다. 분단의 문제를 해결하려면 보다 냉정하고 객관적인 시각으로 분단의 본질을 주시하려는 태도가 필요하다.

2000년대에 들어서 우리나라는 이라크, 아프가니스탄에 군대를 파견하였다. 이 전쟁에 전투부대를 파병하는 문제에 대해 여론이 찬반으로 나뉘었다. 그러나 파병을 통해 한미동맹을 강화하고, 전쟁 특수를 고려한 국익의 측면이 고려되어 우리나라는 군대를 파병하였다. 이라크 파병은 이전 베트남 파병과 비교된다. 일본이 한국전쟁을 통해 경제적 특수를 얻은 것처럼 우리나라는 베트남 전쟁에 군대를 파견함으로써 전쟁 특수를 얻었다. 2010년까지 사용된 고등학교 교과서에서 베트남 전쟁을 다루면서, 이 전쟁으로 인한 전쟁 특수가 1970년대 초 군수산업으로부터 출발하여 중화학공업으로 이어지는 경제개발의 중요한 요인이 되었음을 기술하고 있다. 반면 베트남 전쟁으로 인한 민간인 피해, 고엽제 등과 같은 전쟁의 참혹한 이면에 대해서는 상대적으로 덜 다루어졌다.

우리나라는 다른 나라를 침략하거나 군대를 파견한 경험이 거의 없다. 우리에게 전쟁의 기억은 평화와 민주주의를 수호하는 정의의 모습이거나 침략에 의해 피해는 당하는 영상으로 재생되어 왔다. 그동안 베트남 전쟁은 드라마, 영화, 노래 등에서 왜곡되어 나타나기도 했다. 예컨대 한국군은 공산주의자를 무찌르는 정의로운 군대로 묘사되는 반면, 남베트남 정부에 반대해 전쟁을 일으킨 이들은 사악한 공산주의자로 묘사되곤 한다. 우리는 베트남에 파병된 군인들을 통해 외화를 벌었으며, 민주주의를 수호한 용감한 군인의 이미지를 심어주었다. 그러나 한편으로 국군에 대한 기억과 평가가 베트남 사람들과는 다르지 않은가에 대해 생각해볼 필요가 있다. 만약 그들의 인식이 우리와 크게 다르다면 우리는 어떻게 해야 할까? 어쩌면 우리는 전쟁에 대한 기억을 수정해야 할지도 모른다.

문학 작품이 한국전쟁 중에 일어났던 빨갱이 사냥, 고엽제 피해, 베트남에서 민간인이 입은 피해 등을 객관적으로 재생해내는 것은 우리에게 전쟁의 참혹함뿐만 아니라 감추고 싶은 진실과도 대면하게 해준다. 이 장에서는 그 동안 우리 문학에서 분단이 어떻게 형상화되어 왔는지를 살펴볼 수 있다. 더불어 전쟁이 우리의 삶과 어떤 관련을 맺고 있는지에 대해서도 다시 한번 생각해볼 기회가 될 것이다. 또한 베트남 전쟁 등에서의 우리나라의 역할과 의의와 더불어 우리가 가한 상처에 대해 되짚어보는 시간이 될 것이다.

위안부 11

권순자

뭐라고요?
강제연행이 아니었다구요?

공장 취직시켜준다고 해서 따라갔는데
배에서 내려준 곳이
인도네시아 일본전쟁터였잖아요?
전 열두 살이었어요
제 친구는 열다섯 살이었어요

그럼 제가 전쟁터
남자군인들이 수십 명 수백 명 줄 서서
성적욕구 풀려는 지옥의 전장에
제 발로 스스로 갔다구요?
전쟁과 참혹한 죽음을 시시때때로 겪는
군인들에게
성노예로 제가 알아서 갔다구요?

그곳이 공장이었나요?
당신 딸에게 물어보세요
당신의 열네 살 손녀에게 물어보세요

월남에서 돌아온 새까만 김 상사

양병호

잘 다녀오세요.
마스트 끝 둥그런 박이 쪼개지며
오색 꽃가루와 테이프 축포처럼 쏟아지고
비둘기 떼 우왕좌왕 부두를 날았다.
부산항 수송선 LST에
포효하는 호랑이 견장의 맹호부대
M16을 울러 멘 귀신 잡는 청룡부대
어깨에 담요와 수통과 탄띠를 멘 비둘기부대
용사들이 주먹을 흔들며
어머니를 부르다, 영순이를 부르다
사나이 이름 바쳐 목숨을 걸었다, 고
목이 터져라 군가를 불렀다.
하얀 한복의 검은 어머니 짜디짠 눈물을 수건으로 감추고
영순 씨는 기다릴께요, 만 소리 죽여 흐느끼는
부산항 짠내 유독한 부두에
가아시는 곳 월나암 땅 하늘은 멀더라도
한결가아튼 겨레 마음 님의 뒤를 따르리라아
울음인지 군가인지 함성인지 모를 합창소리
환송의 물결로 불안불안 파도치고 있었다.
아오자이 입은 꽁까이들이

재잘재잘 평화롭게 자전거를 타고 가는
비린내 나는 캄란항 부두에도 어김없이 해는 떠오르고 졌다.
왜 적이어야 하는지 알 수 없는
베트콩이
암약하는 정글엔
살랑이는 바람에 야자수 머리를 헹구고
고무나무도 조을며 생의 기쁨을 노래하고 있었다.
구차한 시가지와 생사불명의 밀림 속 모두가 자연스럽게 살고 있었다.
사철 벼와 바나나가 근심 하나 없이 익는
베트남 너른 풍요의 들판을
우리는 지은 죄 없어도
가난한 나라의 용병이어서 밤이고 낮이고 낮은 포복을 했다.
개처럼 엎드려 기고 또 기어 갈팡질팡 앞으로 나아갔다.
두고 온 고향집
구질구질한 어둠을
화염방사기로 불살라 태우며
무너져 사위어가는 집안을 빳빳이 일으켜 세우기 위해
어둠 속 정글 보이지 않는 적을 겨냥하며 앞으로 나아갔다.
어머니 모습 만월로 떠오르는 밤이거나
영순이 얼굴 십자성으로 빛나는 새벽이면
안개 속 고엽제 졸음처럼 쏟아지고
헛디딘 지뢰가 발목을 잡거나
네이팜탄이 유성우처럼 쏟아지곤 했다.

한 번 죽지 두 번 죽지 않는다, 는
군가가 증명하듯
누구는 죽고 누구는 살아서
환영 물결 찰박찰박 숨죽여 파도치는
물안개 자욱한 부산항에
아무 지은 죄 없어도
패잔병처럼 침묵한 채 귀국하였다.
생과 사 모호한 월남의 정글을
포복으로 헤매며 속 타서 얼굴까지 새카만
김 상사
마침내 어머니와 영순 씨 품으로 돌아왔다.
은빛 반작이는 쇠갈고리 손
지게작대기 같은 목발을 훈장 대신 받고
왼쪽 다리 미련처럼 월남 땅에 남긴 채
허퉁한 바지가랭이 표표히 바람에 날리며
월남에서 돌아온 새카만 김 상사
이제는 질퍽질퍽 논두렁을 간다.
빈 소주병 쓰러뜨리며 세월은 가고
집안을 일으켜 세운 징표라도 되는 양
지붕 위 삐죽 솟은 흑백텔레비전 안테나
시커멓게 바라보며
절뚝절뚝 논길을 나아가는 홀애비 김 상사
흐린 눈에 눈부신 아오자이 입은
영순 씨 모습이 꿈결로 어렸다가

아득한 구름으로 흘러가고 있었다.
두고 온 월남 땅 포연 속으로

어둠·시계 조립하시는 아버지

이정란

아버지 방에는 버려진 걸 주워다 조립한 시계
여덟 개가 걸려 있다
열어 보이시는 BYC 메리야스 상자 안에
할 일 없는 부속품들이
젊은 시절 사귄 여자들만큼 있다

죽어 있던 바늘이 시간의 주둥이에 입맞춤할 때
부스스 녹만 떨어뜨리는 뻰찌 같은 추억의 빛깔이
재생되기를 바라시는 걸까

이생의 아름다움을 호르르 마셔 버린
시간의 식탐이 두려워
가까이 붙잡아 두시려는 걸까

아버지의 전성기는 베트남 다낭에서
오른손가락 네 개와 함께 잘려 나갔다
젓가락과 펜, 드라이버가
온전한 엄지손가락과 잘린 손가락 뿌리 사이에서
자유자재로 움직여질 때까지의 아버지 아픔을 난 잘 모른다

상자 안에 바늘이
어떤 시계의 경혈에 꽂혀
시간의 결을 쓰다듬을지 모르듯

대한 노인회 노인정으로 향하는
아버지의 등허리에 바늘 없는 시계가 걸려 있다
버린 적 없지만 버려진 그 시계를 살려낼 바늘을
아버진 찾으시려는 걸까

목숨

김영란

마을이 불타던 날 산으로 뛰었습니다 두 살짜리 아이 업고 담요 한 장 덮어씌워 스물둘 신혼의 꿈도 그때 모두 불탔습니다

쌀 한 되 간장 한 병 산사람에게 준 죄로 콩밭 소나무밭 벌레처럼 기어서 산으로 숨었습니다 무자년 가을입니다

후다닥 피해 달아난 남편소식 끊어지고 몇 날을 헤매었을까 산에 눈, 내립니다 두 손에 내린 곤밥을 와들와들 삼켰습니다

산에서 잡혔다고 산사람이 되었습니다 전기고문 비행기고문 팔 꺾여 허리 부러져, 가는 숨 늘어진 아이 품에 안고 울었습니다

배에 태워 어딜 가는지 아무도 몰랐습니다 무릎에 눕힌 아이 숨이 곧 멎을 것 같아 코에다 손을 대보면 아뜩한 숨소리

새끼가 무슨 죄냐 들여준 죽물, 서너 번 입에 넣었더니 똘, 깍, 똘, 깍 내리는 소리 이승의 마지막 난간에 간신히 매달려

배롱이 눈 떴습니다 살아있다는 신호처럼 그 아이 살아남아 지금, 일흔입니다 그 세상 살아서 넘은 질기디질긴 명줄입니다

진창

진이정

열네 살의 새벽까지 나는 창녀란 말을 몰랐다 고향에서 수백 리 떨어진 곳에 정착해서야 비로소 그들의 정체를 간파했다 돌연 멀리 있는 동무들이 낯설어지누나 간장 달이는 내음이 짭조롬던 그곳의 너덜한 그림책으로 난 예수의 일생을 배워야 했는데, 아아 가시 면류관이 무디어오던 어느 날 골목 초입엔 독뱀의 송곳니 같은 문자들이 내걸리고 일순 코배기들의 발걸음이 뜸해지는 것이었다 갓 쓴 노인은 어이해 과년한 딸을 찾아 온종일 미로를 서성대었던가 칠흑 속에서 이단옆차기로 엠피를 쓰러뜨렸던 부대 앞 당수도장의 도끼대가리 형 우리 아부지 팔을 잡아끌던 풋내기 지지배들 그렇게 눈치가 없어서야, 라고 플라멩고 지배인이 중얼거렸다 어디서나 술래는 외로웠고 진흙 속에서 연꽃이 핀다는 말이 무슨 소린지 그땐 정말 몰랐다 저녁 어스름 내 준공식 따발총은 희끄므레한 누군가를 되게 갈겨야만 속이 풀렸다 주근깨 같은 총알이 박히고도 그들의 사업은 번창해가는 모양이었다 그 골목은 나의 글방, 천자문 대신 질척한 일상의 알파벳을 익혔지만 대통령 선거 때 거기도 담회색 보도블럭으로 급히 단장되었다 실실 실웃음을 흘리는 인부들, 사뿐 즈려밟고 오시옵소사! 그 후론 난 동지팥죽 같은 진창을 디딜 길이 없었다 몇 년 후 떠꺼머리로 나타났을 때 그 여인들은 나를 정식으로 맞아들였다 어느새 이 몸은 손님이었고 날 위해 수백 개의 옥합이 깨졌다 불발탄이었다 정든 갈보들의 평퍼짐한 꿈들은 본토에 잘 안착했는지 지미

랄 카터의 동정에 울고 웃던 가게 주인들 틈에서 짜장면 젓는 폼만 보아도 양갈보 똥갈보를 용케 구분하던 양민들 속에서 나는 그 옛날의 진창이 그리웠다 비록 연꽃으로 피어나진 못했더라도, 아아 이 몸은 그 진창의 아들일 터이니……

오마니별

김원일

1

조씨 있는가 하고 부르는 소리가 길 아래쪽에서 들렸다. 전짓불빛이 마당 입구를 스쳐갔다. 어스름은 늘 골짜기 아래에서부터 바람을 몰아왔고, 등성이를 타고 오른 바람이 펼친 치마폭처럼 산을 흔들며 훑어나갔다. 느릅나무와 개암나무가 스산스레 잎을 떨구었다. 마당을 덮은 가랑잎이 아이들 줄 서듯 가지런히 선 참깨 묶음을 비껴 언덕 아래로 쓸려갔다. 전짓불빛이 마당까지 올라오자 불빛과 인기척을 알아챈 염소우리의 염소들이 기척을 내며 수런댔다. 삽짝은커녕 울조차 없는 마당으로 당주골 이장 황씨가 들어섰다. 이장 손에 들린 전짓불빛이 툇마루에 나앉은 조씨를 집어냈다.

"귀신 나오겠군. 왜 불도 안 켜고 우두커니 앉았어." 가는 귀 먹은 조씨라 황이장이 큰 소리로 나무라곤 마루로 올라와 손수 형광등 스위치를 올렸다. 형광등 전구가 몇 번 깜박대더니 흐릿한 빛을 냈다. "전구를 갈아야겠군, 저녁은 먹었어?"

조씨가 한술 떴다고 시무룩이 말하자 황이장이 전기플러그가 꽂힌 전기밥솥 뚜껑을 열어보았다. 혼자 두 끼니쯤 먹을 밥이 남아 있었다. 흠투성이 낡은 두레상에는 치우지 않은 먹다 남긴 밥그릇에 찬이라곤 김치, 멸치조림, 새우젓이 고작이었다. 홀아비 노인의 지지리 궁상에 이장이, 나이도 있는데 이렇게 먹어서야 어떻게 힘을 써 하곤, 저녁 찬으로 먹고 온 김치찌개며 된장국이 남았다며 처에게 가져다주라 일어야겠다고 생각했다.

"자네 어디 갔더랬어?"

"뭐라고?"

"낮에 말야."

목을 빼고 꾸부정히 앉은 조씨가 대답을 않고 허리 뒤를 가만가만 주물렀다. 이장이 허리가 아프냐고 물었다. 조씨가 아니야, 괜찮아 하며 호작질하다 들킨 아이처럼 하던 동작을 멈추었다. 낮참에 조씨는 염소들을 몰고 범바위로 올라갔다가 새끼염소 한 마리가 엇길을 놓기에 그놈 뒤를 좇다 허방에 발을 접질려 바위에 허리를 찧은 게 시큰하게 둔통이 왔던 것이다. 조씨는 풀을 한짐 베어서 지게에 지곤 여덟 마리 염소를 몰고 절름거리며 집으로 돌아왔다. 아예 일을 작파해 참깨털이도 제쳐두고 누웠다가 저녁밥 한술도 뜨다 말다 했다. 한해 다르게 염소치기며 밭농사가 힘이 부치는 조씨에게 그런 실수는 흔한 일이 되고 말았다.

"낮에 말일세, 분교 선생이 마을로 올라왔어. 자네 만나러 집에 들렀더니 없더라며, 내일 다시 오겠다더군."

"뭐라구? 선생이?"

"그래, 선생이." 이장이 뜸을 들였다가 조씨 곁에 바투 앉아 큰 소리를 내질렀다. "자네한테 손위 누이가 있었다고 했지? 전쟁 때 잃었다는 누이말야? 그건 기억하고 있잖은가."

"암, 누이가 있었어. 폭격 맞고 죽었지. 그런데 왜?" 조씨가 머리를 틀고 침침한 눈을 닦으며 물었다.

1951년 초다듬 그해 첫 겨울, 조씨는 누이가 비행기 폭격에 죽었다 믿고 있었다. 엄마도 그렇게 폭격 맞고 운신 못한 끝에 숨을 거두었다. 조씨는 엄마가 숨 거두는 순간을 누이와 함께 지켜보았기에 다른 기억은 다 망가졌어도 그때 보았던 그 장면만은 색 바랜 사진처럼 남아 있었다. 땅이 꽝꽝 얼어 오마니를 묻어줄 수도 없다며 누이가 오랫동안 섧게 울었다.

"만약에 말일세, 그 누이가 아직 살아 자네를 찾는다면 어떡하겠나?"

"날 찾는다구? 실없는 소리 말게. 내가 본걸. 갑자기 비행기가 나타나 총을 쏘아대구 폭탄 떨어지자 사람이 많이 죽었어. 나중에 보니 누이가 없어졌어. 아무리 찾아도 누이가 없어. 폭격 맞구 죽은 거야."

"자네는 누님을 늘 누이라 불러 헷갈리네. 자네 말대로라면 손위로 누님 맞지, 그렇지?"

조씨는 그해 겨울, 살을 도려내듯 했던 추위가 아직도 살갗에 알얼음으로 박혀 있는 듯 부르르 진저리쳤다. 그 많은 시체들 사이에 누이의 피투성이가 된 늘어진 몸뚱이가 떠올랐다. 조씨는 누이 시신을 직접 목격하지 않았으나 그 장면이 머릿속에 처음 그려진 후 누이만 떠올리면 그렇게 죽은 모습으로 아예 굳어져버렸다. 이제 와서는 살아생전 누이의 유독 반들거리던 눈빛과 길동그란 생김새조차 지워졌다. 그런 흐릿한 기억조차 말을 듣던 옆 사람이 지난날의 장면을 재생해주려 조언을 보탰기에 가능했던 것이다. 눈 내리구, 너무 추웠어…… 그런데 갑자기 비행기가 폭탄을…… 사람이 많이 죽구 누이가…… 조씨가 겁에 질려 울 듯한 표정으로 그렇게 떠듬떠듬 말하면 옆에서 듣던 이가, 눈보라 치는 한겨울에 한뎃잠 자며 피란 나오다 비행기가 나타나 폭탄을 떨어뜨려 사람이 많이 죽었겠군. 그때 꽝 하고 폭탄이 터지자 그 진동으로 자네 귀청이 떨어져 나갔구 누이도 그 파편에 죽었지? 그런 보탬말이 조씨 머릿속에 사실처럼 확인되어, 맞아, 맞아 하고 맞장구쳤고, 기억으로 저장되었던 것이다.

뿌연 하늘에 좁쌀알갱이 같은 눈보라가 휘몰아쳤다. 얼굴을 치는 눈보라가 얼마나 맵게 찬지 눈조차 제대로 뜰 수 없었다. 산지사방에서 모여든 많은 피란민들이 앙상한 버드나무 늘어선 한길 따라 걷고 있었다. 자전거, 수레, 지게에 걷지 못하는 아이와 덩이덩이 짐을 싣고 허리 휘게 등짐 진 채 많은 피란민이 한데 뭉쳐 허연 입김을 뿜으며 어뜩비뜩 길을 재촉했다. 피란민들은 솜옷을 덧껴입었고 수건으로 목과 머리통을 싸맨 채 얼어 다져진 길바닥에 미끄러지지 않으려 신발에 새끼줄로 감발을 치고 있었다. 그때 갑자기 앞쪽 언덕 너머에서 비행기 몇 대가 머리를 스칠 듯 나타났다. 나이든 이와 아녀자들은 오도 가도 못한 채 어린 자식을 품에 감싸고 그 자리에 머리 박고 엎드렸다. 청장년은 길가 개골창으로 뛰어들거나 밭둥성이로 날랜 걸음을 놓았다. 저공으로 날아온 비행기들이 한차례 기총소사를 붓더니 피란민들 머리꼭지에 폭탄 여러 개를 떨어뜨리곤 살같이 사라졌다. 한순간에 당한 난리로 피란민 대열이 흩어졌고 한길은 아비규환이었다. 찢어진 몸뚱이와 피가 눈보라 속에 튀고 비명과 신음소리가 낭자했다. 어른 아이들이 눈바닥에 피걸레로 늘어져 꼼짝을 안했다. 나란히 길을 걷던 소년은 그때 그만 누이를 놓쳤다. 소년은 시신을 안고 울부짖는 사람들과 아직 숨이 붙어 신음을 내지르는 부상자들 사이를 누비며 누이를 찾았다. 비행기가 되돌아와 나머지 사람들을 죄 몰살할 거라고 누군가 소리쳤다. 어서 여기를 떠나야 산다고 수염이 고드름 된 노인이 소년에게 말했다. 한 아낙이, 이 피 좀 봐 하더니 정수리에서 흘러내린 피가 면상을 덮은 소년 얼굴을 머릿수건으로 닦아주며, 앞서가는 사람들 속에 누이가 있나 찾아보라고 말했다. 겨우 목숨을 건진 피란민들이 다시 모여 살육의 현장을 빠져나갔다. 소년은 피를 철철 흘리고 거르며 누이를 찾았다. 목청이 쉬도록 누이를 불러도 그들 속에 누이 모습은 간 데 없었다. 그때서야 소년은 누이가 폭이 터질 때 죽어 보이지 않는다고 생각했다. 누이를 잃은 그해 겨울, 소년은 머리가 너무 아파 제정신을 놓쳐 피란민 대열에서 낙오되었으나 추운 날씨 덕에 정수리 상처는 그럭저럭 아물었다. 소년은 거지가 되어 문전걸식하며 시골집을 떠돌았다. 너무 굶어 기력이 다해서 쓰러지기도 여러 차례였다. 얼어죽기 직전 숨이 목젖에 걸린 소년을 행인이 발견해 길갓집 더운 방으로 옮겨 살려내기도 했다. 소년은 다시 길을 나섰다. 얼굴과 손발이 동상에 걸려 퉁퉁 부은 몸으로 여염집 처마 밑 따뜻한 굴뚝에 기대어 새우잠을 잤다. 그래도 명줄은 길어 봄이 왔을 때, 소년은 얼이 반쯤 빠져 맹해진 상태로 천안 부근 산골 장터를 떠돌고 있었다. 아무나 잡고 헛소리로 오마니, 누이를 불러대는 실성기를 보였다.

"조씨, 내일은 멀리 나서지 말구 집 안에 죽치고 있어, 알았지? 현 선생이 자네를 만나러 온다니깐 내가 같이 옴세. 현 선생이 인터넷인가 그걸 하다 누이가 자네 찾는 걸 알았다네."

"누이가 날 찾는다구? 거짓말이야."

"조만간에 나와 종씨인 박사님이 똑같이 닮은 사람도 만들어낸대. 자네 누이가 벌써 만들어졌는지 모르지만. 하여간 현 선생 말로는 자네 누이 비슷한 분이 전쟁 대 잃은 남동생을 찾고 있다더군." 황이장이 손에 든 전짓불을 켜고 마당으로 나섰다. "나 그럼 내려감세."

조씨가 배웅을 하러 한쪽 다리를 절며 축담에 내려섰다. 다리까지 왜 저냐고 이장이 묻자, 조씨가 괜찮다며 손사래 쳤다.

"아침저녁으론 날씨가 많이 차졌어. 감기 조심하구. 군불 안 땠다면 전기장판에 스위치 넣고 자라구. 늙을수록 몸을 따뜻이 해야지."

"바람이 세어 별도 가물가물하군." 틈만 나면 넋 빠진 꼴로 별 보기를 좋아하는 조씨가 하늘을 올려다보았다. 바람 건너 아스라이 멀리 있는 별빛이 흐릿했다. "말이 잘 안 들리는데, 눈까지 가나봐."

"무슨 잠꼬대 같은 소릴. 바람 잠잠한 한겨울밤이나 여름밤에 별이 밝지."

황이장 목소리가 전짓불빛 따라 언덕 아래로 멀어졌다.

그날 밤, 조씨는 뒤허리 둔통으로 몸을 돌려 눕지 못하고 밤 내내 골골 앓았다. 추석을 앞둔 절기라 골짜기를 훑는 밤바람 소리가 하루 다르게 기를 세웠고 귀뚜리 울음소리가 애잔했다.

봉창이 뿌윰하게 트여오자 우리에 갇힌 염소들이 날이 밝았다며 수런댔으나 오늘따라 조씨는 자리에서 일어나기가 힘에 부쳤다. 웬만큼 살았어, 이만큼 살았으니 됐어, 하고 늘 외는 소리를 읊으며 조씨는 꿉꿉한 이불 속에서 얕은 숨을 쉬며 꾸물댔다. 햇살이 느릅나무와 개암나무 우듬지를 비출 때야 겨우 몸을 일으켰다. 원숭이처럼 앉은걸음으로 마루로 나오니 하늘에는 새털구름이 높이 떠 있을 뿐 날이 맑고 건들바람이 쌀쌀했다. 조씨는 마당으로 나와 대나무관을 거쳐 확에 넘치는 찬물로 낯짝을 닦았다.

조씨가 전기밥통에 남은 밥을 한술 던 뒤 비누치대기로 밀린 손빨래를 대충 마쳐놓았을 때야 분교 현 선생과 황이장이 서리 앉은 갈잎을 밟고 언덕 위 외진 조씨 집으로 올라왔다. 안경잡이 젊은 선생이 등산모를 벗으며 조씨에게 인사를 차렸다. 현 선생은 우선 영감님 사진부터 찍겠다며 조씨에게 허리 곧추 세워 정면을 바라보게 했다. 웬 사진까지, 하면서도 자기 모습을 찍어준다니 싫지 않은 듯 조씨는 시키는 대로 꼿꼿한 자세를 취했다. 뒤허리가 결려 조씨가 찡그리자, 현 선생이 카메라에 눈을 가져대곤 선, 김치, 김치 하며 웃으라고 말했다. 군살 없는 몸에 허옇게 센 짧은 머리칼, 턱이 긴 질그릇 색 얼굴, 골 깊게 파인 주름살, 무릎 앞에 늘어뜨린 굳은살의 거친 손, 경성드뭇한 허연 수염이 전형적인 농사꾼 촌로였다.

“그러고 보니 조씨 상판이 영판 염소를 닮았어.”

황이장이 껄껄대고 웃었다. 정말 조씨는 성질마저 염소를 닮아 한없이 순량한 사람인데 간혹 뻗대는 그 염소고집만은 마을 사람들이 말릴 수가 없었다. 현 선생이 무릎 접어 디지털카메라로 조씨 사진을 여러 장 찍었다. 당주골 길흉사를 추억으로 남겨주려 선생이 구입한 카메라였다. 현 선생은 사진을 찍은 뒤 마루 끝에 앉아 조씨에게 찾아 온 용건을 꺼냈다.

“영감님, 육이오전쟁 나기 전엔 어디서 사셨습니까?”

조씨가 가는 귀 먹었으니 큰 소리로 말해야 한다고 황이장이 일렀다.

“어디 사시다 당주골로 들어왔냐구요!”

“저 산 너무 먼 데야. 거기가 평안도라 하데. 그래서 내 이름이 평안이 아니오.” 조씨가 자기 말이 재미있다는 듯 앞니 빠진 입 안을 보이며 흐물쩍 웃었다.

“실없는 사람이군” 하며 팔짱 끼고 황이장이 혀를 찼다.

조씨는 묽은 눈을 껌벅이며 마당귀에 선 한 그루 느릅나무와 두 그루 개암나무에 눈을 주었다. 가지를 떠날 서리 젖은 누른 잎이 아침햇살에 반짝였다. 조씨가 염소아저씨 조서방 따라 이 집으로 왔던 그해, 느릅나무는 아름더리 상수리나무 옆에 자식나무처럼 간짓대 굵기로 하늘하늘 서 있었다. 봄철에는 조서방 처가 느릅나무 어린잎을 따서 나물로 무쳐 먹기도 했다. 세월이 흘러 조서방 딸은 일찍 출가해 도붓장수 따라 먼 갯

가로 떠났고 아들은 중학교를 마치자 염소 두 마리를 끌고 몰래 집을 떠난 후 소식이 없었다. 그리고 몇 해 후 조서방이 죽고 뒤따라 그의 처도 세상을 떠났다. 조서방 내외 장례를 조씨와 당주골 사람들이 치렀다. 몇 해 전인가, 조서방 아들이 당주골로 들어와 면소를 오가며 집터 팔겠다고 나서서 마을에 분답을 떨었다. 이 산골에서도 외진 언덕빼기 그 땅이 몇 푼 되겠으며, 살 임잔들 나서겠어? 다들 대처로 나가버려 당주골에 빈집도 흔한 걸 자네 눈으로 보잖는가. 그 땅과 헌집은 이제 조씨 몫이야. 조씨가 세상물정에 물러 새경도 안 받고 평생 조서방네 집안 일을 거뒀잖는가. 범바위 아래 묻힌 자네 부모 묘에 벌초도 아들이랍시고 여태 조씨가 해오고 있는 줄 몰라? 부모 살아생전 코빼기도 안 비친 주제에 씨가 먹히는 소리를 해야지. 이장과 마을 늙은이들이 나서서 삿대질하며 따지자 조서방 아들이 머쓱하니 당주골을 떠난 후 여태 감감소식이었다. 그런 긴 세월이 흐를 동안 상수리나무는 마을 정자 기둥감으로 베어졌고 이제 느릅나무가 어미나무가 되어 그 자리를 지키고 있었다. 개암나무는 조씨가 이 집 정착한 그해 가을, 조서방이 데려온 자식 평안에게 지나가는 소리로, 죽은 네 엄마와 누이 보듯 하라며 심은 나무였다. 개암나무를 해마다 부쩍부쩍 키가 컸고 엄마와 누이가 내 열매 먹고 너도 얼렁얼렁 크라는 듯 많은 열매를 달기 시작했다. 조씨 눈앞에 개암열매를 많이도 먹어온 지난 세월이 암암하게 흘러갔다.

"보자, 내 나이 예순하나 아닌가. 전쟁 난 이듬해라면 학교도 아직 입학 안 한, 겨우 일곱 살 아니었나. 나도 그때가 가물가물한데, 나보다 두어 살 쯤 위긴 하겠지만 제 이름에 나이도 몰랐던 조씨가 전쟁 전 이북 살았던 적을 어찌 기억하겠어?"

황이장은 조씨의 정확한 나이를 몰랐다. 조씨가 염소아저씨를 따라 당주골로 들어온 게 전쟁 난 이듬해 봄이었다. 면소 닷새장에 나가 염소 한 마리 처분한 돈으로 마신 술에 거나해진 조서방이 마을 고샅길에서 만난 마을사람에게 말했다. 면소 장바닥에 비럭질하는 전쟁고아가 널렸는데 그런 애들 중 하나야. 이번 장날에도 눈에 띄기에, 귀먹보라도 애가 하도 순둥이라 팔아버린 염소 대신 데려왔지. 그때 첫돌을 한 살로 따져 여섯 살이었던 황이장은 조서방이 쥔 새끼 꽁다리에 매인 염소 두 마리 옆에 허수아비 같은 한 소년이 겁먹은 얼굴로 떨고 있음을 보았다. 땟물 흐르는 군복 윗도리가 무릎을 덮었는데 곪은 무처럼 퉁퉁 분 종아리 아래는 땟국 전 맨발이었다. 마을 사람들이 전쟁고아를 둘러싸고 이것저것 물었다. 이름은? 소년은 뭇 시선에 주눅이 들어 머리를 빠뜨린 채 떨고만 있었다. 이름과 나이를 물어도 소년은 대답을 못했다. 떠나온 고향을 알 리 없었다. 소년이 가는귀 먹었음을 알자, 멀리서 왔냐고 묻는 큰 소리에 산너머 먼 하늘을 가리켰다. 그러고 보니 숫구멍 자리 정수리에 머리털이 자랄 수 없는 큰 흉터가 있었다. 소년은 갈라터진 땟국 전 손등으로 눈물을 닦으며 오마니와 누이란 말만 겨우 흘리더니 머리를 흔들어대며 큰 소리로 울었다. 마을 사람들이 조서방이 데려온 전쟁고아를 두고 말을 맞추었다. 정수리 흉터로 보아 전쟁 때 파편을 맞아 머리와 귀를 다쳐 바보가 되었다. 영양실조가 원인이거나 태어날 때부터 머리가 모자란 아이일 수도 있다. 오마니란 말은 평안도에서 쓰는 엄마란 말이니 평안도에서 피란을 나왔음이 틀림없다. 남으로 피란 내려오다 엄마와 누이가 죽었기에 저렇게 큰 소리로 운다. 그렇게 결론 내리곤 마을로 고아를 무작정 데리고 온 조서방을 나무랐다. 면소 지서에 맡겨 고아원에 넘기든지 해야지 이런 귀먹보인 바보 아이를 데려와 어쩔 작정이냐고 따졌다. 다음 장날 면소로 나가 당장 지서로 데려다주게. 사람이 어디 염소새끼냐는 오례댁 말에 조서방이 버럭 역정을 내며, 자식도 둘 뿐인데 내가 친자식으로 여겨 내 자식과 똑같이 키우면 되잖느냐고 되받았다. 마을에서는 사람 좋기로 호가 난 조서방인지라 이웃들은 그 말을 믿었다. 조서방은 자기 말에 책임지겠다는 듯 소년을 집으로 데려가 씻기고 먹인 뒤 아들이 입었던 옷일망정 멀끔하게 갈아입혔다. 자기 성에 소년 출신지를 따와 조평안이란 이름으로 두 자식 아래 호적에도 올렸다. 나이는 어림잡아 열 살로 등재했다. 어느 날 면소 장에 나간 조서방이 간꽁치 몇 마리를 사서 헌 신문지에 말아왔는데 평안이 그 신문에 박힌 큰 글자를 떠듬떠듬 읽었다. 그로써 평안이 전쟁 전 북에 있을 때 학교에 다녔음을 알 수 있었다. 조 서방이 친자식 둘이 다니는 면소 초등학교에 평안을 데려다 선생과 상의한 결과, 늦게나마 입학이 가능함을 알았다. 평안은 조서방 두 자녀와 함께 시오리 길을 걸어 학교에 다니게 되었다. 학습 진도를 따라가지 못해 공부는 늘 꼴찌를 면치 못했다. 평안은 3학년을 마치곤 학업을 포기해야 했다. 평안의 한계가 거기까지였으니 머리 씀씀이는 십단위 더하기 빼기만 손가락 짚어 계산할 수 있을 뿐 초등학교 하급반 수준을 넘어서지 못했던 것이다. 더욱이 전쟁 전 기억을 회복하지 못해 아버지가 있었는지 없었는지조차 알지 못했다. 엄마와 누이가 비행기 폭격으로 죽었다는 기억이 고작이었다. 엄마와 누이가 어디에서 그런 횡액을 당했는지도 몰랐다. 고향에서도 네 이름을 평안이 불렀냐고 우스갯소리로 물으면, 평안이 맞아 하고 대답했다. 천둥이나 번개를 유독 무서워했고 마을에서 닭이나 개를 잡으면 이를 제대로 보지 못해 숨결이 거칠어져, 평안이 전쟁에 당했던 두려움을 잠재의식으로나마 느끼고 있음을 주위 사람들이 알아챌 뿐이었다. 조서방이 자식으로 거두며 돌보자 평안은 차츰 몸이 나고 살이 붙었다. 평안은 조서방 내외를 아버지, 엄마라 부르며 따랐다. 변성기를 넘길 즈음 편안의 머리도 웬만큼 트여 시키는 말은 대충 알아들었고 간단한 대화에는 별 지장이 없었다. 염소 키우기가 주업인 조서방은 평안에게 키운 염소를 맡기게 되어 놀 짬이 늘자 주기酒氣를 달고 살았다. 친자식이 가출해버린 뒤로는 술병으로 몸져눕는 날이 늘었다.

"영감님, 인터넷을 조회하다 영감님과 살아오신 내력이 비슷한 분을 찾는다기에 혹시 영감님이 아닌가 하고 방문했습니다. 누이 이름이 기억나세요?" 현선생이 큰 소리로 물었다.

"누이? 누이라 불렀어. 이름은 몰라." 마당 한귀를 멍청히 바라보는 조씨 표정이 땡감 씹듯 떨떠름했다.

자연생태에 관심이 많은 현선생은 초등학교 분교 교사를 자원한 총각 선생이었다. 분교는 전학년 학생수가 고작 여섯이라 선생이 한 명뿐이었다. 현선생은 예순 넘은 노인들이 대부분인 당주골의 상담역을 맡아 산골 노인들이 겪는 어려움을 도와주는 일에 나이든 황이장보다 나았다. 그는 꼬마승용차로 틈만 나면 집집마다 방문해 노인들의 신상문제와 면사무소, 농협, 보건소 출타를 돕고 있었다. 집에 댓 가구씩 모여 있을 뿐 골짜기와 등성이에 독가로 흩어진 당주골은 모두 합쳐 이십여 가구였고 면소까지는 탑고개 너머 몇 굽이를 돌아야 하는 시오리 길이었다.

"영감님, 평안남도 안주군이 고향 맞지요?" 현 선생 말에 조씨는 여전히 묵묵부답이었다. "영감님 누이 이름이 이순옥 아니에요?"

"이순옥, 조순옥? 그렇겠군, 그래. 아니야, 모르겠는걸." 조씨가 머리를 흔들더니 뭘 그렇게 캐느냐며 찌무룩한 얼굴로 현선생을 흘겨보았다.

"현 선생, 조씨가 그런 사람인 줄 내 대충 말했잖았나. 좀 구체적으로 말해보더라구. 인터넷인가 거기에 조씨 찾는다며 뭐라구 실렸는데?"

"한국에 온 지 이십 년째로 경남 거제도에 사는 스위스 출신 간호사 선생이 인터넷에 글을 올렸어요. 스위스에 사는 안나 리라고, 한국 이름은 이순옥인데, 전쟁 때 헤어진 남동생을 찾는다구요."

"남한 땅이 아니구, 그렇다구 미국도 아니구, 스위스란 나라는 구라파에 있잖은가? 경치가 그림같이 좋다는 살기 좋은 나라." 면소에 있는 중학교를 나온 이장이 배운 지식을 읊었다.

"스위스에 산다는 조씨 누이 되는 노친네가 죽기 전에 동생에게 유산이라도 넘겨주겠다며 나타났단 말인가? 거제도에 산다는 스위스 간호사는 또 누군데?"

"스위스에 사는 이순옥 여사 현지 가족의 부탁을 받아 줄리란 간호사분이 인터넷에 글을 올렸다니깐요. 이순옥 여사 나이는 예순일곱이며 고향은 평안남도 안주군이고, 남동생 이름은 이중길이라구요. 천구백오십일 년 일사후퇴 때 평안남도 안주에서 피란 나오다 어머니는 폭격에 돌아가시구 남매만 경기도와 충청도 접경지대까지 내려왔는데, 거기서 또 비행기 폭격에 그만 헤어졌다구. 출신지와 나이를 따져보니 염소 키우는 영감님과 비슷해 후딱 조평안 영감님이 떠오르지 뭐예요."

"장본인이 기억 못하니 성씨와 이름이야 다르다 치구, 다른 건 다 맞잖아. 틀림없이 조씨가 순옥이란 노친네 동생이 맞다구." 이장이 제 일인 듯 손뼉을 쳤다. 황이장으로서도 너무 오래전 일이라 긴가민가하면서도 동네 아이들에 둘러싸여 쏟아진 질문에 주눅든 조씨가 엄마를 두고 분명 오마니라 말했고, 현 선생 말처럼 모든 정황이 조씨가 순옥 여사 동생이란 확신을 들게 했다. "조씨가 염소아저씨와 함께 당주골로 들어왔을 때 평안도 말씨를 썼으니 평안이 아냐. 출신지야 정확히 모르지만. 도 지경이라면 성환 부근에서 폭격 맞아 누이 잃구 조씨 혼자 천안까지

탈래탈래 내려온 게야. 여기가 천안시 성남면 아냐. 그런데 현 선생, 그쪽에서 왜 여태 동생을 안 찾다가 서로 늙은 이제야 찾아볼 맘을 먹었을까?"

"한국에 수소문했어도 이름이 다르니 못 찾았겠고, 이쪽에선 누이가 전쟁 때 폭격 맞고 죽은 줄 알아 찾을 생각을 안 했구……."

"그런데 조씨가 누이를 만난대도 가는귀까지 먹은 맹한 사람이 오십여 년 전 누이를 어떻게 알아보겠어? 저쪽 역시 그렇겠지. 얼굴도 많이 변했을 텐데 무엇으로 남매간임을 증명해 보이겠어? 여보게, 현선생. 인터넷에 조씨의 무슨 특징 같은 건 씌어있지 않아? 신체 어디에 점이 있다거나 흉터가 있다는 그런 것 말야? 조씨 머리통에 지네 꼴로 큰 흉터가 있긴 한데."

"특징에 대해선 별다른 언급이 없구요. 인터넷에 부모님과 고향에서 찍은 가족사진을 띄웠는데, 저로서도 사진에 박힌 소년이 조평안 영감님이란 데는 확신이 안 섭디다. 사진 아래에 '조국해방을 맞아'란 글씨가 박혔던데, 사십오 년 해방된 해라면 조평안 영감님이 너댓 살 때라……."

"그렇담 내가 보면 맞힐 수도 있어. 난 조씨가 당주골로 들어올 때 봤으니깐." 황이장은 말을 하고 나자 금세 자신이 없다는 듯 고개를 내저었다. 당시 조씨의 추레한 입성과 버썩 마른 몰골만 가물가물 떠오를 뿐 이목구비가 뚜렷하게 잡히지 않은 탓이었다. 그래서 현선생과 자기 말을 남의 이야기 듣듯 무관심한 조씨를 보고 버럭 역정을 냈다. "이 사람아, 뭐라구 말 좀 해봐. 자네 누이가 나타났다는데 사람이 어찌 그렇게 남의 소 보듯 멍하니 앉았어? 전쟁 때 폭격 맞고 죽었다는 누이가 구라파 스위스란 나라에 여태 살고 있다잖는가."

황이장이 답답하다는 듯 조씨 소매를 흔들었다. 그때까지도 조씨는 별다른 느낌이 없는지 현 선생을 보고 엉뚱하게, 오늘은 노는 날이냐고 물었다. 현 선생이 일요일이라 수업이 없다고 말하곤 조씨 과거행적을 두고 큰 소리로 본격적인 질문을 시작했다. 그러나 별다른 수확이 없었다. 전쟁 당시 엄마가 죽었고 폭격에 많은 사람이 죽을 때 누이가 죽었으며, 그 겨울에 당한 추위와 굶주림 이외 조씨는 다른 어떤 증거도 대지 못했다. 당주골에 정착한 뒤 지내온 세월을 두고도 황이장과 의견이 일치하지 않은 점이 많았다. 나이 예순 중반이라면 정신 맑은 사람도 어릴 적 기억은 흐릿할 수 있다고 현 선생은 그렇게 수긍할 수밖에 없었다.

"알겠습니다. 제가 줄리 선생 메일에 사실대로 답장 올리고 저쪽 소식을 기다리겠습니다. 컴퓨터 화상대화도 가능하구요. 제 생각으로는 조평안 영감님이 순옥 여사 남동생임이 틀림없다는 데 신빙성이 있습니다. 저쪽에서 서로 만나 확인해보자는 연락이 올 때까지 이 일에 적극 나서보겠습니다." 현 선생이 황영감을 보며 물었다. "당주골로 조평안 영감님이 들어왔을 당시 목격했던 증인은 더 없겠습니까?"

"자식들 따라 벌써 여길 떠났고, 나이 들어 다들 돌아가셨지. 환갑 넘긴 내가 아직 이장직에 손 못 터는 처지니 말해서 뭣해. 당주골은 이제 이빨 빠진 노인 천지 아닌가. 참, 신출이 성님이 있긴 한데 정신이 오락가락하니 제대로 기억이나 할는지……."

누구보다도 확실한 증인은 조씨를 당주골로 데려온 염소아저씨인데 타계한 지가 벌써 이십여 년 전이었다.

2

하숙집으로 돌아온 현 선생은 컴퓨터 앞에 앉아 거제도에 거주하는 줄리 선생 이메일로 답장을 냈다. 사진으로 올린 조씨의 현재 모습, 신체조건, 정수리 흉터와 귀가 좀 먹었다는 점, 지나온 이력을 써 보냈다. 그날 저녁, 그는 인터넷 채팅으로 줄리 선생과 대화를 나눌 수 있었다.

안나 리 여사는 슬하에 남매를 두었는데 출가했고, 제네바 근교에서 포도농장을 크게 하던 남편이 심장마비로 급사한 후 작년부터 제네바 시내에 있는 양로원에서 여생을 보낸다고 했다. 안나 리 여사의 아버지는 한국전쟁 전 안주탄전 경리책 복무원이었고 어머니는 그곳 인민학교 교사였다. 전쟁이 나고 낙동강 공방전이 한창 치열할 무렵 아버지는 뒤늦게 징집되어 전선으로 떠났다. 유엔군과 국군이 안주로 들어왔다. 중공군 참전으로 후퇴할 1950년 12월 중순, 어머니는 미군 비행기의 소나기 폭격을 피해 두 자식을 데리고 피란길에 나섰다. 어머니가 비행기 폭격으로 별세한 것이 의정부 부근까지 내려왔을 때였다. 남매만 살아남아 피란민 대열에 섞였는데 경기도와 충청도 접경 어름에서 다시 비행기 폭격을 만나, 그때 서로 헤어지게 되었다. 동생이 폭격에 희생된 줄 알고 부산까지 홀로 내려온 이순옥은 1951년 9월에 부산 시온고아원에서 미국의 볼티모어 근교에 거주하는 가정으로 입양되었다 .중산층 가정의 양부모 보살핌 아래 정숙하게 성장한 안나 리 여사가 거기서 대학 재학 중 국제펜팔로 사귄 프랑스계 스위스 청년과 결혼하여 스위스 제네바에 정착한 것이 1961년이었다.

—줄리 선생께서는 어떻게 안나 리 여사 사연을 접하게 되었습니까?

—제가 제네바대학병원에서 간호사로 일할 당시 한국 간호사들과 기숙사 생활을 함께 하며 김치와 김을 맛보았고 한국어도 배울 기회가 있

었습니다. 그 인연으로 한국을 여행하게 되었고, 한국 땅이 좋아 1984년 한국으로 건너와 5년 동안은 인천에서 살다가 15년째 풍광 좋은 거제도에서 예수병원 간호사로, 병원에서 운영하는 보육시설 선생으로 일하고 있습니다. 지난 여름휴가 때 부모님과 형제들을 만나러 제네바로 나갔다 안나 리 여사 사연을 그분 따님에게 듣게 되었습니다. 한국에 나가는 대로 어머니 마지막 소원인 생존해 있을 동생을 찾아달라고 따님이 부탁하더군요.

—안나 리 여사가 여태 동생을 찾지 않다가 왜 이제 나서게 되었답디까?

—따님 말로는, 외삼촌 되는 분이 한국전쟁 당시 사망한 줄로만 알고 있었다고 합니다. 여사가 동생 사망을 목격하지 않았으나 그렇게 되어 이별했다며 때때로 눈물을 흘리셨답니다. 그러면서도 그때 폭격을 모면해 한국에 생존해 있거나 미국으로 입양되어 살아 있을지도 모른다고 생각했으나, 스위스는 너무 먼 나라 아닙니까. 오래 전이 되겠습니다만 안나 리 여사가 제네바에서 한국 관계 기관에 이중길 씨 출생지, 이름, 나이를 대어 찾아달라는 편지를 보낸 모양이에요. 아무 소식이 없었답니다. 그런데 안나 리 여사가 지난 봄 제네바 시민단체 '평화연대'가 벌인, 이라크 주둔 미군은 철수해야 된다는 시위에 노구를 이끌고 참가했다가 뇌졸중으로 쓰러져 혼수상태에 들었답니다.

—안나 리 여사가 평소에도 그런 국제정치 문제에 관심이 있었습니까?

—따님 말씀으로, 안나 리 여사는 모든 전쟁이란 전쟁은 적극 반대하는 평화옹호주의자였다고 합니다. 본인이 어린 시절 한국전쟁을 겪었기 때문이겠죠. 세계의 경찰을 자임하는 미국이 자국을 정한 기준치이서

벗어난다고 다른 나라 내정문제에 무력으로 간섭하는 걸 앉아서 보아내지 못하는 분이셨대요. 미국이 동맹국인 영국을 끌어들여 이라크를 침공했을 때도 평화연대 회원들과 함께 제네바 시청 광장 시위에 연일 참가하셨답니다. 그땐 안나 리 여사가 양로원에 들어가기 전이었는데 티브이 저녁뉴스를 보다 낮에 있은 거리시위 앞줄에 나선 어머니 모습을 보고 따님이 놀라 어머니가 사는 집으로 달려갔대요. 연세도 있으니 가두시위에는 나서지 마시라고 말렸는데, 전쟁은 무조건 막아야 한다며 막무가내셨대요. 그런 과로가 누적되었던지 지난봄에 쓰러져 혼수상태에 드셨답니다.

—우리 채팅이 조금 엇길로 흐른 듯한데…….

—현 선생님, 안나 리 여사 병상을 제네바에 거주하는 자녀분이 번갈아 지켰는데, 여사가 기적적으로 일주일 만에 깨어났습니다. 정신이 돌아오자마자 비몽사몽간에 한국말 그대로, 혼수상태에 있을 때 생존해 있는 동생 모습을 생시처럼 똑똑히 봤다며, 동생이 죽지 않고 살아 있으니 꼭 만나야 한다고 말했답니다.

—그 말을 어떻게 믿을 수 있겠습니다?

—안나 리 여사 말로는, 깨어나기 하루 전에야 의식은 돌아왔으나 의사표시는 물론 눈꺼풀조차 움직일 수 없었다고 했습니다. 밤낮을 구별할 수 있었고 자신을 내려다보는 자녀와 손자도 알아보았답니다. 주위 사람들 하는 말도 들었지만 자신이 식물인간이 아니라는 의사표시를 할 수 없다는 게 너무 답답하고 안타까웠는데, 그러다 다시 의식을 놓곤 했답니다. 생과 사의 갈림길이었는지 꿈인지 분명하진 않지만, 그 어느 순간에 양치기 동생을 보았답니다.

—줄리 선생이 안나 리 여사 자녀분을 만났을 때, 어머니가 혼수상태

에서 동생의 환영을 보았다는 그 말에 자녀분 견해는 어땠습니까?

—신神이 잠든 어머니 영혼을 찾아와 기적의 선물을 주었다고 따님이 놀라워했습니다. 어머니 평생 소망을 신이 허락하셨다고 아드님이 말했습니다. 저도 양로원을 찾아가 안나 리 여사를 면회했는데, 처음은 그 말이 믿기지 않아 긴가민가했으나 안나 리 여사가 산 중턱에서 양 치는 동생을 본 장면을 너무 생생하게 들려주어, 그 기적의 실현을 종교인으로서, 그러나 과학적 치료에 평생을 일해 온 간호사로서 받아들이게 되었습니다. 의학적으로 소생이 불가능하다고 99퍼센트 결론이 났음에도 삶에 대한 환자의 강렬한 의지만으로 기적적인 회복을 보이는 경우가 흔치는 않지만 간혹 있습니다. 안나 리 여사 경우, 죽음을 앞두고 동생을 환영으로 본 것도 그런 의지력의 현시겠지요. 다리가 펀치 않아 휠체어에 의지하긴 했으나 안나 리 여사 건강은 비교적 양호했고 정신상태는 분별력과 판단력이 있었습니다. 재활치료를 받고 있으니 머지않아 지팡이에 의지할망정 걷게 되겠지요. 외삼촌을 만날 기대에 부풀어 어머니가 다 잊은 한국말 공부를 새로 시작했다고 아드님이 말했습니다. 열세 살 때 한국을 떠났으니 기억 속에 남은 언어를 곧 되찾게 될 거라고 말입니다. 저는 한국으로 돌아오자마자 인터넷에 안나 리 여사 사연과 옛 가족사진을 올렸습니다. 그동안 이순옥 여사 동생이 틀림없을 거라는 이메일을 네 통 받았는데 저와 지금 채팅하는 현선생이 말씀한 조평안 노인도 그중 한 분입니다.

—그럼 당주골에 사는 조평안 노인 신상을 좀더 자세히, 제가 만나 알고 있는 사실대로 지금부터 설명하겠습니다. 판단은 줄리 선생께서 하시고 제네바로 연락 취해주시기 바랍니다.

현 선생이 조평안 노인에 대해 알고 있는 사실 그대로를 문자로 화면에 띄우자니 자판 두드리는 손이 떨렸다. 조평안 노인이 누이와 헤어지기 전 기억을 망각해서 증거로 들이댈 만한 확실한 정보가 없었기 때문이다. 일방적으로 '아마 그럴 것 같다'는 추측에 불과했다. 한편 의식이 점멸되어 생사기로에서 헤맬 때 생존한 동생을 보았다는 안나 리 여사 말도 신빙성이 떨어졌고 어쩜 황당한 잠꼬대일 수도 있었다. 이순옥 여사 남동생이라며 연락해 왔다는 나머지 세 명 중 한 명이 진짜 동생일 수 있었다. 결과적ㅇ로 줄리 선생이 전해준 정보만으로는 이순옥 여사와 조평안 노인이 남매간임을 밝혀내는 데는 많은 난관이 있음을 확인할 수 있었다. 그래서 현선생은 자기 의견을 보태지 않고 객관적으로 조평안 노인을 만나 확인한 경위와 황이장, 마을 노인들 증언을 사실대로 화면에 올릴 수밖에 없었다.

—제 소견으로는, 서로 상봉하게 된다면 한국전쟁 전후 상황을 온전하게 기억하고 있는 안나 리 여사가 동생의 잃어버린 과거를 재생시켜줄 수 있지 않을까 생각합니다.

현선생은 이 문장을 첨부했다. 그는 줄리 선생과 안나 리 여사 가족의 판단을 기다리겠다며 쓰기를 마쳤다. 현 선생이 '소식 기다리겠습니다'란 마지막 문장을 자판에 쳤을 때, 그제야 불현 듯 '유전자검사'란 용어가 떠올랐다. 배울 만큼 배웠고 나이도 창창한 젊은이가 왜 그 간단한 친자확인 검사방법을 여태 놓치고 있었는지 한심한 생각이 들었다. 그래서 상대방 문자가 화면에 떠오르기 전 추신을 달려했을 때, 줄리 선생의 간단한 답신이 먼저 화면에 떴다.

—제네바에 연락해서 빠른 시일 안에 소식 전하겠습니다. 최종적으로 DNA 검사방법이 있긴 합니다.

그날 이후 현 선생은 틈만 나면 컴퓨터를 켜 줄리 선생의 이메일이 들어왔는가를 확인했다. 일주일을 기다려도 아무런 소식이 없었다. 현 선생은 몸이 달았으나 그렇다고 새로운 정보를 제공할 처지도 못되었기에 안달내며 먼저 나설 입장도 아니었다. 무슨 사정인지 모르지만 스위스와 연락이 지연되는 모양이라고 추측할 수밖에 없었다.

줄리 선생한테서 그 어떤 소식을 기다리며 초조해하기는 현 선생만 아니라 당주골 노인들도 마찬가지였다. 당주골에서는 유일하게 담배와 일용품 따위를 취급하는 잡화점 주인인 황이장 집이 마을 들머리에 있었고, 이장 집 앞 느티나무 아래가 정자라 당주골 사람들이 정자에 모이면 조씨를 두고 여러 말을 나누었다. 이야깃감이 궁한 그들에게 현 선생이 전해준 주씨의 혈육 확인여부는 화젯거리로 충분했다. 가을걷이도 대충 끝났겠다, 대처로 나간 자식들의 추석맞이 환고향을 기다리는 일 외엔 별다른 소일감이 없다보니 마을 노인들은 정자에 나앉아 황이장 잡화점 막걸리에 조씨 화제를 안주로 주거니 받거니 입씨름을 했다.

가장 안타까워 하기는 조씨의 기억상실증이었다. 1951년 1월이라면 조씨 나이가 만으로 아홉 살인데 고향, 부모, 누이 이름은 그렇다 치더라도 어떻게 자기 이름조차 까먹을 수 있냐는 한탄이었다. 자기 이름만 정확히 대면 만사가 해결되는데 이름 석자조차 모르니 세상에 이런 기막힌 사연이 어디 있냐며 열을 올렸다. 더욱이 조씨 부모가 고등교육을 받았고 조씨도 북에서 초등학교를 다닌 것 같은데, 그놈의 전쟁이 조씨 인생을 저 꼴로 만들었다며 성토했다. 자네와 종씨가 세계적인 과학자라던데 그런 것도 해결 못하냐며 애꿎게 황이장을 닦아세웠다. 그 말을 받아 구조조정에 걸려 조기퇴직 당한 후 자녀들 학업 때문에 가족은 서울에 두고 작년에 낙향해선 상황버섯을 재배하는 강씨가 나섰다. 치매의 원인이 밝혀지면 망각된 기억도 재생이 가능할 거라는 그럴싸한 의견을

낸 뒤, 유전자검사만으로도 혈연관계를 밝혀낼 수 있다고 말했다. 황이장이 이장직을 넘기려하자 그는 고향 떠난 지가 오래되어 농촌 현실을 제대로 파악할 내년쯤에나 맡겠다며 한사코 고사하는 중이었다. 유전자검사? 최신 과학이구 의학조차 믿을 수가 없어. 치술이 자네 아들 서울 큰 병원에서 종합검사 받고 위는 멀쩡하다 했는데 여섯 달 후 위암 삼기로 덜컥 죽지 않았냐. 백내장을 앓는 윤씨가 붕어눈을 껌뻑이며 말했다. 치매란 말이 나왔으니 말이지 순옥이란 노친네가 중풍 끝에 치매에 걸린 게 틀림없다고 고산지 배추농사를 짓는 박씨가 나섰다. 꿈에서 본 것도 깨어나면 말짱 헛것인데 저승 문턱에서 동생을 보았다니 그걸 어떻게 믿어? 팔순 노인이 저승 가는 길에 부모와 상봉했다는 그 소리 아냐? 그 말에 모두들 고개를 주억거렸다. 황이장이 조그만 소리로 다른 의견을 냈다. 경치 좋은 알프스 산록에 양치는 스위스 그림을 달력에서 봤는데, 양치기 동생을 봤다는 말은 어지간히 맞군. 조씨가 염소아저씨 대를 이어 양은 몰라도 염소치기에는 선수 아냐. 그 말에 꿈보다 해몽이 좋다고 박씨가 빈정댔다. 설령 유전자검사로 친남매가 틀림없다고 확인되면, 지금 이 나이에 뭘 어떡하겠다는 거냐? 끌어안고 통곡하면 끝 아니겠어? 그 노친네 비행기 타고 스위스로 떠나구, 조씨는 여전히 범바위 오르내리며 염소나 칠 테구. 박씨가 말했다. 그래도 동기간의 그 상면이 어딘데요. 이 세상 산다는 낙이 부모형제와 자식들 옆에 두고 보는 것 빼구 뭐 있나요? 남정네들 말에 나서지 않고 잠자코 있던 대평댁이 말했다. 그 노친네한테 아들이 있다는데 부모를 양로원에 내치다니 몹쓸 자식이구먼. 거기도 처지가 딱한 게 아냐? 좌중 연장자인 동채 노인이 한마디 했다. 서양 선진국들, 이를테면 스위스만 하더라도 우리나라 양로원과는 질적으로 다릅니다. 나이 들면 부자든 가난뱅이든 다들 양로원에 입소하는데, 노인 천국이 따로 없어요. 시설이 완벽하구 국가가 모든 걸 해결해줍니다. 우리나라만 하더라도 자식이 부모 모시는 건 우리 세대로 끝입니다. 퇴직금 쏟아가며 저도 자식들 가르칠 만큼 가르치겠다고 이러지만 저 역시 자식들한테 노후를 기대 않구요. 강씨의 말에 모두 멀떠름한 표정으로 입을 닫았다.

줄리 선생으로부터 현선생에게 이메일이 온 것은 추석 전날이었다. 본가가 대전이라 추석 차례를 지내러 하숙집을 막 나서기 전 혹시나 하고 이메일을 열어보니 받은편지함에 편지 한 통이 떠 있었다.

—현 선생님, 소식 늦어 죄송합니다. 모든 것을 확실히 하기 위해 그동안 여러 절차가 필요했습니다. 먼저 알려드릴 말은, 안나 리 여사가 가족동반으로 한국을 방문하겠다는 반가운 소식입니다. 안나 리 여사와 통화한 내용은, 지난 50여 년 세월동안 소녀시절에 받은 상처가 너무 컸기에 한국방문은 생각조차 안 했는데, 이번 기회에 한국 땅을 찾기로 자녀와 합의했다는 것입니다. 동생을 만날 수 있다는 부푼 희망이 계기가 된 것 같습니다. 여사의 동생일 거라며 연락해온 네 분 중에 직접 만나 확인할 분은 두 사람으로 최종 결정했고, 그중 한 분이 조평안 노인입니다. 그동안 접촉 결과 나머지 두 분은 핏줄이 아님이 판명되었습니다. 한국전쟁 전후의 가족 정황 정보가 서로 너무 정확했기에 쉽게 결론이 났고, 안나 리 여사가 만나보고 싶어하는 두 분은 불충분한 정보가 오히려 신뢰감을 준 듯합니다. 그 어떤 예감, 필링이 온다는 말 있잖습니까. 조평안 노인과 함께 만나게 될 다른 한 분 역시 전쟁 전 기억을 상실한 분입니다. 조노인과 같은 장소에서, 비슷한 나이에 미군 공습을 받았다니, 세상에 그런 우연의 일치가 어디 있겠어요? 충청남도 성환에서 포도농사하는 자녀분과 함께 사는 그 분은 조노인보다 더 철저히 과거를 잊어버

렸습니다. 미군 비행기 폭격으로 많은 피란민이 사망했을 때 기적적으로 목숨을 건진 분입니다. 그곳 마을 사람들이 참혹하게 죽은 시신을 치우다 채 숨이 끊어지지 않은 소년을 발견했답니다. 참외농사 짓던 이가 집으로 데려와 살려내어, 그 분이 장성하자 데릴사위로 삼았답니다. 이씨 노인은 훌륭한 자녀분을 두어 그 자녀분이 아버지의 망각된 전쟁 전 과거를 밝혀내려 헌신적으로 노력한 결과 성과를 거두었습니다. 이북5도 도청을 여러 차례 방문한 끝에 당시 비행기 폭격에 살아남은 분을 찾아내어 아버지 고향이 평안남도 안주군이란 사실을 알아냈고, 이씨 집안 자제임을 증언한 고향분을 만났던 겁니다. 이씨 노인 자녀분이 거제도까지 저를 찾아와 눈물 흘리며, 소설로 쓴다면 모를까 지구상에 이런 비극이 현실적으로 가능하겠냐고 말했습니다. 한국전쟁이 수많은 죽음과 가족 이별을 남겼지만 과거의 기억을 상실한 분이 50여 년 만에 가족을 찾게 되는 경우도 있냐고 말입니다. 그 기막힌 사연을 두고 우리는 함께 울었습니다. 그러나 성환에 사는 이씨 노인도 과거기억상실자라 안나 리 여사와 동기간이란 확정적인 증거는 대면하거나 유전자검사를 하지 않은 이상 아직은 밝힐 단계가 아니군요. 그 모든 문제를 해결하기 위해 여사 가족이 동양의 먼 나라로 여행을 오게 되었습니다. 자녀 두 분과 며느님이 54년 만에 이루어지는 안나 리 여사의 조국 방문에 동행한다고 합니다. 그 가족이 거제도를 방문하게 된다면 한국전쟁으로 인해 그동안의 어두웠던 한국에 대한 고정관념이 크게 수정될 것입니다. 호수는 많지만 바다가 없는 스위스라 배편에 한려수도를 관광하게 되면 그 아름다움에 탄성을 지를 게 분명합니다. 각자 개인사정이 있어서 스케줄을 조정 중입니다. 제가 스위스에서 올 때처럼 제네바에서 독일 프랑크푸르트로 나와 루프트한자나 한국 비행기를 탈 예정이니, 비행기 편이 결정되는 대로 다시 연락드리겠습니다.

3

현 선생이 운전대 잡은 꼬마승용차편에 조씨와 황이장이 동승하여 서울 워커힐호텔 커피숍에 도착한 것은 오후 한 시 오십 분이었다. 오후 두 시에 호텔 커피숍에서 줄리 선생과 만나기로 약속되어 있었던 것이다.

"조씨, 현 선생 말처럼 곧 만나게 될 이여사가 설령 자네 누이가 아닐 수도 있으니 실망 말더라구. 마음을 침착하게 가져. 묻는 말에만 사실대로 대답하면 돼. 알았어?" 양복 차려입고 중절모를 제껴 쓴 황이장이 커피를 마시며 옆에 앉은 조씨에게 말했다.

"누가 뭐랬나." 조씨가 시침 떼듯 덤덤하게 되받았다. "설마 누이가 되살아났을라구. 난 아직도 못 믿겠는걸."

어제 현 선생 차편에 조씨는 면에 나가 목욕과 이발을 했고, 새로 사 입은 빳빳한 점퍼를 걸치고 있었다. 삔 발목에 침을 맞으러 현 선생 차편에 면으로 나다니다 선생 권유로 오랜만에 군청색 모직바지와 구두까지 샀는데 이번 기회에 갖추고 나서니 머리에서 발끝까지 새 치장을 한 셈이었다.

카메라를 목에 건 현 선생은 줄리 선생이 나타나기를 기다리며 줄곧 주위를 두리번거렸다. 아니, 줄리 선생보다 안나 리 여사 가족과 먼저 접견이 이루어졌을지 모르는 성환에 산다는 이씨 가족이 커피숍에 있나 없나를 눈짐작으로 찾고 있었다. 성장한 선남선녀들만 자리를 채웠을 뿐 시골에서 올라온 사람으로 여겨지는 성환 가족은 눈에 띄지 않았다. 조씨가 안나 리 여사 동생이 맞을 가능성이 80퍼센트쯤 된다면 성환에 산다는 이씨 노인이 맞을 확률은 90퍼센트쯤이라고 현 선생은 짐작하고 있었다. 줄리 선생 이메일 정보의 여러 정황으로 미루어 성황 이씨 노인이 동기간일 확률이 높았던 것이다. 그래서 상경하는 차 안에서도 안나 리 여사와의 만남이 섭섭하게 마무리된다면 조씨가 심적 타격을 받을까 봐 그 점을 누누이 설명해 두었다. 현 선생의 그런 말에도 조씨는 추수가 끝난 차창 밖 황량한 늦가을 들녘만 내다볼 뿐 별 반응을 나타내지 않았기에 다행이었다. 조씨는 겨울이 코앞에 닥쳤으니 부지런히 건초를 장만해야 한다고 키우는 염소걱정만 주절댔다.

감색 투피스에 핸드백을 든 줄리 선생이 손수건으로 눈자위를 훔치며 커피숍으로 들어섰다. 그네가 너른 커피숍을 살피더니 자리에서 엉거주춤 일어선 현 선생과 눈을 맞추자 굵은 몸을 흔들며 이쪽으로 걸어왔다. 현 선생은 쉰 초반의 줄리 선생을 초면임에도 금방 알아보았다. 맞아요. 성환 사는 이씨 노인이 안나 리 여사 동생이 틀림없어요. 현 선생은 줄리 선생의 그 말이 먼저 떨어질까 보아 조마조마했다.

세 사람은 줄리 선생과 첫인사를 나누었다.

"오래 기다리셨죠?" 하곤 줄리 선생이 맞은편에 자리한 조씨를 보았다. "조평안 어르신 맞죠?"

"예, 예, 평안입니다." 조씨가 건성으로 대답하며 눈동자가 파란 서양 아녀자가 우리말을 썩 잘하는 게 신기하다는 듯 멍청히 바라보았다.

"성환에서 오신 이씨 노인 가족은 만나보셨습니까?" 현 선생이 줄리 선생에게 궁금한 점부터 물었다.

"오전에 접견했습니다."

"그렇다면 결과는요?" 현 선생은 그네가 쥔 손수건에 눈을 주었다.

"참, 점심은 드셨어요?" 줄리 선생이 말을 바꾸었다. 고속도로 휴게소에서 간단히 먹었다고 현 선생이 대답하자, 우리 측에서 대접해야 하는데 결례가 되었다며 줄리 선생이 서둘러 자리에서 일어섰다.

"다들 기다리고 있으니 객실로 올라가십시다. 가족이 묵는 객실에서 접견하기로 했으니까요."

테이블 사이를 빠져나오다 현 선생과 황이장 눈길이 마주쳤다. 황이장이 이미 결판이 났다는 듯 눈을 찔끔했다. 현 선생 직감도 그랬다. 줄리 선생이 묻는 말에는 대답 않고 딴전 피운 점이나, 동기간 상봉에 감격한 나머지 잠시 잊고 있던 조씨를 떠올리고 급히 커피숍으로 나왔음이 틀림없다고 판단했다. 만나봐야 헛수고겠지만 서울까지 힘든 걸음 했으니 접견하지 않을 수 없는, 마지못한 걸음임에 틀림없다.

커피숍 계산대 앞에 현 선생이 나서는 걸 줄리 선생이 앞질러 찻값을 냈다. 네 사람을 객실로 올라가는 엘리베이터를 탔다. 황이장은 층수를 더해가는 깜박대는 숫자를 보다 더 못 참겠다는 듯 침묵을 깼다.

"성환 부근 도로에서 비행기 폭격 당했겠다, 평안도 안주군 출신에다, 성씨가 이씨라면, 그분이 틀림없겠군요. 기왕지사 이렇게 된 일, 우리는 모처럼 서울구경이나 하고 내려갈랍니다." 황이장이 헛기침 끝에 볼멘 소리로 말했다.

"그렇지 않습니다. 제가 당사자가 아니라 말을 조금 아끼고 있을 뿐입니다. 지금 곧 안나 리 여사 가족을 만나보세요." 줄리 선생 목소리에 당황한 빛이 스며 있었다. 그네가 현 선생에게 속삭이듯 말했다. "퀴즈의 숨은 그림을 찾듯, 안나 리 여사 질문이 용의주도했습니다. DNA검사까지 가야 할 정도로는……. 이 세상 하늘 아래 그렇게 이별한 채 평생 동안 소식 모른 채 살고 있는 혈육이 그렇게 만다니. 한국은 지구상에서 이별을 가장 많이 체험한 사람들이 살고 있는 나라 같아요. 아직도 풀리지 않은 그 맺힌 한을 천상에서나 풀려는지…….” 줄리 선생이 손수건으로 눈자위를 찍었다.

12층에서 일행은 엘리베이터를 빠져나왔다. 줄리 선생이 앞장섰다. 코너를 돌아 첫 객실 문 앞에서 그네가 손기척을 냈다. 기다리고 있었다는 듯 사십대 초반의 금발머리 서양여자가 문을 열어주었다. 안나 리 여사 며느리였다. 줄리 선생이 비켜서며 길을 내주자 현 선생이 주춤거리는 조씨 뒤허리를 가볍게 밀어 앞장세웠다.

침대방은 따로 있는 듯 넓은 거실에 아들딸을 양쪽에 거느린 몸매 야윈 안나 리 여사가 정중앙 자리 휠체어에 앉아 있었다. 나이 치고 별 주름살 없이 곱게 늙은 그네는 반백이 된 머리칼을 쪽머리로 단정히 빗어 묶었고 자주색 스웨터 차림이었다. 군살 없는 달걀형 얼굴에 뾰조록한 턱이 조씨와 닮았음을 현 선생과 황이장이 한눈에 알아보았다. 그러면 그렇지 이 늙은이 눈은 못 속여, 하고 황이장이 입속말을 중얼거리며 조금 전과 달리 어깨에 으쓱 힘을 주었다.

안나 리 여사의 자녀는 동서양 피가 섞여 혼혈 티가 났다. 남매는 근엄한 표정의 안나 리 여사와 달리 미소 머금은 채 의자에서 일어나 조씨를 박수로 맞았다. 조씨가 어설픈 웃음을 입가에 물고 연방 머리를 조아렸다. 줄리 선생이 나서서 서로를 소개하자 그들은 한국말과 프랑스말로 인사를 교환했다. 안나 리 여사만이 휠체어에 꼿꼿이 앉아 정기 반짝이는 눈으로 조씨를 뜯어보고 있었다.

“모두 앉으시지요.” 줄리 선생이 준비된 의자에 조씨 일행을 권했다.

조씨를 가운데로 하여 현 선생과 황이장이 자리를 정하자, 열심히 서로 면면히 살피는 가운데 먼저 입을 떼는 사람이 없었다. 안나 리 여사 며느리가 탁자로 차반에 올려 오렌지주스를 날랐으나 아무도 잔에 손을 대지 않았다. 현 선생이 줄리 선생에게 조씨 노인이 귀가 어둡다는 점을 작은 소리로 환기시켰다.

탁자 건너 재판정에 나온 피고인처럼 꾸부정히 앉은 조씨를 찬찬히 보던 안나 리 여사가 직감으로 무엇을 잡았는지 프랑스어 입속말로, 아버지가 살아계셔 나이 들었다면 저런 모습일까 하고 가볍게 탄식을 흘렸는데 그 말은 양 옆에 앉은 자식 귀에도 들릴락말락 했다.

- 선생님은 자녀가 없습니까?

제네바대학에서 동양사를 가르치는 안나 리 여사 딸이 조씨를 보고 먼저 입을 떼었다. 검은 머리칼에 피부색은 동양인이었으나 동그란 이마에 깊은 갈색 눈이 아름다운 중년여인이었다.

"뭐랍니까?" 중절모를 벗어 무릎에 얹은 황이장이 윗몸을 앞으로 빼고 탁자 옆에 자리를 정한 줄리 선생에게 물었다.

줄리 선생이 조씨를 보며 통역을 했다.

"자식 말이요? 없습니다. 그게 말입니다……." 조씨가 뒤통수를 긁으며 수줍게 웃었다.

"내가 말하지요." 큰기침을 하며 황이장이 나섰다. "혈혈단신이라 마을에서 장가를 보내주었지요. 그런데 조씨 팔자가 그런지, 여편네가 한 달을 못 넘겨 도망쳐버렸으니. 조씨가 밤마을 나왔을 때 염소까지 몰고 줄행랑을 놓았답니다. 자식 만들기에는 지장이 없는 것 같은데, 조씨가 사람이 좀 그렇다보니 마누라 간수를 잘못한 거지요. 그래서 제사상 차려줄 손이라도 봐야 하잖냐며 마을에서 새로 여자를 맞춰주려 했더니 본인이 싫대요. 또 전쟁 나면 어쩌냐며. 그 후론 쭉 궁상맞은 홀아비로 살아왔지요."

줄리 선생 통역에 안나 리 여사만 빼고 가족이 모두 웃었다. 코발트색 양복의 정장차림인 아들이 가장 큰 소리로 웃자, 그게 뭐 그리 우습냐며 안나 리 여사가 아들에게 눈총을 주었다.

이제 어머님이 말씀하시라며 제 남편이 앉은 의자에 기대어 선 안나 리 여사 며느리가 프랑스말로 말했다. 손수건으로 입을 가리고 있던 안나 리 여사가 혼잣말하듯 중얼거렸다.

- 불쌍한 사람, 제 이름조차 잊었다니.

줄리 선생이 그 중얼거림을 옮길까말까 망설이다 그만두었다. 안나 리 여사가 손수건으로 눈자위를 찍었다. 그네 눈이 충혈되어 있었다.

"조씨 말이요, 전쟁 난 이듬해 마을로 처음 들어왔을 때 제 이름도 모른 채 오마니, 누이만 찾았다오. 평안도 말씨를 쓰기에 거기서 피란 나온 아인 줄 알고 마을에서 평안이라 이름 지어 주었지요." 황이장이 말하며 조씨 옆구리를 집적였다. "이 사람아, 꾸어다놓은 보릿자루처럼 앉았지 말고 뭐라구 운 좀 떼어봐."

"내가 무슨 말 하게. 저분이 누이라구? 글쎄……." 조씨가 머리를 설레설레 흔들었다. 그는 여전히 누이가 전쟁 때 죽어다는 고정관념에서 헤어나지 못하고 있었다.

줄리 선생이 안나 리 여사 가족에게 황이장과 조씨 반응을 통역했다. 안나 리 여사 가족은 무슨 말인지 이해가 간다는 듯 머리를 끄덕였다. 현 선생이 이쯤에서 자기가 나설 차례임을 알았다.

"조평안 영감님은 전쟁 전 기억을 상실한 채 어머니와 누이가 그 춥던 겨울에 비행기 폭격으로 사망했다는 사실만 어렴풋하게 기억할 뿐입니다. 이순옥 여사께서 전쟁 다시 상황을 말씀해주신다면 조평안 영감님 잠재의식 속에 묻힌 기억의 실마리가 풀려나올지 모릅니다. 저는 그 점이야말로 두 분이 혈육임을 밝혀내는 가장 중요한 단서가 될 거라고 믿습니다." 현선생이 준비해두었던 말이었다.

줄리 선생은 손짓해가며 현 선생 말을 부지런히 옮겼다.

제네바 국제금융기관에서 일하는 안나 리 여사 아들이 나섰다.

—어머니는 한국전쟁으로 가족을 잃었기에 그 상처가 너무 커 한국말은 일절 입에 담지 않아 지금은 조국말을 거의 잊어버렸습니다. 미국으로 건너가 십 년을 사셨는데, 그런 의미에서 영어도 마찬가집니다. 미군 비행기 폭격으로 어머니와 동생을 잃게 되어, 미국에서 사는 동안 어머니 기도 제목이 뭔지 아십니까? 미국이 아닌, 영어를 사용하지 않는, 전쟁이 없는 나라에서 여생을 보내게 해달라였답니다. 그 기도를 신이 허락했는지, 아버지를 만난 겁니다. 스위스는 프랑스어, 독일어, 이탈리아어를 공용하지만 영어를 쓰지 않으며 영세중립국으로 전쟁이 없는, 평화의 가치를 소중히 여기는 국가입니다. 어머니가 영어를 사용한 경우가 꼭 두 번 있었는데, 미국에 있는 부모님을 스위스로 초청할 때였습니다. 어머니 그분들 은혜를 잊을 수 없다고 어릴 때부터 우리에게 늘 말씀하셨습니다. 미국 한 가정이 어머니의 미래를 열어주었으나, 미국에 대한 좋지 안은 감정만은 우리가 어릴 때나 지금이나 변함없습니다. 그 이유를 알기에 우리는 어머니 마음을 충분히 이해합니다.

줄리 선생이 잡책雜冊에 안나 리 여사 아들 말을 부지런히 메모했고, 프랑스말을 한국말로 옮기느라 애썼다. 그네가 통역에 얼마나 열심이었던지 콧등에 땀이 맺혔다. 줄리 선생 통역이 끝나자 이제 안나 리 여사 딸이 나섰다.

—어머니는 전쟁으로 굶주리는 아이들에 대한 애정에 각별한 분입니다. 내전을 겪는 아프리카의 결식아동돕기 시민단체에 평생을 헌신해 오셨습니다. 아프리카 오지를 수십 차례 다녀오셨고요. 최근에는 북한

경제사정이 나빠져 식량부족으로 어린이들이 몹시 어렵게 지낸다는 걸 알고 어머니가……

안나 리 여사가 손을 저으며 딸의 말을 막았다.

—네 말을 중간에 끊어 미안하다만 너희들의 그런 내 소개가 지금 꼭 필요하다고 생각하느냐? 우리가 본질을 놓치고 있는 건 아니냐?

—어머니 죄송해요.

줄리 선생이 모녀의 그런 대화까지 통역하지는 않았다.

안나 리 여사가 조씨를 정면으로 주시했다. 갑자기 긴장된 분위기가 흘렀고 실내 공기가 침묵으로 팽팽해졌다. 안나 리 여사가 침착한 어조로 조씨에게 물었다.

- 아버지가 전사했다는 통지서가 집으로 배달되던 그해 가을, 어머니가 우리를 안고 오랫동안 통곡하신 걸 기억합니까?

줄리 선생 통역에, 조씨가 안나 리 여사를 멀거니 보며 눈만 껌벅였다.

—그날 진종일 가을비가 내렸는데…….

조씨는 도무지 생각이 나지 않는다는 표정으로 머리를 저었다.

—어머니와 우리가 피란 내려올 때, 지프차 타고 후퇴하던 미군들이 차에서 내리더니 피란민 대열에서 장정들만 따로 골라내어 두 손을 들게 하여 한 자리에 모아놓고 불문곡절 총 쏘아 죽인 걸 기억합니까? 그때 미군들이 겁먹은 장정들을 거칠게 다루며 외친 말을 나는 똑똑히 들었습니다. 미국에 가서야 그 말뜻을 알게 되었는데, 차마 입에 담을 수 없는 인간비하의 욕설이었습니다. 인민군이 민간복으로 바꾸어 입고 피란민 대열에 섞여 있다고, 그들은 인간으로서는 차마 할 수 없는 그런 짓을 저질렀지요. 그때 미군을 본 게 생각납니까?

안나 리 여사 말을 줄리 선생이 통역하자 황이장이 중절모 든 손을 내

저으며 불끈 나섰다.

"그건 이여사가 잘못 알고 있는 겁니다. 피란민 대열 속에 인민군이 민간이 복장을 한 채 총을 피란보따리 속에 감추고 끼여 있다가 미군을 만나면 드르륵 갈려댔어요. 미군들이 불시에 그런 봉변을 당하자 피란민 대열만 만나면 잔뜩 겁먹어 또 총질 당할까봐……."

황이장 말을 귀 쫑긋해 듣던 조씨 얼굴에 황기가 번지더니 벌린 입을 다물지 못한 채 풍 맞은 듯 떨어댔다. 무릎에 얹힌 손까지 심한 경련을 일으키더니, 조씨가 갑자기 머리를 흔들며 소리쳤다.

"아니요. 피란 나오다…… 난 못 봤어요. 정말 아무 것도 몰라요!"

실내 분위기가 갑자기 어수선해졌다. 안나 리 여사 자녀와 며느리가 눈을 크게 뜨고 잠시 제정신을 놓친 듯한 조씨를 주목했다. 줄리 선생은 분위기가 이렇게 돌아가서는 안 되는데 하는 언짢은 표정이었고, 현 선생은 남의 말을 가로채어 끼어드는 황이장이 그만 나서주었으면 하는 눈길로 이장을 보았다. 오직 침착한 태도와 냉정한 표정을 그대로 유지하는 이는 안나 리 여사였다. 그녀가 주위의 분위기에 아랑곳 않고 애써 설움을 억제하며 조씨에게 말했다.

—어린 동생 데리고 하염없이 걷고 걸었던 그해 겨울 추위와 배고픔을 나는 이날 이때까지 하루도 잊어본 적이 없답니다. 그럼 내가 묻겠어요. 어머니가 숨을 거두었던 겨울밤은 생각납니까?

줄리 선생 통역을 듣던 황이장이 답답해 미칠 지경이란 듯 조씨 무릎을 흔들며 조씨 귀에 대고 큰 소리로 말했다.

"이 사람아, 그건 기억난다 했잖아. 꾸물대지 말구 어서 말해!"

"그래, 그래. 기억나." 그제야 조씨가 머리를 끄덕였다.

—그렇다면 어머니가 숨 거둔 그날 밤, 하늘을 보고 내가 했던 말을 기

억합니까?

안나 리 여사도 답답했던지 프랑스말에 이어 천장을 쳐다보며, “별, 별 말입니다!” 하고 분명한 한국 발음으로 강조했다. 그네는 터지려는 울음을 손수건으로 막았다. 한순간에 실내는 숙연해졌고 모두의 시선이 조씨 얼굴에 쏠렸다.

“별?” 조씨가 천장을 올려다보며 눈을 깜박이더니 추위를 타듯 어깨를 움츠리고 온몸을 떨어댔다. “하늘에 별?”

“별 보구 내 뭐라 말했어?”

봇물이 터진 듯 안나 리 여사 입에서 자연스럽게 한국말이 터졌고 낮춤말을 썼다. 그네가 팔걸이 쥔 손에 얼마나 힘을 주었던지 휠체어가 흔들렸다.

“오마니별, 거기 있어…….” 허공을 보는 조씨 입에서 꿈결인 듯 그 말이 흘러나왔고 눈동자가 뿌옇게 풀어졌다.

손수건으로 입을 막아 격한 감정을 다스리던 안나 리 여사의 비탄이 터진 것이 그 순간이었다.

—오마니별을 알다니! 내 동생이 틀림없어!

엄마가 숨을 거둔 겨울밤이었다. 폭격에 반쯤 허물어진 빈집의 무너진 천장 사이로 밤하늘이 보였고, 찬 별들이 하늘 가득 보석처럼 박혀 있었다. 헌 이불을 둘러쓰고 서로 껴안아 체온으로 밤을 새울 때, 밤하늘의 별을 보며 누이가 말했다. “중길아, 저 하늘에 반짝이는 별 두 개를 봐. 아바지별과 오마니별이야. 천지강산에 우리 둘만 남기구 아바지가 오마니 데빌구 하늘에 가서 별루 떴어. 저기, 저기 오마니별 보여?”

“중길아! 네 이름은 이중길이야. 여기루 오라구!” 안나 리 여사가 일어서기라도 할 듯 떨리는 두 팔을 한껏 벌리고 외쳤다.

그 순간을 놓치지 않겠다는 듯 현선생이 앞으로 나서며 얼른 카메라를 들이댔다. 안나 리 여사 며느리는 뒤쪽에 따로 준비해둔 한아름 생화 꽃다발을 들고 활짝 웃으며 조씨 쪽으로 걸어왔다.

#06

노동의 가치와 자본의 역할

#06
가치와 자본의 역할

노동은 인간의 삶에 있어 가장 기본적이면서 중요한 활동이다. 노동을 함으로써 의식주를 해결할 뿐만 아니라 자신의 가치와 삶을 고양시킨다. 노동은 삶을 가능하게 하는 가장 본질적인 것이다. 그런데 자본주의 사회에서 노동은 상품에 불과하다. 모든 노동자는 자신의 노동이 화폐로 환산되어 지급되는 임금으로 살아간다.

노동은 가치 창조의 힘이며 원천이다. 왜냐하면 노동의 발현 그 자체가 노동자 자신의 생명활동이며 삶의 모습이기 때문이다. 그러나 노동을 하지 않으면 생계를 유지할 수가 없는 자본주의 사회에서, 상품이 되어버린 노동은 오히려 개인의 삶을 자유롭지 못하게 하는 질곡으로 작용한다. 노동자가 얼마나 많은 돈을 벌어들일 수 있는지가 그 사람의 존재 가치를 평가하는 가장 중요한 척도가 되어가고 있다. 자본주의가 심화되면 될수록 이러한 상황은 점점 더 악화되어 간다.

자본은 기본적으로 최소한의 투자로 최대한의 이윤을 창출하려고 한다. 그리하여 자본은 노동을 보다 경제적으로 사들이고 효율적으로 관리하고자 한다. 자본주의 사회에서 인간은 더 이상 존엄한 절대적 가치의 존재가 아니다. 이제 부가가치를 보다 많이 창출할 수 있는 요소를 내재하고 있는 인간만을 인정하는 사회인 것이다. 자본의 집적과 기술 발달의 결과 우리는 훨씬 편리한 문명사회에서 살게 되었다. 그러나 인간은 때로는 물질보다도 덜 중요한 가치를 지닌 존재로 전락하기도 한다. 인간 노동으로 인하여 성취된 문명은 인간을 보다 편리하게 살아갈 수 있도록 해주기는 하였지만, 또한 인간을 존엄성이 박탈된 존재로 타자화 시키기도 하였다.

이러한 자본주의 상황에 대한 경계와 경고는 문학에서도 끊임없이 이루어져 왔다. 리얼리스트들은 노동자가 자신의 노동 가치를 자본가에게 정당하게 인정받지 못함으로써 발생하는 인간 가치의 상실을 끊임없이 폭로하여 왔다. 1960-1970년대까지 우리나라는 선성장주의 논리에 따라 노동자들의 권익이 무시된 국가정책에 따라 산업화가 급속도로 진행되었다. 이 시기의 문학은 이로 인한 농촌사회의 해체, 농민들의 비참한 삶, 도시로 이주한 빈민들의 삶, 공장 노동자층의 생활상, 빈민과 별로 다를 바 없는 봉급생활자들의 삶을 형상화했다.

1980년대에 이르러 노동자들이 자신들의 권익을 조직적이고 논리적으로 주장하기 시작하면서 노동자 계급의 세계관이 정립되고 확산된다. 이러한 과정에서 나타난 노동자 출신 시인들은 노동현장에서의 직접 체험과 그 체험에서 우러나온 격렬한 분노와 비판의식을 작품에 담아내었다. 또한 노동자 계급의 세계관을 지향하는 지식인 출신의 작가들도 그들과 경향을 같이 하여 노동의 가치와 자본의 역할에 대한 논리를 심화하였다. 이에 따라 문학은 비로소 자본주의 구조 전체에 대한 총체적인 문제를 제기하게 되었다.

우리시대 자본주의 상황에서는 인간 본연의 역할과 임무보다는 이윤이나 통제의 효율성이 더 중시되고 있다. 이로 인해 인간성이 상실된 상황이 전개되고 있다. 예컨대 인간보다 상품을 중시하고, 나아가 생산과 소비 주체로서의 인간을 교환가치의 객체로 전락시켰다. 이러한 과정에서 자본주의는 잠재적 소비자에게 필요 이상의 상품을 사도록 자극하는 소비미학을 적극적으로 개발하였다. 인간은 타자와의 상호 작용 속에서 자발적이고 능동적인 욕구를 통해 역사와 사회의 관계를 정립하고, 이를 통해 자아의 정체성을 확립한다. 그럼에도 불구하고 자본은 기술 문명을 통해 인간의 다양한 욕구를 충족시켜 줄 수 있다는 미명 하에 불필요한 욕구에 대한 갈증을 유발함으로써 인간을 끊임없이 반복되는 상품 소비를 위한 대상으로 변절시켜 놓았다.

모더니스트들은 리얼리스트들과는 다른 각도에서 자본주의의 문제점을 언급한다. 그들은 물질문명이 확산되어 감에 따라 전통적인 가치의 훼손, 인간성과 인간의 가치 상실에 대한 우려를 그들 나름의 새로운 방식으로 형상화했다. 자본주의에 의한 물질문명은 인간의 삶을 편리하고 윤택하도록 하는 긍정적인 기능을 하면서도, 한편으로 인간의 삶을 해체시키며, 개인의 삶을 억압하는 부정적 면모를 드러낸다. 이로 인해 자본주의 사회의 인간은 갈수록 정신적인 무기력함과 황폐함 속에 놓이게 된다. 그렇지만 문학은 자본주의 삶 속에서 지켜내야 할 참다운 인간의 모습, 바람직한 삶의 자세, 인간성 향상에 대한 구체적인 고민 등을 형상화한다. 문학의 궁극적 주제는 인간에 대한 사랑 즉 휴머니즘이기 때문에.

아파트가 운다

최금진

가난한 사람들의 아파트엔 싸움이 많다
건너뛰면 가닿을 것 같은 집집마다
형광등 눈밑이 검고 핼쑥하다
누군가는 죽여달라고 외쳤고 또 누구는 실제로 칼로
목을 긋기도 한다
밤이면 우울증을 앓는 사람들이
유체이탈한 영혼들처럼 기다란 복도에 나와
열대야 속에 멍하니 앉아 있다
여자들은 남자처럼 힘이 세어지고 눈빛에선 쇳소리가 울린다
대개는 이유도 없는 적개심으로 술을 마시고
까닭도 없이 제 마누라와 애들을 팬다
아침에 보면 십팔, 십팔평 칸칸의 집들이 밤새 욕설처럼 뱉어낸
악몽을 열고 아이들이 학교에 간다
운명도 팔자도 모르는 아파트 화단의 꽃들은 표정이 없다
동네를 떠나는 이들은 정해져 있다
전보다 조금 더 살림을 말아먹은 아내와
그들을 자식으로 두고 죽은 노인들이다
먼지가 풀풀 날리는 교과서를 족보책처럼 싸짊어지고 아이들이 돌아
오면

아파트는 서서히 눈에 불을 켠다
이빨이 가려운 잡견처럼 무언가를 갉아먹고 싶은 아이 들을 곁에 세워 놓고
잘사는 법과 싸움의 엉성한 방어자세를 가르치는 젊은 부부는
서로 사랑하지 않는다
밤이면 아파트가 울고, 울음소리는
근처 으슥한 공원으로 기어나가 흉흉한 소문들을 갈기 처럼 세우고 돌아온다
새벽까지 으르렁거린다
십팔, 십팔평 임대 아파트에 평생을 건 사람들을 품고
아파트가 앓는다, 아파트가 운다
아프다고 콘크리트 벽을 쾅쾅 주먹으로 머리로 받으면 서 사람들이 운다

도시의 양봉

김재현

나는 본 적이 있다 자살하는 별들을,
그리고 놓친 적이 있다
열린 이웃으로만 연결된 정글짐의 유년과
아버지를

아버지는 이웃에게 친절한 사람
우리에겐 멍청한 사람
전화 너머로 잘 먹고,
잘 살아달라는 부탁이 잦은 사람

오, 그래요 아버지 당신과는 다르게 나는 그래야지요
하지만 나는 본 적이 있는 것이다 꿀벌들의 싸움을
꿀벌들이 말벌에게 저항하는 유일한 방법을
치사량까지 자신의 체온을 높여
한 마리, 단 한 마리를 죽이기 위해 몇 백마리가 스러지는
꿀벌들의 분신을

그런 장면을 볼 때마다
빠져나가지 못한 날숨이

안구의 뒤편까지 벅차올랐다
말을 가졌으니 부디
혀를 뺏긴 이들의 편이 되어주렴
등단한 날
아버지의 조금 쓸쓸했던 부탁이

예견했을까, 삶이란 걸 버텨가면서
"나는 당신이 생각하는 것처럼 잘난 아들이 아니에요
시같은 걸 써서 미안해요"
나의 희곡에도 읽어선 안 될 대사들이 늘어가면서
코끼리의 발걸음처럼
느리지만 육중한 이해를 마주하게 된다는 것을

그 해 겨울 인력시장에서 마주친 아버지의 눈빛과
왜 우리의 것도 아닌 도시에서
주렁주렁 벌집들이 부풀고 있는지를

빌딩 위에 안간힘으로 매달려 있다 보면
두 눈이 끓을 때가지 뜨거워진다
아마 나는 빌딩보다 먼저 죽을 것이다
그럼에도 빌딩은 녹아내리지 않을 것이다

다만,
가능한 오래 살아남을게요, 아버지도 그래주세요

06 가치와 자본의 역할

아버지의 잔에 현기증을 따라주며
나는 대사를 비겁하게 고쳐갈 뿐

수많은 이해들은 결국,
단 하나의 패배감에 도착하게 된다
아버지와 나의 유전은 도시로부터 온다
연약한 어깨를 이고 간다

일류학

오은

인류학과인 줄 알고 들어갔는데 알고 보니 일류학과였다 알기만 해서는 안 된다 일류가 되려면 알고 봐야 한다 일류학과 교수는 인류보다 일류가 되는 게 먼저라고 했다 단상 위에 올라서서 첫날부터 올라서는 법을 가르쳤다 올라서기 위해서는 밟아야 한다 남을, 뒤를, 남의 뒤를

그는 올려다보는 법이 아닌 내려다보는 법만 가르쳤다 키 작은 아이들에게는 억지로 키높이 구두를 신겼다 새겨보는 법이 아닌 거들떠보지 않는 법만 가르쳤다 눈이 아직 초롱초롱한 아이들에게는 색안경을 씌웠다 눈이 높지 않으면 눈이 뒤집히는 건 한순간이라고 했다 눈이 벌겋지 않으면 눈 깜짝할 사이에 눈 밖에 난다고 했다 수업 도중, 눈이 낮은 아이들이 한눈에 눈 밖에 나고 말았다 눈에 차지 않아서 눈이 시어 못 봐주겠다고 했다 눈에 불을 켜지 않으면, 눈이 핑핑 돌아가지 않으면 눈에 흙이 들어간다고도 했다 그 흙도 비옥토가 아니라 푸슬푸슬한 척박토라고 했다

살펴보는 눈, 톺아보는 눈, 새겨보는 눈, 헤아려 보는 눈이 아닌 가려보는 눈, 따져보는 눈, 달아보는 눈, 부릅뜨는 눈이 필요하다고 했다 눈은 마음의 거울이 아니라 모음의 저울이라고 했다 더 많이 모으기 위해, 더 높이 올라서기 위해 인류 저울이, 아니 일류 저울이 되어야 한다고 했다 그러려면 보는 눈이 정확해져야 한다고 했다 태풍의 눈이 되어야 한다고 했다 일류학과 교수답게 눈 하나 깜짝하지 않고 말했다

수업이 끝나자 눈이 충혈되어 있었다 옆 사람의 눈을 의식하는 아이도 있었다 알고 보니 우리는 사이좋게 눈엣가시가 되어 있었다 인류의 윤곽이 눈앞에 자꾸 아른거렸다 두 눈에서 일류溢流하는 물을 막느라 모두 눈을 감고 걸었다 맹목盲目으로 남의 뒤를 따라가고 있었다

노새 혹은 쇄빙선에 대하여

박기동

1. 쇄빙선에 대하여

누가 앞서서 쇄빙선이 되겠습니까? 운전이 미숙했을 때, 고속도로에서 버스를 따라가듯이 내 눈길 지지할 대상이 있다는 것이 마음속에서 그렇게 고마울 수가 없지요. 남들이 가지 않은 길을 갈 때, 처음 나선 이들을 '이슬떨이'라고 부른다지요. 쇄빙선은 말이 없습니다. '이슬떨이'들도 말이 없습니다. 묵묵하게 자기 일만 하는 거지요.

그러나 뒤따르는 여러 사람들에게, 몸으로 덕을 뿌립니다. 언제나 쇄빙선은 존재합니다. 아무리 둘러보아도 없을 것만 같아도 여전히 쇄빙선은 나타납니다. 무엇을 하더라도, 어디를 가더라도, 있을 것 같지 않더라도 어김없이 쇄빙선은 나타납니다. 나 말고 누가 내 운명의 쇄빙선이 될 수 있을까요?

2. 노새에 대하여

노새는 암말과 수탕나귀 사이에 태어납니다. 미국과 프랑스, 중국 등에서 많이 보인답니다. 후세는 대개 생각을 하지 않습니다. 노새가 한 마리만 등장하는 게 아닙니다. 두 마리, 세 마리 혹은 여러 마리. 노새들이 여럿 모여 합창을 합니다. 노새들의 합창— '히브리 노예들의 합창'과

대비됩니다.

지난겨울 소치 올림픽 때 나는 노새 여럿을 보았습니다. 김연아, 이상화 그리고 안현수까지.

햄버거 진화론

김륭

1.

한 무리의 넥타이부대들이 햄버거를 먹고 있네요. 큰길 건너 단위농협에서 파병한 신병들이죠. 전투경험이야 없지만 경제를 아는 젊은이들이죠. 시장통 돼지국밥집에서 팔다리 꺾인 金봉구씨만 낙동강 오리알이에요. 해병대 출신의 애국자임엔 틀림없지만 경제를 몰라요. 제아무리 용감해도 경제를 모르면 살아남기 힘든 세상이죠. 급식지원을 받는 함양중학교 2학년 4반 순덕이 배꼽시계로 12시 45분, 양파 캐러 간 엄마가 꼬르륵, 신호를 보내네요. 농협상품권은 눈이 맵죠. 양파껍질보다 매워요. 순덕이 먹는 컵라면 속에서 눈알 새빨개진 산토끼 한 마리 보셨나요?

때마침 공습경보 사이렌이 울리네요.

2.

관광코스로 개발된 지리산 빨치산루트를 타고 넘어온 게 틀림없다니까요. 우리 아버지 동란 때 먹었다는 꿀꿀이죽 아시죠. 꼴까닥, 혓바닥까지 딸려 넘어갔다던 바로 그 맛이 진화한 거죠. 시쳇말로 죽이는 맛이죠. 햄버거 먹는 딸아이가 총을 맞았나 봐요. 세상에, 입 안 가득 침이 아니라 피가 고였어요. 놀라지 마세요. 거대한 제국의 맥도널드가 원하는 것은 땀이 아니죠. 눈물이 아니죠. 그럼 피밖에 더 있어요.

아빠, 하고 부르면 도망치고 싶은 적이 한두 번이 아니죠.

3.

사실 우리 딸아이는 순덕이에 비해 너무 전투적이죠. 나이프와 포크를 들고 설치죠. 심심하면 집을 나가는 게 얼마나 다행인줄 몰라요. 요즘 애들에게 서바이벌게임이 따로 있나요. 공부가 전쟁이고 휴대폰이 수류탄인데, 학교에서 가르쳐주지 않는 다양한 전투경험을 쌓고 잊을만하면 읍내지구대로 돌아오죠. 넥타이를 허리띠로 졸라맨 아버지는 꿀꿀이죽으로 동란 넘기고 개떡으로 보릿고개 넘어 이만큼 산다고 눈에 불을 켜지만 씨알도 안 먹혀요.

몸에 지닌 무기만 봐도 이길 수 없는 전쟁이죠.

4.

지리산골짝, 인구 5만도 채 되지 않는 소읍 함양[1]까지 쳐들어온 맥도널드체인점 앞에서 아버지는 불량농민이고 나는 상이군인이죠. 논바닥이나 묵정밭을 포복하며 익힌 체위론 어림없는 짓이죠. 언제 터질지 몰라요. 읍내지구대 金순경도 딸아이 앞에서는 깨갱깽, 꼬리를 내리고 말죠.

---

1 면적 724.73㎢, 지리산을 끼고 있는 경남 서부지역의 작은 군. 재정자립도가 전국 최하위권이다.

서둘러요. 민방위훈련이 아니라 실제 상황이에요.

5.

어젯밤 모토롤라대리점 앞 대로변에서 난리가 났대요. 한 명이 칼에 찔려 죽고 세 명이 다쳤대요. 대부분의 공무원들은 휴가를 핑계로 고급 승용차를 타고 바다로 꽁무니를 내뺐다죠. 불량농민인 아버지는 다방 한구석을 지키고 있었지요. 고물경운기를 맥도널드체인점 건너편에 세워놓고 미스金과 소와 개돼지들에 대해 많은 대화를 주고받았대요. 미스金은 송아지처럼 눈을 껌뻑거리며 엉덩이를 맡겼겠죠. 사실 미스金은 소나 개돼지보단 치킨에 관심이 많아요. 읍내에서 제일 높은 32층 아파트까지 날아오르는 닭다리와 날개 뜯어먹고선 오리발을 내밀죠. 불량농민인 아버지는 항상 닭 쫓던 개 지붕 쳐다보는 꼴이죠.

이미 공습은 시작되었어요.

6.

읍내 밥집 하나가 폭탄을 맞고 폭삭, 주저앉았어요. 소를 키우던 사람이 사장이었는데 경제를 제대로 알 턱이 있겠어요. 사라져 가는 고향 맛을 지키겠다며 전쟁을 선포했다가 일 년도 못 버티고 폭탄을 맞은 거죠. 말똥구리처럼 소똥을 밥으로 빚는 일은 상술이 아니라 전술이죠. 지리산까지 점령한 맥도널드체인점이 작전사령부예요. 보이시죠. 저, 저건 햄버거가 아니에요. 자장면보다 먼저 배달되는 도시락폭탄이죠. 주요 간선도로마다 소똥처럼 퍼질러 놓았어요.

노인들과 어린이들부터 빨리 대피하세요.

7.

전면전이 될지 몰라요. 햄버거의 진화는 무찔러야할 침략의 일종이죠. 우리 집 숟가락과 젓가락을 몽땅 거둬간다는 데 참을 수 있나요. 지난여름 태풍에 한쪽 다리를 날려 보낸 상이군인이라고 깔보진 마세요. 경제는 잘 모르지만 전투경험은 많죠. 농협빚더미에 깔린 불량농민 아버지가 소를 팔기 전에 서둘러야 해요. 맥도널드체인점의 폭탄테러를 막아야 해요. 제발,

말똥구리를 살려야 해요.

이무기 사냥꾼

손홍규

택시가 빵, 빠앙, 성급하고 짜증 섞인 경적을 울리며 추월해 갔다.

건짜증이 난 용태는 평소 습관처럼 잇새로 침을 찍 뱉으려다, 자신이 지금 운전 중이라는 사실을 깨닫곤 그만두었다. 사실 침을 뱉을 기운도 없었다. 온 신경은 오로지 자신의 샅으로 향하고 있었다.

눈앞에 작두가 있다면 배꼽 아래를 썩둑 잘라내고 싶을 지경이었다. 처음에는 쓰라리기만 하더니 이제는 급기야 그 부위를 칼로 도려낸 듯 쩌릿한 통증이 밀려왔다.

거웃에 괴상한 벌레가 살고 있다는 걸 그가 알게 된 건 이틀 전이었다. 불두덩이 따가울 정도로 맹렬히 가려워도 괴춤에 손을 집어넣고 벅벅 긁어대기나 했지, 눈으로 확인할 생각은 없었다. 시간이 지나면 사라질 피부병인 줄만 알았다. 그러다 용태는 부신 햇살이 옥탑방으로 비집고 들어오던 한낮, 시도 때도 없이 가려운 그놈의 불두덩을 관찰할 마음이 생겼다. 그러지 않아도 가려워 긁으려는데 손끝에 모기 물린 자국처럼 도톰하게 솟아오른 게 만져졌다. 그는 팬티를 내리고 손가락으로 거웃을 헤치며 더듬어보았다. 부스럼을 찾아 손톱으로 따작거렸다. 벗겨낸 딱지 아래 희끄무레한 것이 눈에 띄었다. 그가 손가락으로 살짝 찍어 눈앞에 대고 보니 그것은 반투명의 조그맣고 앙증맞은 벌레였다.

용태는 벌레를 하늘색 페인트칠이 된 창틀에 내려놓았다. 창문으로 들이치는 햇살에 눈살을 찌푸리던 그는 손갓을 만들어 벌레를 주시하였다. 일종의 보호본능이랄까. 벌레는 꼼짝도 않고 한동안 그대로 있었다. 죽은 체하는 게 분명했다. 용태는 피식 웃었다. 힘없고 나약한 것들은 일쑤 이처럼 죽은 체하기 마련이었다.

아버지도 그랬다. 마을에서 사람들이 올라오면 숨부터 헐떡거렸다. 깊은 산에서 곰이나 범을 만난대도 눈썹조차 꿈틀거리지 않을 아버지였다. 그러나 그때만은 비루먹은 개와 다르지 않았다. 사람들의 매질이 어느 정도 무르익으면 아버지는 너구리처럼 웅크리고 죽은 듯이 꼼짝도 하지 않았다. 그러면 사람들은 한 무더기의 가래를 아버지의 몸에 뱉어 놓고 마을로 내려갔다. 용태는 이제 그쯤이면 아버지의 연기, 죽은 시늉도 끝날 것이라 여겼다. 그러나 아버지는 사람들이 이미 마을에 돌아가 밥상을 받고 그날의 무용담을 식구들에게 떠벌리고 발을 닦고 이부자리에 들어가고도 남을 만큼의 시간이 지난 뒤에야, 야행성 길짐승과 날짐승의 눈동자가 달빛에 번들거릴 즈음에야, 그 시늉을 멈추고 일어났다. 이따금 용태는 정말로 아버지가 죽은 게 아닐까싶어 부지깽이로 아버지의 옆구리를 찔러보기도 했다. 용태는 그런 겁쟁이 아버지가 미웠다. 어머니 역시 미웠다. 어머니는 어둑신한 흙집 안에서 시체처럼 누운 채 아버지가 마을 남정네들에게 두들겨 맞는 소리를 들으며 눈물이나 흘리고 있을 거였다. 그는 밤마다 마을에 내려가 은신처로 이용하는 폐가에서 아이들을 모아놓고 괴롭혔던 일도 떠올렸다. 말을 듣지 않거나, 부모에게 이르거나, 은신처에 나오지 않은 적이 있거나, 그런 아이들에겐 어김없이 주먹질을 했다. 씨벌놈이 멀 꼬라봐, 눈깔을 쑤셔벌랑게! 침을 뱉듯 이렇게 으르렁거리면 마을 아이들은 꼼짝도 못했다. 잇새로 찍 소리를 내며 침을 뱉는 습관을 가지게 된 것도 그때부터였다. 고등학교에 다니는 형들이 용태의 버르장머리를 고쳐주겠다며 떼로 몰려온 적도 있으나 용태는 낯빛도 바꾸지 않고 면도칼로 제 배를 그었다. 그 뒤로는 누구도 그를 건드리지 않았다.

그가 잠시 멍해 있는 동안 이 작은 벌레가 꿈틀거렸다. 안쪽으로 모으고 있던 더듬이와 다리를 바깥쪽으로 쭉 뻗더니 꼬물꼬물 움직이기 시작했다. 머릿니와는 달리 몸통도 작고 연한 우윳빛을 띠는 이 반투명의 벌레가 창틀을 따라 달팽이처럼 기어갔다. 그는 손가락으로 그 조그만 벌레를 건드렸다. 시야에서 사라졌다 싶어 살펴보니 손가락 끝에 묻어 있었다. 그는 잃어버릴세라 조심스레 벌레를 떨어냈다. 벌레는 다시 꼼짝도 않고 죽은 시늉을 했다.

거웃을 살피니 털마다 흰빛을 띠는 것들이 매달려 있었다. 엄지와 검지로 털 한 올을 뽑아놓고 그 흰빛을 띠는 것들을 떼어내니 마치 쉼표처럼 생겼다. 벌레의 알이었다. 그는 서캐를 바닥에 놓고 손톱으로 눌렀다. 진저리를 치는 그의 온몸에 소름이 돋았다. 손톱 아래서 미세한 저항이, 톡, 서캐의 몸통이 터지는, 폭발이 느껴졌다.

들창을 통해 볕이 비치는 마루 위에서 그렇게 아버지도 사면발이를 잡고 있었다. 아버지는 그 벌레를 가랑니라고 불렀다. 머릿니만 알고 있던 용태는 가랑이에도 그런 이가 산다는 게 신기하기 짝이 없었다. 대체 가랑니란 어떻게 생겨먹은 것일까 궁금해 그가 다가갈라 치면 아버지는 냉큼 일어나 솥뚜껑 같은 손으로 그의 따귀를 갈기곤 했다. 그럴 때의 아버지는 묘하게도, 수치를 견디는 표정을 짓고 있었다. 그러고 보면 그게 꼭 아버지의 속곳이랄 수는 없었다. 허연 허벅지를 드러낸 어머니 곁에 쭈그리고 앉아 무언가에 골똘하던 아버지의 모습도 떠올랐다.

어둑어둑해질 때까지 한나절을 잡았으나 서캐와 벌레는 끝없이 나왔다. 옥탑방 창문 아래 골목길은 야간 근무 교대를 위해 발걸음을 서두르는 외국인 노동자들로 북새통을 이뤘다. 용태는 창문 밖으로 고개를 길게 늘이고 그들의 머리 위로 악다구니를 퍼부었다. 술티! 레베카! 칼리! 개호로잡년들아! 거저 줘도 다시는 안 먹을 허벌창들아! 용태는 엄지를 집게와 가운뎃손가락 사이에 넣고 주먹을 쥔 채 을러댔다. 고개를 쳐들고 바라보던 몇몇 외국인 노동자들도 용태를 따라 했다. 꼴두기짓은 만국공통어였다. 술티, 레베카, 칼리, 제법 육덕들이 푸짐해 그중 하나쯤은 붙잡고 살림을 차려도 좋겠다고 생각했던 용태였으나 그 순간만은 포달을 떨지 않을 수 없었다.

거웃은 말할 것도 없이 겨드랑털이며 머리털이며 털이란 털은 다 밀어버려야 할지도 몰랐다. 용태는 군대 시절 사면발이에 걸려 온몸의 털을 다 밀어버린 고참을 본 적이 있다. 물론 직접 눈으로 본 건 처음이었으나 이 작은 벌레가 사면발이라는 걸 모를 만큼 미욱하지는 않았다. 그는 치를 떨며 슈퍼로 달려가 에프킬러를 구입해 불두덩에 뿌렸다. 얼마나 많이 뿌렸는지 에프킬러 액이 허벅지를 타고 내려가 무릎에 걸린 팬티를 흥건히 적셨다. 하루를 기다렸으나 기대한 만큼의 효과는 없었다. 어쩔 수 없이 그는 약국에 가서 사면발이, 옴에 특효라는 린단로션을 사왔다. 급한 마음에 그는 거의 반통에 가까운 양을 한 번에 뿌렸다. 온몸에 돋은 소름은 좀체 사라지지 않았다. 그의 머릿속에는 오로지 이 벌레를 한시라도 빨리 박멸해야 한다는 생각뿐이었다.

약이 피부에 스며들면 물로 씻어내야 하는데 그럴 틈이 없었다. 알리가 혀 짧은 소리로 그의 이름을 부르며 재촉한 탓이었다. 사면발이란 녀석들이 죽었는지 살았는지는 알 수 없으나 집을 나서자 불알과 샅이 화끈거리기 시작했다. 처음엔 견딜 만했다. 그러나 시간이 지날수록 화끈거림을 넘어 회칼로 살갗을 얇게 저민 듯 고통스러웠다. 그는 담배를 빼물고 습관처럼 조수석을 힐끔거렸다. 알리가 멀쩡하다면 그의 입에 담배가 물릴 새도 없이, 아니 담배를 피우고 싶다는 기색이 드러나기만 하면, 제가 불을 붙여 건네줬을 것이다. 그러나 알리는 식은땀이 송글송글 맺혀 있는 이마로 방아를 찧으며 졸고 있다.

이따금 엄지로 관자놀이를 누르던 용태는 에어컨을 끄고 운전석의 차창을 내렸다. 습기 머금은 바람이, 아니 자동차가 달려가면서 끌어들이는 후텁지근한 공기의 덩어리들이 왁살스럽게 차 안으로 밀려들어와 그의 머리칼을 날린다. 기분 탓인지, 담배를 피우니 통증이 조금 가라앉는 듯하다. 벌린 입으로 쑤시고 들어오는 습한 공기에 담배연기도 뭉텅 밀려들어와 사레가 들린 그가 재채기를 한다. 알리가 실눈을 뜨더니 고개를 들고 입가의 침을 후루룩 빨아들인다. 생기 없이 머르레한 알리의 눈동자가 이쪽저쪽으로 움직인다. 알리는 열없는 웃음을 지으며 손등으로 이마를 쓱 훔친다. 알리의 손등에는 땀에 희석된 핏물이 묻어 있다.

"꿈, 꾸었어요. 내 고향, 우리 식구, 다 함께 달을 먹었어요. 맛있어요, 달."

용태가 고개를 돌려 알리의 옆얼굴을 물끄러미 본다.

용태는 자신의 생김새가 친탁이 아닌 외가 내림인 걸 퍽 다행스럽게 여기고 있었다. 그는 만약 아버지를 닮았더라면 유랑극단 따위에 납치당해 철창에 갇힌 원숭이 신세가 되었을지도 모른다고 늘 생각했다. 유난히 커다란 모공 탓에 얼굴 전체가 곰보처럼 얽어 보이는데다 한가운데 자리잡은 뭉툭한 주먹코, 툭 불거진 광대뼈, 각진 턱, 입을 살짝만 벌려도 드러나는 누런 대문니와 시뻘건 잇몸, 세 살배기가 찰흙으로 빚어놓은 듯한 게 바로 아버지의 얼굴이었다. 낯빛은 석탄처럼 시커멓고 눈썹은 숯으로 그린 듯 검고 두꺼웠으며 눈두덩은 움펑 꺼져 있어 그의 아버지는 몽골로이드보다는 차라리 니그로에 가까웠다.

아버지에게 물려받은 게 있다면 동물적인 감각뿐일 것이다. 오소리, 노루, 멧돼지 등 산짐승 은 아버지의 손아귀를 벗어나지 못했다. 산은 아버지의 목장이었으며 아버지는 그곳에 정착한 유목민이었다. 산에 사는 야생동물들은 이름만 야생이지 아버지는 마음만 먹으면 마치 우리에 갇힌 가축을 끄집어내듯 손쉽게 잡을 수 있었다. 아버지는 그 뭉툭한 코를 바람이 불어오는 바람과 비끼게 한 뒤 커다란 콧구멍을 벌름거리며 짐승의 냄새를 맡았다. 그때의 눈빛은 영락없는 사냥꾼의 그것이었다. 할아버지부터 이어져온 그 사냥꾼의 내림은 용태에게도 이어져 어린 시절의 그 역시 꿩, 토끼를 곧잘 잡았다.

그는 아버지가 마을 이장집의 보리타작에 놉으로 팔려갔던 날을 생생히 기억하고 있었다. 마을에서 평소 노름꾼으로 호가 난 작자가 산에 올랐다. 열병을 앓고 있던 그의 어머니를 덮치려던 노름꾼은 오히려 작살에 목덜미와 팔에 두 치 길이의 상처를 입었다. 대신 그의 어머니는 노름꾼의 발에 차여 잉태했던 아이를 핏덩이로 쏟았다.

보리타작을 마치고 돌아온 아버지의 목덜미와 팔뚝에는 까끄라기가 들러붙어 있었다. 학교에서 돌아와 이미 그 꼴을 보았던 용태는 어머니 곁에서 울다 쓰러져 선잠들어 있었다. 어머니를 조심스레 끌어안아 마루 위로 올려놓는 아버지를 그는 흐리멍덩한 눈으로 쳐다보았다. 아버지는 멧돼지를 잡을 때 쓰던 손때 묻은 작살을 쥐고 성큼성큼 산을 내려갔다. 아버지는 노름꾼의 멱을 겨냥했으나 작살은 그 작자의 목덜미를 스치고 땅바닥에 꽂혔다. 며칠 뒤 마을 남정네들이 몽둥이를 쥐고 산으로 올라왔다. 그들은 불문곡직하고 아버지를 두들겨 팼다. 그의 눈에 비친 아버지는 비굴하지 않았다. 꼿꼿이 선 채로 몽둥이를 견디다가 정신을 잃으며 고목처럼 쓰러졌을 뿐이다. 죽은 체를 한 게 아니었다. 상피붙은 자식이 도둑질까지! 사람들은 이렇게 으르렁거리며 아버지의 몸에 가래를 뱉고 내려갔다. 며칠 뒤 그의 아버지는 피오줌을 쌌고 어머니는 눈으로 피고름을 흘렸다. 어머니는 눈을 잃었고 아버지는 생식능력을 잃었다.

용태는 문득 이러다 생식능력을 잃는 건 아닌지 하는 걱정이 들었다. 차는 여전히 천변도로를 달리고 있었다.

"덥자?"

"우리 고향 그리쇼깔, 한국보다 더해요. 더워서, 숨도 쉬기 어려워요. 이건, 괜찮아요."

하긴 더운 나라에서 왔으니 이깟 더위쯤이야 아무렇지도 않겠지. 용태는 고개를 주억거린다. 알리는 더 이상 피를 흘리지는 않는다. 병원 이야기를 꺼내보았자 알리는 고개를 저을 게 분명하다. 함께 지내는 여섯 달 동안 그는 알리가 병원에 가는 걸 본 적이 없다.

용태의 가슴에 잠복해 있던 부아가 슬그머니 일어난다. 술티? 그는 고개를 젓는다. 제법 얼굴에서 색기가 흐른다지만 술티는 그럴 배짱도 숫기도 없다. 혜련? 그래, 혜련이 유력한 용의자다. 위장결혼으로 한국에 왔다가 애까지 싸질러놓고 도망쳐 나온 배짱이라면 뭇 사내들과 몸을 섞고 있더라도 대수로울 게 없다. 아니다. 언젠가 혜련은 몸 파는 여자들을 경멸하는 말을 한 적이 있다. 그럼 레베카일까? 방글라데시는 빠구리데시냐? 는 농담의 의미를 설명해주자 배시시 웃던 레베카. 그는 푼더

분한 얼굴에 눈웃음을 잘 치는 레베카에 혐의를 둔다. 아니, 칼리일지도 모른다. 처녀라고 우기더니 요분질을 하면서 그의 등에 손톱자국을 내지 않았던가. 이렇게 따지고 보니 새삼 용태는 피부가 시커먼 이민족 여자와 너무 많은 동침을 했다는 생각이 들었다. 그저 술기운에, 여자가 그리워서, 마지못해 한국남자의 기개를 보여준 것뿐이다. 이럴 때면 차라리 손바닥 같은 곳에 여자 성기가 달려 있어 색정이 들끓을 때마다 홀로 해결할 수 있는, 자웅동체 따위로 태어났으면 얼마나 좋을까 하는 생각이 들었다. 혜련은 그나마 동포니 덜 께름칙하지만 방글라데시 여자들과 잠을 잔 건 실수다.

그의 가슴에서 한번 치민 화는 쉽사리 잦아들지 않는다. 알리가 아니었다면 그런 방글라데시 여자들을 알게 될 일도, 잠을 자게 될 일도 없었을 터이다. 용태는 알리와의 첫 만남을 더듬어보았다.

세 해 전이었다. 그즈음 고향에 있던 용태는 카드빚이 이천만원을 훌쩍 넘어가고 있었다. 오입으로 진 빚도 꽤 되었으나 그보다 노름에 손을 댄 게 화근이었다. 아버지는 여전히 석산 저수지에서 살다시피 했고 집안 구석구석을 뒤져도 동전 한 닢 나오지 않았다.

결국 그는 사채를 빌려 카드빚을 막고 캐나다 밴쿠버로 갔다. 그러나 캐나다의 입국 심사는 생각보다 까다로웠다. 한국인 통역관은 입국동기가 불분명하다며 고개를 저었다. 그는 다음날 한국행 비행기로 밴쿠버를 떠나라는 강제추방 명령서를 쥔 채 지하의 보호실로 끌려갔다.

낯빛이 시커먼 사내 셋이 쌍꺼풀 짙은 눈으로 그를 올려다보았다. 말이 통할 리 없으니 용태도 구석에 자리를 잡고 앉았다. 입국은 고사하고 아까운 비행기 삯만 날리게 되어 속이 부글부글 끓었다. 씹어먹을 캐나다 새끼들 어쩌고 욕을 해댔으나 시간이 흐를수록 염치불구하고 뱃속에서는 꾸르륵 소리가 났다. 캐나다인 공안은 쇠창살 너머에서 마치 그들을 벌레 보듯 했다. 지하 보호실에 끌려올 때도 그들은 용태와 몸이 부딪치자 더러운 걸 떨어내듯, 손을 마구 내저었던 것이다. 용태도 잇새로 침을 찍 뱉는 것으로 울분을 표했다.

그는 하룻밤을 함께 보내게 된 사내들 쪽을 보았다. 그러자 기다렸다는 듯 그중 한 명이 갑자기 신음을 내며 입에 게거품을 물더니 픽 고꾸라지는 게 아닌가. 다른 사내들이 그를 보고 다급하게 손짓을 했다. 보아하니 숨넘어가기 일보 직전인 듯했다. 용태는 이국만리에 와서 이게 웬 날벼락인가 싶었다. 조금 뒤 그 사내는 숨조차 쉬지 못하고 온몸을 부르르 떨더니 그걸로 끝이었다. 용태는 영화에서 보던 대로 손가락을 그 사내의 인중에 대는 둥 귀를 가슴에 대보는 둥 했으나 숨결이나 박동은 느껴지지 않았다. 워낙 보호실이 썰렁한 탓도 있으나 사내의 몸은 차갑게 식어 있었다. 캐나다인 공안들은 용태의 침 뱉는 재주가 신기했는지 그를 흉내냈으나 그들의 침은 자신들의 아랫입술에 간당간당 매달릴 뿐이었다. 그렇게 보호실의 미개인들에게는 관심도 없던 캐나다인 공안들이 창살문을 열고 들어왔다. 그들은 어디론가 전화를 하고 뭐라뭐라 지껄이며 소란을 피웠다. 조금 뒤 가운을 입은 사람들이 오더니 들것에 그 사내를 싣고 나가버렸다. 그러자 금방 대우가 달라졌다. 비록 마른 빵과 우유, 찐 달걀에 불과했지만 보호실에 남은 셋이 실컷 먹고도 남을 음식물이 들어왔다. 죽었는지 살았는지 알 게 뭐여. 용태만 그렇게 여기는 것 같지는 않았다. 들것에 실려 간 사내와 동료인듯한 나머지 두 명 역시 전혀 걱정하는 기색이 아니었다. 역시나 동방예의지국과는 다른 족속들이었다. 용태는 끌끌 혀를 찼다. 배가 부르자 슬슬 사내의 생사가 궁금해졌다. 용태는 그들과 함께 게걸스럽게 먹어댔다는 사실이 부끄러웠다. 비록 강제추방되는 신세인 건 피차일반이라 해도 더럽고 못생긴 작자들과 한 보따리로 취급된다는 게 못내 억울했다.

그러나 그런 걱정과 억울함 따위는 쏟아지는 잠에 밀려 슬그머니 꼬리를 감췄다. 자신을 부르는 소리에 깨어난 그는 얼른 손목시계부터 보았다. 어느덧 서울행 비행기 시간이 코앞에 다가와 있었다. 보호실을 나서던 그는 지난밤 들것에 실려 갔던 사내와 눈이 마주쳤다. 사내는 싱긋 웃었다. 뽀레 데카 허베!(다음에 또 만나요) 사내가 이렇게 외치자 용태도 엉겁결에 손을 흔들었다. 죽다가 살아난 건지, 아니면 어린 시절 아버지가 그랬던 것처럼 죽은 시늉을 한 건지 헷갈렸다. 그러나 그건 쉽게 흉내 낼 수 있는 게 아니었다. 예수처럼 부활한다는 게 말이 될 법한 소린가. 허나 분명 그는 그 사내의 숨이 멎은 걸, 심장이 뛰지 않는 걸, 온몸이 차갑게 식어가는 걸,직접 보고 만지지 않았던가. 그 탓에 캐나다에서 쫓겨난다는 수치와 모멸의 감정은 뒷전으로 밀려나고 한국으로 돌아오는 비행기 안에서 내도록 깊은 의혹에 빠져 있어야 했다.

한국에 돌아온 그는 고향 근처조차 얼씬거릴 엄두도 내지 못하고 부천에서 한 해 동안 택배 기사로 일했다. 술을 끊고 담배를 줄이고 더더구나 오입은 생각도 않고 제법 성실하게 돈을 모았다. 조그만 셋방을 얻어 옛 친구의 자취방에 빌붙은 생활도 청산했다. 명절 혹은 휴일이면 더러 고향 생각에 한숨이 나와 소주 한 병을 마시곤 바보처럼 눈물을 찔끔 흘리기도 했다. 어머니가 보고 싶었다. 비록 흙집 마루에 누워 자리보전이나 하는 어머니였을지라도 막상 타향살이의 설움이 목구멍까지 치솟아 오르면 가장 먼저 떠오르는 사람은 바로 어머니였다. 어머니의 무덤가에 앉아 오래도록 울고 싶었다. 아버지는 지금도 석산 저수지에 앉아 이무기를 잡겠다며 진물이 흐르는 눈을 슴벅거리고 있을 게다.

노름꾼의 황소가 사라졌다. 며칠 동안 마을은 소도둑 때문에 뒤숭숭했고 그의 아버지가 소를 끌고 가는 모습을 본 적이 있다는 누군가의 말 한마디에 마을 사람들은 탕개가 풀리듯 자리에서 벌떡 일어났다. 며칠째 뜬눈으로 밤을 지새며 언제 출몰할지 모를 소도둑에 시달린 사람들은 누구랄 것도 없이 손에 몽둥이를 쥐고 그의 집으로 올라갔다.

그의 고향집은 석산 저수지가 굽어보이는 산 중턱에 자리 잡고 있었다. 마을로 내려가는 실오라기 같은 한 가닥 오솔길만 없다면 속세와 완전히 절연된 공간이었다. 무너진 흙담과 여기저기 널린 구들돌만이 오래 전 그곳에 다른 몇 채의 집이 있었음을 알려줄 뿐이었다. 그러나 무엇보다 커다란 절연은 마을 사람들의 마음속에 있었다. 그들은 먼발치라도 그의 아버지를 보게 되면 침을 뱉었다. 상피붙은 자식. 마을 사람들은 오누이였던 그의 아버지와 어머니가 부부가 된 걸 용납하지 못했다. 아버지가 피오줌이 홍건히 고인 웅덩이 앞에서 넋두리를 읊기 전까지는 용태도 그런 줄만 알고 있었다. 쩌그 무내미 말여, 왜 거서 물 먹지 말라고 헌 줄 아냐? 무내미서 빨갱이들이 몰살당해갖고 핏물로 그득했을 때 말여, 너그 외할배 피도 있었어야. 너그 외할배, 장헌 냥반이었다. 빨치산 대장이었은게. 그 냥반이 너그 할배헌티 애를 하나 맡겼어야. 그것이 너그 어메여. 할배는 화전 갈고 먹덜 않   다. 유명짜헌 포수였어. 너그 어메 맡고는 개새끼맨키로 납작 엎져서 살았어. 그렇게 우덜을 키운 것이여.

두 달 사이 다섯 마리의 소가 사라졌다. 그의 아버지는 엉뚱하게도 소도둑으로 석산 저수지의 이무기를 지목했다.

빨갱이가 몰살당허고 얼마 안 됐을 것이여. 잔뜩 성이 난 이무기 한 마리가 쩌그 저수지에서 물기둥맨키로 솟아나와갖고 송아치 한 마리를 몸뚱이로 뚤뚤 말아서 저수지 저 짚은 디로 끄져가는 걸 봤어야. 그의 아버지는 그렇게 확신에 찬 어조로 말했다. 용태는 코웃음만 쳤다. 이무기 따위가 있을 리는 없었다. 소도둑의 정체는 도둑맞은 소들의 임자였다. 그들은 스스로 자신들의 외양간에 들어가 소를 끌고 나와 쇠살쭈에게 넘겨주었고 떼지어 산으로 올라와 그의 아버지에 게 소도둑이라는 누명을 씌웠다. 그의 할아버지 때부터 푼돈을 모아 장만한 산밭의 주인이 바뀌었다. 그들은 마치 원래 자신들의 것이었으나 누군가에게 강탈당한 재산을 되찾기라도 하듯, 무척 당연한 일을 치르듯 태연하기 짝이 없었다.

아버지의 이무기 사냥법은 그보다 어처구니가 없었다. 저수지를 굽어보는 둔덕의 아름드리 소나무 두 그루에 도르래가 달린 밧줄을 묶고, 밧줄의 다른 쪽을 자신의 양쪽 어깨와 허리에 엇갈려 묶었다. 마을 아낙들은 아버지의 탄탄한 가슴을 먼발치에서 훔쳐보거나 부러 다가와 힐끔거리곤 했다. 마을 남정네들이 아버지에게 품고 있던 적개심의 근원도 어쩌면 그 탄탄한 근육질 몸뚱이였는지도 모른다.

한 팔에 쇠토시를 낀 아버지는 어망을 벗어난 물고기처럼 저수지에 들어가는 순간 자맥질을 시작했다. 길고 긴 꼬리처럼 밧줄만이 느슨하게 드리워져 있었다. 신호를 보내면 밧줄을 끌어당기라 했다. 아무리 기다려도 신호는 오지 않았다. 이무기가 쇠토시 낀 팔뚝만 뭉텅 잘라 삼켰는지도 모를 일이다. 그런 상상을 할 때쯤 그의 아버지는 저수지 가운데 부표처럼 머리통만 내놓고 숨을 쉬다가 다시 사라졌다.

그렇게 한 해가 지나고 두 해가 지나도 이무기는 코빼기도 내비치지 않았으며 여전히 소도둑은 기승을 부렸고 마을 사람들은 몽둥이를 들고 산으로 올라왔다.

노령산맥의 산그리메가 천망처럼 뒤덮고 있는 석산 저수지는 한여름에도 깊은 우물에서 길어올린 물처럼 맑고 차가웠다. 밧줄과 도르래는 낡아갔다. 그는 밧줄이 묶인 소나무 아래 누워 도망치고 싶은 충동과 싸웠다. 아버지는 다른 고기는 거들떠보지도 않고 오로지 이무기만을 사냥했다. 단 한 번, 솥뚜껑만한 자라 한 마리를 겨드랑이에 끼고 나온 적이 있다. 일제시대에 제방을 쌓은 뒤 한 번도 바닥을 드러낸 적이 없는 저수지였다. 팔뚝만한 잉어, 붕어, 메기에 관한 소문은 소문 축에도 들지 못했다. 그러나 냄비뚜껑도 아니고 여년묵어 솥뚜껑만한 자라를 직접 눈으로 본 건 마을 사람들도 처음이었다. 많은 사람들이 군침을 흘렸다. 낚시 금지가 해제되어 찾아온 도시의 낚시꾼들은 시퍼런 지폐를 막무가내로 아버지의 주머니에, 그게 여의치 않자 그의 주머니에 꽂아주곤 했다. 더러는 방생해야 한다고, 이 저수지의 터줏대감이라고 우기는 이도 있었으나 그의 아버지는 피식 웃고 말았다. 아버지는 자라의 입에 나뭇가지를 물렸다. 나뭇가지를 당기자 자라의 모가지가 고무줄처럼 늘어났다. 자라의 모가지는 작둣날 아래 싹둑 동강이 났다. 그는 사기대접을 자라의 잘린 모가지 아래 갖다 댔다. 첫 번째 사발의 피는 아버지가 후루룩 마셨고 두 번째 피는 어머니가 알사탕을 문 채 마셨다. 자라 대가리와 몸통은 고깃국을 끓여 먹었고 등껍질은 잘 다듬어 빗물받이로 썼다.

택배 기사를 그만둔 뒤로는 염색공장의 원단 운반 기사로 아홉 달을, 가구공장의 기사로 열 달을 보냈다. 그리고 성남 근처의 아파트 공사장에서 일당 잡부가 되었다.

염색공장에서 트럭을 몰 때는 신기하기만 했다. 어디에 그토록 많은 깜둥이들이 숨어 있었는지 알 수가 없었다. 피부 색깔이 다른 인종들만 있는 건 아니었다. 겉으로 봐서는 구분하기 힘들만큼 똑같은 조선족들까지 골목마다에서 쏟아져 나왔다.

염색공장을 그만둔 건 자의가 아니었다. 기숙사에서 생활하는 외국인 노동자들이 밀린 두달치 월급을 달라며 파업을 하는 바람에 한동안 부산스럽더니, 임금을 지불하고 회사가 부도를 내버렸다. 결국 그마저 일자리를 잃었다.

가구공장에서는 용태 역시 까대기나 다름없는 가건물 기숙사에서 살았다. 불행히도 조선족 한 명을 제외하곤 스무 명 남짓이 모두 시커먼 외국인 노동자들이었다. 그나마 피부색 비슷하고 말투는 달라도 의사소통에 아무런 문제가 없는 조선족이 고향 사람처럼 살갑게 여겨졌다. 그 한 명의 조선족은 서른일곱의 장웅이라는 노총각이었다. 금강산 관광특구에서 판매원으로 있는 자신의 약혼자에 대해 아무 때나 떠벌리지만 않는다면 그런대로 괜찮은 동료였다. 장은 이따금 얼굴을 찌푸리곤 했는데 그럴 때마다 왼쪽 배를 손으로 움켜쥐었다.

가구공장도 마찬가지였다. 체불된 임금을 달라며 외국인 노동자들이 파업을 했다. 외국인 노동자들은 사무실을 점거한 채 그곳에서 숙식을 해결했다. 파업 노동자들의 눈을 피해 기숙사를 찾아온 사장 뒤에 장이 서 있었다. 자네들은 저런 놈들과는 다르지 않은가. 우리는 배달민족이잖어. 사장은 그에게 격려금이라며 봉투를 건넸고 장에게도 밀린 월급 가운데 일부를 먼저 주었다.

얼굴이 환해진 장은 그를 기숙사 근처의 먹자골목으로 데려갔다. 식탁 네 개가 고작인 조붓한 고깃집마다 사람들이 그득했다. 가구공장의 노동자는 눈에 띄지 않았다. 다른 공장의 기숙사에 서 나온 듯 시커먼 외국인 노동자들이 한국인들과 다름없이 삼겹살을 안주 삼아 소주를 마시고 있었다.

술에 취해 서로 주먹질을 하는 외국인 노동자들을 보며 그가 눈살을 찌푸리자 장이 정색을 하며 말했다. 용태 아우, 쟤들 너무 미워하지 말라우. 외국인이란 것만 빼면, 고향 떠나 밥 빌어먹고 사는 이주 노동자인 건 아우나 나나 쟤들이나 한가지 아니갔어. 그와 장은 얼큰하게 취해 고깃집을 나섰다. 그러던 장이 기숙사 앞에서 갑자기 배를 움켜쥐며 마른 짚단처럼 힘없이 쓰러졌다.

기숙사에, 약, 약, 있으니까이, 약 좀 갖다달라우……

그도 평소에 장이 알약을 먹는 걸 몇 번 본 적이 있다. 그는 기숙사로 뛰어 들어가 약병을 찾아왔다. 장은 약을 목구멍으로 넘기긴 했으나 곧 이어 고깃집에서 먹은 걸 모두 게웠다. 식은땀 맺힌 이마를 시멘트 바닥에 비벼대며 끙끙대는 장을 보며 그는 어린 시절의 아버지를 떠올렸다. 농성장을 나와 담배를 피우던 몇몇 가구공장의 외국인 노동자들이 달려오더니 구급차를 불렀다.

다음날 오전, 장은 싸늘한 시체가 되었다. 그는 믿을 수가 없었다. 이보쇼, 성님, 웅이 성님, 참말로 뒈진 거요? 응? 눈 좀 떠보소, 응? 지난밤, 맹장파열로 쓰러진 장은 다시 복막염이라는 진단을 받았다. 오한과 고열로 시달리던 장은 점차 맥박이 약해지고 숨소리가 거칠어지더니 급기야 헛소리를 지르며 할근거렸다. 의사는 복막염 때문에 생긴 패혈증이라고 했다. 그 동안 진통제만으로 견뎠다는 게 기적이라고 덧붙였다. 다 죽여버리갔어! 싹 쓸어버리갔어! 투지이 이호우우!(돌격, 앞으로) 그는 장의 마지막 절규가 무슨 뜻인지 알고 있었다. 장의 시신이 안치된 영안실을 나오던 그의 귓불에 장의 목소리가 는질는질 매달려 있었다. 고깃집에서 얼큰하게 취한 장은 물기 가득한 벌건 눈으로 이렇게 말했다. 중국에서 뭘 했냐고 물었지? 이래봬도 인민해방군 장교이지 않았갔어! 장은 북조선과 남조선이 전쟁을 하면 다시 인민군에 들어가서 북을 도와 남을 쓸어버리고 싶다고 말했다. 남조선은 사람이 사는 곳이 아니라고 했다. 짐승도 이보단 낫지 않갔어? 보라우, 우리는 배가 고파도 사람을 그렇게 짐승 취급은 안 해.

아파트 공사장에서 철근을 나르거나 각종 공사쓰레기를 포대에 담아 나르는 일을 한 지 보름째 되는 날이었다.

아파트 앞에서 건물이 무너지는 듯한 굉음이 들려왔다. 외벽을 마감하지 않아 온통 잿빛인 아파트는 신과의 전쟁에서 패배한 거인 같았다. 비계로 쓰던 철봉이며 남은 철근을 쌓아둔 게 허물어졌던 모양이다. 국적을 알 수 없는 시커먼 노동자 두 명이 쓰러져 있었다. 그들 얼굴 주위로 피가 흥건히 고여 있었다. 몰려든 인부들이 웅성거렸고 알아들을 수 없는 이국의 언어들이 피어오른 먼지와 더불어 흩날렸다. 그는 손으로 입과 코를 가리며 사고 현장으로 다가갔다.

현장소장이며 감독관들이 달려왔다. 피투성이 외국인 노동자들은 구급차에 실려 갔다. 구급차의 경보 소리가 아련해질 즈음 사람들은 여전히 쓰러져 있는 또 한 명의 사내를 발견했다.

"야 인마, 정신 차려. ……어? 이 자식, 숨도 안 쉬네!"

감독관 가운데 한 명이 흠칫 놀라며 여전히 쓰러져 있는 사내 곁에서 떨어져 나왔다.

"죽은 거 아냐?"

삽시간에 군중들이 술렁거렸다. 숨조차 쉬지 않고 있던 사내가 조금 뒤 두 손으로 머리를 감싸쥐며 막 잠에서 깨어난 사람처럼 일어났다. 사람들은 낮도깨비를 만난 듯 저마다 놀라며 한걸음씩 뒤로 물러났다. 사내는 비틀비틀 몇 걸음 걷더니 쓰러졌다. 그리고 다시 일어나 머리를 감싸쥐고 어지럽다는 듯 도리질을 했다. 그 꼴을 지켜보던 소장이 손전화를 하더니 사내에게 다가갔다.

"야, 괜찮아? 머리 괜찮아?"

"괜찮아요. 조금, 어지러워요."

한국인 잡부들이 소곤거리는 소리가 들려왔다. 내 조카는 말여, 교통사고를 당했는디 집으로 전화를 했다네, 사고가 났다고. 다들 그놈은 살았구나 싶어서 안심했는디, 그놈이 전화를 끊자마자 죽은 거여. 맞어, 머리를 다치면 아픈 줄도 모르다가 어느 순간 골로 간다대. 대가리에 피가 고여서 그렇다지? 어쩌고 하는 소리를 현장소장도 들었는지 눈살을 찌푸렸다.

현장 사무소 쪽에서 양복쟁이가 헐레벌떡 뛰어오더니 소장에게 봉투를 건넸다. 소장은 그 봉투를 사내의 손에 쥐여주었다.

"머리 계속 아프면, 병원에 가봐, 알지? 사진, 병원, 말야."

사내가 힘없이 고개를 끄덕이더니 엄지로 관자놀이를 꾹꾹 눌렀다.

"내일부터는 안 나와도 돼, 그러니 지금 돌아가. 알았어?"

"해고?"

"아니, 아니. 일당 잡부에 해고가 어딨냐? 그냥 너 아픈 것 같으니까 쉬라고, 알았어?"

비틀비틀 현장을 빠져나가는 사내는 바람에 날리는 종이 같았다. 현장소장이 봉투를 건넬 때 용태는 이미 그 사내가 누군지 기억해냈다. 캐나다에서 하룻밤을 보낸, 죽은 시늉으로 보호소 사람들의 굶주린 배를 채워줬던 그 사내였다. 저 사내를 따라잡아야 한다는 생각이 그의 머릿속을 스치고 지나갔다. 죽은 시늉을 저렇게 완벽하게 해낼 수 있는 사람은 달리 없었다. 어린 시절의 아버지조차 저 사내만큼 완벽하지는 않았다. 예상대로 사내는 공사장에서 보이지 않는 곳에 이르자 뒤를 한번 힐끔 보더니 똑바로 걷기 시작했다. 봉투를 꺼내 내용물을 확인하는 품이 여축 없이 하루 일을 마치고 일당을 확인하는 노동자처럼 태연하기 그지없었다. 사내를 노려보는 용태의 눈빛은 영락없는 사냥꾼의 그것이었다.

"옛날, 프레스공장, 월급 같아요. 하루에 열네 시간, 일, 했어요. 오십만 원 받았어요."

가까이에서 보니 알리도 제법 호감이 가는 얼굴이었다. 짙은 눈썹과 쌍꺼풀 탓에 느끼하긴 했지만, 이국에서 노동으로 사는 녀석치고는 해반주그레한 낯이었다. 현장소장이 건넨 봉투에는 현금으로 오십만 원이 들어 있었다. 캐나다에서의 인연을 알리도 모른 체하지 않았다. 나이가 몇이냐는 그의 물음에 알리는 손가락 열 개를 두 번 쥐었다 펴더니 네 손가락만 다시 세웠다. 용태보다 세 살 적었다. 그는 대번에 환히 웃으며 알리의 형님이자 보호자를 자처했다. 그들은 의기투합하였고 일주일 뒤 용태는 아파트 공사장의 함바에 딸린 지옥 같은 숙소를 박차고 나와 알리의 자취방으로 거처를 옮겼다. 알리의 남다른 재주를 알고는 있었으나 딱히 그 재주를 어떤 식으로 써먹어야 할지 도통 떠오르지가 않았다.

그와 알리는 오랜 동료처럼 함께 날품팔이를 했다. 알리는 생각보다 오달졌다. 잔꾀를 부리거나 눈치를 보기는커녕 감독자가 없어도 빈둥거리지 않았다.

용태는 뭔가 자신의 기대만큼 일이 풀리지 않는다고 여겼다. 그렇게 알리와 함께 잡부로 막노동판을 전전한 지 달포쯤 되던 날, 그는 각목에 박혀 있던 못에 발바닥을 찔렸다. 파상풍 주사를 맞으러 간다면, 그날 일당을 못 받는 건 둘째 치고 하루 일당이 고스란히 주사비로 날아갈 판이었다. 알리는 숫제 통곡을 터뜨리기라도 할 듯 슬픈 표정으로 그의 발바닥을 살폈다. 그는 십장의 권유대로 성냥을 태웠다. 성냥에 불을 붙여 흔들어 끄면 성냥 대가리가 붉게 달아 있었다. 그러면 그 대가리를 상처에 쑤셔 박았다. 그래야 녹이 타 없어진다는 것이다. 열 개비까지는 무척 고통스러웠으나 그 뒤로는 묘한 쾌감까지 느꼈다. 그렇게 성냥을 오십 개비쯤 태운 뒤에야 걸을 수 있었다. 그사이 알리가 약국에 갔다 왔는지 마이신 두 알을 건넸다.

"우리, 다치면, 이거 먹었어요. 형, 먹어요."

그날 밤 그는 입술을 꾹 깨물고 자신의 삶에서 무언가 극적인 반전이 있어야 한다고 생각했다. 그렇게 여기자 그런 반전이 눈앞에 기다리고 있는 것만 같았다.

며칠 전 밤샘 작업에서 제외된 한국인 노동자들이 술을 마시고 와서는 행패를 부린 일이 있었다. 그들은 알리의 멱살을 붙잡고 시룽시룽 쿳김을 뿜으며 주먹을 을러댔다. 좆만헌 새끼야, 여기가 어디라고 뭉개고 있어? 너희 나라로 꺼져, 개새끼들아. 밤샘 작업은 힘은 들망정 이틀 치 일당을 쳐주기 때문에 누구나 바라는 일이었다. 허나 외국인 노동자들은 하루치 일당만 쳐줘도 묵묵히 밤샘 작업을 했다. 그 탓에 한국인 노동자들은 찬밥 신세였다. 용태도 그들의 심정은 충분히 이해했지만 그놈의 불뚝성 때문에 한국인 노동자들과 맞대거리를 했다. 이런 씨벌놈들이, 그렇게 아쉬우면 너그도 하루치 일당만 받고 하면 되잖어? 뭐, 이 새끼야? 너는 어느 나라 놈이길래 깜둥이들 편을 드는 거여? 한바탕 주먹다짐 끝에 공사장에서 쫓겨나기는 했지만, 그뒤 알리는 용태를 친형처럼 여기는 눈치였다.

그는 자신의 이마를 툭 치며 옆에서 잠들어 있던 알리를 흔들어 깨웠다.

"알리, 너 한국에 돈 벌러 왔쟈? 응?"

알리는 방금 깨어난 녀석답지 않게 힘차게 고개를 끄덕였다.

"너, 동생 학비 대고 싶다매? 하세월에 그 돈 벌래? 형 말대로만 허면 그까짓 거 금방 벌 수 있다. 어뗘?"

그가 만나본 외국인 노동자들은 '돈'이라는 말을 들었을 때 마치 '귤' 혹은 '키위'란 말을 들은 것과 비슷한 반응을 보였다. 그 말에 침을 꼴깍 삼키는 건 알리도 마찬가지였다.

"월급 못 받고 쫓겨난 게 여러 번이라고 했쟈? 그거 형이 다 받아줄랑게 형이 시키는 대로만 혀."

알리는 연수생 신분으로 입국했다가 여권을 빼앗겨 불법체류자가 된 경우가 아니었다. 세 해 전 캐나다 밴쿠버에 갔던 것도 캐나다 입국이 목적이 아니었다. 미국으로 가려 했으나 밀입국이 여의치 않아 밴쿠버를 경유했던 것이다. 그러나 미국이란 나라가 그리 쉽게 가난한 나라의 못생긴 녀석들을 받아들일 리가 없었다. 밀입국에도 많은 돈이 들었다. 한국 돈으로 오백만원가량을 들여서 왔다고 했다. 밀입국자 신분이다보니 다른 불법체류자처럼 인권단체나 상담소에 도움을 청하기가 어려웠다. 그런 단체들도 밀입국자 신분으로는 법적 구제를 받기 어렵다며 난색을 표할 뿐이었다. 알리는 한국에서 지낸 두 해 동안 다섯 군데나 공장을 옮겼지만 어디에서도 제대로 된 월급을 받아본 적이 없었다. 위조여권마저 첫 번째 공장에서 빼앗기고 말았다.

지난 여섯 달 동안 그와 알리의 사업은 순조로웠다. 알리가 못 받은 임금을 받으러 간 척 실랑이를 벌이다 상대방이 가볍게 밀치기만 하면 일은 끝난 셈이었다. 그는 알리의 동행 혹은 목격자를 위장해 알리의 시체를 처리하거나, 못 본 체하는 대가로 돈을 받아냈다. 그가 한국인이라는 점이 상대방에게 그 순간만은 놀라울 정도의 신뢰감을 부여했다. 알리의 전 고용주들을 모두 희생양으로 삼은 뒤에는 교통사고를 위장하거나, 폭력사고를 위장하였다. 그렇게 모은 돈으로 비록 옥탑이지만, 닭장 같던 알리의 자취방을 벗어났고 비록 고물이지만 소형차도 한 대 장만하였다. 물론 옥탑방의 계약자와 고물차의 소유주는 용태였다. 이게 바로 그가 노린 것이었다.

용태와 알리는 자신들의 옥탑방이 있는 주택가 골목 어귀에 도착했다. 후끈한 공기가 골목을 빠져나가지 못한 채 맴돌고 있었다. 용태는 잇새로 침을 찍 뱉었다. 살이 끈적거렸다. 그 부근의 통증은 잦아들 줄을 몰랐다. 한시라도 빨리 올라가 찬물을 끼얹고 싶었다.

그는 알리를 부축해 옥탑방으로 올라갔다. 알리는 살금살금 다리를 절었다. 옥탑방에 들어섰을 때에는 용태와 알리 모두 온몸이 땀으로 범벅이 되어 있었다. 용태는 욕실에 들어가 바지를 내렸다. 팬티를 벗어보니 안쪽에 사면발이의 시체가 무수히 들러붙어 있었다. 그는 욕실에 들어가 샤워를 했다. 통증은 쉬이 사라지지 않는다. 절로 몸이 배배 꼬였다. 입으로는 후아, 후아, 가쁜 숨을 내쉬었다. 알리가 조심스럽게 욕실 문 앞에서 물었다.

"용태 형, 괜찮아요? 왜, 그래요?"

"난 괜찮어. 옷장 안에 구급약 있은 게 너, 약이나 발라라."

용태는 물 받은 대야에 얼음을 넣은 뒤 엉덩이를 뭉개고 앉았다. 오늘은 모처럼 멀리 원정을 나갔건만, 재수없게도 모범시민을 만났다. 공항 근처의 차량과 인적이 드문 네거리 횡단보도에서 교통사고를 가장했는데, 알리가 진짜로 다쳤다. 당황한 알리는 죽은 시늉을 못 하고 횡단보도에서 바르작거렸다. 그가 다가가 눈짓을 하자 그제야 알리는 죽은 시늉을 시작했다. 운전자는 자신의 차에 알리를 싣고 가려 했다. 놀란 그가 알리를 빼앗아 트렁크에 싣고는 돈을 요구하자, 운전자는 눈을 화등잔만 하게 뜨더니 도망 가버렸다.

용태는 이를 옹등그려문 채 그대로 앉아 있었다. 축 늘어져 주름살이 오글오글 잡혀 있던 불알이 탱탱해졌다. 조금 뒤 방문 열리는 소리가 나더니 알리의 나지막한 목소리가 들려왔다. 그가 알아들을 수 없는 방글라데시 말이었다. 조금 뒤 알리는 성이 난 듯 으르렁거렸고 여자의 훌쩍거림도 들려왔다. 가만히 들어보니 그건 칼리의 목소리였다. 칼리는 알리의 사촌누이다. 이따금 찾아와 알리에게 돈을 빌려가곤 했다. 칼리와 잠을 잔 뒤로 용태도 몇 푼씩 쥐여주곤 했다.

불알과 샅이 얼얼할 지경이었다. 얼음도 거지반 녹았고 통증도 숙지근해졌다. 사면발이는 박멸되었고 통증도 사라졌다. 용태는 헤벌죽 웃으며 방으로 들어갔다. 그는 선풍기를 켜고 알리 옆에 누웠다.

"괜찮냐?"

"조금, 아파요. 다리가."

"병원허고 원수졌냐? 내일은 병원에 가보자. 근디, 아까 온 게 칼리냐?"

"네. 칼리, 왔어요. 돈 달랬어요. 화가 나서 다 줬어요."

불 꺼진 방 안을 은은하게 채운 달빛에 두 사람의 피곤해 보이는 얼굴이 드러났다. 알리가 소리 죽여 울었다. 용태는 개의치 않았다. 가끔 알리는 그렇게 잠자리에 들면 울곤 했다. 왜냐고 묻자 누나 때문이라고 했다. 알리의 누나는 소 다섯 마리와 맞바꿔져 인도로 팔려갔다. 알리는 자신의 누나가 콜카타나 뭄바이의 사창가에 있을 거라고 했다. 특히 오늘처럼 칼리와 다툰 날에는 엄살이 더 심했다.

선풍기 바람은 미지근했다. 용태는 일어나 반쯤 열린 창문을 활짝 열었다. 후락한 주택가 위로 웃자란 쑥부쟁이마냥 십자가들이 솟아 있다.

"오늘도 어김없이 저놈의 십자가들이 하느님헌테 똥침을 주고 있구나!"

용태는 마치 지금까지 포기했던 자신의 꿈의 숫자를 헤아리듯 십자가를 셌다. 가구공장 기숙사에서도 창을 통해 대여섯의 십자가가 보였다. 흥, 십자가? 내레 남조선에 와서 제일 놀란 게 있다면 그거야. 용태 아우는 알지 모르갔는데, 십자가보다 꼭대기에 있는 게 뭔지 알갔어? 하느님 똥구멍 아뇨? 그거이 아니야. 그럼 뭐요? 피뢰침. 피뢰침 없는 십자가 봤어? 우리 머리 꼭대기에도 그런 것이 꼭 있는 것 같단 말이야. 죽은 장의 목소리가 용태의 귓가에서 웅웅거렸다.

그의 머릿속에서 질정 없는 생각들이 맴돌았다. 이짓도 그만둘 때가 되었다. 택배 시절의 돈도 다 허물어져 따로 챙겨둔 돈이라야 푼돈에 불과했으나, 헌털뱅이 차 한 대, 이 옥탑방의 보증금 이천만원이면 충분했다. 알리에게는 조금 미안하지만, 녀석은 한국말도 잘하고 세상살이의 요령도 깨쳤으니 죽지 않고 견딜 것이다.

어둑새벽, 용태는 알리의 헛소리에 잠에서 깼다. 패혈증으로 고통스러워하던 장의 모습이 겹쳐지면서 그의 가슴 한쪽을 섬쩍지근한 냉기가 훑고 지나갔다. 불을 켜고 알리의 다리를 살폈다. 외상은 없으나 은결이 들었는지 퉁퉁 부어 있었다. 알리를 병원으로 옮긴 그는 응급실 의자에 앉은 채 깜박 잠이 들었다. 눈을 떠보니 어떻게 알고 왔는지 칼리가 그의 옆자리에 앉아 있었다. 용태는 은근슬쩍 요즘 아픈 데 없냐고 떠보았지만 칼리는 배시시 웃으며 고개를 저을 뿐이다. 칼리가 아니라면 레베카인가?

"나, 꿈꿨어요. 용태 형, 고향."

비영비영한 낯의 알리가 뜬금없이 이렇게 말했다.

"내 고향 꿈을 니가 왜 꾼다냐?"

알리가 입원한 병실에는 당뇨를 앓는지 얼굴에 황달기 가득한 노인 한 명이 더 있었다.

"이무기, 이무기 맞죠? 그거 잡으러 가자고, 형, 그 말, 떠올랐어요. 밤새 앓으면서."

용태는 알리에게 아직도 이무기를 잡겠다며 저수지에서 살다시피 하는 아버지에 관한 이야기를 해준 적이 있다.

"나, 그거 믿어요. 이무기. 우리 고향에도 호랑이, 벵골 호랑이, 밤이면 와서, 사람들 잡아갔어요. 그런데 아버지, 호랑이 오면 죽은 척, 숨도 안 쉬고, 동생 잡혀가도, 그랬어요. 그래서 형, 아버지, 부러웠어요."

병원을 나온 용태는 이제 알리와 헤어져야 할 때가 왔다고 여겼다. 앞으로 더 정을 붙이면 헤어지기 어려울지도 모른다. 나, 그거 믿어요. 용태는 진저리를 쳤다. 우스갯소리로 한 말이었다. 아니, 사실은 누구라도 믿어주길 바라고 한 말이었다. 그러나 지금까지 용태의 말을 믿어준 사람은 알리밖에 없다. 한 사람 더 있기는 했다. 죽은 조선족 노총각 장웅은 그의 말을 믿어주었다.

언젠가 그는 알리에게 죽은 시늉을 어쩌면 그렇게 기막히게 할 수 있느냐고 물은 적이 있다. 그때의 알리의 목소리가 귓가에 대고 속삭이듯 또렷하게 떠올랐다. 파키스탄, 우리, 원래 하나였어요. 우리 독립할 때,

파키스탄 군인, 사람 많이 죽였어요. 우리 할아버지, 죽은 척해서 살아났어요. 인도군 들어올 때도, 사람 많이, 죽었어요. 우리 아버지, 죽은 척해서 살아났어요. 신의 뜻으로, 살아났어요. 내 동생 호랑이, 죽을 때, 나도 아버지 옆에서, 죽은 척했어요. 죽는 거, 부끄럽지 않아요. 언젠가, 모두, 죽어요. 나, 카펫 만드는 공장, 사슬로 묶였어요. 잠도 못 자고, 도망도 못 가고, 열여섯 시간, 네, 잠도 못 자고, ……죽으니까 풀려났어요. 죽으니까 공장 안 가도 됐어요. 죽으면, 고통에서, 풀려나요. 그래서 살아남아요. 죽고, 살고, 다 하나예요.

옥탑방에 돌아온 용태는 알리와 자신의 옷가지를 모두 옥상의 빨랫줄에 걸었다. 그리고 알몸이 되어 방 한가운데 누웠다. 땀이 흘러 등이 장판에 들러붙다시피 했다. 조금 뒤척일 때마다 쩌억 소리가 났다. 온몸의 힘을 풀고 숨을 멈추었다. 나슨한 상태로 몰입해갔다. 생각처럼 쉽지는 않다. 어머니가 떠올랐다. 노름꾼은 기어이 어머니를 범했다. 그리고 사면발이를 옮겼던 게 틀림없다. 어머니가 그 작자에게 강간을 당했던 날 아버지는 여느 날처럼 이무기 사냥에 실패하고 물이 뚝뚝 듣는 몸으로 돌아왔다. 아버지가 흙집의 문을 열자 어머니가 고개를 돌려 그쪽을 보았다. 아니, 어머니는 이미 아버지가 오는 걸 눈이 아닌 온몸으로 느끼고 있었을 테니 이미 문을 향해 고개를 돌리고 있었을 거였다. 아버지가 흙집 안으로 한 걸음 들어서자 어머니의 가느다란 목소리가 아버지의 발치에 툭 떨어졌다.

여보……

그 한마디에 모든 게 들어 있었다. 지나온 세월의 한과 고통, 아버지와 어머니가 함께 나누었던 그 모든 기쁨과 슬픔의 편린들이. 그로부터 며칠 뒤 아버지는 들창을 통해 햇살이 비치는 마루 위에서 가랑니를 잡고 있었다. 한 놈 한 놈 잡아 손톱으로 꾹꾹 눌러 세상살이의 원한과 고통, 가슴 깊은 곳에 자리 잡은 울분을 툭, 툭, 터뜨리고 있었다.

아무나 흉내 낼 수 있는 게 아니구만. 용태는 참았던 숨을 터뜨리며 후텁지근한 공기를 흠뻑 들이켰다. 슬슬 집주인과 연락을 취해 보증금 빼내갈 요량을 마련해야 한다. 그 돈만 있으면 헌털뱅이 차를 몰고 고향에 내려갈 수 있을지도 모른다. 물론 고향의 틀박이 사채업자 눈에 띄면 반죽음은 당하겠지만, 노름판에서 함께 굴러먹기도 하고, 궂은일을 해준 적도 있으니, 그 돈으로 목숨은 건사할 수 있을 게다. 그러면 아버지 대신 한 번쯤 몸에 밧줄을 두르고 팔에는 쇠토시를 끼고 스스로 미끼가 되어 이무기 사냥에 나설 수도 있을 것이다.

용태는 감았던 눈을 뜨고 이제 마지막이 될 방 안을 둘러보았다. 그때 용태의 눈에 옷장 옆 구석에 서 있는 약병이 들어왔다. 그는 일어나 구석에 손을 넣고 약병을 꺼냈다. 린단로션. 그건 자신이 사용하던 약병이 아니다. 그는 알리의 병실 전화번호가 적힌 쪽지를 꺼내 전화를 건다. 전화기의 단추를 누르는 그의 손끝이 떨린다. 병실을 나올 때 그를 향해 앗살라무 알라이꿈!(안녕) 하고 외치던 알리가 떠올랐다.

늙은이의 갈근거리는 숨소리가 흘러나왔다. 병실에서 언뜻 보았던 당뇨환자가 분명했다.

"알리라는 환자 좀 바꿔주십쇼."

"알리? 그 방굴라데시 총각? 그 총각 아까 퇴원했는디."

그의 잇새로 침 대신 웃음이 비어져 나온다. 하긴 사면발이란 녀석이 피부색 따져가며 피를 뽑지는 않겠지? 옥상으로 올라오는 발소리가 들리자 그는 눈을 감는다. 여러 명이다. 안에 누구 없냐고 외치면서 방문을 두드린다. 오늘까지 방 빼주겠다더니 여태 있는가보네. 빨래까지 널어놨구만. 내가 여기 안 살다보니 미처 확인을 못 했수. 아주머니, 그래도 어떻게 해주셔야죠. 저희는 방 빼서 왔단 말예요. 미안해요, 미안해. 그나저나 여기 총각들은 아직도 안 나가고 뭐 하는거야.

방문이 왈칵 열렸다. 집주인과 이 옥탑방을 계약한 듯한 여자 둘이 동시에 소리를 질렀다.

"에그머니나!"

그들은 알몸의 용태를 보고 고개를 돌렸다. 그러나 그는 꼼짝도 하지 않았다.

"이봐, 총각! 살았어, 죽었어?"

집주인이 부엌의 빗자루로 용태의 발끝을 건드렸다. 그러나 용태는 꼼짝도 하지 않았다.

"아주머니, 저거 보세요. 입가에 저거! 피, 아닌가요?"

그와 동시에 집주인은 비명을 질렀고 여자들도 뒷걸음치기 시작했다. 용태는 실눈을 뜨고 그들을 보았다. 입술을 깨물었더니 살점이 떨어져 나갔는지 입술과 그 언저리가 얼얼하다. 언제까지 이렇게 죽은 시늉을 해야 할지 알 수가 없었다. 당분간 이무기 사냥은 작파다. 용태는 어머니의 관을 내릴 때 보았던, 저 아래 석산 저수지에서 물기둥처럼 솟아오르던 이무기의 추억을 애써 기억에서 밀어냈다.

부신 햇살이 쏟아지는 옥탑방 창틀 위로 살아남은 사면발이 한 마리가 달팽이처럼 느릿느릿 기어가고 있었다.

#07

민주주의를 향한 공동체적 열망

#07
민주주의를 향한 공동체적 열망

정치적인 측면에서 한국근현대사의 전개는 민주주의의 쟁취 과정이라고 할 수 있다. 개항 이후 일제강점기와 한국전쟁과 산업화시기를 거쳐 민주화시기를 통과하기까지 한국인은 반민주적인 체제에 맞서 민주주의의 가치를 실현하기 노력해 왔다. 그동안 압축적 근대의 수용으로 물질적 기반은 급격하게 수립되었다. 그러나 민중의 주체적 역량이 요구되는 근대, 즉 민주주의가 절차적으로라도 실현되기까지는 험난한 여정을 거쳐야만 했다. 그럼에도 현재 우리나라의 민주주의는 여전히 현재진행형이다.

민주주의는 항상 새로운 시대의 담론 조건에 따라서 갱신되어야 할 당위론적인 이념으로 간주되고 있다. 가령, 국내뿐 아니라 세계의 곳곳에 등장한 파쇼나 왕당이나 군부나 공산당마저도 그들 자체의 이념을 스스로 민주적이라고 주장한다. 더구나 우리의 특수한 지정학적 조건에서 전개된 한국의 특수한 역사를 살펴볼 때, 한국 사회의 민주주의의 개념과 가치는 민주적의사 결정 방법의 단순성을 넘어서 다양한 의미를 지닌다.

민주주의民主主義는 문자 그대로의 뜻에 따르면 백성民이 주인主이 되는 이념主義이다. 영어 'Democracy'에서 'Demo'는 민중을, 'Cracy'는 권력을 뜻한다. 즉 Democracy는 고대 그리스에서 민중의 직접적 참여에 의한 의사결정 과정을 뜻하는 용어였다. 이 용어는 고대 그리스의 몰락 이후 제정 시대와 왕정 시대에는 암묵적인 금지어가 되었다가 계몽주의 시대에는 자유주의를 상징하는 뜻으로, 프랑스 혁명 이후에는 신분제에 대한 반대의 뜻으로, 1, 2차 대전 시기에는 파시즘과 쇼비니즘에 대한 해방적 의미로 사용되었다. 우리나라의 경우 이러한 서구적 변천을 근대 100년 사이에 한꺼번에 겪는다. 일제강점기와 해방기에는 민족 해방과 국민국가의 건설이, 산업화시기에는 노동자의 권리 쟁취가, 군부독재 시기에는 정치체제의 변환이 민주주의의 목표가 된다. 다수의 합의에 의한 의사 결정이라는 민주주의의 협소한 의미는 다수가 억압받는 다양한 국면에서 그 억압의 구조를 역으로 해체할 수 있는 방법론으로 확장된다. 우리 사회에서 민주주의가 민족주의, 민간정부의 수립, 복지주의, 다원주의, 소수자의 권리 등과 쉽게 연계되는 것은 곧 우리 사회의 억압의 구조가 무엇이었는지를, 즉 억압받는 다수의 주체가 누구였는지를 암시한다. 일제에 대한 해방운동에서부터 419 학생의거, 광주민주항쟁, 87년 6월 항쟁에 이르는 현대사의 민주주의 운동들은 체제의 강압으로부터 다수의 의사결정권을 쟁취하는 과정이었다.

그러나 이러한 민주주의에 대한 실천이 공동체의 열망과 필요성에 따라서 자연스럽게 이루어진 것은 아니다. 김수영 시인이 말했던 것처럼 자유에는 피의 냄새가 섞여 있고 혁명은 고독하고 또 고독해야만 하는 것이다. 지금의 절차적 민주주의를 달성하기까지 각각의 역사의 현장에는 고독에 찬 결의와 피의 희생이 있었다. 민주주의의 체계가 전혀 작동되지 않는 시대에 민주주의는 피의 희생을 통해서라도 실현해야만 하는 종교보다 숭고한 가치였다. 한국의 현대문학은 그 어떤 예술장르보다 이러한 민주주의 수립의 전개 과정을 치열하고 정밀하게 보여준다. 그러한 문학은 시대 현실에 대한 반영과 고발로서, 그 암흑과 같은 현실을 밝히는 등불로서, 때로는 위협하는 적에 대한 칼보다 강한 무기로서, 민주주의의 열망을 기록해왔다.

문학이 현실에 대한 환유라면 민주주의의 열망을 드러낸 문학 안에는 작가의 정체성과 시대와 현실에 대한 인식이 포함되어 있다. 말하자면 현실과 이야기와 그리고 그것을 이야기하는 사람의 삶이 하나의 작품 안에 동등하게 참여하고 있는 것이다. 작가는 현실의 관찰자이면서 관찰되는 풍경 속에 자신을 참여시킨다. 특히 작가는 부조리하고 불합리한 현실에 민감한 촉수를 뻗는다. 그리하여 문학은 주로 인간의 삶을 억압하는 기제로서의 현실을 반영하며, 민주적이고 평화로운 이상사회의 미래를 희구한다. 저항시가 강렬한 이미지를 사용해서 민주주의의 실현 의지를 천명하는 것은 문학의 현실 반영과 이상의 실현에 대한 기능을 구현하는 것이다. 우리는 이 장에 제시된 일련의 작품을 통해서 당대의 민주주의를 위협하고 억압했던 현실의 모습과 그것을 타파해나가는 민중의 의지를 발견할 수 있을 것이다.

민주주의는 언제나 미완성 상태이므로 항상 동시대의 문제이다. 따라서 지금, 여기의 현장에서 민주주의를 위해서 무엇을 해야 할 것인가의 문제는 수시로 제기되고 있다. 역사 속에서 민주주의가 끊임없는 자기 혁신을 통해서 지금, 여기에 이르렀듯이, 우리는 문학에 나타난 거울과 등불을 통하여 새로운 민주주의의 미래를 향해서 나아가야 할 것이다.

혜화 경찰서에서

송경동

영장 기각되고 재조사 받으러 가니
2008년 5월부터 2009년 3월까지
핸드폰 통화내역을 모두 뽑아왔다
난 단지 야간 일반도로교통법 위반으로 잡혀왔을 뿐인데
힐금 보니 통화시간과 장소까지 친절하게 나와 있다
청계천 탐앤탐스 부근……

다음엔 문자메씨지 내용을 가져온다고 한다
함께 잡힌 촛불시민은 가택수사 했고
통장 압수수색도 했단다 그리곤
의자를 뱅글뱅글 돌리며
웃는 낯으로 알아서 불어라 한다
무엇을, 나는 불까

풍선이나 불었으면 좋겠다
풀피리나 불었으면 좋겠다
하품이나 늘어지게 불었으면 좋겠다
트럼펫이나 아코디온도 좋겠지
일년치 통화기록 정도로

내 머리를 재단해보겠다고
몇년치 이메일 기록 정도로
나를 평가해보겠다고
너무하다고 했다

내 과거를 캐려면
최소한 저 사막 모래산맥에 새겨진 호모싸피엔스의
유전자 정보 정도는 검색해와야지
저 바닷가 퇴적층 몇천 미터는 채증해놓고 얘기해야지
저 새들의 울음
저 서늘한 바람결 정도는 압수해놓고 얘기해야지
그렇게 나를 알고 싶으면 사랑한다고 얘기해야지,
이게 뭐냐고

오월

조연호

뜨거운 바람이 불었다. 나는 넓은 운동장에서 애국가를 배우고 아무 일 없이 도시락 가방과 신발주머니를 흔들며 집으로 돌아왔다. 신문지로 덮어놓은 상을 벗기면 숨었던 간장 냄새가 상 밑으로 흘렀다. 봄도 아니고 여름도 아닌 오월의 참깨가 소롯길을 깨알처럼 품으며 익어가고 사람들의 낫질에 풀들이 질린 표정으로 누워 있었다. 붉어져가는 하늘을 얹고 전깃줄이 무거워진다. 구슬피 우는 사람들 곁으로 나방들은 가까이 다가가고 싶다. 붉고 아름다운 꽃떨기 위에 혀끝을 대고 곤충은 인간의 울음을 맛보고 싶다. 담벽에 여자 성기를 그렸다고 한길까지 몽둥이를 들고 엄마가 어린 나를 쫓아왔다. 기억 밖에서 나무가 숨쉬고 나뭇잎이 세상보다 넓어졌다. 태양이 이렇게 가루져 내리는 날에 정말로 기억은 아프지 않은가. 죽은 몸이 산 몸을 씻기던 그 해의 다섯 번째 달. 나는 빙과를 먹고 싶어 엄마의 손지갑을 열었고 어느 날 오월의 나무들이 내게 낯가림했다. 봄볕 내리던 날, 다투어 가지 않아도 아물지 않은 상처와 만나졌다.

로스토프 혁명

이희섭

호랑이 로스토프가 사육사의 목을 물었다

대평원을 질주하던 울음소리가 밖으로 튀어나와 서툰 목에 들어가 박힌다 우리 안에 우리는 없었다

시베리아 한랭전선이 남하하는 동안 미처 열지 못한 겨울을 열어버리고 숨 한 톨의 차이로 乙이 甲이 되는 순간 방사장 한 켜에서 말라가는 민들레만 간신히 고개 들고 혁명의 순간을 목격하고 있다 돌아서는 로스토프의 입에는 붉은 장미가 물려있었다

왜 혁명은 늘 피와 함께 하는가

팽팽했던 신경전도 사라지고 한 때 야수 위에 군림하였으나 사육의 대가로 식물이 되어가는 사육사 산 목숨들은 어디서든 지배하거나 지배된다 멈추지 않은 울음 위에 걸려있는 저녁이 어슬렁거리고 쓸쓸한 영웅이 된 로스토프 붉은 노을을 물어뜯고 있다

창형흡충의 습격

이승부

뭐 하십니까.
코딱지 파고 있습니다.
큰 공사 맡으셨군요.
네 정신일도 하사불성입니다.
언제 한가하면 연락 함 주십시오.
그럽시다.

미궁에 빠지는 세상,
단체로 창형흡충에 감염된 것일까?
소의 생간을 즐겨먹는 한국 사람들,
창형흡충의 조종을 받지 않고서야
이런 사건을 설명할 길이 없다네.

- 그런 기억 없습니다
- 그런 일 없습니다
- 없었던 것으로 조사됐습니다

"총은 쏘라고 준 것이지 가지고 놀라고 준 게 아닙니다" 노조 사무실 진입에 실패한 경찰에게 "공수부대는 뭐하라고 있는 겁니까? 이런 때 써

먹어야지요. 고공투하해서 몽땅 때려잡아야 하지요"

창형흡충의 세상이 되는 건 아닐까?
일반 구충제를 좀 쎄게 처방하면
구충이 어렵지도 않다는데,
다행인지 불행인지 감염되고도
대부분 증상 없이 지나간다하네.

슬픈 치약

박정석

아이들이 등교하는 날
우리 아이들이 많이 웃거나 울어도 이상하게 생각하지 말아주세요
세월호 생존 학생 아버지는 눈물로 호소한다

식당의 텔레비전은 자주 켜져 있어서
밥 먹으며 이 소식을 지켜보는 마음들은
두 달 넘게 체해 있다

친구 횟집의 오전 단골은 의외로 젊은 여승이었는데
시뻘건 주검을 불로 굽고 칼로 자르는 짓 대신
목탁 두드리고 온 손이 광어 한 마리 살점을 입으로 나른다

먹는 것은 탓할 일이 아니기에
인간은 그렇게 밖에 설계 안 된 나약한 덩어리이기에
삼복더위를 나며 용맹정진하려면 기력이 필요하기에

살인 끝에 주검을 유기하는 살인
살인을 추억하는 살인마는 진짜 살인마
먹기 위해 죽이는 식인종을 욕하지 말 것

도축자의 두 손은 깨끗하다

배를 버리고 도망 친 선장은 유치장에서 점심 메뉴를 물었다
망자에게 조문가려고 바닷물 젖은 오만 원을 말렸는가

돈보다 참혹한 것은 돈 되는 일
돈 버는 일은 좋은 일이지만
돈을 버리는 일은 나쁜 일이지만
돈 버리지 않기 위해 돈 아닌 것을 버렸다면 그 짓은 죄악
영원히 벼락 맞아 마땅하다

조문 답례로 받은 치약
보라색 비닐 포장 벗기고 꺼내자니 종이곽이 관 같다
곽 속에 치약은 염 끝낸 망자처럼

치약을 눌러 짜면서 왜 양치질이 미안한가

밥은 먹어야 하고 이는 닦아야 한다
상을 치른 상주가 일주일 뒤 살이 올랐다고 이상하게 생각하지 말 일
상주는 의외로 곡할 때조차도 담담한 얼굴
가장 큰 슬픔은 비등점을 잃어버린 슬픔
슬픔을 상실한 슬픔
슬픔의 높낮이가 보여지던가

인간은 야릇하게밖에 설계가 안 되었기에
씻지 않으면 금방 서러워지고 어느새 병든다

치약은 치가 떨리는 세상 밥 잘 먹으며 버텨가라는
망자의 사무친 골수 같다

자정의 불빛

김재영

'개동건'이란 이름을 접하지만 않았어도, 오늘 오후 나는 일찍 귀가할 작정이었다. 연일 거래처 사장들과 술자리를 갖느라 온몸이 눅진한 게 몸살기마저 느껴졌기 때문이다. 아침 겸 정심으로 해장국을 들이켠 내가 사무실을 지키겠다고 했더니 사무국 직원까지 모두 점심을 먹으러 나갔을 때였다. 나는 오랜만에 혼자 남아 있었다. 벌써 두시가 가까워왔고, 사실 토요일에는 이 시간 이후 새로운 업무가 생기는 경우란 드물었다. 나는 동료들이 들어오자마자 가방을 챙겨 나갈 심산으로 미리 겉옷까지 걸친 채 회전의자에 앉아 있었다. 창문을 조금 열고 담배에 불을 붙이는데, 누군가 사무실 문을 열고 들어서는 게 느껴졌다. 나는 황급히 담뱃불을 짓눌렀다. 여직원들이라면 금연구역 운운하며 한마디 할 게 분명했기 때문이었다.

"개동건 씨 계십니까?"

씩씩한 사내 목소리에 뒤를 돌아보니 우편집배원이었다.

"네? 그런 사람 없는데……."

얼결에 잘못 들었는가 싶어 우편물의 주소를 살폈다. '한양빌라 705호(명진회계사무소) 개동건 앞'이라고 정확하게 적혀 있었다. 보내는 이를 살펴보았다. '개형철'

"아, 예. 제 앞으로 온 겁니다."

나는 도장을 건네주면서 멋쩍게 웃어 보였다. 우편집배원은 의아하단

듯이 힐끗 나를 쳐다보더니, 빙그레 웃으며 도장을 꾹 찍었다.

"하도 희한한 성씨라서, 십 년 넘게 이 노릇을 했지만 개씨는 처음 만나봅니다. 형제분인가 보지요?"

"아, 예, 그게 아니고…… 그저 장난을 좀 치느라고."

배달원은 고개를 끄덕이며 그러면 그렇지, 하면서 사무실을 나갔다. 형철의 실없는 장난에 코웃음을 치면서도 나는 황급히 우편물을 개봉했다. 짤막한 용건이 적힌 종이와 함께 대학연극제 팸플릿 하나, 초대장 두 장이 동봉되어 있었다.

'임박하게 보낸다. 후배들이 본선에 진출했으니 시간 있으면 들러라.' 미친 자식, 싱겁기는. 나는 엷게 실소하면서 빠르게 가방을 챙겼다. 연극이라……. 한때 그런 것에 빠졌던 적이 있었지. 스물 살 얼치기 시절에. 오래전의 내가, 먼 과거로부터 성큼성큼 걸어 나왔다.

당시의 나는 회계학과에 입학했지만 공부에는 전혀 관심이 없어 연극반을 기웃거리는 재미로 학교에 다녔다. 하루가 멀다 하고 이어지는 술자리에 끼어 대학 연극의 진로가 어떻다는 둥, 그 실험성 결여가 문제라는 둥, 지껄여대는 선배들의 말을 들어주다 학교 근처 하숙방에서 눈을 뜨는 게 하루 일과나 다름없었다. 선배 중에는 '개犬'가의 종손이라는 괴짜가 있었는데 긴 바바리코트에 수염을 덥수룩하게 기르고 툭하면 술에 취해 아무 데나 쓰러져 잠들어버리곤 했다. 그는 염세주의자였던지, 인생이란 썩은 동아줄에 매달려 절절매면서도 간간이 떨어지는 꿀맛으로 살아가는 신세라고 중얼거리곤 했다. 그의 하숙집을 밤늦게 들락거리며 휩쓸린 탓에 붙은 별명이 '개동건', '개형철'이었다. 최 선배를 특별히 추종했던 건 아니고 단 최 선배가 약삭빠른 개인주의자가 아니었기에, 아니, 그보다는 찾아오는 후배들에게 늘 후한 밥상과 따뜻한 잠자리를 제공하는 선배였기 때문에 그를 따라다녔는지도 모른다. 어떻든 구멍탄 갈아대는 자취방에 들어가기 싫어하던 형철이나, 젊은 여자랑 살면서 가끔씩 집이라고 찾아와 아비 노릇이랍시고 훈계를 해대는 아버지를 대면하기 싫어하는 나는 그의 하숙집 밥상을 널름대는 단골일 수밖에 없었다.

빗방울이 투둑투둑 창을 두들겨댔다. 우산을 가져왔던가, 하는 걱정이 반사적으로 튀어올랐다. 의식의 밑바닥에 단단히 자리 잡은 가난의 기억. 차를 갖고 다닌 지가 벌써 십 년째 아닌가. 그런데도 나는 왜 늘 비가 오면 움찔움찔 놀라 허둥대며 우산을 찾아야 하는 거지? 비참했던 스무 살 시절, 우산조차 없이 등교해야만 했던 치욕스러운 기억은 어쩌자고 이토록 오래남아 나를 주눅 들게 하느냔 말이다. 알 수 없는 불쾌감이 스멀스멀 피어올랐다. 복도 쪽에서 까르륵 웃어대는 여직원들 웃음소리와 동료 회계사들의 목소리가 들려왔다.

초대권을 자세히 보았다. 오후 네 시에 공연이 잡혀 있었다. 여의도에서 대학로까지 가려면 조금 빠듯한 시간이었다. 나는 직원들과 헤어지고 지하 주차장으로 들어섰다. 새로 산 중형 승용차를 보자 십 년 전에 처음으로 구입했던 와인색 중고차가 생각났다. 공인회계사 시험에 합격하고 얼마 지나지 않아 어머니는 여자들이 좋아하는 색으로 차를 고르라고 짧게 조언하는 걸로 혼인사업을 시작했다. 자신의 불행했던 결혼생활을 보상받으려는 듯이 어머니는 집요하게 나의 혼사에 매달렸다. 예상했던 대로 주말마다 내 시간은 무단으로 침범 당했다. 성당에 다니는 어머니는 아는 사람들이 수없이 많았기에 맞선 자리도 쉬지 않고 줄을 섰다. 첫 번째로 만난 여자는 꽤 발랄해 보이는 인턴 과정의 의학도였다. 그러나 나는 시종 그녀의 질문에 짧게 대답했을 뿐 전혀 관심을 두지 않았다. 그때까지 나는 한 여자에 대해 미련을 떨쳐버리지 못하고 있었다. 복학하자마자 처음으로 사귀었던 연극반 후배, 서진임.

너무 무뚝뚝한 것 같다며 초조하게 이쪽의 반응을 살피던 의학도는 첫선이라는 이유에서 그나마 기억에 남아 있을 뿐, 그 뒤로 만난 아가씨들은 한둘을 제외하고 대부분 기억조차 나지 않는다. 만나서 자기소개 하고, 점심이나 저녁을 불편하게 먹어 치우고, 가끔 생맥주 잔까지 기울였지만 도대체가 낯설 뿐이었다.

광화문을 지나 이화동 로터리에 다다르자 빗줄기가 제법 굵어졌다. 미처 우산을 준비하지 못한 사람들이 종종걸음 쳤다. 비에 젖은 가로수들의 선명한 초록빛이 싱그럽게 눈에 들어왔다. 라디오에서는 바흐의 「무반주 첼로 조곡」이 굵은 선율로 흘러나왔다. 열 번째쯤 됐던가? 첼로를 전공했다던 코맹맹이 여자가? 전형적인 프로테스탄트 가문 출생의 바흐는 그 신앙적 생활관과 음악관으로 해서 많은 사람들의 공감을 얻는다고 여자는 차근차근 설명했었다. 신앙적 구도, 첼로의 성서……. 그런 거룩한 단어들을 연거푸 들먹이며 고상한 체하던 여자를 나는 몇 번 더 만났을 게다. 여자는 생각보다 속물이었다. 길을 걷다 말고 쇼윈도의 핸드백을 탐내며 은근히 사주길 바라는 여자라니, 나는 아버지로부터 경제적으로 빨리 독립해야겠다는, 그래서 돈에 매여 육십이 다 되도록 치욕스런 폭력과 외도를 지켜봐야 하는 어머니를 구원(?)하겠다는 일념으로, 남들보다 빨리 자리를 잡기 위해 무진 애를 쓸 때였다.

내가 대학 1학년 때의 아버지는 절정에 달해 있었다. 아버지의 세 번째 여자는 보통내기가 아니어서 작은 포목점을 운영하던 아버지의 돈을 고스란히 챙겨갔다. 그러나 한 달에 두어 번 빈손으로 집에 들어오는 아버지한테 어머니가 싫은 소리를 할밖에. 아버지는 심하게 주먹을 휘둘

렀고, 어머니는 악, 악, 비명을 질러댔다. 빌어먹을……. 왜 이렇게 막히는 거야. 나는 다시 담배를 빼어 물었다. 후욱, 습기를 머금은 바람에 성냥불이 심하게 일그러졌다. 가까스로 불을 붙이자마자 불꽃은 오른손 엄지와 검지를 뜨겁게 톡 쏘았다. 신호가 났는지 앞차들이 꾸물꾸물 움직였다.

대학 1학년 내내 개가의 종손에게 얹혀살면서 나는 죽도록 세상을 조롱했었다. 강의실 따위는 어디 붙었는지도 몰랐다. 아침부터 저녁까지 학사주점을 전전하거나 연극반의 소극장에서 허기와 어둠을 즐겼다. 검은색 커튼으로 창문을 가린 극장 안은 대낮에도 칠흑같이 어두웠다. 그 어둠에 파묻혀 어서 날이 어두워지기만을, 아니 누군가 일찌감치 수업을 끝내고 올라와 아침부터 주린 창자를 채워주길 간절히 바랐다. 그렇게 기다리는 동안만은 아무런 고민도 하지 않을 수 있어 좋았다. 씨발, 배고파. 배고픈데 무슨 놈의 고민이냔 말이야. 그럴 때 제일 반가운 사람이 바로 개가의 장손이었다. 그는 어디서 돈이 솟는지 슈크림빵에, 새우깡, 때로 진토닉과 토닉워터까지 잔뜩 사들고 소극장 문을 어깨로 밀며 들어왔다. 그러면 나는 속으로 이 평생 빌어먹을 얼간이 놈아, 하고 욕해주면서 흔쾌히 그것들을 먹어치웠다.

그렇지만 주말에는 아무도 찾아오지 않아 할 수 없이 집으로 가야 했다. 어느 여름날이었던가. 소극장 밖으로 나오니 비가 내렸다. 집에 들어가 본 지는 한참 됐고 우산을 살 돈은 더욱이 없는 뻔한 사정이었기에 체면 불구하고 비를 맞으며 정문 쪽으로 걸어갔다. 처음엔 일부러 호기로운 체하며 천천히 걸어갔지만 장대비가 내렸기에 그것도 퍽 힘들었다. 그때 서너 명의 계집애들이 등 뒤에서 재잘거리는 소리가 들려왔다. "저 갈비씨 좀 봐, 꼴사납다. 얘." 돌아보지 않아도 계집애들의 손가락질을 등 뒤로 느낄 수 있었다. 고개를 숙여 빠르게 아래를 훑어보았다. 고삼 시절 내내 체력장 준비로 단련되었던 몸은 어디에도 없고 비 맞은 말라깽이 노새 한 마리가 있을 뿐이었다. 나는 내친김에 더욱 괴짜 행세를 하기로 마음먹었다. 멀쩡한 정신으로 비를 맞고 다닌다면, 얼마나 더 처참해 보일 것인가를 이미 충분히 계산하고 있었다. 꽃무늬가 알록달록한 여학생의 우산 속으로 쳐들어가 팔짱을 꼈다. 어쩔 줄 몰라하며 얼굴을 붉히던 여학생은 잠시 뒤 물방울이 뚝뚝 떨어지는 나의 구질구질한 옷차림을 아래위로 훑어보며 독사처럼 차갑게 쏘아붙였다. "병신 자식. 미치려면 고이 미쳐."

핸들에 고정되었던 손을 들어 내 얼굴을 세게 문질렀다. 지난 과거가 떠오르자 까닭 없이 쑥스럽기도 하고 부아가 치밀기도 했다.

수모와 방황의 대학 1학년. 그해 겨울이 되기 전에 나는 논산 훈련소로 자진 입대했다. 논산에서의 나는 어머니의 염려와는 정반대로 모범 훈련생이었다. 군대생활 역시 착실하게 해냈다. 더는 괴짜인 척할 필요가 없었던 것이다. 붕괴된 가정은 멀리 떨어져 있고, 의식주 따위는 국가에서 책임져주는, 누구나 평등하게 학대받을 수 있는 군대라는 사회가 나를 번듯하게 해주었던 것이다. 세상이란 고집스럽고 편협한 늙은이와 같다고 해야 할까. 그 앞에서 조금만 비위를 맞추고 아양을 떨면, 그새 요즘 보기 드문 젊은이란 칭찬을 아끼지 않는.

복학하자마다 나는 새벽부터 밤낮도록 도서관에서 살았다. 공인회계사 시험을 보겠다고 작정했다. 특별한 이유는 없었다. 그 직업이 그럭저럭 돈을 번다는 이유 하나뿐. 1학년 2학기를 마칠 때에는 학과에서 수석을 했다. 게다가 학교에서 지은 고시생 전용 기숙사 선발 시험에까지 합격했다. 학교 다니기가 한결 수월해졌다. 스물이 갓 넘은 후배들은 하나

같이 형님, 형님, 하며 따랐고, 교수님들은 군대가 사람 만들었다는 표현을 종종 하며 수업시간마다 치켜세웠다.

"……이 곡은 첼리스트들의 성서처럼 되어 있지만 바흐가 죽은 뒤 이백 년가량이나 묻혀 있어서 전혀 연주되지 않았다고 합니다. 현대 최고의 첼리스트였던 카살스가 바르셀로나의 헌책방에 먼지를 뒤집어쓴 채 버려져 있는 악보뭉치를 우연히 발견하기 전까지……."

여자 아나운서의 목소리는 침착하다 못해 숨이 막혀올 지경이었다. 저토록 가라앉은 목소리를 가진 여자라면 잠자리에서 제대로 흥분할 수 있을까, 생각하며 라디오를 껐다. 도심의 소음이 빗소리에 섞여 차 안으로 몰려들었다. 주말의 대학로는 사람들과 자동차로 몹시 혼잡했다.

"근처에 유로주차장이 있습니까?"

주말 대목에 지지 않으려고 경쟁적으로 목소리를 높이는 연극 홍보요원에게 물었다. 까만 챙 모자를 눌러쓴 청년이 길 건너 쪽을 손가락으로 가리켰다.

"잠시 뒤에 「말하는 여자」를 절찬리에 공연합니다. 꼭 보러 오세요."

챙 모자는 열린 창틈으로 할인티켓을 던지고는, 꾸뻑 절까지 했다. 연극 공연에도 '절찬리에'라는 수식어를 붙이던가? 부질없이 그런 걸 따져보면서 차에서 내렸다. 공연장 건너편의 유료주차장에 차를 댔기 때문에, 추적추적 내리는 비를 맞아야만 했다. 우산을 사려고 둘러보았지만, 멀리 버스 정류장에서나 팔았다. 밝은 카키색 양복이 비에 젖어 검게 얼룩졌다. 난감했다. 말끔한 신사 차림의 모습을 사람들에게 보여주기는 이미 글렀다 싶어, 그냥 보통 걸음으로 걸었다.

"야, 개동건 이 자식…… 비 맞고 다닌 건 여전하네?"

횡단보도에 겨우 다다랐을 즈음, 인파 속에서 누군가 달려와 알은체를 했다. 자세히 살펴보니 개가의 종손이었다. 그는 수염이 더부룩한 얼굴을 잔뜩 구기며 히죽이죽 웃고 있었다. 굵은 주름이 얼굴 전체의 인상을 몰라보게 바꾸어놓고 있었다.

"형, 정말 오랜만이다. 그래, 어떻게 지내?"

"나야 뭐…… 그냥저냥 지낸다. 그런데 너, 이 자식, 한 번 연락도 없냐?"

자못 섭섭하다는 표정을 지어 보인 뒤, 그는 나를 위아래로 찬찬히 뜯어보았다.

"히야, 너 신세 좋아졌구나, 그래, 장가는 갔어?"

"그런, 참한 색시 하나 들여다 놨지. 형은?"

"자식, 형님 제치고 장가나 가고……. 난 요즘 목수 한다. 인마."

"목수? 언제 그런 기술을 다 배웠어?"

"한 육 개월 됐다. 이제 겨우 대패질 정도 하지."

여전히 히죽이죽 웃어대느라 벌어진 입술 사이로 쥐처럼 작고 뾰족한 이빨이 드러났다. 서鼠가의 종손이 더 잘 어울리겠군. 나는 이미 오래전부터 그를 경멸해왔다. 돈푼이나 있는 집에서 세상모르고 자라나 철없이 행동하는 얼간이, 혹은 낙오자, 그러나 오늘의 그는 측은해 보였다. 내 안정된 생활과 지위가 그 정도의 아량은 보장해주었다. 최 선배의 우산 속으로 들어섰다. 썩은 술내가 역했다. 그는 아직도 예전의 무질서한 생활에서 벗어나지 못한 게 분명했다.

양반 시늉도 오래 하다 보면 몸에 배기 마련인가 보다. 복학과 함께 시작된 나의 모범적인 행동은 그 뒤로도 계속되어 강의실과 기숙사, 그리고 고시생 전용 도서관 사이로 오락가락하다 보니 어느새 3학년이었다. 나는 학비 면제에다 생활 보조 장학금까지 받는 덕분에 이제 주머니가 제법 여유로워졌다. 게다가 어머니는 매달 용돈을 부쳐왔다. 세 번째 여자와 헤어진 뒤, 아버지는 더는 딴살림을 차리지 않았다. 그렇다고 아버지가 어머니에게 더 잘해주거나 젊은 여자를 탐하지 않는 건 아니었다. 다만 고정된 외도의 상대를 정하지 않았다는 것뿐이었다. 어쨌든 그 뒤로 어머니는 다시 생활비 정도는 받게 되었는지 한 달에 한 번씩 용돈을 보내오셨다. 하지만 아버지 손에서 나온 돈은 내게 이미 순결성을 잃은 것으로 간주되었다. 그다지 달갑지 않은 돈이었기에 나는 조금 헤프게 썼다.

진임을 처음 만나던 날, 나는 오랜만에 '개가의 종손'을 만나 술이나 사주려고 했다. '개가의 종손'은 겨우 방위복무로 국방의 의무를 마쳤기 때문에 휴학을 밥 먹듯이 했는데도 벌서 4학년이었다. 여전히 정처 없이 떠도는 그를 만나러 나는 연극반으로 찾아갔다.

토요일 오후라서 그런지 실내에는 아무도 없었다. 나는 아무도 없는 텅 빈 공간, 그 유혹적인 암전 상태의 소극장 문을 설레는 마음으로 열었다. 절은 술내와 곰팡내가 훅 끼쳐왔다. 야릇한 흥분과 함께 입대 전의 추억들이 밀려왔다. 계단식 나무 객석은 걸을 때마다 삐그덕, 삐그덕 간지럼을 탔다. 나는 유쾌한 건지 불쾌한 건지 알 수 없는 묘한 감회에 젖었다. 객석에 앉아 어둠을 응시했다. 불과 몇 년 전, 썩은 술내를 풍겨대며 괴짜 연기를 하던 내 모습이 빈 무대 위에 그려졌다. 미친 짓이었지……. 하지만 달리 방법이 없었어……, 하며 독백하고 있을 때였다. 살며시 문 열리는 소리가 나더니 한 뼘 넓이의 빛줄기가 어둠을 대각으로 갈랐다. 그 빛 속에는 한 여학생이, 호기심과 기대감으로 가득 찬 눈길로 안을 들여다보는, 청바지 차림의 여학생이 서 있었다.

"누군가 있으리라고는 생각지 못했어요. 가끔 이 시간에 들리곤 했었는데 늘 비어 있었거든요."

죄라도 지은 듯이 미안해하면서도 여학생은 얼굴 가득 환한 미소를 띠고 있었다. 처음으로 대해보는 따뜻한 눈길이었다. 진임은 그렇게 만난 여자 후배였다. 철학과 학생회에서 일하는 3학년 서진임. 2학년까지 연극반 활동을 하면서 사회비판적인 연극을 주장하다가 극회 활동을 중단했다던, 때때로 소극장이 생각날 때면 혼자 올라와보곤 한다던…… 진임이.

소극장에서 마주친 뒤로 우리는 약속이라도 한 것처럼 자주 마주쳤다. 그즈음에 나는 오래된 석조건물 위로 햇살이 쏟아지는 이른 아침이면 학생회실과 연결된 상경대 건물 난간에서 자판기 커피를 뽑아들고 교정을 바라보곤 했는데, 마침 동료들과 대동제 준비를 하느라 바쁘게 움직이는 진임의 모습이 자주 눈에 띄었다. 처음에 우리는 커피를 마시며 몇 마디 가벼운 대화를 나누었다. 그러다가 차츰 학교 후문에 있는 허름한 밥집에서 아침이나 점심을 함께하게 되었다. 1987년의 여름을 가두시위와 철야농성으로 보내던 진임은 늘 배고파했고, 어쩌다 식당에라도 가면 밥 한 그릇을 뚝딱 해치웠다. 그런 진임이 내겐 더욱 믿음직스러우면서도 사랑스러웠다.

2학기에 들어서고 얼마 지나지 않아, 단발머리 맨 얼굴로도 더없이 예쁜 진임의 사진이 교내 여기저기에 나붙었다. 고시반 후배들이 내게 달려와 일렀다. "헹님! 헹님 애인 사진이 말임더, 교정에 쫙 붙었심더. 큰일 한번 할라카네예." 고시반 선후배들과 처음으로 학생회장 선거 유세장에 앉아 보았다. 부총학생회장 후보로 나온 진임이 까만 치마에 흰 저고리 차림으로 나와, 또랑또랑 말도 잘했다. 그런데 그날 이후로 진임은 쉽게 만나지지 않았다. 요란스런 대통령 직선제가 결국 노태우 당선으로 끝나고, 그해 겨울 내내 떠들썩하던 칼KAL기 대자보 사건을 정보과가 학생회 탄압의 기회로 삼으면서 진임은 수배 상태에 놓이게 되었다. 비행기 폭파범 김현희란 여자도 반반한 얼굴 덕에 살아남았는데, 우리 진임이는 왜 숨어 다녀야 하는가. 나는 처음으로 정부가 하는 짓에 침을 뱉었다. 진임의 밥이나, 혹은 식후의 따뜻한 차가 되지 못한 아버지의 돈을 겨울 내내 주머니에 쌓여갔다.

이듬해 봄이 되어서야 진임은 총학생회 주최의 신입생 환영회에 얼굴을 내밀었다. 집회장 구석에 앉아 수천 명의 학생들과 함께 나누어 봐야 하는 진임은 내겐 너무 감질났다. 나는 우리가 자주 만났던 학생회관 앞의 벤치에 앉아 진임을 기다렸다. 회계학 두꺼운 책표지를 드러내놓고 있자니 몹시 민망스러웠다. 대학 4학년이 되도록 내내 이런 책에만 매달리고 있는 나같은 학생들이 진임의 속을 얼마나 태우는가를, 나는 알고 있었다. 최루탄 냄새 속에서 살아가는 진임에 비하면 나 자신이 너무나 비겁하게 여겨졌다. 차차 벤치에 앉아 있기가 죄스러워져 일어서려는 순간이었다. 그런 나를 알아보고 진임이 또박또박 내게로 걸어왔다.

"형, 나 무척 배고파. 우리 밥 먹으러 가자. 응?"

진임의 시원한 숟가락질을 지켜보면서, 나도 흰 쌀밥이 되고 싶다고 느껴졌다. 그녀의 몸속으로 들어가 웃음이 되어 나오고, 걸음걸이가 되어 나오고, 혹은 독재타도의, 카랑카랑한 목소리가 되어 나올 수 있다면…….

연극은 벌써 막이 올라 있었다. 「이화부부 일주일」이란 오래된 극복을 각색한 거라고 옆에 앉은 형철이 설명했다.

"요즘 같은 불경기에 영업이 거저 될 리 있어요? 무조건 발로 뛰어야지. 당신 그렇게 술만 퍼마시다간 당장에 쪽박이에요."

아내 역의 여자가 빗자루를 휘두르며 소리쳤다.

"아침부터 잔소리는. 밥이나 줘. 또 무국이야?"

남편 역의 키 큰 배우가 어눌하게 말했다.

"무국에 소 내장이 도오옹동 떠 있는 거 안 보여요? 그것도 무리한 거리구요."

'도오옹동'이란 발음과 배우의 동그랗게 치켜뜬 눈이 익살스러워, 관객들 사이에서 자잘한 웃음이 나왔다. 명퇴 황퇴 들먹이는 세대 풍자적인 연극이었다. 희극적 요소를 가미해 그럭저럭 재미있었지만 수상작으로 힘들 것 같았다.

막이 내리고, 객석에 불이 켜졌다. 관객들이 빠져나간 뒤에 낯선 후배들이 이놈저놈 인사를 해왔다. 몇몇 아는 동기나 선후배들도 반갑게 악수를 청해왔다. 형철은 재미있느냐고 초조하게 물어왔다. 나는 억지로 고개를 끄덕여주었다. 팸플릿에 표시된 연출자는 낯선 후배였지만 실제 극을 지도한 것은 형철이라는 걸 쉽게 알 수 있었다. 형철은 지금 방송 프로덕션에서 일하고 있다. 재활용품을 이용해 장난감을 만드는 걸 가르쳐주는 어린이 프로그램을 책임 제작하고 있어서 그럭저럭 월급은 받고 있지만, 여전히 연극에 대한 미련을 버리지 못하는 눈치였다. 나의 등장을 자신에 대한 변치 않는 우정쯤으로 여겼는지, 형철은 한결 격의 없이 대했다. 그러나 나는 사실 그의 연출 실력 따위에는 관심이 없었다. 나는 행여나, 하는 마음으로 사방을 둘러보았다. 진임이 기수 중에 회장을 맡았던 후배가 다가와 인사를 했다. 그에게 진임의 소식을 물어보고 싶은 맘이 굴뚝같았지만, 새삼스레 군다는 게 마음에 걸렸다. 하긴, 연극반 사람들과 썩 좋은 관계는 아니었으니……. 그렇게 체념을 하고 자리를 옮기려는데 분장실 구석에 앉아 있는 진임이 눈에 띄었다. 숨이 콱 막혀왔다.

술과 웃음과 과장된 농담이 뒤섞인 뒤풀이 분위기는 무르익어갔다. 오랜만에 만난 졸업생들 역시 예전의 우정을 확인하려는 듯 주저 없이 마셔대고 장난쳤다. 짓궂은 선배들이 건네는 술잔을 더끔더끔 받아 마신 여주인공은 취한 나비처럼 이리저리 자리를 옮겨 다녔다. 누군가 넥타이를 풀어헤친 채 탁자 위로 올라가 술잔을 높이 들면서 큰 소리로 외쳤다. "자아, 여러분. 본선에 진출한 자랑스러운 후배들을 위하여, 대상 수상의 영광을 기대하며 격려의 축배를 듭시다아. 위하여!"

술과 담배로 탁해진 실내의 공기가 천장 끝까지 뿌옇게 찼다. 라스베이거스의 부랑자들처럼 아우성치는 사람들 틈에 있던 진임이 갑자기 밖으로 뛰쳐나갔다. 나도 그녀를 따라 밖으로 나갔다. 어느새 비는 그쳐 있었고 날벌레들이 초여름의 밤하늘을 날아다녔다. 음식점 정원 한쪽에서 스프링클러를 틀어 손을 씻는 진임이 보였다. 시원한 물줄기는 검푸른 하늘을 향해 솟구치더니 알알이 분산되어 다시 잔디 위로 떨어져 내렸다.

"아직도 장난꾸러기군."

진임은 놀란 표정으로 돌아봤다.

"아주…… 오랜만이지? 어쩐지, 오늘은 꼭 나타날 것 같았어."

"……."

"자리를 옮겨서 얘기를 했으면 좋겠는데……. 아니 꼭 그러고 싶어."

나는 비스듬히 옆을 바라보던 시선을 거두고, 또렷이 진임을 응시했다.

"……."

"가기 싫은가?"

"아니에요. 가방을 가져올게요."

우리는 근처의 카페로 들어갔다. 문을 열고 안으로 들어가자 은은한 커피 향이 말아졌다. 문득 학교 근처에 있었던 '꺄뮤'라는 이름의 찻집이 생각났다. 통나무 냄새가 좋았던 찻집. 그곳으로 갈 때면 나는 늘 큰길을 피해 골목길을 택했지. 주택가의 구불구불한 골목이라서 조금 더 멀지만 남의 눈에 띄지 않아 자주 이용하던 길. 가로등 불빛 아래 빨간 깨꽃이 조명을 받은 배우처럼 화려하게 드러나던 길. 진임을 만난다는 기쁨과 설렘에 누군가 뒤를 밟을지도 모른다는 두려움을 뒤섞으며 도망치듯 자꾸만 뒤돌아보던 길. 그 골목 끝의 작은 성당을 끼고 돌면 보이던 검은 바탕에 하얀 글씨의 '까뮤'. 아직도 남아 있을까?

"모카커피로 주세요."

진임은 망설이는 기색 없이 주문을 했다.

"전에는 커피 마시면 어지럽다고 했잖아."

"그랬던가? 하기야…… 그땐 밥을 먹지 못하는 날이 많았으니까요. 늘 지쳐 있었고."

웨이터가 따끈한 커피 두 잔을 내려놓고 갈 때까지 어색한 침묵이 흘렀다. 그 순간을 모면하기 위해 담배를 빼물었다. 무심히 진임의 손을 응시하다가 문득, 그녀도 담배를 피웠었다는 데 생각이 미쳤다. 재떨이를 그녀 쪽을 바짝 밀었다.

"담배 끊었어요."

진임이 담배를 너무 많이 피울 때면 내가 자주 빼앗곤 했던 일이 떠올랐다. '담배가 건강에 좋지 않다는 건 알아요. 그렇지만 여자라서 금지된 일이 너무 많은 이 사회를 거역하고 싶어요. 가부장적 질서에 길들여진

나 자신의 껍질을 벗어던지려면…….' 담배 하나에도 거창한 의미를 부여하던 진임. 그로부터 오랜 세월이 지난 지금의 진임은 수줍은 듯 양쪽 볼에 웃음을 숨겼다. 조금씩 긴장이 풀렸다.

"그렇게 고집을 피우더니…… 어떻게 끊을 생각을 다 했어?"

말을 놓으면서도 존대를 할까, 망설였다. 서른을 훌쩍 넘긴 여자를 가볍게 대할 수만은 없었다.

"글쎄요. 납땜 연기 때문이라고 해야 할까. 공장에 들어가 첫 야근을 한 날, 집으로 들어오자마자 제일 먼저 한 일은 담배를 피우는 거였어요. 지칠 대로 지친 상태였지만 온몸의 세포는 밥보다도 더 절실히 니코틴을 원했으니까. 목마른 나그네처럼 서너 모금 급하게 빨아대고 나니, 허기진 끝이라 그런지 머리가 핑 돌더군요. 그리고 다음 순간 눈에 들어온, 손끝에서 모락모락 피어오르는 하얀 연기……. 섬뜩했어요. 그 연기는 바로, 환기통도 제대로 없는 작업장 안을 뿌옇게 채워가던 납땜 연기, 꼭 그걸 닮아 있었거든요. 뜨거운 인두 끝으로 납을 태울 때마다 비웃듯이 모락모락 피어나던 하얗고 무시무시한……."

진임은 머리를 가볍게 흔들며 힘없이 웃었다. 어딘가 전과는 다른 낯섦이 느껴졌지만 뚜렷이 감지되지 않았다. 예전에도 그녀의 눈이 저렇게 슬퍼 보였던가.

"선배는, 여전해요. 조금 더, 뭐랄까…… 윤기 있어진 것 말고는."

"하하하, 윤기? 그래, 어쩌면 그럴지도 모르지. 그쪽도 예전보다 좋아 보여. 세상 살기가 나아진 탓이겠지."

그녀의 눈가에 깊어져 있는 잔주름을 바라보면서, 그렇게 말해주길 잘했다고 생각했다.

"나아졌다? 글쎄요……. 하긴 먹고 살 만큼은 버니까."

그녀는 학원에서 학생들을 지도하며 혼자 산다고 말했다.

"그럼, 저녁에 일을 하겠구나. 나하고는 정반대로."

"학원에서 집까지 조금 멀기 때문에, 일을 마치고 집에 돌아오면 대부분 자정이 넘어 있어요."

"피곤하겠네."

"낮에 자둬서 그런지 괜찮아요. 공장 일 그만두고 학원에 나간 처음 얼마간은 낯선 밤 시간을 주체하지 못해 억지로 이불을 덮어쓰곤 했는데, 이젠 괜찮아요. 낮에 하지 못한 청소나 빨래도 하고, 음악 들으면서 잡지책을 뒤적이다 보면 새벽녘쯤 해서는 곯아떨어지거든요."

그러고 보니 그녀 얼굴이 조금 부은 듯도 하고 창백하기도 했다. 불규칙한 생활을 하는 게 뻔해. 술도 조금 해야 잠이 올 걸? 나는 짐작할 수 있었다. 오래 뒤척인 뒤에 늪처럼 빠져드는 잠, 기억조차 되지 않는 잡스러운 꿈들. 한낮이 되어서 억지로 눈을 뜨면 어김없이 찾아오는 지긋지긋한 열패감……. 그녀는 예전의 내가 겪었던 고통에 시달리고 있는 듯했다. 그런데 왜, 하필 진임인가? '개가의 종손' 따위라면 몰라도. 개가의 종손과 서진임. 그 둘은 전혀 다른 방식으로 세상을 살았는데, 어째서 결국 비슷한 처지가 되어 있는 거지?

예전의 진임은 새벽에 일어나는 걸 좋아했다. 기숙사에서 이른 아침을 먹고 교정을 내려다보고 있으면 아침 일찍 등교하는 진임을 만날 수 있었다. 언젠가 왜 그렇게 일찍 등교하느냐고 물었을 때 진임이 했던 말이 떠오른다. "아버지는 언제나 새벽이면 나를 데리고 들을 한 바퀴 돌았어요. 가을날의 싸한 새벽 공기, 논둑 길 양옆으로 하얗게 피어나던 억새풀, 익어가는 벼줄기마다 앉은 아침 이슬, 그 위를 눈부시게 비추던 투명한 아침 햇살. 덜 깬 눈을 비비면서도 굳이 마다 않고 아버지를 따라 나섰던 건 아마도 그 찬란한 아침 때문이었을 거예요. 아버지는 깡통을 잔뜩 달아놓은 새끼줄을 뒤흔들어 워이 워이 참새를 쫓았고, 그 옆에서 거들어주던 내 눈가에 고였던 졸음마저 말끔히 쫓아내곤 했지요. 언젠가 아버지가 말씀하셨어요. '사람은 평생 새로운 걸 배우고 시작할 수 있어야 한단다. 그리고 글을 읽든 일을 하든, 이른 새벽에 시작해야 하지'라고." 그렇게 말하던 때의 진임은 얼마나 생기발랄했던가.

"선배는 늘 돌아가신 아버지를 생각나게 했어요. 글쎄, 왜인지는 잘 모르지만……. 언제나 아침 일찍 만나곤 해서일까? 아마 그래서 선배를 좋아했나 봐."

진임은 부끄러운 듯 손바닥으로 뺨을 만졌다. 전에 없이 화장을 한 그녀의 얼굴……. 하지만 어쩐지 그늘져 보였다.

"그때…… 왜 전화를 받지 않았는지 듣고 싶어. 회계사 시험이 끝나면, 내가 학생회실로 연락하기로 했던 약속…… 기억나?"

그런 약속을 한 것은 처음으로 시내에서 만나 저녁식사를 한 날이었다. 그날 진임은 페레스트로이카의 영향으로 국내에서 개봉된 소련 영화 〈모스크바는 눈물을 믿지 않는다〉를 보자고 했다. 인텔리에게 배반당한 어느 여성 노동자의 삶과 사랑을 다룬 영화였다. 비 내리는 모스크바, 포장지도 없이 건네주던 꽃다발, 불륜, 어두운 실내와 어두운 과거, 속으로 잦아들던 눈물, 아침이면 요란하게 울어대던 자명종 시계, 열차에서 만난 노동자 사내, 자작나무 숲, 부드럽고도 강한 인상의 노랫가락, 그리고 황금의 손……. 진임은 그 영화를 보고 나서 나에게 소감을 물었다. 그 질문에 나는 뭐라 대답했던가. 할리우드 영화에만 익숙해 있다가 동구권 영화를 처음 봐서 그런지 매우 낯설다고, 그들도 우리처럼 사랑하고 이별한다는 게 이상하다고, 그렇지만 다행스럽기도 하다고 말했던 것 같다. 바보처럼 우물쭈물 더듬거리면서. 그러고 나서 얼굴이 벌겋게 달아오른 나는 엉뚱한 말을 늘어놨다. "난 꼭 고시에 붙어야만 돼. 그래야만 어머니와 동생들을 돈과 여자밖에 모르는 아버지로부터 독립해서 살게 할 수 있어." 그러고 나서 끝내 무모한 고백까지 했다. "그렇지만 진임이 너랑 함께라면 나도 노동 현장에 뛰어들겠어." 그러자 진임이 희미하게 웃으며 말했다. "노동 현장엔 그런 식으로 가는 게 아냐, 형." 진임의 눈에 맑은 눈물이 살짝 비쳤고, 난 머리가 어지럽도록 길게 담배를 빨아들였다.

입속으로 흘러드는 모카커피는 차게 식어 있었다. 나는 깍지 끼었던 손가락을 풀면서, 한결 침착해진 목소리로 말했다. 말하자면 십여 년 만에 하는 진실게임같은 거였다.

"한참을 찾았어. 이차 시험을 치른 뒤 밤새도록 학생회실로 전화하면서 비로소 네 집도, 전화번호도 모른다는 사실을 깨달았어. 어이없었지. 그래도 다시 만나게 되리라는 막연한 기대를 하며 기다렸는데, 그 이후로는 한 번도 우연히 만나지지 않더군. 나중에 너의 자취방을 알아내 찾아갔을 땐……."

"이미 떠난 뒤였겠지요. 그해 겨울에 바로 공단으로 갔으니까. 그리고 일부러 연락을 피했고."

"왜 그랬지?"

나는 상체를 진임이 쪽으로 기울이며 추궁하듯 물었다.

"영화 보던 날 생각했어요. 사랑. 사회주의 국민들도 사랑을 하는구나. 하지만 변혁을 하겠다는 내가 사랑을 하고, 가정을 꾸릴 수 있을까? 노동자나 혁명가도 아닌 소시민의 가정을? 그러고도 계속 역사의 거센 물결을 탈 수 있을까? 나는 고민을 그런 식으로밖에 할 줄 몰랐어요. 편협했지요. 삶에 대한 정열과 신념은 넘쳐흘렀지만, 때론 너무 경직되어……."

진임은 찻잔을 입으로 가져갔다. 희고 가는 손가락이 가늘게 떨고 있었다.

"어느 날 문득, 선배에게 너무 심하게 했다는 생각이 들었어요. 그래서 만나게 되면, 오늘처럼 이렇게 우연히……. 그러면 꼭 말해야 된다고 생각했어요. 미안해요, 소중한 감정이었는데 함부로 대해버려서, 자신이 없어서 피했던 거예요."

진임은 탁자 아래로 시선을 떨어뜨렸다. 얼마쯤 뒤 다시 고개를 든 그녀는 "겨우 스물 셋이었는걸요. 에돌아가는 길을 모를 나이죠"라며 밝게 웃었다. 그녀의 뒤늦은 고백이 조금은 당혹스러웠지만 싫지 않았다. 역시 나 혼자 바보짓 한 건 아니었군. 갑자기 몸에서 긴장이 풀리면서 기분이 좋아졌다. 나는 천천히 등받이에 몸을 기대었다. 그러고는 느긋하고 또렷한 목소리로 물었다.

"이젠…… 날 받아줄 수 있겠어?"

어느새 자정이 가까워져 있었지만 그때까지도 술자리를 파하지 못한 연극반 사람들이 길거리에서 배회하는 게 보였다. 진임과 나는 그들의 눈을 피해 어두운 골목으로 들어가 벽면에 기대었다. 은밀한 느낌이 진임과의 사이에 있던 오랜 시간의 간격을 좁혀주는 것만 같았다. 그녀의 고른 숨결이 나의 앞가슴을 간질이며 긴장시켰다. 키스를 해도 괜찮을까? 강한 욕구가 일었다. 아냐, 아직 너무 일러. 나는 그녀를 놀라게 하지 않으려고 참았다. 사람들이 사라진 걸 확인한 뒤, 재빨리 주차장 쪽으로 그녀를 끌었다. 새 승용차는 어둠 속에서도 가로등 불빛을 받아 번쩍였다.

"어떤 꼬마의 발자국이에요. 요즘 속이 좋지 않아서 병원에 들렀는데 파업 때문에 어찌나 붐비던지……."

진임은 원피스 자락에 흐릿하게 남아 있는 발자국을 가볍게 털며 변명하듯 말했다.

"너무 이기적이야."

"네?"

"노동자들 말이야. 환자를 볼모로 파업을 하겠다고 하니."

내 말에 진임이 조심스럽게 반박했다.

"사실은…… 임금을 조금씩 덜 받더라도 감원을 막자는 주장이던데……. 게다가 노조 관련자들만 선별 해고를 했다니……."

"무슨 소리야. 그런 건 다 국민들한테 환심 사려는 수작이야. 업무상 경영주들을 가끔 만나는데, 요즈음 경기가 어떤지 알아? 너나없이 죽겠다고 야단이야."

끼이익, 나는 급브레이크를 밟았다.

"저 자식 뭐야!"

인도에 있던 늙은 청소부가 별안간 차도 쪽으로 쓰러졌다. 빌어먹을! 재수 없게 하필 내 차 앞에서 넘어지다니. 당장이라도 욕을 퍼붓고 싶었지만 진임이 앞이라서 입술을 깨물 수밖에 없었다. 다행히 그자는 느린 동작으로 일어나 비척대며 다시 길을 걷기 시작했다. 안도의 한숨이 절로 나왔다.

"저 사람 병, 병원에라도 데려가야 하는 거 아니에요?"

놀란 진임은 말까지 더듬었다.

"괜찮아! 멀쩡한데 뭘."

나는 그녀를 안심시키기 위해서 급히 차를 몰아 현장에서 벗어났다.

가로등 빛이 만든 가로등 그림자들이 차 안을 어지럽혔다.

"미안해."

잠시 뒤에 나는 진임에게 사과했다.

"예전에 진임이랑 소련 영화를 보고 난 뒤 노동자들에 대해 다르게 생각해보려고 했지만 잘 안 되더군. 황금의 손 어쩌고 하면서 노동자만 추켜대던 사회주의 국가들 좀 봐. 결국은 무기력하게 넘어갔잖아? 모스크바는 이미 희망 자체를 상실한 지 오래야. 술집에 가면 온통 러시아 무희들로 들끓는 판이라고."

차 안의 공기가 답답했는지 진임은 창문을 열었다. 열린 창으로 밤바람이 세게 밀고 들어왔다.

"어차피 주사위는 미국 쪽으로 던져졌어. 그 질서 안에서 살아남기 위한 경쟁만이 남았지. 게다가 이젠 정보화 시대야. 문제는 머리지, 머리. 그깟 노동자 손……."

나는 이상할 정도로 자신만만해 있었다. 그토록 당당하던 진임이 주눅 들어 있는 만큼 내 견해에 더욱 확신이 갔다. 적어도 난 삶을 반성해야 할 만큼 잘못 살진 않았으니까.

진임의 귀밑머리가 바람결에 나부끼면서 창백한 뺨이 드러났다. 그녀의 야윈 뺨에서 예전의 활기와는 전혀 다른, 슬프고도 절망적인 아름다움이 느껴졌다. 불같은 기운이 아랫도리로 뻗어왔다.

"그런데 이상하지? 요즘은 제조업 노동자들이 별로 없어. 내가 어렸을 때만 해도 동네 아저씨나 가난한 친척 누이들이 공장에서 많이 일했는데, 지금은 서비스업종에서 일하거나 하다못해 구멍가게라도 운영하더군."

진임은 조수석 앞에 부착해놓은 CD 상자를 만지작거렸다. 귀여운 강아지 캐릭터가 그려진 그것은 지난번 내 생일에 딸아이가 선물로 준 거였다.

"그럼…… 우리가 입고 먹고 쓰는 것들은 다 어디서 난 것들이지요? 하다못해 이 상자까지. 누군가 만들지 않는다면 말예요. 제가 사는 회현동 언덕에는 남대문 시장에 납품하는 작은 공장들이 많이 있는데 창문 너머에 들여다보면 까무스름한 동남아 사람이 대부분이에요. 그 중에는 옆집 지하 방에 사는 킨마웅이라는 미얀마 젊은이도 있어요. 눈이 매우 크고 깊어 보이는 그 남자는 하루 종일 블라우스에 단추를 달다가 밤늦게 집으로 돌아가죠."

"뭐라구? 크게 좀 말해. 잘 안 들려."

"언젠가 동네 편의점에서 나오다가 우연히 퇴근길의 마웅을 만났어요. 새벽 두시였던가. 아주 사소한 일, 세상의 단춧구멍을 메우기 위해, 아무도 기억하지 않을 그 일을 위해 그는 스물세 살 젊음을 쏟아 붓다가 늦었던 거지요. 단춧구멍으로 빠져나가는 하루, 젊음, 그리고 고향에 대한 그리움. 그 나이 적의 나는 어땠던가, 생각해봤어요. 어쩌면 단춧구멍 메우는 일보다 더 의미 없이 시간을 흘려보낸 건 아닐까. 한 번도 누군가의 옷매무새를 여며주지 못한 채……."

"창문을 닫을까? 바람 소리 때문에 잘 안 들려. 단추가 떨어지면 물론 옷을 여밀 수 없지. 그게 어쨌단 거야?"

갈수록 엉뚱한 말을 하는 진임이 때문에 난 조금씩 짜증이 났다. 창문을 닫고 냉방기를 작동시켰다. 그제야 비로소 진임이 말이 제대로 들렸다.

"아니에요. 그보다…… 자본주의는 과연, 지구를 지킬 수 있을까? 인류의 미래를 걸어도 될까? 미국인의 비만과 후진국의 영양실조, 아니면

공해나 마약, 대량학살 같은 것들을 해결할 수 있을까. 평등이나 행복, 양심. 양심? 그래요, 양심……."

진임은 꿈을 꾸는 듯 잠꼬대처럼 중얼거렸다. 나는 큰 소리로 웃음을 터뜨렸다.

"하하하. 왜 이래? 독수리 오형제라도 된 거야? 그런 생각은 모두 퇴물이야. 진보? 우스운 소리 마. 그런 이념의 상품가치는 이미 추락했어. 쇼윈도에는 세계화의 추세에 맞춘 신세대들이 즐비하지. 과거를 돌이키는 것만으로도 촌스러운 일이야. 아, 그만. 이제 그런 얘긴 그만 하자."

나는 양미간이 일그러지는 걸 참고 억지로 웃어 보였다. 부풀어 있는 아랫도리가 바지 속을 비좁게 하고 있었다. 그녀를 화나게 하면 안 돼, 아직은. 어느새 자동차는 한밤의 명동을 지나고 있었다. 자정이 지난 명동 뒷골목은 생각보다 어두웠다. 빈 음료수통, 비닐봉지 따위가 젖은 도로 위에서 이리저리 뒹굴었고 더러 만취한 사람들이 보였다. 나는 근처 아무 여관이라도 잡으려고 사방을 두리번거렸다. 그때 멀리 일렁이는 불빛이 보였다. 진임이 물었다.

"무슨 불빛일까요?"

"명동성당 쪽인 걸 보니, 외국인 노동자들이로군. 벌썬 한 달이 넘게 저러고 있다지? 이젠 내 나라 사람도 모자라서 남의 나라 새끼들까지 설쳐대니, 원."

"추워요."

진임은 손바닥으로 팔뚝을 감싸며 말했다.

"춥다고? 그럼 진작 말하지 그랬어. 냉방을 끄면 될 걸."

"그럴 거 없어요. 그만 내릴 거니까. 차를 세우세요."

나는 잘못 들은 거겠지, 싶어 그대로 속력을 유지하며 달렸다.

"어서요, 차를 세우라구요!"

날카로운 진임의 목소리가 좁은 차 안을 울렸다. 나는 엉거주춤 브레이크를 밟았다. 차가 멈추자 진임은 말 한마디 없이 내렸다. 그러고는 뒤도 돌아보지 않고 빠르게 걸어갔다. 백미러에 비친 그녀의 가녀린 몸피는 점점 작아지더니 한순간에 어둠과 빌딩 사이로 사라져버렸다.

잔뜩 부풀어 있던 아랫도리가 머쓱했다. 마웅이라 했던가, 알고 지낸다는 자식이? 고작 그딴 외국인 새끼한테 가겠다는 거야, 뭐야. 울화가 치밀었다. 그때 안주머니에 들어 있던 휴대전화가 울렸다.

"야 임마, 깨동건! 너 어디로 사라진 거야? 사내놈이 치사하게……. 벌써부터 마누라한테 쥐여 사냐? 쥐새끼처럼 도망이나 가고 말이야……."

취한 형철의 목소리였다. 나는 아무 대답도 하지 않았다. 도대체, 진임한테, 내가, 뭘 잘못한 거지? 생각에 빠져 있는 동안 형철은 계속해서 오물을 쏟아 붓듯 개똥건개똥건- 불러댔다.

#08

환경의 위기와 생태 질서의 정립

#08

환경의 위기와 생태 질서의 정립

이 시대의 키워드는 '힐링'이다. 이 말은 현실에서 한계에 다다른 사람들이 보상받고자하는 치유의 단어이다. 사람들은 치유 받고자 할 때 복잡하고 어지러운 도시 공간을 먼저 떼어놓고, 단순하고 한적한 새로운 공간을 지향한다. 새로운 공간은 생태적 이상향을 의미한다. 이것이 바로 '에코토피아Ecotopia'다. 사회를 제어하는 과학 기술 문명에서 벗어나 자연과 동화하는 삶이자 빈부, 성, 인종, 연령에 따른 차별이 없는 평등한 세계이다. 이러한 의미에서 새로운 공간은 단순한 자연의 의미 그 이상을 내포한다. 따라서 자연에 대해 새로운 관계 정립이 필요하다.

세계는 다양한 부분들이 이루는 복잡한 관계의 그물이며, 인간은 그 세계의 일부이다. 지구 생태계는 부분과 전체, 개체와 환경이 서로 연결되어 있는 유기체이기 때문에 모든 생물은 다른 생물들과 연결된다. 모든 것은 어디론가 자리를 옮길 뿐 이 세계에서 없어지는 것은 없다. 우주의 부분들은 지속적으로 변화 과정을 겪으며, 다양성 속의 통일 혹은 통일 속의 다양성을 지향하면서 전체 속에서 조화와 균형을 찾는다. 만일 어느 하나라도 조화와 균형을 잃게 되면 여러 생명체와 비생명체들이 영향을 받고 변화하게 된다.

인간은 자신이 세계의 주인이라는 생각을 오랫동안 가져왔다. 인간은 자연을 정복해야 할 대상으로 간주하고, 인간을 만물의 척도로 삼았다. 자연의 개발과 정보의 축적은 인간 발전의 중요한 동력이었기 때문에 자연이나 환경은 오직 인간의 삶을 위한 수단으로서만 존재했다. 따라서 환경문제를 해결하기 위해서는 사회 속에 있는 개개인의 세계관과 가치관을 바꿔야 한다. 인간과 자연은 본래 하나이다. 자연 속에서 자연에 의지해서 살아가는 인간이라는 의식을 지니고 자연의 소리에 민감하게 귀를 기울여야 한다.

우리나라에서도 1960년대에 경제개발 계획이 추진되면서 생산성이 증대되었고, 이에 비례하여 대기의 오염, 하천 및 해양의 오염 등의 환경문제도 증가하였다. 그러나 대부분의 국민이 가난의 극복에만 관심을 가졌던 이유로 환경문제는 생각할 겨를조차 없었다. 경제성장이라는 최우선의 가치는 환경문제를 유발하였고, 경제성장의 가속화는 산업화와 도시화에서 나온 부산물을 축적시켰다.

이러한 상황에서 문학은 자연파괴나 환경오염의 문제를 작품으로 형상화한다. 한국문학에서 생태환경에 관심을 기울이기 시작한 것은 산업화가 급속도로 이루어진 1970년대부터이다. 생태문제를 다루는 문학작품들은 생태계의 파괴가 가져온 부정적 결과를 부각시키거나, 인간중심주의를 반성하거나, 변화와 생성의 이미지에서 생명의 경이로움과 신비 또는 인간과 자연의 조화를 지향한다.

인간중심주의와 물질주의적인 가치관은 근대문명을 추진하는 동력이었다. 그러나 그것은 또한 독자성과 차이를 지닌 인간이나 집단을 억압하는 정신적 기준을 제공했다. 작가들은 민중을 대변하면서 정치적 이념 및 사회 구조에 맞서 투쟁하기 바빴기에 환경오염을 소재로만 채택했을 뿐, 환경 및 생태에 대한 연대의식으로까지 발전시키지는 못하였다. 이러한 이유는 1980년대 중반까지 이어지던 우리나라 정치경제의 특수한 상황 때문이다. 오늘날 문제되고 있는 성과 계급 혹은 인종의 문제도 힘을 가지고 있는 세력들의 권위를 인정하는 인식의 틀 위에서 성립된 것이다. 그러한 인식이 오늘날 생태계의 파괴와 환경오염의 근원이다.

생태를 파괴한다고 해서 과학문명으로 얻게 된 생활의 편리를 단번에 포기하는 것은 어렵다. 오히려 친환경적인 대체 기술을 개발하고, 지구상의 생명체와 비생명체를 돌보며 지금까지의 사고와 생활 방식을 점진적으로 바꾸어야 한다. 생태 문제는 범지구적으로 협력하여 풀어야 하는 공동의 과제이다. 인간과 자연의 조화를 위해서는 모든 생명이 삶의 동반자로 존중받고 보살핌을 받아야 한다.

동양문화에서 인간은 자연이요, 자연은 곧 인간이다. 자연을 지배와 정복이 아니라 조화와 균형의 대상으로 생각했기 때문에 동양의 문화 나아가 한국의 문학은 이러한 과제를 해결하는 대안을 제시할 수 있을 것이다. 문학이 현실을 직시한다는 점 그리고 존재와 세계 사이의 조화와 균형을 꾀한다는 점에서, 문학은 환경의 위기를 포착하여 조화로운 생태 질서를 정립할 수 있을 것이다.

개펄

이재무

거친 숨 토해놓고 바지춤 끌어올리고
헛기침 두어 번 뱉어 내고는 성큼,
큰 걸음으로 저녁을 빠져나간다
팥죽 같은 식은땀 쏟아내고는 풀어진
치맛말기 걷어 올리며 까닭 없이
천지신령께 죄스러워서 울먹거리는,
불임의 여자. 퍼런 욕정의 사내는
이른 새벽 다시 그녀를 찾을 것이다
냉병과 관절염과 디스크와 유방암을
앓고 있는 여자. 그을음 낀 그녀의 울음소리
이내가 되어 낮고 무겁게 마을을 덮는다
한때 그 누구보다 몸이 달고 뜨거웠던
우리들 모두의 여자였던 여자.
생산으로 분주했던 물기 촉촉한 날들은
가고 메마른 몸속에 온갖 질병이나 키우며
서럽게 늙어가는, 폐경기 여자.
그녀는 다 늦은 저녁이나 이른 새벽
지치지도 않고 찾아와 몸을 탐하는
사내가 노엽고 무서워진다

그 여자가 내민 밥상에서는 싱싱한

비린내 대신 석유내가 진동을 한다

바퀴벌레는 진화 중

김기택

믿을 수 없다, 저것들도 먼지와 수분으로 된 사람 같은 생물이란 것을. 그렇지 않고서야 어찌 시멘트와 살충제 속에서만 살면서도 저렇게 비대해질 수 있단 말인가. 살덩이를 녹이는 살충제를 어떻게 가는 혈관으로 흘려보내며 딱딱하고 거친 시멘트를 똥으로 바꿀 수 있단 말인가. 입을 벌릴 수밖에 없다. 쇳덩이의 근육에서나 보이는 저 고감도의 민첩성과 기동력 앞에서는.

사람들이 최초로 시멘트를 만들고 집을 짓고 살기 전, 많은 벌레들을 씨까지 일시에 죽이는 독약을 만들어 뿌리기 전, 저것들은 어디에 살고 있었을까. 흙과 나무, 내와 강, 그 어디에 숨어서 흙이 시멘트가 되고 다시 집이 되기를, 물이 살충제가 되고 다시 먹이가 되기를 기다리고 있었을까. 빙하기, 그 세월의 두꺼운 얼음 속 어디에 수만 년 썩지 않을 금속의 씨를 감추어가지고 있었을까.

로봇처럼, 정말로 철판을 온몸에 두른 벌레들이 나올지 몰라. 금속과 금속 사이를 뚫고 들어가 살면서 철판을 왕성하게 소화시키고 수억 톤의 중금속 폐기물을 배설하면서 불쑥불쑥 자라는 잘 진화된 신형 바퀴벌레가 나올지 몰라. 보이지 않는 빙하기, 그 두껍고 차가운 강철의 살결 속에 씨를 감추어둔 채 때가 이르기를 기다리고 있을지 몰라. 아직은 암회색 스모그가 그래도 맑고 희고, 폐수가 너무 깨끗한 까닭에 숨을 쉴 수가 없어 움직이지 못하고 눈만 뜬 채 잠들어 있는지 몰라.

스노우맨

하재연

이곳에는 비닐봉지들이 과도하다
많은 것을 할 수 있어서 모든 것을 할 수 있는 것으로 보이기도 하는
봉투의 입들

나의 팔과 다리는 다족류와 같음에도

네 손은 아주 가느다랗게 바스락거렸다
희미하고

장악할 수 없으므로

나는 황산에 가까워진다
검음에 가까워진다
알리바이로만 가능한 시간들 속에

뚫려 있는 것들은
시간의 바닥을 보아버린 동공이고
거기에는 우연하게 많은 것들을 집어넣을 수 있다

로스타임 이후의 삶을 나는 살게 되었다
우연이 아닌 것처럼

귀가 떨어지고
너의 목소리를 분별할 수 없는 시간만이 남아 있었다

재와 타고 남은 것들로 뭉쳐져
햇볕에 녹지 않는 죄가 있다

녹지 않는 동그라미 하나가
내 머리 위로 더 큰 동그라미 하나를 그렸다
세계의 안쪽을 구멍 내고 있었다

생애 첫 피날레

민달

혈세 탕진 규탄한다 미세먼지 가르며
철면피 물러가라 맨몸으로 부딪는다
끝끝내 두 동강 나도 릴레이로 시위하네

굴착기 삽질 소리에 메아리 매몰되고
귀먹고 눈멀어도 과속과 전쟁하네
뜨악한 핏빛 얼룩들 모자이크 처리된다

멧토끼 깨춤 추며 풀피리만 찾고 있고
산꿩은 막무가내 바퀴 아래 순교한다
알싸한 덧포장으로 은폐되는 로드킬

다국적 밥상

이지호

국경을 넘어온 입맛이다

*

한국, 부산

고등어 한 마리가 입항한 주방
지느러미의 물살은 동공으로 몰렸고
마지막 자존심은 칼 빛으로 시퍼렇다

후쿠시마 원자력발전소를 덮친 쓰나미 이후
고등어는 국적을 갖게 되었다
주부는 일본산 생선을 먹지 않는다
일본산 입맛이 사라지고
노르웨이산 뒷맛이 남는다
부엌의 환율은 급작스럽게 폭락되었다

밥상이 차려지는 아침마다
지구 반대편 소식이 궁금하다

신문을 장식하는 나라 밖 기사가
반찬값의 결제를 내린다

시장에서 노르웨이산 고등어를 산다

일본, 후쿠시마

2020년 올림픽이 열린대요
안 먹는 고등어를 외국 선수들이 와서 먹는대요
엄마는 아침마다 내 얼굴을 살피고
동네 형은 밖에 나오지 않아요

동화의 촌수로 우리는 친구래요
친구의 살갗 포옹을 기억해요
즐거울 때 먹으면 매운맛도 뒤끝이 달다고
맛없음은 밥상의 무게래요

엄마와 자주 가던 어시장이 텅 비었어요
어제의 북적임은 동화 속으로 들어갔어요
후쿠시마와 어울리지 않는 노래는 부르지 않을래요

시장에서 수산물을 찾을 수 없어요

미국, 로스앤젤레스

태평양은 가둬 둘 수 없는 공간이라네
일본원숭이는 우는 게 아니라 웃는 것이라네
아름답게 포장하기에 동화는 제격이라네

꼭대기에 있다는 것은 외롭다네
배고픔만큼이나 절실한 결핍이네
합법화된 도박처럼 헐리우드 액션에 내가 넘어지네

있는 그대로 보여주는 날것의 맛은 재미없다네
친구의 눈을 통해 걸러진 이미지가 나를 속이네
약속의 무게가 생명의 무게라네

고등어를 산다네 노르웨이산으로

케냐, 나이로비[1]

케이팝에 실려 온 고등어를 먹으며
한국을 읽는 우린 디지털 청소년
한국에서 사라진 일본산이 나이로비에서 한국 맛으로 자라요

건기와 우기로 나뉘듯 뚜렷한 우리
고원 야생의 문턱에서 사자 코끼리 새와

---

1 케냐의 수도. 마사이어로 차가운 물이란 뜻

아프리카를 아프리카로 받아들이는 친구
희박한 공기 속을 달리는 긴 다리 마라토너
초원 한가운데 모던한 도시처럼
이국의 노래를 들으며 이국의 먹거리를 찾는 우리
맛있는 물, 차가운 물과 어울리지 않는
사바나 너머 오는 저기 저 입맛
휘청거리는 맛이 혀를 표절해요

사요 일본산 고등어를 시장에서

*

먹을거리는 국경이 없고
입맛이 국적이다
물은 옮겨 다닌다
다만 우리는 희석된 재앙을 먹어치울 뿐이어서
멀지않은 미래가 보여주는 것은 암울이다

오늘 아침도 월경한 미래의 재앙을 차린다

삶이란 아픔이다

전우익

현기 스님,

그 사이 별고 없으시며 일은 좀 진척이 되었나요?

저는 첫차 타려고 기다리는 동안 그곳에서 많이 가꾸는 오이와 딸기 농사에 대해서 농민들에게 이것저것 물어 본 다음 춘천 와서 상봉동 가는 차타고 서울 다녀 집에 왔습니다.

경춘 가도를 지나면서 이런 생각을 했어요. 댐(의암댐) 자체가 수많은 문제를 안고 있는데, 그곳은 도시 근교인 탓으로 자리가 좀 반반한 곳에는 소위 위락 시설이라는 것이 독버섯처럼 생겨나서 세상을 병들게 하는구나 싶었습니다. 하천은 나라의 동맥인데 그걸 막아 제대로 흐르지 못하게 하니 검버섯이 피어나게 마련이지요. 한 치의 에누리도 없는 자연의 냉혹한 법칙이 여기에도 관철되고 있구나 싶었습니다. 이건 쓸데없는 걱정을 팔자로 타고 난 저의 못난 습성 탓이겠지요. 어쨌거나 그건 잘사는 표시, 자랑스러운 현상이겠지요. 마침 승가회에서 본 책에 이런 글이 있었어요. "인간이 집단적으로 진실로부터 뒷걸음질 치면, 진실은 사방에서 더욱 가까이 인간을 포위해 들어온다." 이 말이 우리한테만은 해당되지 않기를 간절히 바라지만, 어쩐지 그렇게 걷잡을 수 없이 몰려가고 있는 것 같습니다.

하기야 나라에서 댐을 막는 것은 물만 썩게 하는 것이 아니겠지요. 그래서 솔직하게 다목적 댐이라고 실토했지요. 그러자 충직한 백성들이 위락 시설을 만들어 맞장구를 쳐서 집단적으로 세상을 병들게 하니 궁합이 척척 맞아 떨어집니다.

일제 때 뚝섬 가는 전동차에는 파리가 굉장히 많았습니다. 이야긴즉 파리를 열 섬 수입해서 팔도강산에 골고루 나누어 준 다음 한 섬은 뚝섬에 보관하고 있다는 거였어요. 위락 시설이 번지는 것을 보면서 팔도강산에 고루 나누어 주었다는 파리 생각이 나네요.

스님이나 제가 그 위락시설을 뻔질나게 드나들 수 있어야 자랑스러운 시민이 될 텐데, 못나서 그걸 하지 못하니 배가 아파서 삐딱하게 괜히 고상한 척, 천하의 걱정을 혼자 하는 척한다는 게 아마 진실에 가깝겠지요.

도시로 읍으로 떠나는 이웃들을 보면서 이런 생각을 합니다. 떠나는 그들이 미안해하면서 자식들 교육시키자니 할 수 없다고 합니다. 곧 지리地利를 찾아가는 거지요. 저의 생각은 좀 다릅니다. 산에는 나무 심고 밭에는 잡곡 심고 논에는 벼 심는 것이 농사꾼의 지리地利가 되어야 합니다. 천시天時는 봄에 씨 뿌리고 여름에 가꾸고 가을에 거두며 겨울에는 한가롭게 지내면서 지은 농사를 평가하고 내년 농사 계획도 세웁니다. 땅과 함께 숨 쉬는 것이 자연의 리듬에 맞추는 것이라고 여깁니다.

이번에 서울에서 우이牛耳 선생님 만난 김에 도시 집중 현상은 우리 민족성의 표현입니까 하고 물어 봤지요. 저로서는 꽤 오래 마음속에 끼고 있던 심각한 질문이었는데, 선생님께서는 자본주의 현상이 아니겠느냐고 간단하게 말씀했어요. 그래 또 물었지요. 자본주의도 한 민족의 민족성이란 프리즘을 통해 굴절되어 나타나는 게 아니겠습니까 하고. 선생님은 그냥 웃으시기만 했어요.

저는 이렇게 생각해요. 도시로 가는 것이 확실히 이로운 점이 있지만 그에 못지않은 많은 문제를 일으키고 있으며, 결과는 농촌 문제가 곧 도시 문제라는 것을 보여 주고 있다는 거지요. 농촌 문제가 해결되어야 도시 문제도 해결될 것 같습니다.

근본은 사람이고 그 사람들이 모여서 문제를 풀라고, 옛사람들이 인화人和가 제일이고 지리地利와 천시天時는 그 다음이라고 말했는데, 뒤질세라 너도나도 차를 사다 보니 차가 길을 막아 이번에는 혜화동에서 안국동 가는 데 삼사십 분 걸렸어요. 이것이 바로 발전이고 잘사는 징표라면 할 말이 없습니다.

가뭄에 논귀사리 작은 웅덩이에 올챙이 모인 꼴과 흡사하다고 여겨요.

스님, 지난번 편지에 기회가 있으면 아픔에 대한 저의 소견을 말씀드리기로 했으니 어설픈 이야기 좀 해 볼게요. 지난 음력 칠월 초순에 파를 심었습니다. 장에 가서 오백 원짜리 두 단 사다가 한 사흘 땡볕 드는 마당에 널어 곯게 한 다음 뿌리를 자르고 심었습니다. 딴 곡식이나 나무는 삼십칠팔 도 되는 햇빛에 단 오 분만 쪼여도 영결종천인데 더욱이 뿌리를 싹 자르고 심어야 크게 자라는 파는 신비로운 식물입니다. 또 파는 나무가 얼어 죽는 소문난 추위에도 끄떡없이 삽니다. 그 파가 가게에서 파는 뿌리담이 흰 대파입니다. 모르긴 하지만 땡볕과 뿌리를 잘리면서 말할 수 없는 괴로움과 아픔을 참고 견딘 뒤 그 아픔을 끝끝내 가슴에 새기면서 큼지막하게 자란 것같이 느껴집니다. 파 뿌리를 자르면서 『산해경山海經』에 나오는 형천形天을 문득 생각합니다. 형천이 목을 잘리자 젖으로 눈을 삼고 배꼽으로 입을 삼아 도끼와 방패를 들고 싸우듯이, 목이 잘렸다고 좌절하지 않고 끈덕지게 싸우는 모습이 어쩌면 파와 서로 통하는 점이 있는 것처럼 느껴집니다.

큰 것이 다 좋은 건 아니지만 참된 뜻의 큼을 위해서는 지금까지 달고 있던 뿌리를 잘라 버려야 한다는 교훈 같기도 해요. 뿌리는 근본인데 사람이 바뀌자면 역시 근본이 바뀌지 않고서는 새로운 사람이 탄생할 수 없고, 새로운 사람들의 집단적인 탄생 없이는 세상은 바뀌지 못할 것 같습니다. 제도나 이데올로기가 사람을 바꾸는 게 아니라 사람이 바뀐 토대 위에서 제도가 새로워지는 것이 진짜 발전이지요. 사람은 그대로인데 제도만 바뀌어서야 페인트칠 색깔만 바뀐 가짜가 아닐까요?

그럴싸한 이론을 줄줄 외우고, 민중, 민중 하는 사람들의 행동이나 삶이 말과는 너무나 동떨어진 것을 때때로 봅니다.

그것이 저의 자화상 같아 더욱 씁쓸해요. 삶에 합당한 말, 스스로 실천하는 사람들은 몸과 생활로 살아갈 뿐, 입으로만 떠드는 사람들이야 무슨 소리인들 못하겠습니까? 그래서 우리 속담에 말로 제사를 지내면 온 동리가 먹고 남는다고, 옛날부터 말은 그다지 믿지 않은 것 같아요.

스님, 아픔에 대해서 『감옥으로부터의 사색』에 다음과 같이 씌어 있습니다.

"손가락이 베이면 그 상처의 통증으로 다친 손가락이 각성되고 보존되는 그 아픔의 참뜻을 모르지 않으면서, 성급한 충동보다는. 한 번의 용맹보다는, 결과로서 수용되는 지혜보다는 면면한 기도企圖가, 매일 매일의 약속이, 과정에 널린 우직한 아픔이 우리의 깊은 내면을, 우리의 높은 정신을 이룩하는 것임을 모르지 않으면서도, 스스로 충동에 능하고 우연에 승乘하고 아픔에 겨워하며 매냥 매듭 고운 손, 수월한 안거安居에 연연한 채 한 마리 미운 오리새끼로 자신을 한정해 오지나 않았는지……"

이 글은 우리가 어떻게 아파야 하나를 일깨워 주었다고 봅니다. 우리는 너무나 아프지 않으려고 피하다가 아픔의 늪에서 빠져나오지 못하고 맙니다. 근본을 위해 아파하고 그 아픔을 이겨 내면 시시껄렁한 아픔은 사라질 것인데 그걸 못하고 있는 겁니다. 우리 속담에 "염통에 쉬쓰는(구더기 생기는) 줄 모르고 손톱 밑에 가시 든 줄은 안다"는 게 있지요. 지금도 우리는 이 경지를 벗어나지 못한 것 같습니다.

아까 이야기한 파는 뿌리를, 형천形天은 목을 잘렸는데도 다시 꿋꿋하게 일어나는데, 우리는 허리를 잘린 지가 어언 사십오 년이 되어서야 유일하게 임수경이가 그걸 이어 보겠다고 몸소 실천했고 문 신부님이 그와 동행했습니다. 스님들도 거기에 동참했더라면 얼마나 좋았겠습니까?

스님, 아픔 가운데서도 분단의 아픔이 가장 큰 아픔인데, 우리가 얼마나 분단의 아픔을 몸소 아파했습니까? 감기만 좀 들어도 배만 좀 아파도 약방을 찾으면서 민족의 통양痛痒에 대해서 고뇌하고 분노하고 뜻과 힘을 모아 보려고 얼마나 힘써 봤습니까? 수월한 안거安居에 연연해서 타성에 빠져들수록 조국의 운명은 점점 옥죄어 들기만 하는 게 아닐까요?

정신과 육체의 수많은 병이 나돌고 사람들은 약으로 수술로 병을 다스리려 드는데 말도 안 돼요. 병은 크게는 세상에서 작게는 생활(삶)에서 옵니다만 세상과 각자의 삶을 고치려 들지 않고 병만 고치려 하는 것 같아요.

스님, 참된 아픔이란 정말 소중한 것 같습니다. 우리 어머님들의 뼈 빠지는 아픔이 없었더라면 저희들은 태어나지도 못했지요. 지금의 갖가지 자질구레한 아픔들은 우리가 참된 아픔을 회피한 데서 온 것일 테지요. 수월하게 살아보자고 아픔을 피하는 동안 아픔이 홀로 커서 감당하기 힘들게 된 거죠. 앓아서 아픔을 없애고, 새로운 삶과 세상까지도 앓아서 탄생시키는 길 밖에 없을 듯합니다.

끝으로 지난 8월 24일자 한겨레신문 기사를 인용해 봅니다.

'국방비 증액'된다는데 농산물은 개방, 바다 오염 사고가 작년보다 69% 늘어났다, 경찰이 총기를 남용해서 달아나는 피의자 등을 쏘았다, 강원도의 농어촌 인구가 사 년 동안 22% 줄었다, 김해평야가 죽어간다, 김해시에서 배출되는 생활하수, 공장, 축산 폐수로 농업용수 기준치의 8배를 초과했다, 강원도의 탄광이 폐쇄되어 광부 9,600명이 실직, 토건회사와 학원이 영종도 땅 투기, 석유화학 제품값 폭등, 미군 유지비 요구……

대충 이상과 같습니다. 첩첩 산이라더니, 수많은 아픔들이 혼전만전 널려 있습니다. 그 아픔들 가운데 한 놈이라도 골라서 끌어안고 신나게 앓아서 뿌리를 빼 버립시다.

스님, 어제는 비가 와서 온종일 집에서 보내다 원주 무위당 선생님께 얻은 그림 배접을 했는데, 거기 써 있는 화제畵題의 뜻을 알 수가 없어요. 좀 가르쳐 주십시오. 불교 용어 같아요. '색공교영 색불애공 공불애색야色空交暎 色不礙空 空不礙色也.'

안녕히 계십시오.

리기다소나무 숲에 갔다가

김연수

시골 농가의 음력 11월이란 여자들의 손놀림이 바빠지는 때다. 부엌에서는 뜨거운 장작불에 메주를 쑤느라 분주하다면 따뜻한 방안에서는 조각이불을 덮어쓴 오누이들의 얘기가 정겹다. 그런 정경이 눈 속에 파묻히면 고개를 들어 볼 수 있는 끝까지 평안이라는 단어가 어울리지 않을 수 없다. 이 평화로운 음력 11월 산간마을의 풍경에 가끔 졸린 듯 총소리가 들리면 멧돼지 사냥철이 시작됐다는 사실을 알 수 있다. 멀리서 들리는 총소리에 아득한 겨울 낮잠에서 깨어나면 비로소 계절도 깊어질 대로 깊어진다. 다음해 정월로 예정된 입대 날짜만 기다리던 내게 삼촌의 연락이 온 것은 덕유산 일대에서 멧돼지 사냥이 시작된 지도 한참 지난 다음의 일이었으니 1987년 동지 지날 무렵이다. 아마도 삼촌은 입대를 앞둔 내게 사냥이 아니라 사내다움의 한 모습을 보여주려고 했던 것으로 짐작된다. 사냥과 사내다움 사이의, 거리가 얼마나 가까운지는 모르지만, 이 사냥을 통해 삼촌이 말하는 사내다움이 단순히 방아쇠를 당길 수 있는 용기를 뜻하는 것만은 아니라는 사실을 알게 됐다.

처음에 나는 삼촌이 말하는 그 용기를 의심할 수밖에 없었다. 이 점에 대해 말하자면 삼촌의 이력을 설명해야 한다. 삼촌은 일본인들이 조성한 그 모습 그대로 남은 상가지역인 아래 장터에서 치과를 운영했다. 시내를 뚫고 지나가는 3번 국도 옆 버스정류장 부근이었다. 손님들이란 대개 치통을 견디고 견디다가 떡 본 김에 제사 지낸다고 장날 충동적으로 치과에 들어온 시골 사람들이었다. 그런 순박한 사람들을 상대하며 삼촌은 정말 무서운 기세로 돈을 벌어들였다. 왔다가 그냥 돌아가면 모르지만, 일단 치료 의자에 눕기만 하면 그 자리에서 몇십만 원, 심지어는 몇백만 원짜리 견적을 받아 쥘 수밖에 없었다. 그럴 줄 알았다면 시내 약국에서 진통제나 잔뜩 사서 돌아갔을 축들이었다. 하지만 엑스레이 사진과 모형 이를 늘어놓고 제때 이를 치료하지 않으면 치아를 완전히 들어내고 죽을 때까지 틀니를 해야만 한다는, 무자비한 삼촌의 판정에 버텨낼 재간이 없었다. 그래서 농가로 돈이 모이는 가을만 되면 말도 아닌데 삼촌의 치과는 무럭무럭 살이 붙었다.

그러더니 채 삼십 대가 끝나기도 전에 삼촌의 그 기세는 다른 쪽으로 물꼬를 틀었다. 온 집안이 발칵 뒤집힐 정도로 어마어마한 연애사건이 벌어졌던 것이다. 상대는 시장 한쪽에서 카페 '물망초'를 운영하던 당진 출신 동갑 여자였다. 그러니까 몇 번 치과로 찾아와 속을 보여주고 들여다보고 수작을 벌이더니 더 깊은 속까지 서로 넘나드는 사이가 된 것이다. 그 정도야 아래 장터에서는 흔한 일이니 웬만하면 눈감아주련만 삼십 년 동안 그 많은 순정을 어디다 감춰뒀는지 삼촌은 그 여자 없이는 죽고 못 살겠다고 난리를 쳤다. 삼촌은 급기야 시 외곽 소년원 근처 빌라에다 살림을 차리고야 말았다. 어디 서울도 아니고 손바닥만한 동네에서 두 집 살림이라니 그게 가당키나 한 일인가. 집안 어른 몇몇이 질화로를 뒤집어쓴 듯 화끈거리는 얼굴로 그 여자를 찾아 나서고 하는 야단법석을 떨었다. 결국 삼촌은 당진은 아니고 어디 그 비슷한 해안 동네로그 여자를 보내야만 했다.

물망초의 꽃말이 '나를 잊지 마세요'였던가? 일은 거기서 끝나지 않았다. 순정의 말로는 정말이지 잡지 표지보다도 더 통속이었다. 명색이 치과의사인 삼촌이 자살을 시도했으니까. 이쯤이면 귀를 기울이던 사람도 넌더리를 낼 수밖에 없다. 아쉬운 게 하나도 없는 삼촌이 왜 약국을 전전하며 수면제를 사서 삼킨단 말인가. 그나마 목적을 성취했다면 다행이지. 위세척을 끝내고 깨어났을 때 도립병원 담당의사가 혀를 끌끌 차면서 치대에서는 약리학 실습도 안 배우는가라고 물었다니 창피하기 그지없는 일이었다. 그러니까 담당의사의 말에는 약리학까지 배운 치과 의사가 고작 배만 부른 수면제를 삼키며 자살 시도를 하느냐는 비아냥의 뜻이 담겨 있었다. 그때 일은 명절날 안방에 모인 어른들의 입에 두고두고 회자됐다. 그때 병삼이가 닭똥 같은 눈물을 뚝뚝 흘리면서 뭐라 캤는고 하니 사랑해서, 도저히 잊을 수 없어서 삼켰습니다. 다 삼키고 싶었어여. 마지막 한 알까지 다, 죽을 게 뻔한 길인 줄 알면서도 그래밖에는 못하겠어여, 라나. 암튼 우리 집안에 그런 걸물이 있을 줄이야.

원근의 일가붙이들에게는 심심찮은 제삿밥상머리 얘기를 제공해 준 삼촌은 자기 삶은 그저 그렇게 죽는 길만 남았다며 한동안 눈물을 쥐어짜더니 이번에는 짐승들 죽이는 일에 재미를 붙이기 시작했다. 브라우닝 제 샷건이니 포인터니 하는 단어가 삼촌 입에서 청산유수로 쏟아지기 시작했다. 가끔 서울 학교를 오르내리느라 인사하러 찾아가면 프로스트의 시를 담은 유치한 눈 내린 풍경화 하나 달랑 걸어놓은 원장실에 꿩이며 메추리 따위의 짐승 박제가 하나둘 늘어나는 게 눈에 보였다. 언젠가 엽총을 닦는 삼촌의 모습을 보고는, 사람들이 삼촌보고 총만 안 들었지 강도라고 하디만 이제는 진짜 총까지 구했응께 큰일났네요, 라고 말한 적도 있었다. 그래도 아랑곳하지 않으니 그 인간성의 위대한 승리라 할밖에.

하지만 내게는 그게 자꾸만 부질없는 오기처럼 여겨지니 참 안된 일이었다. 그때는 지금보다 어렸으니까 집안 어른들이 뭐라고 하든, 여자가 어느 바닷가로 떠나버리든 정말 사랑한다면 쫓아가 그 사랑에 목숨을 걸어야 걸물이지 눈물이나 쏟는 게 무슨 걸물인가, 그런 막된 생각을 했다. 그럴 만한 용기는 없고 죽지 않을 만큼 수면제 삼킬 용기는 있는 사람이니까 쉽게 마음 돌려 공연히 날짐승들의 목숨이나 차압하는 신세가 된 게 아닌가. 그러니 눈깔 대신에 구슬을 갖다 박은 박제 따위가 내 성에 찰 리 없었다. 하물며 입대 직전의 황금 같은 시기를 삼촌과 함께 멧돼지 궁둥짝이나 보면서 보낼 생각은 더더욱 없었다.

그런데도 따라가겠다고 대답한 것은 인간에 대한 내 일련의 연구 과정 때문이었다. 이 연구의 내력을 말하자면 대학 영문과 신입생이 된 그해 5월, 학교에서 열린 집회 도중 한 학생이 분신자살한 사건까지 거슬러 올라가야 한다. 그 집회에서 불붙은 채로 떨어지는 몸뚱어리를 본 사람이라면 누구나 자기 마음속에 영원히 사라지지 않을 그늘이 드리워졌다는 사실을 인정할 것이다. 그중에서도 신입생이던 내 충격은 이루 말할 수가 없었다. 더구나 나도 그 사람도 독실한 가톨릭 신자였다. 죽을 게 뻔한 길인 줄 알면서 걸어갈 수밖에 없는 심정이란, 카페 여자와 딴살림을 차렸다가 실패하고 내뱉는 말이 아니다. 바로 그런 경우에 필요한 말이다. 가톨릭 신자로서 자살이 용서받지 못할 죄인 줄 알았을 텐데 자살해야만 하는 그 심정의 어디에서 어디까지를 일러 예사스런 마음이라고 말할 수 있을까? 내가 결국 학교생활에 적응하지 못하고 입학 일 년 만에 자원입대를 신청한 것은 그 질문에 대한 답을 영영 찾을 수 없을 것 같았기 때문이었다. 그런 식으로 나는 삼촌에게도 물어볼 질문이 있었다. 뭐, 왜 어떤 인간은 자기 영혼마저 지옥에 떨어질 것을 뻔히 알면서도 그 길을 갈 수밖에 없는 것인가 같은 숭고한 질문에는 채 가 닿지도 못할 하찮은 것이기는 했다. 그래도 질문은 질문이었다. 왜 어떤 인간은 그게 죽는 길인 줄 알면서도 철부지처럼 터무니없는 오기를 부려야만 하는가? 물론 삼촌은 내가 자신에 대해 그런 의문을 느낀다는 사실은 꿈에서도 몰랐을 테다. 그처럼 그저 내 편한 대로 생각하고 한 해가 저물 무렵, 나는 삼촌을 따라 충청북도, 전라북도, 경상북도 등 삼도三道의 경계선이 교차하는 민주지산 삼도봉 부근으로 멧돼지 사냥을 떠났다. 삼도봉 경상도 쪽 초입인 해인리 산불감시 초소에서 도라꾸 아저씨를 기다리는 동안 올려다 본 산에는 구름장이 넓게 걸려 있었다.

영동군 상촌면 홍덕리 출신인 도라꾸 아저씨는 굉장히 특이한 이력을 가진, 덕유산 인근에서는 이름난 몰이꾼이었다. 그렇다고는 하나 사냥에 대해서는 아무것도 모르는 내가 그 사람을 전에 알고 있었다거나 그 이력을 전해들은 바가 있었다는 얘기는 아니다. 다만 애당초 촌부들의 눈먼 돈에, 그 다음에는 황해 비린내 풀풀 풍기는 카페 여자에게 걸었던 전 생애를 사냥으로 돌린 지 오 년째가 다 돼가는 삼촌이 그렇다고 하기에 그런 줄로 알았던 것이다. 영동군 상촌면 일대가 워낙 유명한 멧돼지 사냥터이다 보니까 도라꾸 아저씨는 어려서부터 낫 대신에 엽총을 잡았다고 했다. 그러니 얼마나 솜씨 좋은 포수였겠냐마는 삼촌의 표현대로 하자면 '어느 날 총을 꺾어버렸다'.

"힘이 장사인 모양이네요. 총이 다 꺾어지고요."

"오죽하만 두라꾸라 그러겠나. 그란데 내가 지금 진짜로 그 양반이 총을 부러뜨렸다고 하는 말이 아니라는 걸 잘 알민서 니가 까부나."

커피를 끓여 마시겠다고 석유버너에 불을 붙이느라 연신 펌프질을 하던 삼촌이 한 대 쥐어박는 시늉을 했다. 왜관 미군부대에서 빼돌린 미제 커피를 사냥터에서 타 마시는 일은 삼촌에게 그 무엇과도 비교할 수 없는 호사였다.

"여자보다 재미있다 카는 총을 그 사람은 왜 꺾었대요?"

"그 사람 오만 물어봐라. 뭐라 카는지."

"삼촌 말은 소금 뿌리가면서 들어야겠네요. 나올 때는 용 대가리같디만 우째 그래 싱겁습니까?"

펌프질을 너무 했는지 얼굴이 붉어지는가 싶더니 삼촌은 이내 호탕한 사람을 흉내내느라 껄껄거렸다. 여전히 나는 사냥과 사내다움의 거리가 얼마나 가까운지 몰랐다. 그러나 삼촌과 내 거리는 그처럼 가까웠다. 우리는 싸늘한 초소 안에서 커피를 나눠 마셨다. 유리 대신에 압정으로 박아놓은 비닐로 금방 김이 서렸다. 내다뵈는 하얀 바깥 풍경이 한층 더 희미해졌다. 아래 초소 기둥에 매어놓은 사냥개들이 컹컹 하얀 울음을 토해냈다. 그쯤에서 나는 연구를 좀더 진행시킬 생각이었다.

"삼촌만 보만 궁금한 게 하나 있는데, 물어봐도 됩니까?"

"뭔데?"

"그때 그 카페 여자 진짜 사랑했습니까?"

삼촌은 놀랐는지 커피를 조금 쏟았다. 삼촌은 얼른 속리산 산행지도가 그려진 빨간 손수건을 꺼내 입가에 묻은 커피 방울을 훔쳤다.

"왜? 너도 내가 심심풀이로 그랬다고 생각하나?"

"그때 겨우 열다섯 살이었는데 제가 우째 압니까?"

"그란데 뭐 한다고 물어보나?"

"우째 그래 쉽게 잊을 수 있는가 싶어서 그랍니다. 살림까지 차렸다 카만 그래 쉽게 잊을 수 없는 거 아입니까? 근데도 사냥 좀 배웠다고 금방 잊어먹습니까?"

"쪼만한 짜식이 어른한테 못 하는 말이 없구만. 그건 니가 나중에 질부 될 사람 데리고 오만 내가 다 얘기해주마."

"어데 집안 망신시킬 일 있어여? 그캤다가는 내 혼삿길 막히는 거 아이라여."

"썩어서 새카매진 이빨하고 시퍼런 청춘의 혼삿길은 일찌감치 틀어막을수록 좋은 기다."

사냥개들은 점점 더 크게 짖어대기 시작했다.

"삼촌 자신의 오기 때문에 사랑한 거 아입니까? 처갓집에 눌러 지내는 게 아니꼬와서 말입니다. 그러지 않고서야 어째 그래 빨리 사냥으로 돌아선단 말입니까? 그랑께 간단히 말해서 여자든 사냥이든 그래 절실한 이유는 없었던 거 아인가. 이런 질문이라여. 도대체 삼촌의 궁금적인 목적지는 어데란 말입니까?"

"나의 궁극적인 목적지에 대해서 꼭 알아야 되겠나?"

"그래야 군생활 잘할 것 같습니다."

"군대 갔다오만 가르쳐줄게."

"에이."

그때 초소의 문이 벌컥 열렸고 마침내 기다리던 도라꾸 아저씨, 말을 더 정확하게 하자면 도라꾸 할아버지라고 불러야 할 사람이 나타났다. 트럭이란 뜻의 '도라꾸'가 별명이라기에 장비를 닮은 덜퍽진 거인이 바윗덩이라도 하나 짊어지고 나타날 줄 알았더니 키도 작고 몸집도 모착한 호호백발이었다. 그런데도 둘이서 얼싸안고 인사하는 폼을 살피니 고작 사십 대인 삼촌과는 말을 놓고 지내는 듯해 어리벙벙했다. 첫인상으로는 도라꾸 축에도 끼지 못할 삼륜차에 불과한 듯 보였으나, 커피를 군용 반합에 타 마시는 것을 보고는 과연 그 용량은 도라꾸구나, 라고 감탄했다. 물론 커피 도라꾸라서 좀 안됐지만. 그렇긴 해도 눈이 마주칠 때면 싱긋거리는 모양이 참 보기 좋은 사람이었다. 커피를 마시면서 삼촌과 도라꾸 아저씨는 삼도봉 일대 지도를 펼쳐놓고 작전을 짰다. 도라꾸 아저씨가 추천하는 곳은 머구막골 북쪽 사면 중턱에 있는 리기다소나무 숲이었다.

"원래 여가 다 리기다소나무 숲이거든. 좀 생각이 있는 사람들이었다 카만 장차 목재를 생각해서 낙엽송을 심궜을 것인데. 우리 고향도 마찬가지지만 여기두 사방공사를 아주 질 낮게끔 리기다소나무로 대충 해버렸다. 당장 보기 좋고 잘 자라고 손이 덜 가거든. 나무 듣는 데서는 이런 말 못하고 멀찍하니까 하는 말이지만, 목질이 나쁜 나무가 시급한 녹화사업에는 맞을지언정 삼림육성에는 불가한데도 양지바른 곳에다가 누가 볼세라 얼른 리기다소나무를 심궜다 카는 것이야말로 이곳의 토질이 안 좋고 건조하다는 얘기고 산도야지님들이 거하시기에 퍽 좋은 곳이라는 표지판이지. 고 옆에는 칠게 밭이나 겨울 별장으로 그보다 더 좋은 곳은 없겠다. 마을 사람들을 상대로 벌인 탐문수사 결과도 내 생각과 마찬가지다. 그란데 엽견을 고작 세 마리 데려온 거라? 호식이하고 다른 놈들은 또 뭐라?"

"한 마리는 포인터. 한 마리는 아키다라. 호식이하고 아키다만 있으면 웬만한 멧돼지는 충분할 거라."

"안 될 낀데. 니 불질이 입심만큼만이라도 늘었다 카만 모르지만, 엽견 없이 멧돼지를 잡겠나 말이다."

"호식이가 멧돼지 전문 아이라."

둘은 나란히 앉아서 서로 나를 바라보면서 수선거렸다. 에라, 뭔 소리인지 모르겠다, 인간 연구나 계속하자, 그런 생각이 들었다.

"아저씨는 총을 꺾었다믄서요? 총도 안 쏠라만 여는 뭣 하러 왔습니까?"

도라꾸 아저씨는 나를 향해 눈을 껌뻑거렸다.

"이 더벅머리는 누구라?"

"조카라. 조카. 다음달에 군대 가. 싸나이의 세계가 어떤 건가 보여줄라고 데려왔지."

"아직 총도 안 잡아본 거라? 부랄에는 털이라도 났는가 모르겠네."

그 말에 삼촌은 통쾌하다는 듯이 헤헤거렸다.

"도라꾸 아저씨는 거기도 호호백발입니까?"

"이놈 참 되바라졌네."

사람이 낙낙해 보여서 내가 한 번 더 쏘았다.

"제가 되바라진 게 아이고 도라꾸가 색이 허옇게 바랬네여."

"야, 그래 너 고리삭은 않은 게 참 반갑다. 사내는 모름지기 그래 입심이 미끈하고 수월해야 하는 기다. 그래, 반갑다. 너 잘 맞춰봐라, 오늘. 눈먼 탄알이라도 경로야 어쨌든 멧돼지 찾아가기만 하만 되는 기다. 너 삼촌 닮은 입심으로 봐서는 너도 맞춰 잡기는 곤란할 것 같고 하늘보고 쏘만 우째 맞을지도 모른다."

찐 고구마까지 나눠먹으며 셋이서 그런 시시껄렁한 얘기를 한도 끝도 없이 지껄였다. 비닐창 바깥에서는 동짓달 바람이 부리나케 달려가고 있었다. 가끔 까마귀들이 그 바람을 잡아타고 머구막골 너머로 날아갔다. 툭툭 비닐을 치고 지나가는 바람 소리를 들으며 나는 인간 연구의 한 페이지에 도라꾸 아저씨도 넣기로 했다. 총을 꺾었다면서 사냥터를 기웃거리는 그 마음은 무엇일까?

산도견은 어디까지나 족보만 진돗개인 호식이었으므로 포인터와 아키다는 호식이 뒤를 따를 뿐이었다. '호식好食'이라는 작명에서 알 수 있다시피 먹을 것만 눈앞에 보인다면 사람의 지휘를 받을 개가 아니었다. 워낙 수렵을 좋아해서 인간이었다면 필시 사냥꾼이 됐을 것이라는 게 삼촌의 말이었다. 리기다소나무 숲으로 가는 동안, 삼촌은 몇 해 전 호식이와 처음 멧돼지 사냥을 나섰을 때의 경험으로 이야기의 꼭지를 땄다.

"가을 내 들에서 닭도 잡고 하고 토끼도 잡게 해서 피맛을 보게 했단 말이라. 잡는 데는 귀신인데, 일단 잡았다 카만, 사람으로 치자만 밥순갈이 주둥이에서 밀려날 때까지 처먹고 처먹은 뒤에야 입을 떼니 그거 길들이느라 을매나 고생했는지 모른다. 어야든둥 그래 맹훈련을 시키니까 슬슬 엽장에 나가도 될 정도가 됐단 말이지. 그래 요놈 머리 얹어도 되겠다 싶어서, 거 왜 황간 최사장 팀하고 무주 위에 거, 용화면에 갔어. 거기 거 무주로 어디로 해가지고 몇박 며칠을 쫓아 댕겼는가 몰라. 장이 파열돼서 피똥을 싸면서도 멧돼지 한 마리가 한정 없이 도망가. 그걸 쫓아쫓아가서 결국 잡았지. 눈 위에 피똥 떨어진 거 보고는 내가 다 잡았다 싶었던가 나중에 멧돼지 옮길 몰이꾼 보내준다 카민서 최사장 일행은 일찌감치 다른 멧돼지 찾아갔응께, 그 멧돼지 잡을 때는 나하고 호식이하고 둘이만 남게 된 거라. 엄동설한에 산 속이니까 을매나 춥나. 배도 고프고 하니까 멧돼지 잡자마자 대통竹筒을 꺼내가지고 피를 빨아 마셨는 거라. 한참 빨아 마시다가 고개를 들어보이 반대편에 호식이가 총알구멍으로 피를 마시고 있는 거라. 거기까지는 좋다 이거야. 이눔이 나를 보더니 아빨을 보이면서 으르렁거리는 거 보이 꼭지가 확 돌대. 이게 이래 봬도 엽력 삼 년차인 나를 동기동창으로 보나 싶어서. 근데 그때는 때려도 이게 피맛에 넋이 나갔으니 내가 불리하지. 그래 무라, 마이 처무라, 그래놓고서 산밑에 내려와서는 직살나게 매타작을 해버렸지, 뭐.”

제 이름이 연신 들리자, 앞서 가던 호식이가 힐끗힐끗 우리를 돌아봤다. 내린 지 하루가 지난 뒤라 입자가 굵어 눈 밟히는 소리가 무거웠다. 햇살을 받지 못해 눈빛은 약간 거무튀튀했다.

“재주는 호식이가 부렸는데 주인은 벌써 식사 도구까지 들고 뎀비니까 화가 안 나겠나. 그래 호식이한테 빨대라도 줬으면 후사받았을 낀데 말이다. 그라고 같이 사이좋게 나눠 먹었으면 그만이지, 패긴 왜 패나?”

도라꾸 아저씨가 수더분하게 싱긋거리며 말했다.

“엽장은 전쟁턴데 군기 빠지만 끝장잉께 그라지. 하지만서두 저게 그래 아무 생각이 없는 것 같아도 똑똑하기 그지없어여.”

“그게 똑똑한 거라여? 평상시에 을매나 못 먹었다믄 그래 걸신이 들었을까.”

삼촌의 말에 내가 끌끌거리며 토를 달았다.

“고구마 껍데기까지 처먹은 놈은 등가죽하고 뱃가죽이 사돈 맺었겠다, 이 자슥아. 암튼 그래도 저놈이랑 내가 동기동창은 동기동창이라. 재작년인가 무주에 멧돼지 잡으러 갔다가 올무에 걸려갖꼬 뼈가 부러진 적이 있어여. 일어나지도 못하고 자빠진 나를 보더니 호식이 놈이 냅다 도망가는 거 이이라.”

“동기동창이 전투에 임하여 배신 때린 거구만.”

“그렇지. 그래갖꼬 이눔의 새끼, 주인이 자빠졌는데도 도망갈 생각만 하다니, 하민서 혼자 산길을 기어가지고 내려갔어여. 사실 내려갔다기보다는 혼자 용쓴 것뿐이지만. 그래 가다보이까 어디서 마이 듣던 개 소리가 들려.”

“소리인즉슨 좋을 호, 먹을 식, 호식이란 말이겠지.”

"그렇지, 그렇지. 난 다친 거 보고 사람들 데리오니라고 그래 된 거라."

"촌놈들 이빨 뽑은 돈으로다가 열녀문 아니라 열견문이라도 세워줘야 할 판국이네."

"개 뼈다귀로 세운다 카만 그를 두고 금상첨화라 카는 기지."

만담도 그런 만담이 없겠다는 생각이 들 정도였다. 이 사내들은 어쩌면 이렇게 쉼 없이 지껄이기 위해서 사냥터를 찾는 것인지도 모를 일이었다. 사내들이 묵은 얘깃거리를 털어내는 동안, 겨울 나무들은 바람에 무거운 눈을 조금씩 떨어뜨렸다. 저벅저벅 걸어가다 보면 점점이 녹아내리는 눈가루들이 시야를 가렸다.

"어찌 됐건 다리 부러져서 그놈 보는데 눈물나데. 그때부터 내가 호식이에게 맹세하기를, 너 죽는 자리는 내가 반드시 봐주마 그래된 거라. 저놈하고 나하고 그 동안 그래 다친 게 을매나 되는가 몰라. 사람으로 치자면 낙동강 전선을 함께 넘은 전우라 할 수 있어여."

그쯤이면 호식이도 삼촌의 말을 알아듣는 듯 감격에 찬 눈빛으로 귀를 쫑긋 세우고 먼 산을 바라보며 걷게 마련이다. 이번에는 만담의 두 번째 주인공 도라꾸 아저씨가 나설 차례였다.

"동물들이 암것도 모르는 것 같아도 알 거는 다 안다. 우리가 멍청한 인사보고 새대가리 닭대가리 하는데 그 새대가리도 얼마나 똑똑한가 아나? 내가 한참 사냥 맛을 알 때니까 한 칠십년대 후반쯤 됐나보다. 이제 짐승 발자국 보만 대충 오냐, 대충 큰 게 얼굴만 잘생겼으만 좋았을 낀데, 이런 말도 서슴없이 나오던 때였어. 그때 권중달이라고 영동읍에서 주유소 크게 하던 양반이 있었어."

"그 사람은 엽장에서 숨을 거둔 사람 아니라."

둘이서 손발이 척척 맞는 품을 보니 서로간에 한두 번 얘기했던 사람이 아닌 모양이었다.

"그렇지 그렇지. 그 사람하고 용산면에 고라니 사냥을 나섰는데, 이이도 눈먼 총알에는 일가견이 있는지 고라니는 안 잡고 매를 잡았단 말이라. 그랑께 너맨치로 실수로 잡은 거지. 잡을라고 한 게 아이고. 그래 매가 툭 떨어지니까 퍼득퍼득대는 걸 잡을라고 왼손을 내밀다가 그냥 매가 쏜 총에 맞아 그 자리에서 밥숟가락 사요나라 하셨다는 거 아이야. 퍼득퍼득하는 바람에 매 발톱이 방아쇠에 닿은 거야. 사냥터에서는 그래가는 수도 있어여. 다 살아 있는 놈들하고 벌이 싸움이니까 그런 거지."

"사람으로 태어났으만 필시 사냥꾼이 됐을 매네요."

만담이라면 나도 빠질 수 없는 노릇. 내가 나달거리자, 도라꾸 아저씨는 나를 향해 눈꺼풀을 삼박거리더니 덧붙였다.

"그랑께, 사냥터에서는 입 단속이 최고다. 멧돼지야 십 리 밖 소리를 들응께 먼저 자기 주둥아리를 꼭 붙이는 게 첫째 일이고 자칫하다가는 인명을 살상할 수 있응께 총 구멍을 단디 틀어막는 게 둘째 일이다. 안 그라다가는 들쥐가 너를 사냥할 수도 있단 말이다. 이 자슥아!"

나는 부러 화들짝 놀라는 시늉을 해 보였다. 얘기하면 얘기할수록 도라꾸 아저씨가 왜 총을 꺾었는지 궁금하기만 했다. 무슨 마음을 먹어야지 아침에 이 닦고 세수하듯이 평생 해오던 일을 하루아침에 딱 그만둔단 말인가. 삼촌에 대한 인간 연구야 자료가 풍부해 어느 정도 끝나고 있었지만, 도라꾸 아저씨는 좀더 겪어봐야지 알 것 같았다. 어쨌거나 삼촌에 버금갈 만큼 흥미진진한 인간을 알게 됐다는 점 때문에 마음이 즐거웠다.

리기다소나무 숲이 가까워지자 도라꾸 아저씨는 눈벌에 남은 멧돼지 자취를 찾았다. 푸른 기가 도는 하얀 바람이 숲에 되튀어 붙었다. 도라꾸 아저씨가 리기다소나무 숲이 시작되는 묏등까지 가서 우리를 불렀다. 거기서 도라꾸 아저씨는 비스듬히 놓인 멧돼지 발자국을 발견했다. 아직도 생생한 게 눈 내린 뒤 밟은 자국이 분명했다. 눈이 내린 게 전날의 일이었으므로 아직 리기다소나무 숲속에 멧돼지가 은신하고 있다는 뜻이었다. 백오십 근 정도의 암퇘지로 새끼는 세 마리, 아직 따라다니는 수컷은 없네, 라고 도라꾸 아저씨가 말했다. 생각보다 큰 멧돼지였다. 잡는다고 해도 들고 내려올 엄두가 안 날 정도였다. 이 정보를 근거로 삼촌과 도라꾸 아저씨는 작전을 짰다. 일단 삼촌과 내가 바람을 안고 앉을 수 있는 묏등 아래쪽에 목을 잡으면 도라꾸 아저씨와 사냥개 팀이 리기다소나무 숲 위에서 멧돼지를 몰고 내려오기로 했다. 멧돼지가 내려올 때, 내려왔을 때, 다시 올라갈 때 세 번에 걸쳐서 삼촌이 총을 쏠 계획이었다. 나는 삼촌에게서 멀찌감치 떨어져 계곡을 따라 이어진 경사면에 놓인 차次목을 지키기로 했다. 말이 차목이지. 그쪽으로 멧돼지가 올 것 같지는 않았다.

도라꾸 아저씨는 개들을 데리고 리기다소나무 숲을 돌아 산정으로 올라가고 삼촌과 나는 맡은 목으로 들어가 저마다 오들오들 떨었다. 얼마나 시간이 지났는지 모른다. 소리개 한 마리 하늘 높이 맴도는 게 보이더니 구름이 몰려다녀 해가 보였다 안 보였다 했다. 발끝이 무감각해져 자리에서 일어나 뜀뛰기도 하고 팔운동도 하는 등 법석을 떠는데도 멧돼지를 몰아온다던 도라꾸 아저씨는 감감 무소식이었다. 눈을 가늘게 뜨고 리기다소나무 숲을 찬찬히 살펴도 움직이는 기미는 보이지 않았다. 눈 내린 숲은 달력 사진처럼 멋있었다. 햇살을 받아 점점이 반짝이는 것들이 죄다 녹아내리는 눈이었다. 솟구치는 수증기였다가, 구름이었다가, 다시 눈이었던 뭔가가 물로 바뀌는 그 순간의 아름다움이었다.

"삼촌!"

오십 미터 정도 떨어진 풀숲 속에 앉은 삼촌을 향해 내가 소리쳤다. 하지만 아무런 대꾸도 들려오지 않았다.

"언제까지 기다려야 돼여?"

그래도 대꾸는 없었다.

"이래 기다리만 뭐가 오기는 옵니까?"

그때까지도 묵묵부답이었다. 그게 얄미워서 내가 소리쳤다.

"물망초 여자 진짜로 사랑했습니까?"

"입 안 닥치나? 멧돼지가 저 위에서 다 듣는다."

왜? 어디 멧돼지가 들으면 질투라도 할까봐? 다시 소리치려다가 그만뒀다. 며칠 뒤면 입대할 처지에 눈 쌓인 산골짜기에 쪼그리고 앉아 리기다소나무 숲에서 빠져나올 생각도 하지 않는 멧돼지를 하염없이 기다려야만 한다니 스스로가 좀 안됐다는 생각이 들었다.

리기다소나무 숲에서 신호가 온 것은 사십 분도 더 지나서였다. 말이 사십 분이지. 한 네 시간은 더 흐른 것 같았다. 개 짖는 소리가 요란하게 들렸다. 십 분 정도를 더 기다렸는데 소리가 더 가까워지거나 멀어지지 않았다. 숲에서 뭐라고 사람 고함 소리가 들리더니 삼촌이 나를 불렀다. 나는 엉거주춤 뻣뻣해진 몸을 추슬러 삼촌에게 뛰어갔다.

"야, 올라오란다. 얼릉 가자."

삼촌이 엽총을 짊어지고 숲으로 뛰어갔다. 눈밭을 헤치고 뛰어오느라 숨이 턱까지 차오른 나도 허겁지겁 삼촌의 뒤를 쫓았다. 리기다소나무 숲으로 들어가보니 호식이를 비롯한 개들과 도라꾸 아저씨가 멧돼지를 향해 죄어드는 상황이었다.

"거, 밑에 멧돼지 보이나? 지금 점거농성에 들어갔다. 꼼짝도 안하고 있응께 조심조심 다가가봐라."

숲속 어디선가 도라꾸 아저씨가 소리쳤다. 개 짖는 소리만 요란할 뿐, 내 눈에는 도라꾸 아저씨도 멧돼지도 보이지 않았다.

"상현아, 너는 거 있거라. 거기서 총 들고 있다가 만약 멧돼지 뛰어나오만 총으로 갈기만 된다. 알겠나?"

삼촌의 말에 고개를 끄덕이긴 했지만, 요란한 개 소리에 이미 나는 모든 자신감을 잃은 상태였다. 부디 삼촌이 이 모든 사태를 잘 처리해주기만을 바랄 뿐이었다. 이윽고 삼촌은 개 소리가 나는 쪽으로 천천히 걸음을 옮겼다. 곧 총소리가 들리고 멧돼지 일가가 살육을 당하겠구나. 어디 잡힐 사람이 없어 사랑 하나 제대로 못 하는 삼촌에게 잡히다니. 멧돼지 일가가 좀 안됐다고 생각하는데 삼촌의 휘파람 소리가 들렸다. 개 짖는 소리가 멈추고 정적이 이어졌다. 본능적으로 나는 총소리를 기다렸다. 하지만 리기다소나무들이 바람 가르는 소리만 들릴 뿐, 총소리는 터지지 않았다. 잠시 후 비명 소리와 함께 다시 개 짖는 소리가 요란하게 들렸다. 무슨 상황인지 몰라 답답하던 찰나 도라꾸 아저씨의 목소리가 들렸다.

"그, 그, 그쪽으로 멧돼지 내려간다. 잡아라."

잡아라! 그런데 도대체 뭘 어떻게 잡으란 말인가? 와뜰한 마음에 총을 들고 위쪽을 겨누는데 산사태라도 일어난 듯 쌓인 눈이 아래쪽으로 쏟아져 내리기 시작했다. 그런 동물이라기보다는 굴러 떨어지는 바윗돌에 가까웠다. 나는 약간 튀어나온 둔덕 아래 가풀막에 있었는데, 눈을 뿌리며 둔덕 위로 나타난 멧돼지는 잠시 주위를 두리번거렸다. 어찌나 수꿀하고 얼떨하던지 멧돼지를 보자마자 나는 방아쇠를 당길 뻔했다. 하지만 엄청난 인내심으로 나는 그 욕구를 견뎠다. 바로 그때 둔덕을 따라 새끼들을 대피시키느라 경계의 눈초리를 늦추지 못하던 멧돼지와 내 눈이 마주쳤다. 나는 방아쇠를 당기고 싶은 욕망을 억누르면서 그저 총으로 겨냥하기만 했다. 쏠 수도 있었지만, 나는 쏘지 않았다. 지금 생각해도 내가 어떻게 감히 멧돼지와 마주하고도 총을 쏘지 않을 용기를 낼 수 있었는지 신기하기만 하다. 멧돼지는 뜨거운 콧바람을 내쉬면서 몸을 부르르 떨더니 나를 본숭만숭하고는 새끼들이 사라진 쪽으로 들려갔다. 멧돼지가 사라진 뒤에야 나는 총구를 허공에 대고 방아쇠를 당겼다. 그러고 나서야 나는 안정장치를 풀지 않았다는 사실을 알았다. 섬뜩하면서도 한심한 순간이었다. 만약 멧돼지가 나를 향해 달려들었다면 어떻게 됐겠는가. 나는 안전장치를 서둘러 풀고는 삼촌과 도라꾸 아저씨가 오기 전에 방아쇠를 당겨 총을 쏘았다. 내가 총을 쏘자, 뒤늦게 멧돼지를 좇아 뛰어오던 호식이와 아키다가 낑낑거리며 걸음을 멈췄다. 잠시 내 눈치를 보던 개들은 냄새를 좇아 다시 멧돼지를 향해 달려갔다. 어쩐지 호식이는 나를 원망하는 듯했다.

"우째 됐나? 총 쐈나? 잡았나?"

둔덕 위로 도라꾸 아저씨의 모습이 나타났다.

"총을 쐈는데 우째 됐는가 모르겠습니다. 절로 도망갔어여."

도라꾸 아저씨는 길게 숨을 내쉬었다.

"개들이 우짤란가는 모르겠지만, 일단 놓쳤응께 다음 목을 바라는 수밖에 없다. 원래 멧돼지 사냥은 몇 박 며칠 동안 산을 헤매민서 하는 거니까 첫 시도에 놓쳤다 캐도 너무 실망하지는 마라."

"그래도 아깝네요."

아깝기는. 다시는 멧돼지를 정면에서 보는 일이 없기만을 바랄 뿐이었다. 뒤늦게 나타난 삼촌의 몸은 온통 눈과 흙투성이였다.

"상현아, 잡았나?"

"잡을라 캤는데 하도 빨라서 놓쳤어여."

"하, 정말 크네. 백오십 근도 더 넘겠는데. 한 삼백 근 안 되겠어여?"

"거 머리에 눈이나 털어라. 새 잡나? 날치꾼도 아이고 자빠지가꼬 우째 총을 쏘나?"

"포위했단 카디만 누가 그래 확 튀어나올 줄 알았나. 뛰어가다가 그눔이 확 튀어나오는 바람에 간 떨어지는 줄 알았다캉께."

"무당이 깔아놓은 멍석 탓한다 카디만 된불을 날리지는 못할망정 사냥꾼이 사냥감에 놀라 자빠지는 일이 어데 있나?"

"하, 삼백 근은 넘겠지?"

"백오십 근이라캉께."

자꾸만 근수를 말하는 삼촌을 쏘아붙이더니 도라꾸 아저씨는 내게 말했다.

"그래도 너는 소질이 좀 있는갑다. 선불질이라 캐도 웬만해서는 멧돼지 첨 보고 총 쏘기 힘든데. 혈흔도 없는 거 봉께 진짜 맞지는 안 했는 모양이고."

계속 멧돼지 일가를 쫓아가는지 개 짖는 소리가 요란하게 골을 울렸다. 멧돼지 얼굴 한 번 본 것으로 그만하면 멧돼지 사냥도 해볼 만큼 한 듯한 느낌이 들었다. 뛰어다니느라 해토머리 때 봄물 흐르듯이 긴장이 풀어졌다. 하지만 사냥개들이 멧돼지를 봤으니 진짜 사냥은 그때부터 시작이었다.

리기다소나무 숲을 지나 우리는 밤나무 한 그루가 솟은 개활지에 섰다. 리기다소나무 숲을 파고드는 파도 모양으로 비탈이 층층이 고랑을 만들고 있었다. 멧돼지와 사냥개의 발자국이 허물어 내리는 듯한 고랑의 물결을 거슬러 위를 향해 어지럽게 흩어져 있었다. 사투死鬪의 길은 꼬불꼬불 이어지다가 어느 순간 고랑을 세로로 파고드는 길고 너른 흔적으로 바뀌었다. 사냥개들이 멧돼지의 궁둥짝을 물고 늘어진 흔적이라고 설명하는 도라꾸 아저씨의 입에서 연신 입김이 쏟아졌다. 가파른 고랑을 뛰어올라가기란 그처럼 힘에 부친 일이었다. 밭고랑이 끝나는 둔덕 너머로 개 짖는 소리가 점점 커졌다. 그곳은 또 다른 리기다소나무 숲이 있는 사유지였다. 경계선을 따라 이 미터 간격으로 사각 콘크리트 기둥을 박아놓고 거기에 철조망을 둘렀다. 그런데 그 콘크리트 기둥 하나가 숲 쪽으로 쓰러져 있었다. 하얀 눈 위로 검은 흙이 파헤쳐진 모습을 보니 금방 쓰러진 게 틀림없었다. 요란스럽게 개 짖는 소리가 숲 안쪽에서 울려 퍼지고 있었다. 삼촌은 어깨에 멘 총을 오른손으로 잡고 철조망을 뛰어 넘어 숲으로 들어가더니 개 짖는 소리가 들려오는 쪽으로 달리기 시작했다. 삼촌의 앞쪽으로 나무들이 심하게 흔들리면서 쌓인 눈이 흩날렸다. 삼촌은 그 눈가루 속으로 빠져들고 있었다. 그 뒤를 도라꾸 아저씨가, 그 뒤를 내가 좇았다. 개 짖는 소리, 뭔가 딱딱 부딪치는 소리, 우리의 발걸음 소리, 내 몸 안에서 들리는 심장 뛰는 소리가 두서없이 귀를 메웠다.

어둡고 음울한 리기다소나무 숲 한가운데에서 삼촌은 총을 겨누고 서 있었다. 삼촌의 양 옆으로 호식이와 아키다가 큰 소리로 짖어대며 서 있었다. 삼촌 주위로 개들의 입김이 하얗게 피어올랐다. 우리는 거기까지 가서야 비로소 상황을 알 수 있었다. 우리와 멧돼지 사이에는 뒷다리가 모두 부러진 새끼 한 마리가 힘겹게 어미 쪽으로 기어가고 있었다. 호식이와 아키다는 감히 어미 멧돼지는 공격하지 못하고 다리 관절이 끊어져 어미를 못 쫓아가는 새끼만 노릴 뿐이었지만, 어미가 지키고 선 까닭에 그도 여의치 않았다. 게다가 개들도 이미 상처를 입고 하얀 눈 위로 피를 흘리고 있었다. 철조망에 걸렸는지 아니면 개들에게 물렸는지, 자신을 겨눈 삼촌을 마주보는 어미 멧돼지의 찢겨진 코나팔에서도 피가 뚝뚝 흘렀다. 멧돼지에 압도당한 개들만 요란하게 짖어댈 뿐, 삼촌과 멧돼지는 옴쭉달싹하지 않고 서로 쏘아볼 뿐이었다. 그때까지도 리기다소나무는 가루 같은 눈가루를 조금씩 떨구고 있었다. 마치 삼촌과 멧돼지 사이에 하얀 커튼을 드리우듯. 조금 전까지 분노가 머리끝까지 치민 멧돼지가 좌충우돌 리가다소나무와 부딪혔기 때문이다. 삼촌은 멧돼지에게 시선을 고정시킨 채, 천천히 안전장치를 풀었다. 관절이 부러진 새끼가 엉금엉금 어미 쪽으로 기어갔다. 삼촌의, 코에서 하얀 김이 가늘게 뿜어졌다. 그리고 몇 초간의 침묵.

"내리온다, 쏴라 쏴!"

도라꾸 아저씨가 소리쳤다. 그 말을 신호로 십여 미터 떨어져 있던 어미 멧돼지가 삼촌을 향해 달려들었다. 삼촌은 총을 겨눴다. 삼촌은 멧돼지의 진행 방향을 따라 총신을 내렸다. 삼촌은, 그러나 끝내 방아쇠를 당기지 못했다. 삼촌의 몸이 비명 소리와 함께 순식간에 허공으로 솟구치는가 싶더니 이내 눈바람을 일으키면서 한쪽으로 나가떨어졌다. 이번에는 사냥개들이 멧돼지의 엉덩이 쪽으로 돌아서서 맹렬하게 짖어대며 공격을 시작했다. 가까스로 호식이가 어덩이를 물고 늘어졌으나 떨쳐내려는 생각으로 멧돼지가 몸을 부르르 떨어대자 역시 나가떨어지고 말았다. 삼촌과 마찬가지로 코나팔에 정면으로 부딪힌 아키다는 던져진 고양이처럼 몸을 뒤틀면서 오 미터 남짓 날아가더니 깽깽거리며 땅바닥에 나자빠졌다. 그 바람에 눈가루가 일어 숲속에 하얀빛이 떠다녔다. 그 하얀빛 사이로 번뜩이는 멧돼지의 눈이 보였다. 그때 총소리가 리기다소나무 숲속을 울렸다. 숲을 뒤흔드는 새청을 내지르며 멧돼지가 풀썩 주저앉았다. 내가 쐈는가? 아니다. 정신을 잃은 듯 한쪽에 쓰러진 삼촌이 쐈는가? 아니다. 그럼 호식이가, 아키다가? 아니다, 아니다. 삼촌의 총을 주워든 도라꾸 아저씨였다. 도라꾸 아저씨는 거칠게 숨을 몰아쉬면서 주저앉은 멧돼지를 바라봤다. 한동안 앉아서 눈만 껌뻑이던 멧돼지를 바라봤다. 한동안 앉아서 눈만 껌뻑이던 멧돼지는 비틀비틀 다시 몸을 일으켜 세웠다. 어깨 쪽에 총상을 입은 멧돼지는 하얀 콧김을 내뿜으며 도라꾸 아저씨에게 다시 달려들 기세였다. 그런 멧돼지를 바라보면서 도라꾸 아저씨는 또 총을 쏘았다. 이번에는 멧돼지 뒤쪽 리기다소나무를 향해서였다.

"가라, 가! 너 새끼들하고 빨리 가! 미련스럽게 뎀비지 말고."

그래도 멧돼지는 미련을 버릴 수 없다는 표정이었다. 도라꾸 아저씨는 다시 한번 총을 쐈다. 멧돼지는 피를 흘리며 리기다소나무 숲 깊숙한 곳으로 사라졌다. 멧돼지가 뛰어간 자리에는 하얀 바람만 남았다.

"글쎄, 그 놈의 눈을 봉께 잠시 잠깐이마나 옛 생각이 모락모락 피어나는 거라. 그랑께 야는 잘 모르는 얘긴데, 내가 어떤 여자 찾아서 저 경주하고 감초까지 간 적이 있어여."

"어, 물망초 윤마담 말이라. 그야 시내 산다 카만 세 살 먹은 얼라들도 아는 얘긴데 야가 와 모르나?"

포인터를 제외한 호식이와 아키다 부상에다가 삼촌은 다리가 골절. 우리는 완전히 패잔병 꼴로 밭 둔덕에 앉아 아래쪽 리기다소나무 숲을 바라보고 있었다. 쏠 시간이 충분했는데 왜 멧돼지를 쏘지 않았느냐고 묻자, 삼촌은 느닷없이 물망초 얘기를 꺼냈다. 다리까지 부러진 마당에 다시 만담을 시작하겠다는 속셈인 것 같았다.

"내가 감포까지 따라간 거는 모른단 말이지. 야는 나보고 그때 왜 안 따라갔어요, 카는데 따라갈라 카만 내개 왜 못 따라가겠나? 감포라 캐봐야 하룻저녁이만 갔다 오는 길인데."

삼촌은 옆에 앉은 나를 흘낏 바라보더니 말했다.

"감포에 언니 산다 캤웅께 거기 간 줄은 다 알고 있었던 거고."

"그래, 입 놀릴 기운이 있다 카만 얼룽 내리가서 병원에나 가자."

"이깐 노무 다리, 어데 한두 번 부러졌능가. 왜 총을 안 쐈나 캉께 하는 얘기 아이라."

"그래, 다리 빙신 되는 한이 있다 캐도 오매불망, 잊지 못할 물망초 얘기 실컷 해봐라. 그게 니 다리지, 내 다리는 아닝께."

숲 너머로 까치들이 날개를 펼치며 활강했다. 눈 내리면 까치들은 어디서 먹이를 구할까.

"그 여자 떠난 거 보고 그 길로 바로 감포로 따라갔어여. 칼 하나 가슴에 품고 말이지. 어데, 진짜 칼 말이라. 그날 저녁에 동해바다 보민서 둘이서 술을 한정 없이 마셨어여. 속이 부글부글 끓는데 술 들이붓는다고 어데 취하나? 한참을 마시고도 또 마시다가 이래 얘기했다. 잘 들어봐라. 나는 내 인생뿐만이 아니라 니 인생까지 떠메기로 작정한 삶이다. 우리 집안 사람이고 누구고 간에 니는 말을 들으만 안 된다. 내말을 들어야 된다. 왜냐? 나는 기꺼이 니 인생을 떠메기로 작정한 사람이니까."

"다 늦게 청춘극장 찍느라 애썼구먼."

"청춘극장보다 더 짠하지. 그라고 내가 말했어여. 그랑께 니는 내 말을 듣는 시늉이라도 해야 한다. 나는 니를 사랑한다. 니도 나를 사랑하나? 끄덕이지. 고개를 끄덕이지. 그란데 니하고 나는 이 생에서는 도저히 맺어질 수 없는 사이다. 또 끄덕이지. 그때 탁 칼을 꺼내가지고 내가 말했어여. 그라만 오늘로 니하고 나하고는 생을 마감하는 기다. 나는 원도 없고 한도 없다. 니는 어떠나?"

"하이고, 조카 듣는데 창피하지도 않나? 뭔 사설이 그래 기나?"

"왜 안 쐈느냐고 물어봉께 안 그카요? 무서워서 안 쏜 게 아이란 말이라. 들어봐. 그캉께 그래 그 여자가 펑펑 울민서 고개를 끄덕끄덕해. 죽겠다는 말이지. 그래 둘이 여관 잡고 안 들어갔나. 그란데 여관 강께 이 여자가 두 손을 싹싹 빌민서 막 울어. 살리달라는 거야. 술도 취한 김에 그거 봉께 화가 머리끝까지 오르데. 애시당초 나도 죽겠다, 죽이겠다, 뭐 이런 마음은 없었는가도 몰라. 칼 들고 찾아간 기야 나는 니를 그래 사랑했다. 그란데도 나를 버리고 떠나나, 뭐 이런 마음을 극단적으로 표현한 거지. 근데 진짜 내가 지를 죽인다고 생각했던 모양이지. 그랑께 펑풍 울민서 살려달라고 그래 싹싹 빌었겠지."

통증이 오는지 삼촌이 인상을 찌푸렸다.

"그란데 살리달라고 하는 꼴을 봉께 진짜 죽이고 싶데. 안 그라요? 안 그렇겠나? 같이 죽자고 사랑했는데 그카만 안 그라겠나?"

청춘극장 결말이 영 두고 못 보겠네요. 삼촌의 다리만 부러지지 않았어도 그렇게 말하고 싶었으나 상황이 상황인지라 나는 입을 다물었다.

"그래 또 호기를 부려가지고 진짜 너 죽고 나 죽는다며 칼을 꺼내는데, 이 여자가 주머니에서 약병을 꺼내. 뭔 약병이냐고? 그게 수면제 모아놓은 약병이라. 수면제 모아놓은 약병이라고!"

한심한 광경이랄 수밖에 없으나 삼촌이 느닷없이 소리를 버럭 질렀다.

"귀 먹은 사람 없응께 살살 얘기해라."

"그게 안 그래여? 나는 장난으로 칼 꺼내고 지랄 떨었는데 이 여자는 수면제 약병 꺼내민서 한다는 소리가 지도 죽고 싶었다고. 몇 번을 죽을라 캤다고. 그란데 도저히 용기가 없어서 죽을 수 없었다고. 그랑께 한 번만 살리달라고 싹싹 비는 거라. 사람 미치고 환장하는 노릇 아이라."

비극적인 모든 청춘극장의 결말 부분이 그렇듯 삼촌의 눈에 눈물이 고였다. 그것도 단숨에 잔뜩 고였다. 그게 텔레비전 연속극의 결말이었다면 나는 한껏 비웃어줬을 것이다. '통속'이라는 부모는 늘 돌아서면 마를 눈물이나 낳을 뿐이니까. 하지만 오 년 뒤에 터진 삼촌의 그 눈물은 도대체 어느 호적에 올라 있었던 것일까?

"그래 그 여자 내 가슴에서 떠나보낸 기라. 그제서야 알았지. 우리가 진짜 우리로 사는 인생이 을매나 되겠어여. 다 그림자로 살아가는 인생 아이라여? 그란데 그 여자하고 살았던 시절은 그대로 내가 나로 살았던 시절이구나. 그걸 개달은 거라. 그 여자 여관에 버려두고 밤이 늦어 감포에서 경주까지 걸어갔지. 달도 참 밝은 밤이라. 한 손에 수면제 약병 들고 미친놈처럼 밤길을 하염없이 걸었다. 로버트 프로스트의 불흐의 명시「더 로드 낫 테이큰」을 읊으민서 말이라. 투 로드 디버지드 인어 옐로 우드, 엔 쏘리 아이 쿠드 낫 트래블 보쓰…… 이 불후의 명시가 그래 통속적인 시라 카는 거를 나는 그때 처음 알았다."

다친 자리가 아픈지 온갖 인상을 쓰면서도 삼촌은 또 '앤 비 원 트래블러 롱 아이 스투드'라고 중얼거렸다.

"총을 왜 안 쐈냐고 물응께네 지금 뭔 귀신 씻나락 까먹는 소리하나? 지금 씨부리는 게 시가?"

"그랑께 그 멧돼지 봉께 그 여자 살리달라 카민서 싹싹 빌던 눈동자가 생각이 나서……”

도라꾸 아저씨가 한숨을 길게 내쉬었다.

“멧돼지 눈텡이 보고 옛날 애인 눈동자 생각나서 총 못 쐈다 카는 얘기는 참 거룩하기는 하나 내 불질 사십여 년 만에 첨 듣는 얘기라. 놀랠 노자다. 허튼 소리 말고 이제 일어나라. 빨리 내리가서 근천 병원이라도 가자.”

“몰라여, 몰라. 내 가슴속이 붉은지 푸른지 아무도 몰라.”

소매로 눈물을 훔친 삼촌은 마지못해 도라꾸 아저씨의 등에 업혔다. 나는 총을 양 어깨에 메고 부상당한 사냥개들과 함께 뒤를 따라 걸었다. 우리는 밭고랑을 지나 아래쪽 리기다소나무 숲으로 들어갔다. 숲속은 서늘했다. 묘한 침묵이 숲을 가득 메우고 있었다. 밟고 올라온 눈길을 되밟으며 우리는 조금씩 걸음을 옮겼다. 두 번째 리기다소나무 숲을 지나는 동안, 내 마음속에는 궁금증이 일었다. 감정 정리를 하는지 삼촌은 만담도 더 이상 이어지지 않았으므로 나는 궁금증을 참지 못하고 말했다.

“그란데 도라꾸 아저씨는 아까 왜 멧돼지를 안 죽였어여? 아저씨도 쏠 수 있었잖아여?”

내 물음에 도라꾸 아저시는 영 딴소리였다.

“호식이가 새끼 관절 물고 늘어진 모양이라. 그라만 어미가 도망 못 가거든. 엽견 중에는 그런 짓 하는 놈들 참 많아여.”

“저게 원체 영물이라 캉께.”

코맹맹이 소리로 흘쩍거리며 삼촌이 말했다. 조금 전까지 사랑이 어쩌네 수면제가 어쩌네 징징거리던 삼촌이 주인을 닮아 어디가 부러졌는지 오른쪽 뒷발을 들고 껑충껑충 뛰어가는 놈을 가리켜 영물 운운했다. 호식이 얘기가 나오니까 또 만담을 시작할 모양이었다. 삼촌 가슴속은 암만해도 푸른색인가보다.

"하지만 그건 암수暗數라. 그런 암수를 쓰만 안 되는 거라. 나도 한때 그 이름도 아름다운 물망초 윤마담까지는 못 되더라도 헛된 공명심에 눈이 먼 적이 있어여. 불질 잘한다고 알려지만 여기저기서 해수구제해 달라고 부르는 일이 많다 캉께. 가서 잡아주만 영웅되고 참 재미나지. 근데 한번은 을매나 대단하던지 새끼를 몰고 다니민서도 손아귀 사이로 모래알 빠지듯 몰이꾼들 사이로 잘도 피해다니는 놈을 만난 적이 있어여. 삼백 근도 넘을까. 엄청시리 대형 멧돼지였는 거라. 그런 놈 어데 다시 만나겠나. 무려 육박 칠일 동안 그놈을 쫓아댕겼응께 말 다 한 거지. 그라고 봉게 안 되겠더라. 어느 순간부터 요놈이 나 갖꼬 노나. 그런 생각이 들데. 지금 생각하만 틀린 생각이지. 살겠다고 도망가는 멧돼지 신세에 어데 사냥꾼을 갖고 놀겠나? 사람이든 짐승이든 숨탄것 목숨이 그래 우스운 게 아인데 말이라. 그란데 그런 생각이 한번 드니까 눈에 보이는 게 없는 거라. 우쨌든 잡아죽이겠다는 생각뿐이지. 그래서 다음부터는 어미가 아이라, 새끼를 죽였어. 보이는 족족 쏴 죽였어여. 그래, 암수지 암수. 한 다섯 마리쯤 죽였을 끼라. 그때가 초가을잉께 아직도 새끼들 등에 줄이 쫙쫙 그어져 있을 때였어여. 한 두어 방 쏘만 새끼들은 꿈틀꿈틀하다가 죽어버리여. 멀이 있어도 호수號數 작은 산탄으로 쏘만 되니까. 어미는 산탄이 박혀도 괜찮다 캐도 새끼들은 어미 보는 눈앞에서 픽픽 쓰러지지."

새끼만 노리고 다섯 마리쯤 죽인 뒤에 도라꾸 아저씨는 일행에게 돌아가자고 말했다고 한다. 그때는 이미 능선을 따라 북쪽으로 삼십 킬로미터 정도는 올라간 뒤였다 도라꾸 아저씨는 며칠간의 사냥으로 거지꼴이 된 채 그냥 돌아갈 수 없다고 불평하는 일행을 이끌고 다시 능선을 따라 돌아오기 시작했다.

"사람들이야 몰랐지만 나는 알고 있었다. 필시 쫓아온다는 거를 말이라. 뭐긴 뭘, 어미 멧돼지지. 우리가 새끼들을 들쳐메고 가니까 어미가 계속 그래 일정한 간격을 두고 쫓아왔어여. 죽을 줄 알민서도 계속 그래 쫓아오더라. 그래, 한 여섯 시간을 걸어가다가 새끼들 내리 놓고 다시 몰이를 시작했어여. 그래갖꼬? 잡았지. 죽을라고 쫓아온 놈이니까. 그란데 봐라, 잡는 그 순간에 나도 너맨치로 그놈하고 눈이 딱 마주쳤다. 그 눈에 뭐가 보였는가 아나? 아무것도 안 보이더라. 텅 비었더라. 결국 너는 못 쐈지? 나도 한참을 못 쐈다. 그래 벌써 죽은 놈이라 카는 거를 아는 이상은 못 쏘는 거라. 쏘만 안 되는 거라. 하지만 일행이 지켜보는데다가 공명심도 있응께 안 쏠 수가 없었다. 살아생전 총 한 번 제대로 안 쏘고 잡은 멧돼지는 그게 처음이자 마지막이라."

녹아내리는지 멀리 가지에 쌓였던 눈무지가 쏟아지는 소리가 들렸다.

"그래 총 쏘기 전에 벌써 죽은 놈이라 카만 나는 도대체 뭘 쏴 죽인 거겠나? 마을에서 영웅대접 받고 집에 돌아와 며칠을 끙끙 앓다가 깨달았다. 잘못했다, 잘못했다. 아무래도 총을 쏘만 안 되는 거였다, 이런 생각이 머릿속에서 떠나지 않더라. 그라고 보만 그날 내가 잡은 거는 정녕 멧돼지가 아니었던 거지. 이래 산에 오만 쓸모적은 나무나마 리기다소나무도 살아가도 청솔모도 살아가고 바람도 쉼없이 움직이지만, 정작 그 멧돼지는 이미 죽은 거였응께 말이라."

"그라만 아저씨가 그때 쏴 죽인 거는 뭐라여?"

우리는 리기다소나무 숲을 빠져나왔다. 하얀빛과 성긴 겨울햇살이 투명하게 서로 뒤엉키고 있었다. 도라꾸 아저씨는 코를 한번 훌쩍였다. 눈 밟는 소리와 사냥개들이 끙끙거리는 소리만 사이를 두고 들릴 뿐이었다.

"그래 나는 한 번 죽었다."

도라꾸 아저씨는 또 딴소리였다.

"너는 색이 허옇게 바랬다 카지만 내가 너만할 때만 해도 짐승을 얼마나 많이 잡았는가 모른다. 그때는 겁이라는 걸 모르고 살았다. 언제 어떻게 죽을지 모르는 엽장 인생이었다마는 죽고 사는 거 그렇게 개의치 않았어여. 그란데 그 일을 겪고 난 뒤로는 짐승들한테 도통 총부리 겨눌 수가 없게 됐단 말이라. 왜 그카겠나? 내 눈에도 물망초 윤마당 같은 게 보였단 말이겠나? 내가 왜 그카는지 너는 알겠나?"

"부랄에 털도 안 났는데, 제가 우째 압니까?"

"저 봐라, 리기다소나무도 있고 직박구리도 있다. 저래 다 살아가고 있는 거라. 산 것들 저래 살아가게 하는 일이 을매나 용기 있는 인인가 나는 그때 다 깨달았던 기라. 내가 해수구제한다꼬 싸돌아다니민서 짐승들 쏴 죽인 것도 용기 있어서가 아이라 나하고 마누라하고 애새끼들하고 먹고 살아갈라고 그런 거라는 걸 그때야 알게 된 거다. 그것도 모르고 나는 영동군 상촌면 홍덕리 도라꾸가 세상에서 제일 용감한 사냥꾼인 줄 알았던 거라. 그라고 나니까 어데 약실에 돌맹이 하나도 못 집어넣겠더라."

삼촌을 등에 업은 도라꾸 아저씨는 지친 기색도 없이 눈 쌓인 산길을 터벅터벅 걸어 내려갔다. 아저씨의 말은 알 듯 말 듯했다.

"내가 니 삼촌을 왜 좋아하는가 아나?"

"좋은 말상대니까 그런 거 아이라여?"

"멧돼지 눈 보고 옛날 애인 생각나서 총 못 쏜다 카는 사람 아이라. 그래 내가 니 삼촌 좋아하는 거라. 내가 뭔 소리 하는가 알겠나?"

"지금 뭔 소리 합니까? 이것도 만담입니까?"

내가 진심으로 되물었다 하지만 도라꾸 아저씨가 대꾸하기도 전에 등에 업힌 삼촌이 다시 프로스트의 시를 읊기 시작했다. 투 로드 디버지드 인어 옐로 우드, 앤 쏘리 아이 쿠드 낫 트래블 보쓰. 액자 가게에 내걸린 통속화 속의 풍경처럼 우리 앞으로 눈 내린 해인리가 한눈에 펼쳐졌다. 엔 비 트래블러 롱 아이 스투드…… 악을 써대며 시를 읊는 삼촌의 목소리가 온 골짜기로 울려퍼졌다.

#09

혼융된 실재와 허구 속의 인간

#09

혼융된 실재와 허구 속의 인간

현재 우리가 살아가는 실재 세계에서 사이버 공간이 차지하는 비중은 매우 높다. 우리는 실재 공간에서 처리해 온 다양한 일을 사이버 공간에서도 수행하고 있다. 예컨대 문서 작성, 우편, 대화, 사진 앨범, 일기 등을 워드프로세스, 이메일, 메신저, 블로그, SNS와 같은 사이버 공간을 통해서 영위한다. 나아가 e-스포츠 게임, 스크린골프, GPS, 각종 시뮬레이션, 원격의료시스템 등을 통해 실재와 허구가 혼융된 세계 속에서 삶을 이루고 있다. 우리는 PC통신의 시대를 지나 스마트폰의 시대를 맞이하여 현실공간과 가상공간이 혼융된 상황에 직면한 것이다. 그리하여 사이버 공간에 대한 우리의 인식은 '가상'이 아닌 또 다른 '실재'로 내재화되고 있다.

문학의 세계는 실재하는 세계를 반영하는 한편 인간이 상상해 낼 수 있는 세계 즉 가상 세계를 문학의 배경으로 삼기도 한다. 문학의 가상 세계가 예전에는 꿈, 우주, 시간 여행, 동식물과 사물의 의인화와 같은 신화적 상상력에 바탕을 둔 것이었다면, 현대 문학의 가상 세계는 이상에서 말한 전통적인 상상력을 포함하여 사이버 공간이 현실화된 세계까지 아우른다. 사이버 공간에서 처리되는 모든 가상/허구가 단순히 문학의 소재 차원을 넘어 문학의 주제와 철학적 함의로까지 확대되고 있는 것이다.

그리하여 현대문학은 가상과 현실의 경계가 무너지고, 나아가 가상과 현실이 전도되는 상황을 형상화한다. 최첨단 기술의 산물인 인공지능로봇, 안드로이드인간 등의 기계 문명이 문학의 주요한 관심사가 되는 것이다. 또 판타지 문학으로 통칭되는 장르문학을 통해 현실의 논리를 무너뜨리고, 인간 친화적인 외계인, 뱀파이어, 괴수가 작품의 주인공이 되기도 한다. 또한 현실과 실재가 혼융된 세계 속의 새로운 인간상, 가치관, 세계관에 대한 모색 및 정립이 이루이지기도 한다.

한편 사이버 공간을 영위함으로써 나타난 변화된 인식 혹은 왜곡된 인식은, 실재 세계인 3차원의 시공간에서는 명확하게 변별적이고 논리적인 사건의 질서 체계를 어그러뜨리기에 이른다. 실재보다 더 실감나게 구사된 각종 시뮬레이션은 날씨와 상관없이 골프를 즐기게 하고 집안에 앉아서 호주 골드코스트의 해변을 거닐게 한다. e-스포츠 게임이 대중적인 인기를 얻으면서 게임의 가상세계와 현실세계의 차이를 명징하게 구분하지 못하는 사람들이 생겨나기도 한다. 그래서 실재와 가상을 구분하지 못하는 데서 오는 착란현상이 사회적 문제를 유발하는 각종 비행의 원인이라는 오명을 둘러쓰기도 한다. 또 소위 막장 드라마로 분류되는 서사의 플롯에 익숙해진 사람들은 그 이야기가 그렇게 비현실적인 것만은 아니라고 생각하기도 한다.

이러한 비논리적 인과관계는 매체 자체의 문제라기보다는, 가상/허구의 시공간이 실재 세계와 유착된 문제라고 보아야 할 것이다. 그렇기 때문에 우리는 문학 작품을 통해 오히려 실재 세계에 대한 문제적 인식을 끌어내어야 한다. 다시 말하면 현실공간과 가상공간 사이에서 분열된 정체성을 확인하고, 현실세계에서 소통하지 못하는 왜곡된 인간관계를 성찰할 필요가 있다. 아울러 어그러진 논리적 인과관계를 직시하고, 현실과 가상의 가능성과 불가능성을 재인식하여, 우리의 실재적 삶에 효율적으로 적용할 수 있어야 한다.

앞서 말했듯, 사이버 공간은 IT기술과 스마트폰의 혁신적 대중화에 힘입어 우리의 일상이 되어가고 있다. 생활을 편리하게 만들고 업무를 빠르게 처리하여 인간을 자유롭게 하는 첨단 기술을 그 해악성만 강조하여 배제할 필요는 없다. 사이버 공간의 탈권위적, 탈중앙집권적 특성은 사회의 비주류로 취급받아온 여러 형태의 목소리를 공론화하여 삶의 다양성을 증명하기 때문이다. 이를 가장 신속하게 받아들이는 예술이 문학인 것을 주지한다면, 디지털 시대에 문학을 더욱 가까이 해야 할 당위성이 분명해진다.

요컨대, 다성적 면모를 지닌 디지털 시대에, 문학은 새로운 패러다임과 매체적 상상력을 통해 기존의 문학적 의미, 양식, 경계, 범주들을 해체시키거나 변용시켜가고 있다. 아울러 현대문학은 우리의 삶에 두루 편재된 가상현실을 다시금 일깨우면서 문제성을 확보해나가고 있다. 이는 문학에 대한 새로운 가능성과 도전의 장이 되고 있다.

아날로그의 뇌

최은묵

나는 모노타입의 유전자로 태어났다

왜곡된 데이터는 톱니바퀴에 낀 녹 때문이다 태엽은 풀렸고 노이즈는 발생하지 않을 것라 믿었다

전원을 끄고 잠든 당신의 숨소리는 연속적 신호다 오류에 둔감한 나는 시계바늘처럼 곁에서 적당히 돈다

디지털은 눈물이 없다
눈물은 아날로그의 오류

좌표를 지운 섬에서 살았다
0과1이 두려워 세상의 모든 질문에 아날로그로 대답했다

점심을 굶고 구입한 건전지 두 개로는 뇌를 작동할 수 없어
지금 얻은 데이터는 불편하다

초기화는 배우지 못한 기술이다
덮어쓸 수 없으니 밀어내기로 한다

디지털의 위장을 지닌 당신에게 아날로그로 체온을 전송했다

상처를 노이즈로 읽는 건 오해다

다시 태엽을 감은 이유는 가슴 때문이다 내 유전자는 여전히 모노타입이다

식탁이 밥을 차린다

김승희

식탁이 밥을 차린다
밥이 나를 먹는다
칫솔이 나를 양치질한다
거울이 나를 잡는다 그 순간 나는 극장이 되고
세미나 룸이 되고
흡혈귀의 키스가 되고
극장에서 벌어질 수 있는 여러 가지 일들이
거울이 된다
캘빈 클라인이 나를 입고
니나리치가 나를 뿌린다
CNN이 나를 시청한다
타임즈가 나를 구독한다
신발이 나를 신는다
길이 나를 걸어간다
신용카드가 나를 소비하고
신용카드가 나를 분실 신고한다
시계가 나를 몰아간다 저속 기어로 혹은 고속 기어로
내 몸은 갈 데까지 가보자고 한다
비타민 외판원을 나는 거절한다

낮에는 진통제를 먹고
밤에는 수면제를 먹으면 된다
부두에 서 있고 싶다
다시 부두에….
시티 은행 지점장이 한강변에서 음독 자살을 하고
시력이 나쁜 나는 그 기사를 읽기 위해
신문지를 얼굴 가까이 댄다
신문지가 얼굴을 와락 잡아당겨
내 피부에서 떨어지지 않는다
하는 수 없이 나는 그 신문이 된다
몸에서 활자가 벗겨지지 않는다

오래된 싸이월드

박진성

버드나무 그늘 밟으며 네가 앉아 있는 그 자리. 떠난다는 문자메시지는 그늘을 더욱 넓게 자신의 것으로 만든다. 대낮에도 문을 안으로 걸어 잠그고 형광등 불빛 반짝이는 네 집을 인화하면

만져진다, 네 발톱에서 미끄러지는 나의 지문들, 소용 돌이친다

몇 해 동안 네 집은 비었다. 스팸 메시지들 먼지처럼 쌓여 내 마음 캄캄할 때 말끔해진 네 집 창문 웃는 네 얼굴이 생사生死를 확인시켜줄 뿐, 사랑은, 잘못 온 메일이거나 악성 코드 치료를 가장한 악성 코드였다

소심한 불안에 업혀 포맷처럼 오전 열한시의 잠이 밀려올 때 아득하구나 나의 골방 몇 통 편지를 쓰며 추위를 더욱 단단하게 얼리는 법을 알게 되었지

겨울 깊어지면 삭발한 버드나무 앙상한 네 집을 클릭한다 쿨럭 쿨럭 가래를 뱉어낸 입으로 사랑한다 사랑한다 폐부 깊숙이 차오르는 오래된 땅 넓은 침묵을 가진 네 집.

윈도우 종료음과 함께 침대에 몸을 누이면 천정天井에서 쏟아지는 맑

은 그늘들, 네 집을 이불 속까지 끌고 들어와 네 웃음 머무는 버드나무 그늘을 불면의 잠 속으로 밀어 넣는데

내가 살아 있다는 증거는 네 집을 클릭하는 오래된 습관뿐, 방문 열면 거대한 버드나무가 잎잎마다 네 웃음 매달고 쳐들어오는데

이 별의 재구성 혹은 이별의 재구성

안현미

나하고 나 사이에 늙고 엉뚱한 종족들이 있지 내 별로 놀러 오는 나들 나들 때문에 그 종족들은 불편하다고 불평하며 불안했어 불만이 가득한 얼굴이었지만 사랑했지 난 정드는 게 특기니까 하루가 영원 같고 영원이 하루 같은 무협 판타지 같은 날들이었어 난 그날들을 CD로 구웠지 구워진 CD 속에서 난 무릎이 아팠어 너무 많은 감정을 과소비하고 게다가 너무 많은 눈물을 삭제했으니까 수만년 전부터 이 별은 아팠어 늙고 엉뚱한 종족들은 이 별의 종말을 전지구적으로 살포하면서 우리 종족의 언어를 모두 쓰레기통에 넣고 서둘러 이별하고 싶은 눈치였지만 우리 종족의 위대함은 휴지통이라는 아이콘에 있지 '복원'이란 단추를 내장하고 있는 그러니까 이별을 이 별로 굽거나 이 별을 이별로 굽는 따위의 일은 우리 종족에겐 식은 죽 먹기보다 쉬운 일이란 거지 고통을 선택할 수는 없다, 그러나 고통을 받는 방법은 선택할 수 있다, 빅토르 프랑클, 멋지지? 이게 이 별의 재구성 혹은 이별의 재구성이란 엉터리 판타지 같은 이 시에 대한 키워드야, 친절하지?

우주전쟁 중에 첫사랑

서동욱

지구인이 할 일은 더이상 아무것도 없다 아버지는 이렇게 써놓고 자살했다 아버지는 지구 최후의 비밀외교관이었나? 나는 원래 말을 잘 듣지 않았다 무리해서 아버지가 이사장으로 있는 고등학교에 진학한 후 이학년 중반에 그 유명한 헌령고교 집단임신사건으로 뛰쳐나왔다 헌령고교는 남녀 공학을 포기했고 중절한 여학생들은 소식이 두절됐다 아버지는 그 뒤에도 수년간 계속 안보외교를 책임지고 있었나 보다 그리고 어느 성탄절의 금요일 밤 나는, 후배이자 천재 웨이터인 그 바닥 주윤발이 덕분에 부킹한 탤런트 L모양이 집에 가는 것을 온갖 감언이설로 막아내는 홈런 초읽기에 다가섰던 것이다 춤도 좋지만 잠시 대화 좀 하자고 강남역 근처 포장마차까지 모셔 왔는데, 아니 이런, 내가 준비한 뻐꾸기는 듣지 않고 눈이 뚱그레져 안주 접시를 바라보는 L양이다 안주 밝힘증인 줄 알고 나무라려는 순간, 나도 진실을 목도하고 말았으니 삶은 오징어 다리들이 드디어 모선母船의 명령을 수신하고 접시 위에서 하나둘 일어서 우리에게 광선총을 쏘는 것이었다 지구 생물끼리는 다 친구 아니었던가! L모양이 먼저 갑오징어의 푸른 광선에 재가 되고 다음으로 포장마차 아줌마가 멍게에게 희생되었으니, 지구인이 할 일은 더이상 아무것도 없다 아버지 말이 생각나 급히 핸펀을 때렸다 동욱아 원하는 춤이나 맘껏 춰라피웅, 뭐라고요 삼촌? 아버지가 삼촌이라 부르라던 육군 장성도 막 광선에 맞아 전사한 게 분명했다 피웅피웅 안줏거리 오징어들은 분주히 저희 부대 행렬을 찾아 떠나고, 고아가 된 나는 조용히 마지막 소주잔을 기울이는 것이다 태양계 최후의 별처럼 포장마차는 은은한 빛으로 밤을 밝히고, 그런데 포장마차 장막을 걷으며 꿈만 같아 고교 시절의 그녀가 들어서는 것이다 겨우 공격을 피한 듯 이마에 작은 멍 자국을 가진 채. 그녀는 아직 살아 있는 지구 짐승의 신호처럼 하얀 수증기를 뱉으며 말한다 나도 한잔 줄래? 힘없이 주저앉는, 이제는 희귀종이 된 지구인에게 나는 말없이 따라 주었다 남편은 도망치지 못했어, 그러곤 운다 헌령고교에서 쫓겨나던 마지막 날처럼. 지구상의 최후 한 잔이 비워졌을 때 그녀는 졸음을 못 이기고 어깨에 기대온다 나는 지구인의 마지막 단잠을 지키며, 지구방위대를 박살내고 하늘을 가르는 오색 광선을 멍하니 바라보았다 아름답구나, 가지 않을 거지? 잠결에도 그녀는 팔을 붙잡는다 겨드랑이가 너무 따뜻했고, 나는 가지 않을 거였다……

도약

정소연

우리 중에 그 소리를 처음 들은 사람은 내가 아니라 H였다. 하필 자기가 그 소리를 제일 처음 들은 것이 H에게도 달가운 일은 아니었겠지만, 나는 다른 사람도 아닌 H같은 자식에게 선수를 빼앗겼다는 사실이 내심 분했다. 나였다면 대번에 알아들었을 텐데.

창문에 가장 가까운 구석 자리에 앉아 햇볕이 따갑다느니 창문이 활짝 열리지 않아 답답하다느니 불평을 늘어놓고, 서류도 양식 맞춰 워드로 작성해 이메일로 제출하면 될 것을 꼭 굳이 브레인스토밍 운운하며 산림을 학살하던 H가 우리 사무실의 첫 타자라니, 억울하게 생각하기 시작하면 이만큼 억울한 일도 없다. 저 미친 줄 알고 남몰래 상담소를 찾으며 비쩍비쩍 말라가던 H를 보며 다이어트 잘되나 보다, 하고 부러워했던 데까지 생각이 거슬러 가면 짜증이 나서 새로 생긴 더듬이 아래 살이 삐죽하고 솟아오르는 느낌이 든다.

입이 없어지기 전에 자연스러운 자연론(?) 신도이던 H에게 '이봐요, 당신 자리가 따뜻한 건 햇볕도 햇볕이지만 활짝 안 열리는 창문이 온실 효과를 내 준 거예요. 온실 효과였다고요. 그린하우스 이펙트, 몰라요? 고등학교에서 안 배웠어요?'라고 내키는 대로 쏘아붙이지 못한 것은 아직도 아쉽다. '그 소리' 전에 느꼈던 어지간한 감정은 '그 소리'와 함께 나타난 새로운 감정에 덮여 거의 다 사라졌는데, H에 대한 불만은 아직도 이렇게 남아 있다니 신기할 지경이다.

어쨌든 시작은 소리였다. 희미한 고주파 음 같은 것이 들리기 시작했다. 왜, 예전에 잠깐 유행했던 엉터리 '청각 연령 테스트'에서 한참 젊은 애들이나 들을 수 있다던 그 높은 음파의 소리 말이다. 처음에는 사무실 근처에서 공사라도 하나 했다.

이 동네 사람들은 늘 무언가를 짓거나 부스거나 뜯어고쳤다. 빈티지니 앤티크니 하며 원목 가구를 놓고 천장을 눈의 피로를 덜어 주는 초록색으로 칠하더니, 그다음에는 건물마다 창문을 크게 내고 강화 유리를 시공했다. 그 소리가 날 즈음에는 다시 창틀마다 화분을 놓는다고 난리였다. 그대로 살았다면 아마 사오 년 뒤에는 또다시 시크한 도시 감성 운운하며 대단히 새로운 일이라도 하는 양 유리창을 새로 설치했을지도 모른다.

물론 이제는 아무도—최소한 남아 있는 사람들은—더 이상 그러지 않는다. 이제 사람들은 건물의 껍데기를 바꾸는 일에 집착하지 않는다. 우리는 더 이상 우리가 들어간 건물이 아니다. 우리의 몸 자체이다. 사람들은 몸으로 만들어 낼 수 있는 것이 아니라, '몸을 통해' 만들어 낼 수 있는 것에 집중하기 시작했다. 그 현상이 소리에서 시작했기 때문에 처음에는 대부분 더듬이에 제일 힘을 주었다.

H의 더듬이는 귀 뒤에 돋아났다. 처음에는 작아 머리카락으로 열심히 덮고 다녔으니 아무도 몰랐지만, 곧 머리카락으로도 어찌할 수 없을 만한 크기로 삐죽 자라났다. 아주 섬세하고 예쁜 은빛 더듬이였다. 이런 표현은 이상할지 모르지만, 마치 처음 들려오기 시작했던 '그 소리'에 형체를 부여해 찍어 낸다면 저렇게 생겼겠다 싶은 모양이었다. 바람이 불면 흔들리기까지 했다! 어쩌면 내가 H에 대해 지금까지도 가끔 느끼는 짜증은, H에게 그런 더듬이를 만들어낼 만한 감성이 있었다는 사실을

몰랐던 자신에 대한 분노인지도 모른다.

내 더듬이는 H의 더듬이가 회사 사람들에게 들통 나고 며칠 뒤에 정수리에 불쑥 돋아났다. 위치도 위치인 데다 처음부터 큼지막해서 숨기고 어쩌고 할 것도 없었다. 짜리몽땅하고 위에 둥그런 구가 붙은 형태였다. 나의 디지털 감성이 이런 형태를 띨 줄은 몰랐지만, 거울 앞에 고개를 숙이고 더듬이를 자세히 들여다보니 특히 구 부분이 마음에 들었다. 일그러지거나 튀어나온 데 없이 완벽하고 매끈한 구였다. 더듬이가 생긴 다음부터는 360도 사방에서 일어나는 일들을 듣고 볼 뿐 아니라 전달할 수 있었다. 더듬이가 완성되고 보니, 나는 허브 역할을 하는 사람 중 하나였다. 정신을 집중하고 들어오는 정보에 마음을 실으면 증폭할 수도 있었다. 그 때문에 정보 소화력이 낮은 사람들로부터는 시끄럽다는 말을 가끔 듣지만, 많은 것을 보고 해독할 수 있는 더듬이가 주는 예전과 분명히 '다른' 즐거움이 있다.

더듬이 다음으로 사람들이 관심을 갖기 시작한 부분은 빛이었다. 소리와 신호에 반응해 번쩍번쩍 빛나는 불들이 여기저기 생겨나기 시작했다. 처음에는 컴퓨터를 비롯한 주위의 기계에 반응해 몸에 불이 들어오니 정신 사나워서 일을 못 하겠다는 불평이 있었다. 사람마다 속도 차이가 있다 보니 정리되는 데 시간이 좀 걸렸지만, 모두가 컴퓨터 앞에 앉지 않고 자신의 몸으로 일하는 지금 우리에게 들리는 소리, 들리지 않는 소리, 생각이 내보내는 신호들이 시각 자극으로 바뀌어 사이보그의 몸을 타고 반짝이는 모습은, 아름답다. 내 더듬이는 시각 자극도 모두 청각화해서 송출하는 유형이라, 시끄럽기는 해도 눈부시지는 않다. 내 몸에서 빛을 내는 부분은 손바닥과 발바닥 정도이다. 나의 광 신호는 소박하다. 지금도 계속 바뀌고 있는 몸이니 언젠가는 여기저기서 빛이 날지도 모르지만.

사이보그가 되면서, 내 몸은 받아들일 뿐 아니라 내보내는 존재가 되었다. 예전에 내가 갖고 있던 오감은 내보내기보다는 받아들이는 것이었다. 눈으로 보고 귀로 듣고 코로 냄새 맡고 혀로 맛보고, 내보낼 길은 입 하나뿐이었다. 더 많이, 더 멀리, 더 많은 사람들에게 내보내려면 기계를 통해야 했다. 나에게 들어온 많은 신호가 밖으로 다시 나갈 기회를 얻지 못하고 말랑말랑한 몸속에 묻혔다. 너무 많은 경험이 순식간에 과거가 되어 여기가 아닌 저 어딘가, 망각과 낭만의 세계로 던져졌다.

이제 내 몸은 받아들이는 동시에 내보낸다. 우리 모두가 그렇다. 입은 하루아침에 사라졌지만, 자연스러웠다. '그 소리'가 들리기 전부터 우리는 입으로 거의 말하지 않았다. 입으로 하는 피상적인 말보다 훨씬 더 많은 이야기를 입 꾹 다물고 모니터를 보며 손가락을 이용해 서로에게 하고 있었다. '그 소리'로부터 시작된 변화는 우리에게 인간이 한 번도 경험하지 못했던 출구를 주었다.

기계화된 온몸이 동시에 받아들이고 해독하고 내보내고 전파하는데, 무엇하러 입이 또 필요할까? 내 몸이 악기가 되고 말이 되는 과정을 거치고 보니, 입으로 하는 말이란 참으로 불완전한 도구였다. 지금보다 못한 도구였는지는 모르겠다. 입밖에 없던 시절에 입으로 전했던 것들도 있었다. 채 못 한, 입 속에 남은 말을 씁쓸히 곱씹던 기억도 선명하다. 그러나 온몸으로 내보내는 신호의 직관적인 우아함이란!

사이보그가 되면 기계에 싣는 감정 자체가 딱딱하고 인공적인 무엇으로 물화物化해 버릴지도 모른다는 말이 있었다. 그렇지만 그런 일은 일어나지 않았다. 본능적인 감정들은 사라지지 않았고, 다른 방식으로 계발되고 나타났다. 이 확신은 금세 찾아왔다.

조금 더 구체적으로 말하자면, 더듬이가 생기고 나서 싫든 좋든 주위의 온갖 신호를 모두 받아들여 해석할 수 있게 된—단도직입적으로 말하면 내가 자기를 얼마나 재수 없어 하는지를 알 수 있게 된—H가 (이미 사실상 쓸모가 없던) 내 컴퓨터에 깽판을 치자, 새 컴퓨터를 사는 편이 나을지 어차피 다들 기계화되는 중이니 기다려 보는 편이 나을지를 판단하기 위해 우리 사무실에 내려온 설비 담당K를 본 날, 찾아왔다.

K의 더듬이는 팔에 나 있었다. 팔꿈치에서 갈라져 나온 큼지막하고 갈퀴 같은 더듬이는 팔과 같은 방향으로, 위가 아니라 아래를 향해 있었다. 얼핏 보면 팔이 세 개가 된 것 같았다. K를 보자마자 내 더듬이의 구가 반응하기 시작했다.

당시에는 미처 알아보지 못했지만, 돌이켜 보면 K는 그때 이미 빛을 내고 있었다. 아직-4.5 디옵터인 눈을 주로 쓰고 있던 내게 잘 보이지 않았을 뿐이었다. K가 밟고 선 바닥의 타일을 따라 빛이 나는 것 같았다(아마 실제로 났겠지). 나의 더듬이는 확실히 반응했다. 징, 하고 K가 움직이는 방향을 따라 공기가 흔들리며 환한 느낌이 들었다. 어디선가 건반을 가볍게 두드리는 듯한 소리가 들려왔다. 내 귀는 잡아 내지 못한 그 소리는 더듬이에 파동으로 들어와 소리로 인식되었다.

K가 내 파티션 안을 휙 둘러보고 말했다. 아니, 이 시대의 말하는 방식을 정확하게 묘사하자면, 전음轉音했다.

"필요 없겠네요, 아예 치웁시다."

K의 시선은 나를 향하고 있지 않았다. 무엇을 보고 있는지 알 수 없었다. 컴퓨터와 나와 우리 사무실을 가득 채운 소리와 (K에게는 보였을) 광신호들을 보고 있었을지도 모른다. H가 먼저 변한 데 의기소침했던 나

지만, 분명히 나보다 몇 단계 더 변한 K에게는 거부감이 들지 않았다. K의 거대한 갈퀴더듬이는 K라는 존재를 세상을 향해 여는 문이자 K를 지키는 문지기였다. 견고하고 확신에 차 보였다. K가 우리 사무실에 들어온 순간부터 뿜어내던 감정처럼, 우리 모두가 갑자기 겪기 시작한 이 모든 육체적인 변화가 마치 그에게는 더없이 자연스러웠던 것처럼.

"좋습니다."

K가 답하기 전에 내가 아무 말도 하지 않았다는 것은 중요하지 않을 뿐 아니라, 틀린 회고이기도 하다. 나는 온몸으로 비명을 지르듯 K에게 외치고 있었다. 사무실 사람들이 모두 다 알만큼 K에게 당신이 얼마나 매력적이라고 생각하는지 전했던 것이다. 우리는 아주 짧은 시간에 아주 많은 감정을 표현했다.

여기까지 생각해 보니, 홧김에 내 컴퓨터를 망가뜨린 H에게 고마워할 일도 하나 있는 셈이다.

입이 사라진 것은 K를 만나고 열흘쯤 뒤였다. '그 소리'가 들리기 시작한 지는 서너 달 되었을 때였다. 우리는 빨리 변했다. 아니, K는 아주 빨리 변했다. 처음 보았을 때 나는 K의 갈퀴더듬이를 세 번째 팔이라고 생각했었다. 아날로그적인 몸에 갇힌 좁은 생각이었다. K의 갈퀴더듬이는 사이보그의 첫 번째 팔이었다. 이 깨달음에 감동하며 K의 옆에 웅크리고 잠들었던 다음 날 아침, 입이 사라져 있었다.

"밥은 앞으로 어떻게 먹어?"

아침에 일어난 K가 나를 흘끗 보더니 말했다.

나는 아주 오래전부터 입이 없었던 것처럼 대꾸했다.

"안 먹어도 될 것 같아."

K가 고개를 끄떡였다. 몇 시간 뒤, K의 입도 사라졌다. 그래, K는 적응이 빨랐다.

'그 소리'에서 시작된 변화는 조용히 퍼졌다. K가 고장 난 컴퓨터를 보러 왔던 것이 얼마 전 일인데, 어느새 사람들은 사무실의 집기가 망가지든 말든 신경 쓰지 않았다. 아니, 기계가 망가지면 몸을 바꾸어 그에 대응했다. 우리의 몸 자체가 기계일 수 있음이 자연스러워질수록, 변화도 쉬워졌다.

사무실은 조용하고 평화로워졌다.

원래는 전화 통화와 회의가 많은 직장이었다. 쉴 새 없이 전화벨이 울리고 팩스가 드르럭거리고 복사기는 회의 자료를 토해 내던 곳이었다. 복합기에 또 종이가 걸렸다는 욕지거리도 하루에 한 두 번은 들렸다. 눈치 없는 스마트폰들의 짹짹, 디링, 딩동댕 소리도 일상 소음의 일부였다.

그 모든 기계 소음이 있던 자리를, 우리가 만들어 내는 조용한 흔들림이 메웠다. 우리가 내는 소리는 순수한 기계들이 내던 것과 비슷하면서도 달랐다. 우리의 존재는 기계를 통하지 않고도 선명히 드러났다. 여기저기의 동작을 알리는 초록색 등, 고장이나 사용 중을 알리는 빨간색 등이 사라지고 우리의 몸이 점멸했다.

K와 함께 아침마다 출근을 하긴 했지만, 일을 계속해야 하는지는 사실 알 수 없었다. 내가 하던 일은 사람들의 다툼을 중재하는 것이었다. 말이 좋아 중재지, 이쪽 편을 들지 저쪽 편을 들지 정해야 했다. 격식을 갖춘 문서들 속에 벌떡이는 감정들을 적당히 외면하며 자판을 두드리는 것이 주 임무였다.

그러니 변화가 시작되고 나서는 할 일이 없었다. 이쪽과 저쪽의 이야기들이 모두 더듬이를 통해 들어와 다시 정리되고 나를 통해 나갔다. 출근은 일을 하기 위해서라기보다는, 다른 사람들은 얼마나 변했나, 오늘 하루 세상에는 어떤 일이 있었나를 확인하는 과정이었다. 각자의 몸은 필요와 감성에 따라 달리 달라졌다. 몇 년을 같이 일해 온 사람의 생각과 감성을 재발견했다. 지금까지는 특별히 직장 동료의 마음에 관심을 가져 본 적이 없었는데, 가장 가까이 두고 일해 온 기계들과 몸이 같아질수록 그 사람을 잘 알게 된다는 점은 흥미로웠다. 없던 흥미가 생긴 것도 변화였는지 모른다.

어느 날 K가 말했다.

"나오지 말까?"

나는 같은 공간에 앉거나 서거나 떠서 공기를 흔들고 광 신호를 내보내는 사람들을 사방에서 느끼며 반짝였다.

"여기 안 나오면 어디에 가게?"

"어디든 여기와 마찬가지일 것 같은데."

지구상에서 사라졌는지는 확실하지 않았지만, 텔레비전도 인터넷도 보지 않은 지는 오래되었다. 수많은 사람들, 최소한 나의 사이보그 감각기관이 감지할 수 있는 범위의 모든 사람들을 굳이 출근하지 않아도 느낄 수 있는 것은 사실이었다. 우리는 기계화를 통해 함께 존재했고, 같은 것을 느끼지는 않았지만 ―K에 대한 나의 감정을 다른 인간과 똑같이 느끼고 싶지는 않았다!―각자 동시에 느꼈다. '느끼다'와 '표현하다'는 이 시대에서 같은 말이었다.

"반대로, 집에 들어가지 않아도 괜찮을 것 같네."

K가 문득 깨달은 듯이 말했다. 그랬다. 물리적인 공간은 상관이 없었다. 우리는 존재 대 존재로 접속하고 있었다.

내가 수긍했다.

"어차피 오늘은 나왔으니까, 여기나 저기나 마찬가지라면 들어가지 않는 쪽으로 하자."

이제는 사무실이라고 할 수도 없는, 한때는 사무실이었던 어떤 공간 안에, 우리와 같은 생각을 한 이들의 패턴이 물결처럼 퍼져 나갔다.

K의 갈퀴더듬이가 맑은 소리를 냈다. 인간의 목청에서는 낼 수 없던 아름다운 소리였다. 딩, 딩, 딩, 딩, 딩. 사각형 공간을 채우며 울려 퍼지는 사이보그의 소리. 형광등 조명 없이도, 직사각형 오피스텔 건물이 환하게 빛났다. 자랑스러웠다.

내 파티션이었던 곳에 둘이 자리를 잡고 얼마나 시간이 흘렀을까. 우리는 더 이상 시계를 쓰지 않았다. 시간은 상대적이 되었다. 많은 정보가 동시에 오갈 때는 천천히 흘렀다. 별일이 없을 때는 빨리 흘렀다. 우리의 몸은 아날로그적인 시간이 아니라, 무언가를 받아들여 해독하는 데 필요한 시간에 맞추어 시간을 쟀다. 우리에게 남은 것은 시간이 아니라 박자였다. 신호를 나누는 리듬이었다.

머물기로 결정하고 하루 뒤였을지도 모르고, 십 년 뒤였을지도 모른다. 십 분 뒤였을지도 모른다. K의 다리가 사라졌다. 다리가 있던 자리에는 불이 들어왔다 나갔다 하는 건반 같은 패널이 생겼다.

"걸어 다닐 필요가 없잖아."

K는 심플하게 말했다. K의 말이 옳다고 생각했지만, 어째서인지 내 다리는 사라지지 않았다. 내 입이 사라진 것을 보고 납득하자마자 K의 입

도 사라졌던 것과는 달랐다. 이것이 K와 나의 디지털 감성의 차이인지도 모른다. 이 모든 변화에도 불구하고, 나는 K만큼 사이보그가 아니었다. K에게 새로 생긴 건반 패널을 보면서 '다리가 있던 자리'라고 생각하고, K의 더듬이를 보면서 첫 번째이든 세 번째이든 어쨌든 '팔 같다'고 생각했던 나에게 K 같은 변화는 무리였을지도 모른다. 입이 먼저 사라진 것은, 평생 한 번 제대로 한 예습 같은 것이었을지도 모른다.

우리의 시간이 다르게 흐르기 시작한 것도 그때쯤이었다. 아니, 이전부터 일어나던 일을 내가 K의 다리가 없어진 다음에야 눈치 챘는지도 모른다. K의 시간은 나보다 빨리 흘렀다. K는 같은 일에 나만큼 긴 시간을 필요로 하지 않았다. H 같은 보수적인 과거 지향론자에 비하면 내 시간도 결코 느린 편은 아니었지만, K는 남달랐다. 내 작고 통통한 더듬이가 누구나 예상할 법한 자리인 정수리에서 돋아날 때, 사람들이 달라져 가면서도 컴퓨터를 계속 쓰네 마네 고민할 때, 화끈하게 팔꿈치에서 갈퀴 같은 기계 더듬이를 만들어 낸 사람 아니던가.

K의 팔이 사라졌다. 아니, 팔이 또 다른 더듬이가 되었다. K의 감성이 아주 멀리까지 퍼지고 K의 박자에 맞춘 진동이 주위를 메웠다. 그 진동에 몸을 맡기는 일은 자연스러웠다. 이것이 바로 이 시대에 남은 인류가 속한 자연이었다. K의 존재 자체가 하나의 음악이고 예술이었다. 나는 K의 박자에 맞추어, K가 만들어 내는 음악을 사방으로 전송했다. 더듬이의 구가 조금씩 커졌다. 나의 손발은 더듬이와 패널로 이루어진 K와 물리적 거리를 메우려는 듯이 K 쪽으로 매달리듯 기울었다. K의 몸이 떠오르기 시작하자, 내 팔 다리만 풍선에 매인 끈처럼 위쪽으로 뻗어 갔다. 나는 뜨지 못했다.

"여기가 아니라도 괜찮을 것 같아."

K의 깨달음이 들려왔다. 신호이자, 예술이자, 인사였다.

아직 남아 있는 팔다리를 움직여 보려고 했지만, K의 말을 전달하는 데 익숙해진 나의 더듬이는 K의 인사부터 증폭했다. 여기가 아니라도 괜찮을 것 같아 괜찮을 것 같아 괜찮을 것 같아 네 곁이 아니라도 괜찮을 것 같아 괜찮을 것 같아 괜찮을 것 괜찮은 괜 감정이 자연스럽게 사방을 덮고 K의 패널이 화려하게 반짝이고 내게 들리고 들리지 않는 수많은 소리들 보이고 보이지 않는 수많은 빛들이 주위로부터 저 멀리로부터 들려왔다/보였다/내보냈다/받았다/탄성/탄성/탄성.

K가 날아올랐다. K처럼 몸이 곧 음악이자 탄성이 된 다른 이들도 가볍게 날아올랐다. 그들의 몸이 빠져나가기 시작한 건물에 남은 나에게는, 아직 K보다 천천히 흐르는 시간이 아주 많이 남아 있었다. 딩. 나는 더듬이로 종을 울렸다. K에게만 들릴, 이별의 종을.

#10

소수자의 삶과 새로운 가치의 출현

#10

소수자의 삶과 새로운 가치의 출현

우리 인간은 모두 '몸'을 가지고 있으며, 우리 자체가 몸이다. '몸'에 대한 관심과 논의는 고대부터 현대에 이르기까지 지속적으로 진행되어 왔다. 그러나 '몸'이 무엇인지에 대한 합의는 없었다. 오늘날 인식이나 개념에 대한 사회적 차이를 인정하는 것은 다양한 문화적 속성을 아우르는 포용력 있는 태도이다. 사회적, 문화적 차이의 시작이자 결과인 정체성이나 소속의 개념은 사회적 통합과 배제를 견인하는 관계적 특성을 드러낸다. 그런데 이 정체성이나 소속의 개념은 모두 '몸'의 문제로부터 발생한다.

'몸'은 다양한 의미를 함축하고 있으며, 단일한 의미의 '몸'이란 환상일 뿐이다. '몸'이 어린이 혹은 성인의 것이든, 남성 혹은 여성의 것이든, 공적 성격을 지니든 혹은 사적 성격을 지니든, '몸'을 확실한 하나의 정의로 규정하기는 힘들다. '몸'은 다양한 성격을 지니고 있기 때문이다. '몸'을 일종의 '이상적인 구성물'로 규정하고, '몸'에 사회적 실존의 모습을 부여하는 과정은 '몸'을 자연 자원이 아니라 권력이 미치는 사회화된 실체로 인식하는 것이다. 우리가 자연스럽게 생각하는 '성'에는 문화적 규범들이 온축되어 있을 뿐 아니라, '몸'을 산출하고 지배하는 일종의 권력의 형태가 개입되어 있다.

모든 문화권에는 생물학적 '성'과 사회문화적으로 기호화된 '젠더'의 구분이 있다. 생물학적 '성'과 사회문화적 성인 '젠더', 그리고 성적 파트너에 대한 심리적 반응인 '섹슈얼리티'의 구분은 '성'이 고정된 것이 아니라 유동적 대상이라는 인식을 전제로 하고 있다. '젠더'는 독일어로는 '성 관계망'에 가까운 개념이다. 영어의 '젠더'는 '낳다, 만들다'란 뜻을 가진 라틴어 동사 게네라레generare로부터 유래되었다. 즉 젠더는 의미, 범주, 관계를 만들어내는 개념과 관련되어 있다.

그래서 젠더는 어떤 확정된 성 개념을 전제하지 않는다. 젠더는 성의 개념에 어떤 의미들이 부여되는가에 주목한다. 즉 젠더는 성의 개념이 사회구조, 지식, 문화와 예술의 생산에 어떤 영향을 끼치는가에 관심을 갖는다. 그리고 젠더는 정치권력의 분배 과정에서 성이 어떤 영향을 미치는가에 주목한다. 성 정체성은 변화할 수 있으며, "나와 다른 성 안에 이질성이, 또한 나 자신의 성에도 이질성이 들어 있다." 이러한 인식은 성과 관련된 전통적인 개념들을 새롭게 규정하면서, 젠더를 문화적 성찰과 사회적 분석이 가능한 대상으로 만든다. 또한 젠더 개념은 성이 다양하다는 인식, 즉 남성과 여성이라는 양성만이 아니라 남성과 여성 사이에는 무수히 다양한 성이 존재함을 드러낸다.

신체는 문화적 기억의 중요한 매체이며, 수시로 재의미화와 재인식이 이루어지는 장소이다. 젠더는 특정한 성의 이상적인 본질로 보이는 자질들을 문화와 사회가 반복적으로 주입한 허구적 구성물이다. 따라서 젠더 역시 수시로 재의미화 되는 가변적 실체이다. 쇼월터Elain Showalter는 "모든 글쓰기와 독해는 그 당사자가 남성이든 여성이든 마찬가지로 젠더화되어 있다"고 주장한다. 젠더에 대한 관심은 사회의 지속과 재생산에 핵심적 요소인 인간의 생식과 성 본능이 어떻게 사회적으로 규제되는가에 주목한다. 또한 생식과 성이 규제되는 과정에서 발생하는 다양한 종류의 억압과 부조리에 대해서도 천착한다.

"여성은 태어나는 것이 아니라 여성으로 만들어지는 것"이라는 주장은 성의 속성이나 범주가 선천적으로 고정된 것이 아니라 문화적 상황에 의해 후천적으로 구성된다는 것을 의미한다. 섹스와 젠더의 다양한 가능성들은 성의 이분법적 범주화나 젠더의 위계화를 통해 형성된 도식적이고 전통적인 성 담론들이 와해되고 갱신되는 과정을 보여준다. 새로운 가치로 부각되고 있는 소수자에 대한 '성' 담론은 우리사회에서 이루어지는 성적 소수자들에 대한 억압과 폭력적인 권력 행위들을 비판적으로 검토하도록 해준다. 나아가 '성'에 대한 사회적 인식의 변화와 아울러 현실에서 소수자의 권리를 제도적으로 담보할 수 있는 동기를 제공해준다.

문학은 기존의 '성' 관념이 새롭게 부각되고 있는 '성' 담론과 충돌하고 혼융되고 조정되는 과정을 형상화한다. 특히 21세기에 부상하고 있는 소수자의 삶과 권익을 휴머니즘 차원에서 긍정적으로 검토하고 있다. 기존의 관념과 가치는 새로운 가치의 출현으로 갱신됨으로써 당대의 삶을 추동하는 이정표 역할을 할 것이다.

게이2

채호기

내 앞에 서 있는 당신은 누구신가요?
입김에 지워졌다 다시 나타나는 당신.
사랑합니다 당신을, 예전에 누가
당신이 나였다는 것을 알겠어요, 예전에 누가
당신이 남자였다는 것을 알겠어요.
입술 루주에 긴 머리, 롱 스커트에 굽구두, 그 속에누가
남자를 감췄다고 하겠어요, 누가,
내 몸을 좀더 깊이 들췄더라면, 이미,
오래 전부터 있던 한 여자를 만났을 거예요.

나의 슬픔을 아시겠어요?
입김에 아련해지는 사랑한 당신.
트럼펫의 가느단 육체 속으로
하늘하늘 걸어 들어오는,
나를 옷처럼 입고 있는 당신,
당신을 떠나 내게로 돌아오는 당신, 마침내
저녁의 붉고 누추한 거리로 나서면, 거기
정신병동 노란 감시등 같은 내 지난 삶이
앰뷸런스 급한 경고등처럼 위태롭게 깜빡이는

지금 내 삶을 쓸쓸하게

쓸쓸하게 적십니다.

봄날 오후

김선우

늙은네들만 모여앉은 오후 세 시의 탑골공원
공중변소에 들어서다 클클, 연지를
새악시처럼 바르고 있는 할마시 둘
조각난 거울에 얼굴을 서로 들이밀며
클클, 머리를 매만져 주며
그 영감탱이 꼬리를 치잖여 — 징그러바서,
높은 음표로 경쾌하게
날아가는 징그러바서,
거죽이 해진 분첩을 열어
코티분을 꼭꼭 찍어 바른다
봄날 오후 세 시 탑골공원이
꽃잎을 찍어 놓은 젖유리창에 어룽어룽,
젊은 나도 백여시처럼 클클 웃는다
엉덩이를 까고 앉아
문밖에서 도란거리는 소리 오래도록 듣는다
바람난 어여쁜, 엄마가 보고 싶다

별 모양의 얼룩

김이듬

베란다가 이불을 털다 소녀가 떨어진다 무거운 수염들과 단단한 골격의 냄새가 묻은 이불을 털다 한 여자가 떨어져버린 저녁, 피가 번지는 잿빛 구름 속으로 타조 한 마리 날아가는 지방 뉴스가 방영되고 기차를 타고 가던 그들도 앞부분이 무거운 문장의 자막을 읽게 될 것이다

순식간이다 얼룩이 큰일이다 이불을 뒤집어쓰면서 추위는 시작된다 냄새 나고 화끈거린다 두근두근 한다 몰래 홑청을 바꾸고 펴놓았다 개킨다 올리다가 다시 내린다 이불 속 깃털을 뽑는다 큰 타조의 날개는 사라지고 발간 민머리 누더기, 이상한 얼룩이 묻은 이불은 논리가 없다 귀찮아 걷어찼다가 다시 껴안는다 제대로 꿰매지지 않는 기억은 비벼댈수록 스며들고 씻을수록 번져간다 어느새 늙고 추악한 소녀를 돌돌 말고 있다

천상에서 이불을 털고 있나 검은 구름을 뚫고 희뿌연 깃털들이 뽑혀 나오는 저녁, 자살할 기회를 쥐기 위해 그들이 집을 떠날 때 나는 거울을 보며 마구 머리칼을 자르고 있었다 첫눈 내리던 밤이 었고 넓고 푹신푹신한 이불이 베란다 아래 펼쳐져 있었다 모두의 기대를 배반하고 난 눈을 뜬다 의사만 조금 웃는다 태어나던 순간에도 이랬을 것이다

짜장면 한 그릇만 사주실래요?

김신용

나는 처음, 그 말이 그녀의 울음인지 몰랐다

나는 배가 고파요—. 오늘 밤, 잠잘 곳이 없어요—. 하는, 신음인지도 몰랐다

한 불구의, 공원을 떠돌아다니며 몸을 파는 어린 창녀의 남자를 유혹하는

눈웃음인 줄만 알았다

걸을 때마다 몸과 심한 불화를 일으키는, 미발육의, 우스꽝스러운 그 몸이

얼마나 값싼 것인가를 나타내는, 기호인줄만 알았다

어릴 적 소아마비를 앓아, 걸을 때마다 등나무처럼 뒤틀리는, 그 기형의 걸음걸이로

남산 공원을 떠돌며, 만나는 남자들에게마다 〈짜장면 한 그릇만 사주실래요?〉하던

그 말이—.

나는 갈 곳이 없어요—.

지금 〈내 몸이 불타고 있어요—.〉하는, 비명인지도 몰랐다

자신의 불구,

그 부끄러움을 마비시키기 위해, 신경 안정제를 마약처럼 삼키고

그 몽롱함으로, 공원의 풀숲
공중변소 속에서도 몸을 팔던 그녀
어릴 때부터 짜장면 한 그릇을 먹는 것이 꿈이었던
그것이 그때, 그녀가 가질 수 있는 유일한 세계였던—, 그 몸을 팔기 위해
걸어들어간 공원의 어두운 풀숲
더러운 냄새나는 공중변소 속에서, 그 우스꽝스런 불구의 몸 때문에
양동 빈민굴 사창가에서마저 몸을 팔 수 없어, 남산 공원의 떠돌이 창녀가 된
그녀가 마지막으로 움켜쥘 수 있었던—,

짜장면 한 그릇만 사주실래요?

정말 나는 처음 그 말이, 種의 돌연변이인 줄만 알았다
변이 유전인자에 의한, 이상 진화인 줄만 알았다
자신의 불구 때문에, 영혼이 먼저
소아마비에 걸린—.

성형 퍼포먼스

김선향

생 오를랑[1], 그대는 수술장을 무대로 바꾼다. 관객은 전 지구인. 배경은 바흐의 마태수난곡. 심장이 허약한 자, 노약자, 임신부는 관람을 삼가하라고 경고하는 그대.

의사는 수술복 대신 무대의상을 입고 그대의 지시대로 움직인다. 그대는 여주인공이면서 연출가. 부분마취를 한 그대는 은빛 십자가 마이크를 쥐고 생중계를 시작한다.

그대는 다이아나의 눈, 모나리자의 이마, 비너스의 턱, 프시케의 코를 주문한다. 의사는 그대의 요구대로 뽑고 찢고 파내고 깎는다. 메우고 덧대고 벗기고 펴고 이식하고 도려낸다. 갈고 자르고 벌리고 집어넣는다. 붙이고 심고 좁히고 세우고 잡아당기고 빨아들인다. 그대는 예술을 위해 피를 철철 쏟는다.

여성의 美는 남성에 의해 구축된다.

그대는 이 말을 찢어버리고 조롱한다. 피와 살을 희생제물로 바쳐 그대의 육체는 다시 태어난다. 다이아나도, 모나리자도, 비너스도, 프시케도 아닌 세상 어디에도 없던 생 오를랑으로. 완벽한 미모 대신 기이하고 낯선 그대로. 산산이 부서져버린 기대에 그대는 흡족하여 마녀처럼 웃

1 프랑스의 행위예술가.

는다.

이마에 돋아난 두 개의 아름다운 뿔을 만지는 그대여. 타고난 것에 맞서 투쟁하는 생 오를랑이여.

루카

윤이형

너는 루카다. 내가 딸기인 것처럼. 오직 하나뿐인 진짜 이름 같은 건 세상에 없다.

너의 이름을 처음 들었을 때 나는 당연히 수잰 베가의 노래 「Luka」를 떠올렸다. 시간이 지난 다음에는 조금 궁금해졌다. 혹시 복음서를 지은 사람 이름인가. 누가라고도 루가라고도 루크라고도 한다는, 제법 헷갈리는 그 이름말이다.

너의 아버지는 처음에 당연히 복음서의 지은이를 떠올렸다. 그는 나중에 수잰 베가의 노래에 관해 알게 됐고 그 곡의 가사를 찾아보았다. 나를 만났을 때 그는 물었다. 그거 부모한테 맞는 아이 얘기 아닌가요. 아동학대 얘기 아닌가요. 그건 맞지만 루카가 그 루카인지는 모른다고 나는 대답했다. 네가 죽은 뒤 너의 아버지는 검색창만 보면 무의식적으로 'Luka'라는 이름을 두드려 넣었고 어떤 리스트에서든 L항목을 먼저 뒤졌고 네가 다시 살아난 뒤에도 그 일을 그만두진 못했다. 부모님이 너에게 지어준 이름은 예성이다. '예수'와 '성령'에서 각각 앞 글자를 땄다고 했다. 너는 3남매의 둘째로, 모태 신앙으로 태어났고 대학을 졸업할 때까지 교회에 다녔다.

나는 네가 다니던 교회에서 아주 가까운 곳에서 일한 적이 있다. 건강 관련 서적을 주로 펴내는 출판사였는데 살인적인 업무량도 그랬지만 아무래도 일의 성격이 나와 맞지 않아 석 달의 인턴 기간이 끝났을 때 그만 두었다. 그래서 그 교회 이름을 들었을 때 그 회사에서의 일들이 먼저 떠올랐다. 출퇴근 시간을 찍어야 하는 펀치가 있고 오직 여직원들만 당번을 정해 손님 접대와 컵 설거지와 청소를 하고 점심시간이 끝날 무렵이면 부장들조차 그 위 상사들의 눈치를 보며 부리나케 뛰어 사무실로 돌아와야 하는 회사였다. 지금은 어린이책을 펴내는 그 회사는 10년쯤 지났는데도 별로 변한 게 없는지 웹 여기저기에서 성토의 대상이 되곤 한다. 그런 글들을 읽으면 나는 조금 묘한 기분이 되는데 내가 그 회사를 그만둘 때 제대로 그만둔 게 아니라 도망쳤기 때문이다.

머리숱이 적고 도수가 높은 안경을 쓴 과장님이 퇴사 이유를 물었을 때 나는 엄마가 편찮으시다고 했다. 위에 작은 구멍이 생겨 병원에 입원하셨는데 곁에서 간병을 해야 할 것 같다고 말이다. 과장님은 그러면 당분간 휴직 처리를 할 테니 퇴사는 보류하자고 했다. 휴직이 시작되고 2주일쯤 뒤에 나는 결국 전화를 걸어 아무래도 안 되겠다고 말했다. 빨리 나으실 것 같지가 않다고. 지금이라면 누구의 얼굴색도 모멸감으로 일그러지게 하지 않으면서 그럴듯한 퇴사 이유를 스무 개쯤은 나열할 수 있지만 그때 나는 대학을 졸업하고 갓 사회에 뛰어든 애송이였고 군대라는 악몽이 몸에 새긴 얼얼한 감각을 아직 고스란히 안은 채 비누처럼 굳은 얼굴로 걸어 다니고 있었다. 생존해야 한다는 본능으로 팔다리를 분주히 허우적거렸으나 불에 태우고 싶은 기억들이 트럭을 채우고도 남을 만큼 많았고, 싫은 것을 좋다고 하기는 절대로 싫다는 성난 마음 때문에 눈매가 사나웠으나 남의 기분을 상하게 해서는 안 된다는 생각도 그만큼 강해서 전체적으로 눌리고 주눅 든 표정의 덩어리가 되어 간신히 버티고 있는 상태였다. 일하기 싫은 이유를 솔직히 말하면 박봉에도 성실하게 출근하는 다른 사람들이 상처받을 테고 그냥 다니다간 내가 죽겠고. 길게 말하자면 그렇지만 짧게 말하자면 나는 그저 겁이 많았다. 겁 많은 내가 겨우 붙잡은 게 엄마의 병환이라는 거짓말이었다. 내가 그곳을 그만두고 몇 달 뒤에 엄마는 시장에 가려고 집을 나서 다 얼음이 깔린 계단에서 미끄러져 빙판길을 굴렀다. 천만다행으로 엉덩이뼈에 가볍게 금이 간 정도였고 회복도 빨랐으나 그때 나는 엄마의 병실에 앉아 세상에 공짜는 없다는 평범한 진리를 깨달았다. 아무도 다치게 하지 않으면서 세상을 살 수는 없다. 언제나 누군가의 뼈는 상한 다. 깨닫기는 했으나 나는 모른 척 하고 싶었다.

그 회사에서 길을 건너면 젊은 사람들이 주로 데이트 장소로 드나들던 대형 쇼핑몰이 있었고 그 바로 옆 블록 금융사와 증권사 건물들 뒤편에서 십자가를 빛내고 있는 커다란 회색 건물이 너의 교회였다. 교회 이름이 들어간 버스 정류장이 있었지만 나는 그쪽으로 가본 일이 없었고 그곳이 너의 교회라는 사실도 당연히 알지 못했다. 몇 년만 빠르거나 늦었어도 마주칠 수 있었겠네, 내가 말하자 너는 웃었다. 거기서 나오는 나를 보고도 네가 말을 걸었을까? 중얼거리며. 당근 걸었지. 왜? 그때는 머리 모양이 이상했어? 샌들에 흰 양말 신고 다녔어? 코가 두개였어? 아니잖아. 그런데 무슨 상관이야? 나는 되물었고 너는 웃었다. 웃으면서 내 배를 주먹으로 툭 쳤다.

우리는 퀴어 커뮤니티의 영화 소모임에서 처음 만났다. 한 달에 한 번씩 모여 영화를 단체 관람하고 홍대나 신촌 같은 장소로 이동해 뒤풀이를 하는 모임이었는데 너와 나는 처음에는 우연히, 나중에는 주로 내 의도에 의해 같은 테이블에 마주 앉을 때가 많았다. 열대여섯 명쯤 되는 멤버 중 너는 언제나 유일하게 술을 한 모금도 마시지 않는 사람이었다. 매번 2만 원쯤 되는 뒤풀이 회비를 내고도 너는 물 두어 잔에 안주 몇 젓가락만 집어 먹고 말았고, 게시판에 올렸다 지우는 글들로 미뤄보면 누구보다 영화를 잘 아는 사람으로 보이는데도 대화에 끼어드 는 일 없이 묵묵히 듣기만 하다 돌아가곤 했다.

어느 겨울날 새벽 첫 지하철 안에서 나는 옆자리에 앉은 너에게 물었다. 루카씨, 혹시 건강이 어디 안 좋은 거예요? 그래서 한 방울도 안 마시는 거예요? 어쩐지 그렇게 묻고 싶은 새벽이긴 했다. 세 시간 반 동안 장르 네 개를 갈아타며 이어진 인도 영화는 결말 부분의 느닷없이 심각한 메시지 때문에 끝나고 나니 허무하기 짝이 없었고 고정 멤버 두 명의 연애가 거의 같은 시점에 깨졌고 석 달간 번역한 시리즈 외화의 번역료를 못 받게 된 사람이 있었고 딱히 구실도 사정도 없었으나 금요일 밤을 혼자 보내고 싶지 않아 첫차 시간까지 남아 있던 나 같은 사람도 있었다. 아니다. 나는 처음부터 기다렸다. 사람들을 다 보내고 같은 방향의 지하철에 우연히 둘만 남아 너에게 말을 걸 수 있었으면 좋겠다고, 그날 너와 멀리 떨어진 자리가 찍힌 영화표를 받았을 때부터 생각했다. 너는 대답하지 않고 조금 놀란 눈으로 나를 보았다. 혹시 실수를 한 것인지도 모른다는 생각이 스쳤다.

무릎에 놓인 가방을 만지작거리다가 나는 더욱 한심한 질문을 했다. 저기, 제일 좋아하는 영화가 뭐예요? 음, 너는 소리를 냈다. 음. 너는 제법 오래 생각했고 나는 몇몇 감독들의 이름을 떠올렸다. 그러나 키에슬로프스키의 「십계」라고 네가 대답했을 때 그 대답은 내가 떠올린 이름들과도 떠올리지 않은 이름들과도 너무 달랐기에 나는 문자 그대로 푸하! 하고 웃어버렸고 그 바람에 내 침이 너의 가방에 튀어버리고 말았다.

무시할 수 없을 만한 크기의 침 방울이었다. 모른 척하지도 닦으려고 손을 내밀지도 못한 채 엉거주춤 몸을 앞으로 내밀고 그것을 바라보는 동안 나는 내가 너를 사랑하고 있다는 사실을 깨달았다. 집으로 돌아와 차가운 베개에 머리를 대고 옆으로 누운 채 나는 음, 하고 소리를 내보았다. 음. 음. 음? 음. 몇 번이나 그렇게 계속하는 동안 세상의 다른 모든 음들이 무음으로 변했고 아무것도 모르는 아침이 와서 무슨 일이냐고 물었지만 나는 대답해주지 않고 웃으면서 눈을 감았다.

너의 아버지를 처음 봤을 때 나는 어느 잘생긴 할리우드 배우를 떠올렸다. 중간에 정치에 뛰어들었어도 주지사 정도는 무리 없이 되었겠으나 코미디 배우로 평생을 살았고, 늘 웃음을 주어야 하는 일이 버거웠는지 심각한 영화에 제법 자주 얼굴을 내밀었으나 나이 50이 넘어 결국 슬랩스틱 코미디로 되돌아간 배우. 얼굴은 그리 닮지 않았으나 쉽게 눈을 돌릴 수 없게 하는 전체적인 분위기가 비슷했다. 직접 보면 너는 좋아하게 될 걸. 좋아하게 된다는 쪽에 만 원 걸겠어. 너는 그렇게 말했었다. 그는 단정해 보이는 회색 정장에 붉은색 넥타이를 매고 있었다. 마주 앉은 사람의 피부 한 겹 아래까지 닿을 듯 꼿꼿한 시선이 있었고 말로 사람들을 이끄는 사람답게 동굴 안에서부터 울려 나오는 것 같은 목소리가 있었으며 주목과 주시 속에서 살아온 사람 특유의 피로한 윤기가 지우다 만 분장처럼 얼굴 여기저기에 묻어 있었다.

예성이를 잘 아신다고 들었습니다. 침묵 끝에 그가 입을 열었다. 긴 시간을 들여 가라앉힌 무언가가 그의 목구멍 아래에서 조금씩 움직이며 떠다니고 있었다. 네가 죽은 게 아닐까, 나는 문득 생각했다. 혹시 예성이에 관한 얘기를 좀 들려주실 수 있을까요. 어떤 얘기라도 상관없습니다. 그가 다시 말했다. 나는 무슨 일이냐고, 너에게 무슨 안 좋은 일이라도 생긴 거냐고 물었다. 그는 그런 건 아니라고 했고 내가 너와 1년 반 전에 헤어졌다고 말하자 잠시 동안 멍한 얼굴로 말이 없었다. 헤어졌다면 그 뒤로 만날 방법은 없을까요? 영원히, 다시는……? 만나서 그냥 잠깐 이야기를 나눌 수는 없는 걸까요? 마치 내게 어떤 행동을 촉구하는 것처럼 들리기는 했지만 그의 입에서 나온 말들이 독백임을 나는 알 수 있었다. 나는 조금은 냉정한 마음을 되찾아 물었다. 하실 얘기가 있는 거라면 직접 만나서 하시면 되지 않을까요? 헝클어진 반백의 머리칼 아래 침통한 표정으로 조금씩 마음을 무너뜨리고 있는 너의 가족 앞에서 네가 이제는 타인임을 분명히 밝힐 수 있는 자신이 자랑스러웠다. 그는 테이블의 나뭇결 무늬를 내려다보았다. 다시 약간의 시간이 흘렀을 때 그가 말했다. 제가 그 애를 다시 볼 수 있을지 모르겠습니다. 정말로 모르겠어요.

그날 오후의 너를 기억한다. 우리가 처음으로 사랑을 나누고 서로에게 반말을 쓰기 시작한 지 얼마 되지 않았던 일요일 오후였다. 우동집에 들어가 뜨거운 우동 두 그릇을 시켜놓고 우리는 마주 앉았다. 언제나 입고 다니던 검은 코트 위로 체크무늬 목도리를 두르고 어깨를 웅크린 채 너는 주머니에 노인처럼 손을 넣고 있었다. 추위와 감정 때문에 붉게 물든 너의 볼을 보며 나는 졸린 목소리로 물었다. 어디, 갔다 왔어? 너는 조조로 영화를 보고 왔다고 대답했다. 자기 몸에 물이 채워지는 것을 싫어하는 욕조가 주인공이고 그 친구들인 칫솔과 치약과 샴푸 같은 욕실 용품들이 나오는 아동용 애니메이션이었는데 아침부터 아이들이 극장을 가득 채워 대사의 반쯤밖에 알아들을 수 없었다고. 나는 그 영화를 보지 않았고 앞으로도 아마 보지 않을 테지만 그때 너의 얼굴에 담겨 있던 것들을 떠올리면 여전히 웃음이 난다. 전날 밤부터 시작된 통화가 새벽 2시까지 이어졌고 나는 전화기를 든 채 잠들었다가 정오가 다 되어 간신히 눈을 떴는데 너에겐 피곤한 기색이 없었다. 너의 얼굴은 다음과 같은 사실들을 말하고 있었다: 1) 함께 있지 않을 때에도 나는 내 공간에서 몸을 움직여 네가 모르는 나만의 이야기를 만들고 있고, 2) 내가 이렇듯 매력적인 사람이라는 걸 네가 알아주었으면 하며, 3) 그렇지만 나는 우리가 함께 할 이야기에 죽음을 각오하고 폭포 속으로 온몸을 던지는 새들의 절박함과 시리고 날카로운 열정이 아니라 생활이 만들어내는 무해하고 보드라운 거품들과 건강한 웃음이 더 많았으면 해. 네가 말없이 하고 있는 말들이 나를 기쁘게 했고 나는 너의 초대를 받아들였다.

나는 너와 3년 동안 같이 살았다. 네가 저녁 시간대에 주로 일했기 때문에 짧은 하루가 더 짧게 느껴졌고 고만고만하게 고시텔 정도 되는 크기의 원룸에 각자 살고 있긴 했지만 한 명이 상대방의 방에서 거의 살다시피 하는 날들이 많아서 버려지는 월세가 아깝다는 생각도 적지 않았다. 각자의 자취방 보증금을 빼고 싼 동네를 중심으로 발품을 오래 팔아 방 하나에 손바닥만 한 거실이 딸린 집을 구했다. 올수리가 되어 있긴 했으나 지은 지 20년도 넘은 오래된 빌라였고 여름에는 곰팡이가, 겨울에는 결로가 다정한 병病처럼 찾아왔다. 먼저 살고 있던 할아버지가 자식들이 새로 사놓아 더 이상 필요 없게 됐다며 넘겨주고 간 낡고 작은 냉장고에 요리책을 보고 만든 형편없는 반찬들을 빼곡히 채워 넣고 집 앞에 버려진 앉은뱅이책상 하나를 주워다 깨끗이 닦아 식탁으로 썼다. 닦고 고치고 손질하고 광을 내는 그 모든 번거로운 노동 하나하나가 우리에겐 은밀한 과시와도 같았고 가난과 아기자기한 비밀로 둘러싸인 생활의 사치가 최초의 빛을 잃을 때쯤 우리는 또 다른 빛 하나를 집에 들였다.

모임 사람들에게 우리의 관계를 밝히고 모두를 초대한 것이다. 루카 너에겐 어땠을까. 축하와 애정 어린 질시와 덕담들로 넘쳤던 두 번째 커밍아웃이 내겐 목욕물처럼 따스했다. 구성원 대부분이 분주한 생활이 있는 사회인이라 한 명 한 명이 일대일의 긴밀한 관계로 이어져 있지는 않았으나 꽤 오랜 시간 알아온 사람들이었고 만약의 경우 그 사람들과 한꺼번에 어색해져버릴 수 있다는 위험까지도 감수한 결정이어서 작지만 엄연한 의미가 있었다. 나는 오랜 백수 생활을 접고 아는 선배가 있던 퀴어예술축제 기획팀에 취직했다. 월급은 거의 없는 것이나 마찬가지였으나 마침내 자격지심을 버리고 너와 평등해졌다는 생각을 할 수 있었고 가끔 너무 행복해서 두렵다는 생각이 들 때면 나는 너를 조금 더 힘껏 끌어안았던 것 같다.

너에게 첫 번째 커밍아웃이 없었다는 건 나중에 알았다. 청년부에 떠돌던 소문을 듣고 온 너의 누나가 저녁 가족 예배 자리에서 그 사실을 밝혔다. 마음의 준비를 할 여유도 없이 찾아온 아우팅이었으므로 모두가 나름의 크기와 방식으로 상처를 받았다고 너는 담담하게 말했다. 그래서? 내가 묻자 너는 슬프고 재미없는 이야기야, 하고 말하며 웃었다. 너도 알잖아 어떤 건지.

그런가, 나는 생각했다. 그래도 내 경우엔 내 의지로 이루어진 고백이었고, 혼자만의 공간과 직장이라는 최소한의 경제적 여건이 갖춰질 때까지 기다리며 책과 논문과 자료를 모아둘 시간이 있었다. 내색은 하지 않았지만 엄마가 반쯤은 짐작하고 있었던 터라 그나마 회복이 빨랐던 것 같기도 하다. 엄마는 많이 울었고 아버지는 재떨이를 집어던지며 화를 냈다. 나는 이를 악물고 블로그에 매일같이 자료를 올리며 아버지와 맞섰고 내가 아는 모든 언어를 동원해 논리적으로 설득하려 애썼다. 시간이 흘러 간신히 상처는 봉합되었지만 나는 그때 사귀던 사람과 결국 헤어졌고 성소수자 부모 모임이라는 어려운 자리까지 나와 준 엄마에게 마음 깊이 고마웠지만 고백을 하던 날 들은 수많은 말들과 그 뒤로도 오랫동안 들어온 말들은 어디로도 가지 않고 내 몸속에 아직 따끔거리며 남아 있었다. 추석이면 아버지는 집에 온 나를 데리고 뒷산으로 나갔다. 휘영청 밝은 보름달 아래를 걸으며 그래서 너는 변하지 않는 거니? 언제 변할 건데? 하고 한 점도 변함없이 기다리는 어조로 묻는 아버지의 지친 목소리를 들으면 당장 늑대로 변해 아버지 앞에서 닭의 목을 물어뜯으며 피를 뿌리고 싶다는 생각이 들기도 했다. 그럼에도 그 모든 시간들을 종합해보면 내게는 모두의 앞에서 나를 분명히 밝힌 경험이 영원한 회한으로 남지는 않았다. 문이 열린다는 것은 소중한 경험이었다. 용기보다는 침묵이, 대담함보다는 소심함이라는 단어가 어울리는 사람이 나였으므로 더욱 그랬다.

너는 어땠을까. 너는 가족과 신앙, 가장 민감한 사춘기의 시간들을 같이 보내준 교회 공동체 사람들도 포기해야 했다. 정체성의 절반이 넘는 것을 버리고 나온 너의 마음이 나는 짐작되지 않았다. 후회할 만큼 근사한 곳은 아니었어, 너는 말했다. 사람들 입에 줄곧 오르내리는 그런 교회야. 돈으로 제단을 쌓아 거기에 경배하고 설교 시간에 북괴의 사주를 받은 불순분자들에게서 자본주의의 미래와 납세자들의 안전을 지켜달라는 내용의 기도를 하는 그런 흔하고 큰 교회. 너랑 나 같은 사람들을 거기서 어떻게 말하냐면…… 대수롭지 않게 말하는 너의 등을 나는 가만히 안았다. 떠올리고 싶지 않은 것들을 네가 떠올리지 않게 해주고 싶었다. 내가 그럴 수 있는 사람이라고 믿었다.

예성이가 말 안 했나요, 제가 목사라고? 너의 아버지는 말했다. 저는 아들이 다녔던 교회의 목사입니다. 그러셨군요, 몰랐습니다, 알고 있었지만 나는 그렇게 대답했다. 믿음을 갖고 산다는 게 어떤 것인지 혹시 알고 계십니까? 그는 물었다. 믿음을 잃는다는 게 어떤 것인지에 대해서는 조금은 알고 있어요. 나는 대답했다.

그는 나를 놀란 눈으로 쳐다보았다. 이 사람은 내게 무슨 얘기를 하려는 것일까. 나는 생각했다. 이 사람과 비슷한 사람들이 모여 차별금지조항 삭제 같은 구체적인 일을 벌인 것인가. 그랬을 것이다. 이런 눈동자와 이런 목소리를 지닌 사람들이 우리 같은 사람들을 힘으로 들어올려, 보세요, 똥구멍에서부터 악마 들린 자들입니다, 하고 말하는 것일까. 아마 그럴 것이다. 나는 십수 년 동안 직간접적으로 여러 단체에 몸담으며 일했다. 보통은 영화와 공연과 연극 같은 중간 매체가 끼어 있는 일을 했지만 때로는 수많은 사람들의 이야기를 날것으로 듣고 선언문 초안을 작성하고 거리로 나가 피켓을 들기도 했다. 그렇게 거리로 나갔다 들어온 날이면 어떤 슬픈 일도 없었는데 하루의 끝자락에 슬며시 눈물이 나기도 했다. 동료들에게는 차마 말하지 못했지만 그 오랜 세월이 지나도록 고작, 우리도 사람입니다, 우리는 동물이 아니고 사람입니다, 같은 구호만을 되풀이해야 하는 현실이 못 견딜 만큼 처량해서였다. 이런 얼굴일까. 그렇게 눈물을 참으면서 내가 맞서고 있다고 믿었던 권력에 구체적인 얼굴이 있다면 그게 이 사람의 얼굴일까. 그럴 수도 있다고 나는 생각했다. 그러나 마주앉은 너의 아버지가 악마처럼 보이지는 않았다. 그는 다만 늙고 지쳐 보일 뿐이었다. 아마 나도 그렇게 보일 거라고 나는 생각했다.

그가 중얼거렸다. 저는…… 예성이를 포기할 수가 없었습니다. 그뿐이에요. 그래서 그렇게 했습니다.

무슨 말씀이신가요, 나는 물었다.

어느 날 아침 일어나보니 예성이가 죽었습니다. 하나님 품으로 갔다고 했습니다. 저는 무슨 일이 일어난 건지 알 수가 없었습니다. 그대로 쓰러져 정신을 잃은 것 같아요. 교통사고였다고 누군가가 나중에 말해주었습니다. 길을 건너다가 달려오는 차를 피하지 못했다고요.

네가 쓰고 있던 시나리오가 기억난다. 만들어지지 않을 단편영화의 시나리오였다. 인류의 절반 이상이 문자나 음성언어를 사용하는 대신 서로의 전자뇌에 직접 정보를 전달해 소통하는 시대가 배경이었는데 전자뇌 수술을 받지 않은 두 고등학생이 주인공이었다. 학교 수업도 아이들끼리의 대화도 모두 전자뇌를 통해 이루어졌기 때문에 같은 반이었던 두 소년은 필연적으로 서로의 존재를 의식할 수밖에 없었는데 그렇다고 해서 흐름에서 벗어난 사람들끼리의 공감으로 곧바로 절친이 되지는 않았다. 루카의 영화는 어느 날 방과 후에 청소를 하다가 한 소년이 다른 소년에게 말을 거는 장면으로 시작한다. '너 혹시, 건강이 어디 안 좋은 거니? 그래서 수술을 안 받은 거야?' 질문을 받은 소년은 말하자면 그렇다고 대답한다. 생체이식 가능성 검사에서 심한 거부반응이 나와 드물게도 불가 판정이 내려졌다고. 너는? 그 소년이 묻는다. 집이 가난해서라고 다른 소년이 대답한다. 국가 지원을 받아도 수술에 필요한 최소한의 비용은 개인이 부담해야 했는데 그 소년의 집에는 그럴만한 여력이 없었다. 두 소년은 그날부터 가까워지기 시작한다. 사람들의 발길이 끊긴 채 방치된 도서관에 함께 들어가 오래된 책들을 함께 읽고 책에 관한 이야기를 나누며 시간을 보낸다. 거대한 침묵이 흐르는 수업 시간에 자신들을 빼놓은 채 전자적 균일체가 되어 웃으며 선생님을 바라보는 아이들을 보아도 더 이상 소외감을 느끼지 않게 된다. 이런 식으로는 입시에서 살아남을 가능성이 없다는 사실을 알지만 그 사실을 담백하게 받아들이고 둘만의 우정을 쌓기 시작한다. 너는 거기까지 썼다. 뒷부분을 쓰려고 했지만 가르치는 아이들의 보충수업 요청이 너무 많아 다음 달에, 다음 달에는 꼭, 하는 식으로 미루다가 결국 쓰지 못했다. 그 부분 밑에는 한 줄의 여백이 있었고 다음 문단에는 괄호 안에 "그리고 시간이 지나면서 둘은 상대방이 수술을 받지 않은 진짜 이유를 알게 된다"라는 문장이 마지막으로 씌어 있었다. 진짜 이유가 뭔 데? 나는 물었다. 글쎄, 너는 어떻게 생각해? 네가 되물었다.

나는 잘 알 수 없었고 그래서 컴퓨터를 켜고 나의 이야기를 쓰는 것으로 대답을 대신했다. 배우가 나체로 나와야 한다는 점 때문에 캐스팅에 제약이 있어서 만약 만들어진다면 애니메이션이 되어야 하겠지만 어쨌거나 만들어지지는 않을 내 영화는 너의 영화보다 짧았다. 영화는 에덴동산에서 선악과를 따 먹은 아담과 이브가 충격과 당혹감에 젖어 서로를 바라보는 장면으로 시작한다. 성경에는 아담이 자신을 찾는 신의 목소리에 내가 벗었으므로 두려워 숨었나이다, 하고 대답했다고 되어 있지만 내 영화에서 아담은 왜 숨었느냐는 신의 목소리에 무서움을 누르며 대답한다. 이브의 몸이 저와 너무도 다르므로 두려워 숨었나이다. 신은 그에게 묻는다. 그러면 너는 어떻게 하고 싶으냐. 아담은 대답한다. 저와 비슷하게 생긴 사람을 제 아내로 맞아 살고 싶습니다. 신은 아담과 이브의 표정을 번갈아 보다가 그들을 에덴동산에서 풀어준다. 가라. 가서 너희 뜻대로 하거라. 아담은 이브에게 그동안 함께 살아준 것이 고맙다고 머쓱한 표정으로 말한다. 이브는 고개를 끄덕이며 같은 말을 되돌려준다. 그리고 그들은 헤어져 각자의 길을 간다. 아담은 에덴동산에서 조금 떨어진 다른 동산을 찾아낸다. 거기에서 자신과 비슷하게 생긴 사람을 만난다. 다른 신이 만든 최초의 남자, 그의 이름은 루카다. 아담과 루카는 남편과 아내가 되어 서로를 사랑하며 행복한 하루하루를 보낸다. 어느 날 그들은 산책을 나갔다가 연못가에서 다정하게 웃으며 목욕을 하는 이브와 또 다른 한 명의 여자를 만난다. 처음에는 멋쩍은 시선을 주고받던 그들 넷은 마지막에는 연못에 들어가 서로의 몸에 물을 끼얹어주며 즐거워한다. 내가 그 시나리오를 보여주었을 때 너는 웃었다. 지금 그 시나리오를 다시 써야 한다면 나는 쓰지 않을 것이다. 그 영화는 어쨌거나 만들어지지 않을 테니까. 끝끝내 만들어져야 한다면 그것은 단편이 아니라 적어도 중편 분량은 되어야 할 것이고 그 영화는 상대방이 자신과 비슷하다는 이유로 사랑에 빠졌던 아담과 루카가 실은 서로가 얼마나 다른 지 깨닫는 장면으로 끝나야 할 테니까.

재작년에, 너의 아버지가 말했다. 저는 안식년을 갖기로 했습니다. 주위의 모든 사람이 그렇게 하라고 화를 내다시피 하면서 권했고 저 역시 너무 지쳐서 이제는 그래야겠다는 생각이 들었거든요. 개척교회의 시작부터 함께한 것은 아니지만 짙은 초록으로 무성하게 자라난 잎사귀들이 노란 떡잎일 때부터 저는 제 교회와 한몸이었고 돌아보니 한순간도 쉰 적이 없었습니다. 단 한순간도요. 아들이 세상을 떠났을 때조차 이를 악물고 더 열심히 사역과 신앙생활을 했었고 그때는 그게 옳다고 믿었지만, 쉬고 싶은 마음도 조금은 들더군요. 크게 마음을 먹고 남미로 갔습니다. 아는 분들이 있었고 오랫동안 교제를 해온 교회들이 있었으나, 모르겠어요, 거기가 지구 반대편, 한국에선 가장 먼 곳이라는 생각이 제게 있어서 그랬는지. 브라질과 우루과이에서 각각 한 달과 2주씩을 보내고 아르헨티나로 들어갔습니다. 교인들을 만나고 예배를 드리고 참으로 오랜만에 사람들과 대화를 하며 웃음이라는 걸 지었어요. 그럴 수 있었던 건 정말 오랜만이었습니다.

제가 『론리플래닛』을 산 건 모든 일정이 끝나고 한국으로 돌아오기 이틀 전이었습니다. 왜 그 책을 산건지 모르겠어요. 서어를 한마디도 못했지만 현지 교인들이 일정에 맞게 안내를 해줬고 모든 편의를 알아서 봐줬기 때문에 굳이 배낭여행자들이 보는 가이드북을 살 필요는 없었는데 말입니다. 남미에 있는 내내 저는 아무 관광지에도 가지 않았습니다. 그럴 마음이 들지 않았어요. 예성이가 죽은 뒤로 아무리 치유를 위한 것이라 해도 꽃구경은 하고 싶지 않다는 마음이 있었고 그 마음은 그때 제게는 이미 굳은살 같은 것이 되어 있었어요. 그런데 어느 날 시내 서점에 갔다가 그 책을 봤을 때 저는 어째선지 그걸 곧바로 집어 들고 계산을 하고 있었습니다. 호텔로 돌아와서, 책 맨 뒤에 있는 인덱스를 열어 알파벳 순서대로 훑기 시작했지요.

L항목에 루한Luján이라는 지명이 있더군요. 별로 유명한 곳은 아닌 것 같았습니다. 달랑 세 페이지가 전부였으니까요. 그래서 『론리플래닛』을 가지고 호텔 로비에 있는 인터넷 카페로 갔습니다. 거기서 그 지명을 검색해봤지요.

루한이라는 도시에는 동물원이 있었습니다. 부에노스아이레스에서 차로 한 시간쯤 떨어진 거리라 하루 코스로 무리 없이 다녀올 수 있다고 되어 있었어요. 저는 동물원이라는 장소를 그렇게 좋아하는 편은 아닙니다. 거기 가면 인간이라는 존재가 동물과 별 다를 것이 없다는 사실을 자꾸 떠올리게 돼서요. 저만 그런 건 아닐 거예요. 그래도 아이들이 있다 보니 가끔은 갔지요. 마지막으로 동물원에 가본 건 막내가 초등학생이었을 때였고 그 뒤로는 그럴 짬이 나지 않았어요. 그런데 그 동물원 사진을 본 순간 이유는 알 수 없지만 거기에 가지 않으면 안 된다는 생각이 들었습니다. 어느 한국인 블로거가 올린 사진이었는데, 커다란 철창 안에 사자 한 마리가 졸린 표정으로 누워 있고 관광객이 우리 안에 들어가 사자의 머리를 쓰다듬고 있었어요. 다른 사진에는 호랑이도 있었습니다. 새끼도 아니고 다 큰 사자와 호랑이를 손으로 만져볼 수 있는 세계에서 거의 유일한 동물원이라고 하더군요. 물론 인간에게 덤비지 않도록 새끼 때부터 특별한 방식으로 길러내긴 했겠지요. 그런데 도그 사진들이 저는 정말 무서웠습니다.

무서우셨다고요? 나는 물었다.

네. 사진을 보는 것만으로, 몸이 말 그대로 떨릴 만큼요. 너무나 무서운데, 왜 무서운지는 모르겠고, 그래서 거기 가야겠다는 생각이 들었어요. 다음 날 제 아내에게도 말하지 않고 길을 나섰습니다. 57번 버스를 타려고요.

가끔 만나면 모임 사람들은 우리를 하늘이 맺어준 커플이라고 불렀고 그런 말을 들으면 나는 굳이 토를 달지 않았다. 함께 사는 동안 너와 나는 별로 싸우지 않았다. 싸워야 할 것 같은 분위기가 흐르면 심각해지기 전에 어느 한쪽이 먼저 미안하다고 말했다. 어느 영화의 대사에 대놓고 반항하는 십대들처럼, 우리는 사랑하기 때문에 미안하다는 말을 서로에게 아끼지 않았고 그 점을 걱정해본 적은 없었다. 그것이 우리의 방식이었으므로. 나는 너에게 정말로 미안할 때가 많았으므로. 나는 깔끔한 성격이 못돼서 거실을 매번 어질러놓고 치우기 싫어하는 내가 미안했다. 네가 싫어하는 담배를 끊지 못하는 내가 미안했다. 나중에는 집에 생활비를 조금밖에 가져오지 못해서 미안했다. 무엇보다도, 네가 될 수 없다는 사실이 나는 미안했다.

꼭 한 번 크게 싸운 적이 있었다. 아는 사람의 아기 돌잔치에 간다고 토요일 아침에 집을 나선 네가 밤이 되도록 돌아오지 않았고 연락도 되지 않았던 날이었다. 그 전까지는 한 번도 그런 적이 없었기 때문에 나는 불안하고 겁이 났다. 너는 새벽 1시가 다 되어서야 돌아왔고 내 표정을 보고는 바로 자리에 꿇어앉아 사과했다. 아흔 여섯 번이나 전화를 걸었다고, 아흔 여섯 번까지 세면서 전화를 걸어본 적이 있느냐고 내가 말하자 너는 전화기 배터리가 다 되어 몰랐다고, 정말로 미안하다고 말했다. 어떻게 아는 사람인데? 돌잔치가 있었던 건 맞아? 내가 얼마나 걱정했는지 알아? 그날은 이상하게도 어두운 곳에 혼자 버려진 것처럼 서글프고 끔찍한 기분이 들었다. 내가 계속 다그치자 너는 결국 말했다.

동생이야. 동생의 아이, 그러니까 내 조카. 조카 돌잔치에 다녀왔어.

갑자기 네가 아주 멀고 낯설게 느껴졌다. 동생이랑은 연락을 했었구나. 그래, 네가 대답했다. 가족 중에서 유일하게 자신을 괴물 취급하지 않은 사람이 동생이었다고 너는 말했다.

왜 처음부터 그렇게 말하지 않았느냐고 나는 물었다. 글쎄, 별로 가고 싶지 않은 자리여서 그랬던 모양이지. 가고 싶지 않아서, 거기 간다고 너에게 말을 꺼내고 싶지조차 않았어. 나는 이해할 수가 없어서 더욱 화를 냈다. 말하기조차 싫을 만큼 가고 싶지 않다면 왜 간 건데? 너는 고개를 들고, 처음으로 정말로 상처받은 표정으로 내 두 눈을 마주보았다. 너는 그런 적이 없니, 너는 물었다. 가고 싶지 않은 곳에 가본 적이, 없어? 이럴 수도 저럴 수도 없을 때가, 너에게는 정말로 한 번도 없었니.

별로 많지는 않았던 것 같은데. 나는 대답했다. 내 목소리가 차갑다고 느꼈지만 미안하다는 생각은 들지 않았다. 다만 좀 부끄러웠는데 내 자신이 의심으로 정신이 나가 남편의 지갑이며 휴대폰을 뒤지는 아내처럼 속 좁고 유치하게 느껴졌기 때문이었다. 내 입장에서는 정당한 의문을 가졌는데도 나는 무심결에 너의 깊은 상처를 건드리고 만 것이었다. 네가 지친 목소리로 중얼거렸다. 모든 일이 그렇게 칼로 베어낸 것처럼 분명할 수 있다고 너는 생각하는구나.

나는 억울했고 이해되지 않았고 그래서 심한 말을 해버렸다. 말하기 싫을 만큼 싫어도 가족은 가족이고 나는 아닌 거구나? 너를 아우팅해버린 사람들하고 같이 있느라고 열두 시간도 넘게 내 전화를 받지 않은 거야? 촥, 하는 소리와 함께 내 고개가 옆으로 휙 돌아갔다.

미안해.

너는 그렇게 중얼거리며 내 뺨을 때린 손을 거둬들여 다른 손과 함께 얼굴을 감싸버렸고 그래서 나는 네가 내내 얼마나 피곤한 표정을 하고 있었는지 볼 수 없었다.

57번 버스가 서는 정류장을 찾는 데까지는 크게 문제될 것이 없었다. 사람들이 하는 양을 보고 어찌어찌 표를 사서 너의 아버지는 버스에 올라탔다. 문제는 그 다음부터였는데, 버스를 타고 보니 노선도가 붙어 있지 않았다. 한국의 버스처럼 친절하게 정류장마다 방송이 나오는 것도 아니었다. 사람들에게 물어보면 되겠지, 그는 그렇게 생각하고 주위를 둘러보았다. 승객들 중에 여행을 온 사람은 그밖에 없는 것 같았다. 나머지 사람들은 스페인어를 유창하게 구사했고 옷차림으로 봐도 현지인들로 보였다. 그는 좀 당황했지만 어떻게 되겠지, 하고 생각했다. 창밖으로 가끔씩 지명이 적힌 표지판이 지나갔는데 그걸 잘 보고 있으면 제대로 내릴 수도 있을 것 같았다.

한 시간 남짓 시간이 흐를 때까지 그는 초조한 표정으로 창밖을 내다보며 앉아 있었다. 표지판은 점점 줄어들었고 결국 그는 옆자리에 앉은 중년 여성에게 루한, 주? 하고 물었다. '동물원'에 해당하는 스페인어를 외워두었지만 그 순간에는 떠오르지 않아서였다. 여자는 느긋한 스페인어로 뭐라고 길게 대답했고 그는 그것을 아직 좀 더 있어야 한다는 의미로 받아들였다. 10분쯤이 더 지났을 때 그는 결국 자리에서 일어났다. 비틀거리며 앞쪽으로 걸어가 버스 운전기사에게 같은 질문을 했다. 기사는 다급한 표정으로 바깥을 가리켰고 마침 문이 활짝 열렸다. 그는 열린 문으로 황급히 뛰어내렸다.

덩그러니 버스정류장 하나가 있을 뿐 그곳은 허허벌판이었다. 주위를 둘러봤지만 동물원으로 보이는 공간은 없었고 건물이나 힌트가 될 만한 어떤 표지도 존재하지 않았으며 지나가는 사람 또한 없었다. 8차선 고속도로 양옆으로 거대한 황무지가 펼쳐져 있었고 제법 알갱이가 굵은 모래가 바람에 섞여 날아와 얼굴을 때렸다. 멀리, 까마득히 먼 거리에 거인의 곱슬머리 같은 검은 숲들이 늘어서 있었다. 그뿐이었다. 그 풍경은 그의 앞뒤로 마치 영원히 계속 될 것처럼 이어져 있었다.

지금 생각하면 그 자리에서 가만히 다음 버스를 기다려야 했어요. 하지만 버스 배차 간격이 짧지 않을 것 같았고 해도 이미 중천에 떠 있는 참이라 저는 움직이기로 했습니다. 차를 타고 있던 시간은 대략 맞췄으니 조금만 걸어가면 동물원이 나올 거라 믿었거든요.

그는 앞과 뒤 가운데서 앞을 선택했고 고속도로를 따라 걷기 시작했다. 갓길이라고 하기에도 너무 좁은, 한 사람이 간신히 걸어갈 만한 공간이었다. 가끔씩 집채만 한 트럭들이 가느다란 흰색 선 안쪽을 위태롭게 걸어가는 그의 몸 바로 곁으로 어마어마한 경적을 울리며 지나갔다. 그는 그 도로 위에서 길을 잃었다. 아무리 걸어도 다음 정류장이 보이지 않았고 그가 타고 온 버스도 지나가지 않았으며 마을도, 보행자 도로로 연결되는 길목도 나오지 않았다.

어느 날 나는 책상 앞에 앉아 음악을 들으며 영화 공유 사이트에서 영국 드라마를 다운 받고 있었다. 한 소년의 의문사에 얽힌 비밀을 풀기 위해 폐쇄적인 분위기의 마을에 잠입한 형사의 이야기였는데 스토리 만 봐서는 내가 좋아하는 종류의 이야기는 아니었다. 보나마나 아리송하면서 쓸쓸한 분위기로 시작해 비밀들이 하나씩 차례로 폭로되고, 끔찍하고 추한 이야기들이 마구 토해지듯 계속되다가 마지막에는 차갑고 커다란 손으로 뺨을 얻어맞는 것 같은 얼얼함을 남기고 끝나는 이야기일 것이었다. 그건 네가 좋아하는 종류의 이야기도 아니었다. 그런데 나는 왜 그런 걸 다운 받고 있었을까. 사람들이 추천작이라며 별을 여러 개 붙여둔 드라마였고 나는 단지 너와 무언가를 같이 보고 싶었다. 너와 극장에 나란히 앉아 영화를 본 것이 대체 언제였는지 기억나지 않았던 것이다. 그때 네가 등 뒤에서 중얼거렸다.

딸기.

나는 한쪽 귀에서 이어폰을 뺐다.

죽어버린 것이 다시 살아날 수 있을까?

고개를 돌려보니 너는 책상 위로 몸을 수그린 채 연필을 사각사각 움이고 있었다. 뭐가 죽었는데? 세탁할 때가 지난 것처럼 보이는 너의 낡은 하늘색 수면바지를 쳐다보다가 나는 물었다.

아무것도 아니야, 네가 대답했다. 나는 잠시 그대로 있었고 너는 더 이상 말하지 않았다. 나는 몸을 원래대로 돌리고 한쪽 귀에 이어폰을 도로 꽂았다. 이어폰에서는 내가 좋아하지도 않는 케이팝 최신곡이 쿵쾅쿵쾅 울리고 있었다. 드라마 다운로드 상태를 다시 확인하는데 천천히 코가 매워지기 시작했다. 눈물이 만들어져 모이고 있었다. 그냥 너를 보고 있다가 등을 돌려 하던 일들을 계속한 것뿐인데 방금 전 내가한 단순한 동작들의 연속이 왜 그렇게 서글픈지 알 수 없었다. 언제부턴가 우리의 대화는 잘못 깎은 연필심처럼 끊겨 나갔다. 그렇지 않던 날들이 생각났다. 아무 것도 아니야, 따위의 말이 나오지도 않았고 설령 그런 말이 나온다 한들 거기서 허망하게 대화가 끝나버리는 일도 없었으며 방에서 음악을 들을 때 서로에게 방해가 될까 봐 이어폰을 사용하지도 않았다. 언제나 같이 듣고 같이 느꼈다. 너는 둥근 주걱 모양으로 길어질 때까지 발톱들을 그냥 놔두지 않았고 나는 식탁에 함부로 그릇들을 탁, 탁 내려놓지 않았다. 무엇보다 나는 너에게서 그렇게 빨리 등을 돌려 돌아앉지 않았다. 그 사실을 견딜 수 없어 나는 거실로 나갔다. 욕실에 들어가 옷을 벗고 샤워기를 틀었다. 델 것처럼 뜨거운 물 아래 오래 서 있었다.

샤워를 끝내고 나와 보니 방에는 불이 꺼져 있었다. 나는 어둠 속을 더듬어 너의 책상으로 걸어갔다. 불빛이 네 쪽을 향하지 않게 조심하면서 독서등을 켜고 네가 보고 있던 문제집을펼쳤다.

너는 학원에서 아이들을 가르쳤다. 밤마다 수십 개의 영어 지문을 읽으며 독해 문제를 미리 풀어야 했는데 가끔 수업 준비를 하면서 보기에 나오는 문장들을 혼잣말처럼 되풀이할 때가 있었다. 세계 인구의 과반수가 한 개의 언어만을 사용한다, 라거나 지금 사든 나중까지 기다리든 표값은 똑같을 것이다, 라거나 이야기를 꾸며내는 인간들의 능력의 풍부함! 같은 말들을 들으면 나는 뭐라고? 하고 되물었고 너는 그 지문 내용을 요약해 들려주다가 더 이상한 문장들이 나오는 다른 지문을 읽어 주다가 했다.

어느 순간부터는 그 지문들을 읽는 것이 책을 좋아하던 루카 너의 유일한 독서가 되었다. 예술축제가 끝나고 내 수입이 없어져 네가 수업을 늘려야 하게 되면서부터 너의 자유시간은 반으로 줄었고 우리가 함께 보내는 시간은 더 많이 줄어들었다. 나는 어떻게든 다시 일을 구할 생각이었지만 다른 축제들에 모집 공고가 뜨려면 몇 달은 더 있어야 했고 예산 부족으로 축제 자체가 취소되는 일도 드물지 않아서 불확실한 나날이 계속되고 있었다. 그리고 언제나 그랬듯, 아무 말도 하지 않고 일을 늘린 것은 너였다. 미안해, 내가 말하자 너는 괜찮아, 뭐가 미안해, 말하며 웃었다. 너는 퀴어고, 퀴어와 관련된 일을 계속하고 싶은 거잖아. 같이 웃고 있었지만 나는 조금 서운했다. 너는 퀴어고, 퀴어와 관련된 일이 아니면 하고 싶지 않은 거잖아. 그 말이 내게는 그렇게 들렸던 것이다.

네가 보고 있던 문제집에 죽음이나 부활에 관한 지문은 없었다. 나는 독서등을 끄고 침대로 갔다. 통조림 속의 정어리들처럼 겹쳐지듯 잠드는 게 좋아서 바꾸지 않고 써온 싱글침대 한쪽에 네가 미동도 없이 잠들어 있었다. 바싹 마른 몸을 노인처럼 둥글게 웅크리고, 벽 쪽에 바짝 붙은 채. 나는 너의 옆에 들어가 누웠다. 깨우지 않으려고 조심한 것도 아닌데 우리의 몸은 서로에게 닿지 않았다.

일요일 아침 눈을 떴을 때 나는 혼자였다. 너는 오후가 지나 집에 돌아왔고 아무런 설명도 하지 않았다. 다음 주에도, 그다음 주에도 같은 일이 반복되었다.

너의 아버지는 계속 걸었다. 남미의 10월은 한국의 8월만큼 뜨거웠고 그는 손목시계를 지니고 있지 않았으므로 머리 위에서 이글거리는 태양의 궤적과 그에 따라 조금씩 변해가는 열기의 강도만이 시간의 흐름을 가늠할 수 있게 해주는 유일한 표지였다. 몇 번인가 갓길에 세워진 대형 가스 트럭들과 마주쳤으나 운전자들은 마치 어딘가로 납치되기라도 한 것처럼 보이지 않았고, SOS라고 표시된 비상전화를 발견한 그가 떠올릴 수 있는 모든 조합으로 버튼을 눌러 통화를 시도했으나 의미를 알 수 없는 스페인어 ARS음성이 흘러나올 뿐 전화는 어느 곳으로도 연결되지 않았다. 그는 목이 말랐고 다리가 아팠다. 그래도 소금 땀을 흘리며 계속 걷는 수밖에 없었는데, 화살표와 함께 커다란 글씨로 'LUJÁN'이라고 씌어진 도로 표지판이 잊어버릴 만하면 계속 나타났기 때문이었다. 그는 자신이 서 있는 곳이 아직 루한이 아닌 모양이라고 생각했다. 그럴 리가 없는데, 그는 생각했다. 동물원은 잊어버린 지 오래였다. 호텔에서 기다리고 있을 아내가 떠올랐고 한국으로 돌아갈 비행기 표가, 마침내는 아이들의 얼굴까지 떠올랐다. 그는 이렇게 아무도 없는 고속도로 위를 끝없이 걷다가 종내는 사라져버리는 자신을 상상하기 시작했다. 길 위에서 쓰러져 정신을 잃어도 아무도 도와주러 오지 않을 것 같았다.

온몸이 땀범벅이 된 채 그렇게 몇 시간쯤 걸었을까. 그는 갑자기 오래전에 죽은 자신의 아들, 너를 떠올렸다. 아무도 없는 길을 예성이가 이렇게 걷고 있었겠구나, 그는 생각했다. 아는 사람들을 지구 반대편 처럼 아득한 곳에 두고, 어디에도 닿을 수 없는 상태로 말이다. 그러자 너에게 소리친 기억이 떠올랐다. 계속 소리를 쳤다고 그는 말했다. 그러지 않으면 입이 없어지고 목소리가 없어지고 몸 전체가 녹아 없어질 것 같았으니까요. 아마도 어떻게 그렇게 모두를 속일 수 있느냐는 말을 했을 겁니다. 가족을 속이고 하나님을 속이고 너 자신을 속이고, 어떻게 그럴 수 있느냐고요.

네가 죽은 뒤로 그는 몇 번이고 너의 기억을 떠올려보려 했지만 잘 되지 않았다. 유일하게 선명한 것은 네가 커밍아웃을 하던 순간의 기억이었다. 맞느냐고 묻는 제 말에 맞다고 고개를 숙인 채 대답하는 그 아이가 있고, 그 대답을 듣고 울며 소리치는 제 자신의 모습이 있어요. 그것밖에 기억이 나지 않았습니다. 어떻게 계속 교회 일을 보고 예배를 인도한 건지, 알 수가 없었어요. 기도로는 몸이 회복되지 않아 중간에 잠시 약물치료를 받긴 했습니다. 시간이 걸리는 게 당연하다고 사람들이 말했고 저는 그 말을 받아들였습니다. 생각이라는 걸 하지 않으려고 노력했고 그 사고를 떠오르게 하는 일들은 피했어요.

그러나 그의 집에서 가장 멀리 떨어진 지구 반대편, 양옆으로 팜파스가 끝없이 펼쳐진 아르헨티나의 고속도로 위에서 그는 문득 걷잡을 수 없이 슬퍼지기 시작했다. 그때 아들은 어디로 가다가 차에 치인 것일까. 사고를 당하기 전에 무슨 생각을 하고 있었을까. 얼마나 외로웠을까. 그는 울었다. 울면서 신에게 용서를 구하며 걸었다. 아들이 죄를 지은 것은 맞지만 그 죄는 자신에게서 온 것이라고, 제대로 된 아버지 모습을 보여주지 못했고 신의 말씀을 바르게 전하지 못한 자신의 탓이라고. 목회자로도 아버지로도 제대로 길을 걸은 적이 없었고 그것이 자신의 부족함이었다고 그는 신에게 고백했다. 이제 그 아이가 세상을 떠났고 오랜 시간이 지났으니 지상을 슬피 떠돌게 두지 마시고, 이렇듯 아무도 없는 외로운 길을 혼자 걷게 놔두지 마시고 그만 주님의 품에 받아주십시오. 그는 걸으면서 가슴을 치며 빌었다.

당장이라도 쓰러질 것 같다고 느끼며 그가 고개를 들었을 때, 저 멀 리에 그때까지는 보이지 않던 표지판 하나가 눈에 들어왔다. 십자가를 단

둥근 지붕의 건물이 그려진 표지판. 대성당이 있었다. 거기서 7킬로미터를 더 걸으면 대성당이 있다고 되어 있었다. 호텔에 두고 온 『론리플래닛』에 루한이 기도의 도시라고 씌어 있었던 걸 그는 그제야 기억했다. 루한에서 가장 유명한 관광지로 소개된 그 대성당은 개신교 가아니라 가톨릭의 성지였지만 그 순간에는 그런 것이 문제되지 않았다. 그 표지판은 그에게 신이 있어 그의 기도를 들어주신다는 뜻으로 다가왔다. 자식을 데려간 신을 원망하고 믿음을 소홀히 하고 때로는 등을 돌리려 했던 그를 신은 넓은 가슴으로 용서하고 보듬어 품어준 것이었다. 그는 눈물을 흘리며 화살표가 가리키는 방향으로 걸었다.

글쎄, 너는 어떻게 생각해?

두 소년이 전자뇌를 달지 않은 진짜 이유는 무엇이었을까? 서로를 사랑하기 시작했다는 것 외에 다른 이유는 없지 않을까? 자신과 마찬가지로 전자뇌가 없는 다른 소년이 있다는 사실을 알았을 때 그들은 자신마저 수술을 받아 반 아이들의 집단지성에 합류함으로써 상대방을 혼자 남게 하고 싶지는 않다고 각자 생각했을 것이다. 처음에는 단지 그뿐이었겠지만 서로를 알아보고 이야기를 나누면서 그들은 곧 사랑하는 사이가 되었을 것이다. 설령 다른 이유가 있었다 한들 그 시점에서는 이미 중요하지 않아졌을 것이다. 그때의 나는 그렇게 생각했다.

그런데 그 다음에는 무슨 일이 일어난 것일까.

네가 나를 떠나려 하는 거라고 나는 생각했다. 처음에는 나만으로도 충분했다. 그러나 이제 너에게는 나 말고도 신이, 부서진 부분이 많을 지언정 가족이, 어떤 공동체가, 다른 삶이 다시필요해진 것이었다.

나는 그런 것들이 필요하지 않았다. 나는 신을 만나본 적이 있었다. 루카, 내가 너를 만난 것이 그가 존재한다는 증거였다. 내가 그 신에게 경배를 드리고 기도를 바칠 필요는 없었다. 그는 가만히 존재하는 것만으로 스스로를 증명하는 신이었고 나에게도 너를 사랑하는 것 외에 다른 무언가를 요구하지 않았으므로.

내가 연락하고 지내는 사람들은 모두 퀴어였고 어떤 식으로든 나와 닮은 말투와 표정을 지닌 사람들이었다. 비슷비슷한 상처와 흉터, 문화와 예술이라는 취향과 관심사, 세상을 좀더 재미있는 곳으로 만들고 싶다는 마음, 실망스러운 가정환경과 좌절된 꿈이 적힌 소박한 목록을 지닌 사람들. 하지만 루카, 너의 어떤 얼굴은 누구와도 달랐다. 나는 누구에게도 너의 그 얼굴을 보여주고 싶지 않았다.

그리고 그 순간부터 너는 나를 유일한 시민으로 갖는 사회가 되어야했다. 네가 내 사회의 유일한 시민이었으니까. 너는 나를 온전해지게 하는 가족이었고, 속마음을 털어놓을 단 한명의 친구였으며, 주기적으로 긴장감을 불어넣어주는 지인이었고, 내가 살아보지 못한 좀 더 나은 삶이었다. 나는 너라는 한 사람 속에서 그 모두를 찾고 구했다. 그 일이 잘못이었다고는 생각해보지 않았다.

그리고 어느 날 내가 사랑한 너의 어떤 얼굴은 내게 낯설어졌다. 죽었다고 믿었던 것들이 너의 삶 속에서 다시 살아난 것이다, 그래서 네가 내게 말하지 않은 채 일요일마다 교회에 다녀오는 것이다, 나는 그렇게 생각했다. 네가 가족의 기다림을 이기지 못해 전환치료라는 것을 받고 교회로 돌아가 버릴까봐 두려웠다. 되살아난 것들이 내게서 너를 빼앗아 갈까 봐 두려웠다. 그래서 나는 너의 신을 미워하고 너의 가족을 마음속으로 헐뜯었다. 네가 없는 일요일 아침이 새로 돋아난 습진이기라도 한 것처럼 손톱을 세워 긁어대며 부어오르게 했다. 그것은 차별이나 소수자 같은 말들과는 정말 아무 관계도 없는 일이었을까. 그렇지 않다는 걸 나는 안다. 너는 내 세계에서 소수자였고 나는 문을 열어 밖을 내다보고 싶어 하는 너를 받아들일 수 없었다.

영화를 보러 갔었다고 너는 말했다.

나와 사귀고 얼마 되지 않았을 때처럼, 내게 나중에 얘기를 들려주고 싶다고 생각하며 혼자 극장에 가서 조조로 영화를 보고 왔다고. 아주 오래전에 그렇게 했던 기억이 떠올랐고, 이제는 더 이상 그 일을 하지 않는다는 사실이 아쉬웠다고. 그래서 일요일 아침마다 극장에 갔다고. 너는 죽어버린 무언가를 되살리고 싶었고 그건 내가 상상한 것과 아주 다른 것이었다. 그 이야기를 너에게서 들었을 때 옛날처럼 머쓱한 웃음을 짓거나, 그럼 진작 그렇게 말을 하지!하고 핀잔을 줄 수 있었더라면 얼마나 좋았을까. 그러나 그때는 우리가 길을 잃은 뒤, 이미 모든 것이 너무 늦어버린 뒤였다. 우리는 너무 많이 오해했고 오해를 풀 기회를 너무 많이 놓쳤다. 나는 이유를 알지 못한 채 습관처럼 눈물을 흘리고 있었고 반복되는 내 의심과 추궁 때문에 너의 얼굴은 지칠 대로 지쳐있었으며 죽은 것들은 되살아나는 대신 예전보다 더 죽은 채 그대로 있었다. 그때쯤에는 나도 알고 있었다. 연인들이 서로에게 하는 어떤 말들, 이를테면 나는 네가 무슨 일을 하든 피부색이 무엇이든 어디서 왔든 관계없이 너를 사랑해, 같은 말들이 얼마나 순진한 것인지 말이다. 내가 너를 사랑하는 일에는 그 모든 것들이 관여하고 있었다. 나와는 달리 네가 신의 말씀을 들으며 자라났고 주일학교에서 아이들을 가르치며 대학 생활을 했다는 사실이 관계되어 있었고 네가 너의 신에 대해 갖고 있던 불편하지만 온전히 떠날 수는 없다는 태도가 관계되어 있었다. 네가 가진 형제들과 내게는 없는 형제들이 관계되어 있었다. 너의 교회 사람들이 우리와 같은 사람들에 대해 했던 말들이 관계되어 있었고 내 동료들이 너의 교회 같은 교회들에 관해 이야기할 때 하는 말들이 관계되어 있었다. 내가 나의 정체성을 지키며 살기 위해 너의 경제적 도움을 얻지 않으면 안 된다는 사실이 관계되어 있었고 그 사실에 대해 내가 품는 감정이 관계되어 있었다. 네가 나를 위해 포기한 것들이 나를 건드리는 방식이 관계되어 있었고 그런 나를 보는 너의 표정이, 무엇보다 어떤 이야기를 하다가 우리 두 사람이 동시에 도달하는 침묵의 농도와 빛깔, 어떻게 해도 건너갈 수 없던 그 여울의 세찬 물살이 관계되어 있었다. 이 모든 것들이 너와 나의 마음에 빼낼 수 없는 철심처럼 박혀 우리를 하나로 연결하고 있었다.

그렇지만 나중에는 교회에도 갔었어.

네가 말했다.

모르겠어. 네가 그렇게 싫어한다는 걸 아니까 화가 나서, 그렇다면 정말 가주지 뭐, 하는 생각이 들었던 걸까. 아무래도 마음이 좋지 않아서 뭔가 기도를 하고 싶다는 마음도 조금은 있었어. 그래, 나중에는 정말로 갔어. 거기선 소돔과 고모라 얘기 같은 건 하지 않아.

너의 아버지가 간신히 대성당에 도착한 것은 출발한 지 여덟 시간이 지나 오후 다섯 시가 다 돼서였다. 7킬로미터를 거의 다 걸었을 때 기적처럼 휴게소가 하나 나왔고 그곳의 직원은 영어를 할 줄 알았다. 그는 신에게 감사하며 택시를 타고 마지막 거리를 이동했다.

그가 도착했을 때 대성당의 출입구는 이미 닫혀 있었다. 자신처럼 너무 늦게 도착한 관광객들이 아쉬운 얼굴로 돌아서는 것을 보다가 그는 버스 정류장 쪽으로 걷기 시작했다. 뾰족한 첨탑 두 개가 쌍둥이처럼 붙은 크림색의 대성당 건물을 멀리서 바라보다가 조금 허탈해진 마음으로 버스에 올랐다.

돌아오는 길은 편했다. 갈 때와는 달리 관광객들이 버스를 가득 채우고 있었고 그가 이해할 수 있는 문장들이 여기저기서 들려왔으며 그는 더 이상 어디서 내려야 할지 신경을 곤두세우지 않아도 됐다. 조금 전까지 그가 걷고 있던 고속도로의 기억이 마치 질 나쁜 농담처럼, 누군가의 페이퍼백 속에서 튀어나온 이야기처럼 느껴졌다. 그는 좌석에 머리를 기대고 눈을 감았다. 그렇게 약간의 시간이 흘렀을 때 그는 자신이 원래 가려고 했던 곳이 동물원이었다는 사실을 떠올렸다. 그러자 머리를 치고 지나가는 생각이 있었다.

그의 아들, 너는 죽은 적이 없었다. 교통사고가 일어난 적도, 장례식이 치러진 적도 없었다.

그는 세상을 떠난 너를 본 적이 있었다. 손자의 돌잔치에서였다. 그날 그는 앞쪽에 앉아 있었고, 막 돌잡이가 시작되려 할 때 우연히 문 쪽으로 시선을 주었다가 검은색 옷을 입은 네가 조용히 문을 열고 들어와 구석에 앉는 것을 지켜보고 그 자리에서 정신을 잃고 말았다. 잔치는 엉망이 되었고, 눈을 떴을 때 그는 병원으로 옮겨져 있었다고 했다. 그날의 기억이 흔들리는 버스에서 떠올랐고 그는 자신이 왜 동물원에 가려고 했는지 깨달았다.

우리 안에 들어가 살아 있는 사자와 호랑이를 손으로 만지면, 그 정도로 무서운 경험을 하면 다른 무서움이 사라질 거라고 그는 생각한 것이었다. 그 다른 무서움은 그때까지는 아무리 발버둥쳐도 잡을 수 없던 그의 어떤 기억과 연결되어 있었다. 사랑하는 아들이 게이라는 사실과 자신이 한평생 속해 살아온 교회라는 두 세계를 그는 동시에 감당할 수 없었다. 그의 머릿속에서 어느 하나는 사라져야 했다. 네가 교통사고로 세상을 떠났다고 믿는 것으로 그의 혼란은 수습되었고 그의 건강을 염려한 주위 사람들은 그것을 문제 삼지 않았다. 그는 진심으로 애도했고 신에게 용서받았다. 그러나 이제 그는 갑자기 알게 된 것이었다. 살아있는 아들을 죽은 사람이 되게 한 것은, 자신의 이성으로 하여금 받아들이기 더 쉬운 그 선택을 하게 한 것은 다름 아닌 자신이었고, 한평생 그토록 소중하게 지켜온 자신의 믿음이었다.

한국으로 돌아온 뒤 그는 더 이상 예배와 설교와 기도를 계속할 수 없을 것 같다는 생각이 들었다. 그러나 그는 성실하게 그 일들을 계속했다고 했다.

지켜야 할 성경 말씀이 있고 그것이 저에게 의미 있기 때문은 아니었습니다, 그는 말했다. 그건 단지 제가 목사이고 제 아내가 교회 사모이며 제 아이들과 생활과 커리어 전체가 교회와 너무도 긴밀하게 연결되어 있어 도저히 떼어낼 수가 없기 때문이었어요. 주님과도 예성이와도 아무 상관없는 세속적인 이유였지요. 그런 것이, 고작 그런 것이 저의 믿음이었어요.

그는 자신이 이제 신을 믿지 않는다는 사실을 아무에게도 말하지 못했다. 내가 그 이야기를 들은 유일한 사람이라고 했다.

왜 그런 이야기를 하시는 거냐고 나는 물었다. 그는 대답하지 않고 미안하다고 말했다. 나와 같은 사람들에게 미안하다는 말을 하고 싶었다고. 그러니 부디 너에 대해 이야기해달라고, 어떤 이야기라도 좋다고 그는 부탁했다. 자신은 이제 망가져버린 사람이라고, 여전히 살아있는 네가 어떤 사람인지 알아내지 않으면 도무지 어떻게 살아가야 할지 알 수 없을 것 같다고.

그 말을 듣는 순간 나는 솟구치는 화를 아무래도 누를 수가 없었다. 타인의 입에서 나오는 말을 듣는 것으로 그렇게 간단하게 침묵의 대가를 치르고 너라는 존재를 복원하려 하는 그가, 그를 그럴 수 있게 하는 힘이, 그 힘을 갖지 못한 내가, 참을 수 없을 정도로 혐오스러웠다.

나는 그에게 너에 관해서는 이야기하지 않았다. 대신 다른 말들을 했다. 그의 입에서 나온 미안하다는 말이 나를 갑자기 멀리 있는 모두의 대변자가 되게 했고 그들의 분노와 상처가 한꺼번에 날아와 내 입술에서 나오는 말들을 물들였다. 그의 긴 고백은 내 안에서 아무것도 상쇄시키거나 흔들거나 곤란하게 하지 않았다. 리필한 커피를 마시는 동안 그의 얼굴은 천천히 내 앞에서 억압하는 자, 편협한자, 닫혀있는 자의 그것으로 변해갔고 그는 실제로 그런 사람이었는지도 모른다. 그가 그토록 먼 길을 걷고 오랜 시간을 헤매고 가슴을 치며 괴로워했다는 사실은 내게 어떤 연민도 불러일으키지 않았다. 왜 내가 이해해야 하는가? 나는 그렇게 생각했다. 이해해버리면 끝장이라고 말이다. 그랬다. 끝장이라는 단어가 떠올랐다. 내가 그날 그토록 많은 말들을, 평소의 나와는 그다지 어울리지 않는다고 믿던 말들을 했다면 그래서였을 것이다. 그러나 나는 너와 함께 있을 때 내가 돌보지 않은 우리의 침묵에 대해서는 아무 말도 하지 않았다. 그가 너를 받아들일 수 없어 죽게 했다면 나 역시 내가 사랑하지 않는 너의 어떤 부분을 사랑한다고 말하면서 그저 시들게 놓아두기만 한 사람이라는 것도.

그 교회는 우리가 같이 살던 집에서 그리 멀지 않은 곳에 있었다. 성소수자들을 배척하지 않고 포용해준다는 교회였다. 헤어지기 직전이어서 그랬는지 그 일요일 아침 내 앞에서 걸어가던 루카 너의 굽은 등과, 교회 정원에 깔려 햇빛에 아스라하게 반짝이던 희고 검은 자갈길 같은 것들이 여전히 잊히지 않는다. 그곳에 함께 가보자는 건 내 생각이었다. 예배를 보는 동안 우리는 손을 꼭 잡고 있었다. 예배가 끝나자 사람들이 와서 인사를 했고 이야기를 들려주었고 정식으로 등록을 하지 않겠느냐고, 여기서는 모두 이웃처럼 친하게 지낸다고 우리에게 권했다. 강요로 느껴지지는 않는 부드러운 말들이었다. 다른 부분들도 걱정한 것만큼 이상하게 느껴지지는 않았다. 기도를 하고 노래를 부를 때 자신을 필요 이상으로 열어야 한다는 점이 조금 낯설게 느껴졌을 뿐이다. 그날 그 교회에서 나는 너의 신에게 너와 헤어지지 않게 해달라고 기도했다. 우리가 이미 오래전에 헤어졌다는 사실을 알고 있었기 때문이었다. 그들은 우리에게 부활절 달걀을 주었고 우리는 그것을 함께 먹었다. 오직 헤어진 사람들만이 서로에게 보일 수 있는 다정한 얼굴을 하고.

루카, 나는 너에게 네가 왜 루카인지 묻지 않았다. 예전에도 지금도 나는 그것이 잘못이었다고는 생각하지 않는다. 너 역시 내가 왜 딸기인지는 묻지 않았으니까. 나는 이제 너와 함께가 아니고 여전히 어떤 것들에 대해서는 묻지 않은 채 살아간다. 어떤 일들은 그저 어쩔 수 없고 어떤 일들은 노력해도 나아지지 않으며 함께 살아야 한다고 말하지만 우리는 어떤 사람들과는 함께 살 수 없다. 그저, 그럴 수 없다. 삶이라는 이름의 그 완고한 종교가 주는 믿음 외에 내가 다른 무언가를 믿는다고 말할 수 있을까? 나는 내 믿음을 지켰고 너를 잃었다. 그 사실이 가끔 나를 찌르지만 나는 대체로 평안하다. 그런데 루카, 너는 어떠니. 너는 그곳에서 평안하니. 루카였고 예성이었던 너는.

10 소수자의 삶과 새로운 가치의 출현

#11

유랑의 삶과 다문화 수용의 인류애

#11

유랑의 삶과 다문화 수용의 인류애

21세기는 해마다 지구 인구의 10%가 이동하는 노마드nomad와 디아스포라diaspora의 시대이다. 공간 이동이라는 공통점을 지니고 있는 노마드와 디아스포라는 다른 특성을 지니고 있다. 노마드가 자본의 흐름에 따라 자발적으로 이루어지는 이동인데 비해, 디아스포라는 노예제도, 소수민족 탄압, 대량학살, 기아, 정치적 박해, 전쟁 등에 의해 타율적으로 이루어지는 이동이다. 이러한 이유 때문에 노마드가 새로운 정착지에서의 적응에 더욱 관심을 기울인다면, 디아스포라는 떠나온 고국과의 관계, 즉 민족적, 국가적, 지리적 관계를 중시하는 경향이 있다.

노마드와 디아스포라는 수많은 이주자들이 다른 나라에 정착하는 과정에서 복합적인 로컬리티의 문제를 발생시킨다. 먼저 국경을 넘는 이동은 초국적 네트워크가 작동하는 상호문화적인 형태를 띤다. 다양한 로컬들의 혼융은 문화와 정체성이 교차함으로써 재소속화의 과정을 겪는다. 즉 다른 시공간의 기억, 문화, 정체성을 현재 시공간의 기억, 문화, 정체성과 결합시켜 변화를 가져온다. 출신국과 정착국의 문화가 혼융되는 과정에서 이주자들이 겪는 영토, 국가, 인종, 계급, 문화와 연동된 정체성은 탈경계적이며 혼종적인 특성을 지닌다.

2011년 자료에 의하면, 한국은 175개국에 약 7백만 명 이상의 디아스포라(이주민)를 배출한 나라이다. 2000년대 이후 한국 사회는 외국인 노동자, 결혼 이민자, 혼혈인, 새터민 등이 다수 유입되어 새로운 문화집단으로 자리를 잡아가는 다문화사회로 진입하였다. 이로 인해 한국사회는 내국인과 다양한 사회문화 배경을 지닌 이주노동자, 결혼이민자, 새터민 등이 공존하게 되면서 디아스포라와 이주노동을 비롯한 다문화 관련 담론들이 중요한 사회적 쟁점으로 등장하였다.

그러나 한국사회의 다양한 다문화 주체들은 한국사회를 구성하는 다원적 주체라기보다는 소수자 집단의 성격을 띤다. 이들은 한국인들이 갖고 있는 부정적 이미지와 편견으로 인하여 국내에 정착하는 과정에서 사회적 차별에 노출되어 문화적 갈등을 일으키고 있다. 한국사회의 다문화 주체들에 대한 관심은 이들이 문화적 다양성을 가지고 상호 침투하며 공존하는 다안성多安性 사회를 지향한다. 즉 이들이 세계국가의 한 구성원인 세계시민으로서 한국사회에 적응하여 새로운 문화를 발생시키는 기대로까지 나아간다.

국내의 다문화 문제를 다루는 문학작품들은 출신국과의 문화적 충돌관계와 정착국에서 겪게 되는 현지화 과정을 함께 다루는 경향이 있다. 특히 2000년대 한국 문학작품들은 이주노동자와 결혼이민자의 생활 재현을 통해 개인의 삶이 국제화 되는 과정을 형상화하고 있다. 이러한 작품들은 국민 정체성, 경제적 정의, 문화적 혼종, 민주적 소통방식 등을 토대로 현대 한국사회의 변화 과정에 주목하는 한편 다문화주의의 정치적인 함의를 추구한다.

2000년대 한국의 다문화 현상을 다룬 문학 작품들은 특히 결혼이민자와 이주노동자에 대한 배타적인 민족주의 사고가 다문화 집단에 대한 새로운 지배와 배제의 준거로 작동하는 것을 비판적으로 포착하고 있다. 그러한 작업들은 이주노동자와 결혼이민자 및 그 자녀들에 대한 내국인들의 차별을 휴머니즘 차원에서 비판적으로 형상화하고, 그들에 대한 선입견과 차별로 인해 발생하는 한국 내부의 새로운 '식민주의' 형성을 주목하고 있다. 나아가 다문화 주체들에 대한 한국사회의 사회적 공감과 연대에 토대를 둔 사회적 통합을 조망하고 있다. 그러한 조망을 다룬 작품들은 다양한 문화 집단들이 상호 교류하며 공존하는 사회를 모색함으로써 혈연 중심의 한국의 민족주의가 야기할 수 있는 지배와 종속 그리고 억압과 차별에서 벗어나고자 한다.

또한 다문화 현상에 주목한 문학작품들은 해외에서 활동하는 한국인 디아스포라들의 삶을 재현함으로써 출신국 문화에 대한 관심을 지속함과 동시에 그들이 현지화되어 가는 과정에 대해서도 관심을 기울이고 있다. 특히, 국내의 다문화 주체들과 해외의 한국인 디아스포라들에게 나타나는 '혼혈' 문제는 가장 원초적이고 생물학적인 형태의 다문화와 관련되어 있다는 점, 그리고 혈연에 의해 구축되는 '가족'과 '국민' 개념에 영향을 끼치고 있다는 점에서 주목할 만한 가치가 있다. 다문화 문학은 글로벌 시대를 맞아 다양한 문화와 사회집단들이 상호 교류하고 공존함으로써 완성되는 인류애가 충만한 사회를 지향하고 있다.

무연사회無緣社會13

강만수

잘 찾아보도록 하자 낯짝이 두꺼운 그 녀석 온 마을 구석구석을 뒤져서라도 놈을 찾아내자

얼굴이 검고 곱슬머리인 그는 이곳이 고향이 아닌 어디에서 굴러들어온 것인지 알 수 없는 타관바치

우리와 마주치게 되면 으슥한 곳으로 몸을 재게 피하던 마을에 얼마 전 그가 들어왔다는 소리를 들었지만

어느 구석에 숨어 있는 건지 찾을 수가 없다 조심해야 한다, 숨어 있는 녀석이 어디선가 튀어 나와

우리 모두에게 해를 입힐지 알 수 없다 그렇게 판단한 이곳 사람들 선입관은 전혀 잘못된 생각이었다

아프리카 나이지리아에서 법대를 졸업한 엘리트인 그 남자는 몇 달 전 가구 공장에 취업한 성실한 사내다

디아스포라

김안

어머니, 당신은 나의 말 바깥에 계십니다. 그곳의

생활은 어떻습니까? 이곳의 하루는 멀고 지옥은 언제나

불공평합니다. 어제까진 입을 벌리면 눈먼 벌레들

쏟아지더니 오늘은 모래뿐입니다. 나는 죽은 쥐의 가면을 쓴 채

부푼 살에 손을 넣고선 나의 오래된 방이 스스로 무너지기를 기다립니다.

어머니, 당신은 나의 모어母語로는 쓸 수 없는 것들입니다.

꽃밭에는 꽃이 피었습니다. 꽃은 여전토록 아름답습니다. 무시무시한 말입니다.

나는 쓸 수 없습니다. 저 꽃을 어떻게 죽여야 합니까?

그러나 당신은 이토록 아름다운 붉은 꽃들을 토하며 어디에서든 나타납니다.

어머니, 당신의 모국어는 너무나 낯설고, 매일이 사육제인 것처럼

나의 말 바깥에서 웅얼거리는 모국어의 서늘한 빛살이 간절하게

방 안으로 쏟아집니다. 하지만 이곳의 생활에도

나름의 규칙과 나름의 관계들이 있습니다. 매일 밤 나의 말을 받아 적고 있는

또 한 명의 어머니는, 또 누구입니까? 내 말의 본향은, 어디입니까? 나는 누구의 모어와

관계하고 있는 겁니까?

국경 없는 공장

하종오

내 친구는 직장생활 이십 년
퇴직금 받아 시골에다
이슬람국가로 수출하는
날염 하청공장 차린 지
삼 년도 채 안 되어
이라크전이 터져 망했다

역사선생 하다 왔다는 파키스탄 청년은
시간외 수당 주지 않으면
잔업하지 않겠다고 늘 버티더니만
저축한 돈 가지고 귀국하면
사장보다 부자라며 빈둥거린다고 했다
대학 다니다가 왔다는 스리랑카 청년은
체류기간 넘어서 함부로 나다니지 못해
사장한테 일자리 알선해 달라며
기숙사에 박혀 지낸다고 했다
막일하다가 왔다는 미얀마 청년은
사장이 손 내젓는데도
날마다 작업대 닦으며

체불임금 달라는 눈치 보낸다고 했다
야크 기르다가 왔다는 네팔 청년은
흙먼지 이는 앞마당에서 먼산바라기하고
벌목하다 왔다는 인도네시아 청년은
소나무 우거진 뒷산 오르내리고
담배 농사짓다 온 필리핀 청년은
열무 심은 텃밭 맨다고 했다
눈치 빨랐던 베트남 청년과
손발 빨랐던 인도 청년은 몸이 아픈지
종일 담벼락에 기대 햇볕 쬔다고 했다

내 친구는 군대 간 아들이
봉급 더 받으려고 자원하여
이라크전에 참전한 뒤
기계 팔고 임대차보증금 빼내어
외국인노동자들에게 퇴직금 주곤
날염 하청공장 문 닫았다.

살색[1]의 살구

안미린

잃어버려도 흐르는 단어들은
새벽에 배웠던 욕설

새벽에 배웠던 목욕은
새벽의 결벽
색깔과 빛깔을 구분했을 때
물 밖으로 나온 내 어깨의 빛

물감에 머리를 감아봤던 날
살구색은 부드럽고 충분했는데
오래된 색연필을 해치우려고
긴 색깔들은 부러뜨렸고
무독성의 보색들은 삼켜버렸고
맨 어깨가 차가워질 때
필요한 건 내 살색의 담요
빛바랜 건 내 담요의 살색

1 살구색의 잘못된 표현

빛나는 건 내 살색의 살빛[2]

연이어 태어난 새끼들이 덩어리지고
맨 밑의 동물부터 눈을 뜨는 것 같은
흑인 여자애 같은
색깔들은 너무 긴 설명이 이름인 것들
완전한 정의들이 완벽해질 때
살색의 살구들이 살굿빛일때

무너진 건 내 살색의 살색
감싸온 건 내 살빛의
살결

---

2 피부색, 살갗의 빛깔

무하마드 아크바르
— 외국인을 위한 한국어 초급반 9

한명희

무하마드 아크바르는 파키스탄인
무하마드 아크바르는 무례해
무하마드 아크바르는 핸드폰이 울리면 그냥 그대로 받지
무하마드 아크바르는 때로는 끔찍해
무하마드 아크바르는 질문이 있다곤 불러서 한참동안 말을 시키지
무하마드 아크바르는 턱수염을 길렀어
무하마드 아크바르는 금팔지에 금목걸이도 했지만
무하마드 아크바르는 아무리 봐도 멋지지는 않았어
무하마드 아크바르는 지각대장
무하마드 아크바르는 바쁘다기보다는 그것이 그냥 그의 체질인 것 같았어
무하마드 아크바르는 짝이 없어
무하마드 아크바르는 아무도 옆에 가기 싫어해
그러던 어느 하루
무하마드 아크바르는 하얀 옷을 입고
무하마드 아크바르는 하얀 모자를 쓰고
무하마드 아크바르는 이슬람 복장으로 나타났어
나는 그냥 조금 아는 체가 하고 싶어서
너는 무슬림이구나 말을 건넸지

무하마드 아크바르의 눈이 반짝 빛나고
무하마드 아크바르가 가방에서 무언가를 꺼냈지
모서리가 나들나들해진 코란과 전도지인 듯싶은 종이들
그리고 무하마드 아크바르의 얘기가 시작되었지
종교가 제일 중요하다고
이 세상에서 제일 중요한 건 종교라고
왜 종교를 갖지 않냐고
쉬는 시간이 다 끝나고
새로 수업이 시작되었지만
누구도 무하마드 아크바르의 금언을 깨뜨리지 못했네
적어도 그날 하루 우리 모두는 신성해져 있었네
무하마드 아크바르의 힘으로
무하마드 아크바르의 신의 힘으로

새끼야 슈퍼

이시백

처음부터 그런 야릇한 이름이 붙은 것은 아니었다.

평식이 정미소 하던 형님네에 붙어살다가 선친이 물려준 제 앞의 논 두마지기를 팔아서, 동산리 길가에 살림방 붙은 구멍가게를 얻을 때만 해도 동산슈퍼라는 간판이 붙어 있었다. 지금도 사업자등록증에는 상호명이 동산슈퍼라고 의젓하게 적혀 있었다. 그런 점잖은 이름을 놓아두고도, '새끼야 슈퍼'라는 귀 사나운 이름이 따라붙은 데는 다 이유가 있었다.

노인 혼자 사는 집까지 빠짐없이 쳐서 오십 호도 안 되는 마을에서 슈퍼라는 게 재미있을 일이 없었다. 꿈에 떡 맛보듯 들러 라면 봉다리나 애들 주전부리를 집어 가면서도 일 년 내내 파리똥이 닥지닥지 붙은 외상장부에 치부해 두었다가 추곡 수매 때나 돈맛이란 걸 보게 되었다. 그러다가 지나다니는 차가 늘면서 순전히 길 물어보러 들르는 행객들이 말값 삼아 팔아주는 음료수와 담배 덕분에 그나마 슈퍼라는 이름값을 하게 되었다.

그러던 동산슈퍼가 지금처럼 번창하게 된 것은 읍내에 아파트가 들어서면서, 거기 쪼글쪼글 붙어 있던 가구공장들이 모개로 받아든 토지보상금을 챙겨 들고, 길 좋고 한적하여 민원 걱정할 데 없는 동산리로 하나 둘 찾아들게 되면서였다. 옮겨온 공장에 묻어온 외국인 노동자들을 처음 보았을 때만 해도, 평식은 그들이 제 배를 채워 주리라곤 전혀 생각지도 않았다. 시커먼 얼굴에 뒤통수라도 치면 금세 쏟아낼 것처럼 큼지막

한 눈방울을 뒤룩거릴 때면, 저게 같은 사람이라기보다는 집에서 기르는 소나 돼지 같은 짐승이거니 여길 뿐이었다.

처음에 얼굴이 시커먼 방글라데시 남자가 떠듬거리는 한국말로 라면을 찾을 때만 해도, 가게를 하다 보니 참 별난 것의 돈도 다 받아 본다며 웃고 말았다. 그런데 본격적으로 공장들이 꼬리를 물고 들어서면서, 둘씩, 셋씩 찾아와 소시지나 햄, 양파와 후추 같은 걸 찾는 일이 잦아지며 그들은 동산슈퍼의 고객이 되어 갔다.

처음에는 저들 입맛에 맞는 한국 인스턴트 음식이나 소소한 양념류나 사 가더니, 어느 정도 안면이 익자 이것저것 자기들 음식 재료를 찾게 되어, 평식은 일주일마다 읍으로 차를 몰고 가서 장을 봐 와야 했다.

처음에는 낯설어 말없이 물건만 내주던 평식은 차츰 익숙해지면서 더듬거리는 그들에게 말끝마다 욕을 덧붙였다.

"뭐 줘, 새끼야."

"씨발 새꺄, 오천 원여."

"말두 똑똑히 못혀, 병신 새끼야."

이러다 보니 한국말에 익숙지 않은 외국인 노동자들은 가게 주인이 말끝마다 '새끼야'를 붙이는 동산슈퍼를 '새끼야 슈퍼'라고 저들끼리 부르게 되었다. 그것이 차츰 퍼져서 이제는 동산슈퍼라는 이름은 이따금 들르는 마을 노인들이나 옛날 생각하며 부를 뿐이었다.

얼마 전, 태풍에 간판이 찢겨진 뒤에 새로 만들어 건 간판에는 아예 '새끼야 슈퍼'라고 큼지막하니 글자가 들어가고, 한구석에 조그맣게 '동산슈퍼'라는 글자가 박히게 되었다.

외국인 노동자들 덕에 셈평이 펴인 평식이 덕을 본 것은 그뿐만이 아니었다. 요즘 농촌 총각들이 그러하듯, 이리저리 선보러 나가 퇴짜깨나

맞고 보니 잠깐 새에 나이 마흔을 넘긴 평식이 가무스름하긴 하지만 제법 몸태도 날씬하고 사근사근한 필리핀 마누라를 얻게 된 것도 제 가게에 드나드는 필리핀 노동자가 중간에서 다리를 놓아준 덕이었다.

이런데도 평식은 아직도 저를 먹여 살리는 외국인 노동자들에게 '새끼야'를 입버릇처럼 달고 살았다. 게다가 얼마 전부터는 꼴에 사내랍시고, 남자들이 등 따습고 배부르면 찾는 짓거리를 어김없이 하게 되었다.

다행히 타고난 체질이 술은 한잔도 마시지를 못하는 탓에 술집은 멀리하게 되고, 그 덕에 엄한 여자에 매달려 가산을 탕진할 염려는 없었다. 다만 술을 못 마시니 변변한 취미 하나 없어 인생이 건조하다는 불평에 건넛말 작목반장이 가르쳐 주었다는 카드놀이에 정신없이 빠지게 된 것이다.

노름이라고 해 봐야 오동추야 긴긴밤에 절절 끓는 사랑방에 모여 얼굴 아는 마을 사람들과 묵내기 뺑이나 치거나 점에 십 원짜리 고스톱이나 쳐서 닭도리탕이나 도르는 걸로 알던 평식이 '도람뿌'로 노는 포커라는 걸 접하고 나서는 "예전엔 이 좋은 걸 모르구 워뜨케 살았나" 한탄마저 해댔다.

아직까지 촌에서는 동양화로 알려진 고스톱이 강세였지만, 평식은 장사집이건 잔치집이건 판이 벌어진 자리에선 제가 무슨 세계 포커 협회장이라도 되는 양, '도람뿌'를 이리저리 손으로 놀리며 못한다는 주변 사람들에게 연필로 족보라는 걸 적어 줘 가며 기어코 포커판에 끼어들게 했다.

"내는 쇠 꼬부라진 소리는 알아 듣덜 못혀."

"알아들 것 두 읎어. 뻥 알어? 나이롱 뻥."

"뻥? 그야 촌서 진 겨울밤에 뭐 혀, 뻥치믄서 지냈지."

"그려. 바로 그거시 포카여."

"그려? 근디 무신 말이 글케 복잡혀?"

"꼬부랑 글씨 모르긴 다 마찬가지여. 긍게 말여, 이거시 두 짝이 맞으면 뺑 아녀? 그거시 봉여. 뺑이 하나면 봉이 한짝이구, 둘이믄 이봉이구, 같은 짝이 셋이믄 자연뺑 아녀, 그거시 바로 삼봉이여."

"헐만은 허겄네."

"그렇대니께. 뺑허구 똑같다니께그려. 그리고 자연뺑에 바가지 있잖여? 그거시 바로 풀집여, 그려 집 짓는다는 거시 요거여."

"근디 한여름에 갑옷 입구 옆탱이루 앉아 있는 것덜은 뭐여?"

"이 심통시럽게 생긴 여편네가 여왕여, 염생이 수염 기른 것은 왕이구. 둘이 붙어서 맨든 자식이 자니여."

"근디 이 토끼풀은 뭐시여?"

"그게 바로 크로바여. 네 가지 무늬가 있는디, 스다하클이라 혀서 버섯 닮은 스페이드가 젤 높구, 그담에 다이아, 그 담에 사랑 표시된 이것이 하트여. 맨 꼬래비가 크로바여."

"그럼, 어느 게 제일 높댜?"

"펭생에 한 번 나올까 말까 헌다는디, 로티풀이란 것이 있어. 가장 높은 에이스부텀 차례루 줄을 지으멘서, 무늬도 똑같어야 허는데, 그게 나오믄 주머니에 있는 돈 다 털어 준 뒤 박수치고 끝내는 거여."

"판맥이를 허는 거구만."

"그런 셈여. 그 알루 스티풀이라 혀서, 에이스는 빠지드래두 무늬가 같은 것이 줄 나래비를 서는 거여."

"아, 일리삼사오?"

"그려그려. 그거시 줄이란 거여. 빨랫줄."

"암만 그려두. 우리겐 매조가 나오구, 국진 그림이 눈에 익어서……."

이렇게 뒤로 물러앉으려는 사람이 있으면 평식은 그런가 보다고 버려두지 못하고 목을 매고 달려들어 기어이 고개를 끄덕이게 만들어야 직성이 풀렸다.

"그러니께 촌것덜은 똥 싸서 뭉갠다는 소릴 듣는 겨. 지금 시상이 워떤 시상여. 마누라맨 빼구는 다 바꾸라는 말두 못 들어봤슈? 바루 어젯일이 오늘 아침이믄 고리짝 시상이 되는 판에, 여즈껏 임진왜란 때 충무공이 부하덜 보초서다 졸까베 일러준 노름 놀구 있으믄 애덜두 깜봐여."

"요즘 것덜두 콤퓨타루다 고시톱을 치던디, 뭘."

"거, 고시톱 퍽두 좋어허시네. 그 죽을 사람 죽지두 못허게 붙들어 놓구 피박에, 쓰리고에 광박으루다가 묶어 놓구 조지는 게 고시톱여. 그기 을매나 야만적이구 불합리헌 노름여. 사램이 노름을 워째 혀. 사장놈이든 문지기든 노름판에선 지멋대루 놀구, 패 꼴리는디루 드나드는 재미 아녀. 무신 노름이 죽지두 못허게 허구, 허구 싶어두 밀려서 못허게 허구. 이런 후진 시대적 노름을 여즈껏 붙들구 노는 조선 사램이 안즉두 살아 있네그려."

"허긴 그려."

"이 포카라는 거는 말여. 패 잡구 바루 죽든, 끝까지 버티든 매장 나눠주는 카드짝매다 순전희 지선택이란 말여. 그러니 을매나 합리적여. 고시톱처럼 누구 땜에 밀려서 쳤느니, 패가 꼬였느니 허믄서 남탓허매 눈 흘길 일이 전혀 읎는 겨."

이런 식으로 만나는 사람마다 붙잡고 왕국회관 사람들 전도하듯 자상히도 일러주니, 몇 해 애쓴 덕에 이제는 동산리서도 네댓만 모이면 으레 동양화 화투 팽개치고 서양화 카드를 내오게 하는 것이었다.

그날도 평식이 늘 무릎을 맞대는 패들과 제 가겟방에 모여, 노느니 뭐 하냐며 부지런히 카드를 돌리고 있을 때였다. 제 아버지가 땅을 팔아 주지 않자, 잘 다니던 카센터를 때려 치고 벌써 계절이 두 번은 바뀌도록 억지 백수 노릇을 하고 있는 진근이, 장 보러 갔다 뒤로 나오는 차에 밀려 무릎 인대 늘어난 것 핑계 삼아 여름내 놀고 지내는 영석이, 나이로는 윗배지만 워낙 놀기를 좋아해 아우뻘 되는 이들에게 어느 결에 반말잡이가 된 노가다 강씨. 로타리 날이 부러져 읍내로 고치러 나간 을성이와 돈만 따면 며칠 보이지 않는 재범이를 빼고는 모일 인간들은 다 모인 자리였다.

서로 굴뚝 있는 쪽으로 앉으려 밀고 장난질을 치더니, 그날따라 평식이 패가 꼬이는지 제 앞에 쌓아 두었던 시퍼런 지폐들이 동전 몇 닢 남기고 쥐 소금 녹이듯 사라지고 말았다.

"꼬이네."

"쥔이 돈 따믄 욕 들어."

늦게 배운 도둑질에 날 새는 줄 모른다고, 요즘 들어 목돈 들여 푼돈 따먹는 재미에 맛들인 강 씨가 꽁지까지 타 들어간 담배를 아슬아슬하게 주둥이에 물고 은근히 염장을 질렀다.

"금방 북망 갈 이가 남은 이 덜 돈 따먹는 건 괜찮구?"

"지 마누라 올라타믄서 옆집 홀애비 독수공방 걱정허는 쓸개 빠즌 눔두 있나벼?"

일찌감치 손바닥만 한 농사 털어먹고 노가다판에서 입심만 기른 강씨가 한마디도 지지 않고 대거리를 한다.

"어여, 흰소리 그만 혀구 패나 돌리셔."

"세월이 좀 먹나? 워째 화기애매헌 노름판서 승질을 부린댜?"

“에해. 와 싸워두 될 일을 주딩이루맨 떠들어쌌노? 콱 엎어노쿠 빠대 뻴지.”

다리를 칭칭 동여맨 석고붕대 속으로 젓가락을 집어넣어 오만상을 지으며 가려운 데를 긁고 있던 영석이 제 고향말로 쌈을 붙였다. 제 말로는 김해 김씨 왕족의 후손이 첨성대 앞에 잠깐 바람 쐬러 나갔다가 수학여행 온 여고생과 눈이 맞아 팔자에 없는 멍청도까지 붙들려와 시대 없는 데릴사위 노릇을 하고 있다는 영석은 언제나 가장 먼저 손을 터는 축이었다. 성미가 급해 모처럼 에이스 패라도 한 장 끼어들면 우선 방바닥에서 엉덩짝까지 치켜세우곤 얼굴이 벌게져 제 속을 다 내보이고 말았다. 쓸데없는 배짱은 대책 없이 커서 패만 좀 좋다싶으면 옆 사람 돈까지 무단히 집어다가 상한가로 쳐 대고는 이내 남의 입에 한몫 털어 넣는 게 특기였다. 길거리에서 호떡을 구워 파는 제 마누라가 생리적 욕구를 해결하기 위해 길 건너편 꽃다방 화장실로 달려갈 때마다 돈통에서 지폐 몇 장씩 물어다가 하루도 거름 없이 수업료를 갖다 바친 것도 일 년이 넘었다.

“그나저나 에프티에인가 지랄인가럴 허믄 농사꾼은 다 죽는다는디, 걱정여.”

손에 쥔 카드를 바닥에 집어 던지며 진근이 혀를 찼다.

“걱정두 팔자래. 그리 되믄 땅 논갈라 줄 낀데, 먼 걱정이노?”

“망혀가는 판에 퍽두 논갈라 주겄다.”

“우리으 고졸 대통령은 워째 그 에프티에인가럴 못혀서 안달을 냈다? 그긴 있는 것덜이 허구 싶어 몸 달구던 것이라는디.”

“달래 개구락지라카나? 어데로 튈지 니도 모르고, 내도 모르는기라.”

“데모허는 이덜 말루는 그이야말루 큰 노름꾼이라 허대.”

"그기다 노름꺼정 허나? 참, 벨나네."

"일생이 도박이라 허대. 대통령 될 적에두 누가 꿈이나 꿨댜? 정축구가 빽찌를 놀 때만 혀두 날 샜다 혔는디, 막장에 메이드가 된 겨."

"허긴 그이 허는 일덜 보믄 무조건 올인여. 탄핵 때두 봐. 못 먹으믄 손털구 일어선다는 디야 워쩔 거여. 민주당이구, 헌나라당이구 뻘개벗구 말았잖여."

영석과 진근이 주거니 받거니 노닥거리는 틈에 제 패를 손에 움켜쥐고 쬐던 강 씨가 말을 거들었다.

"이번에두 부시허구 에프티에이를 놓구 카드를 치는디, 올인이라는 거여. 근디 문제는 이번 판엔 즤돈만 건 게 아니라 국민덜 돈꺼정 죄다 끌어다 베팅을 쳐 버린 거시다 이거여."

"뭐니 뭐니 혀두 노름은 우리 그 양반여. 이리저리 판을 살피다가 내판이 아니다 싶으면 이놈 저놈 앉혀놓구 쇼당 붙이고. 쥔 돈 적어두 헐 소리 다허믄서 그 험한 판서 여즈껏 살아남은 게 거저 된 거시 아녀. 워떤이는 그 양반 보구 박쥐다 뭐다 뒷말덜 허지만, 그나마 능청도니 멍청도니 혀두 충청도가 이만큼 살게 된 것두 그 양반 쇼당패 땜이여. 눈 지그시 깔구, 앎니 꽉 깨물구만 있으믄 빵끼치구 베팅으루 쥐일려구 설치던 것덜이 즤발루 그 양반헌티 슬금슬금 기어 온대니께."

카센터 다닐 때 낀 손톱 밑의 때가 아직도 시커멓게 남아 있는 진근이 그 두툼한 손으로 삼 다이아를 뽑아내며 중얼거렸다.

"아무리 그래도 충청도는 놈현한테 고맙다 캐야 안 되겠나? 남들 다 욕헌다캐도 충청도까즉 그라몬 갱우에 안 맞는기라. 죽을 똥 싸면서 행정수도 옮가줘 땅금 올라 부자 만들어 논 기 어딘데?"

영석의 이죽거리는 소리에 패만 쬐고 있던 평식이 정색을 하며 눈을 부라렸다.

“그기 워디 충청도 사람 이뻐서 혀 줬댜? 워뜨캐든 쇼당패 잡구서 심줌 써 보겄다 허는 수작덜이었지.”

“우예 됐든 주머니에 쇠까네가 들어오는데, 고맙긴 고마운 기 아이가.”

“것두 그려. 솔직히 어느 눔은 평당 백만 원이다 뭐다 혀서 팔자가 피는 판에, 기껏 곱쟁이쳐서 이십만 원이 뭐시여? 그러구 평생 땅 파묵고 살아온 농사꾼덜이 그 돈 받아서 뭐 헐 겨, 어차피 땅을 마련허야 허는디, 득달겉이 치올라서 그 돈 갖구는 워디 손바닥만 한 채마밭두 못 사게 생겼으니 앉은 채루 거지꼴이 된 심이여.”

“말은 바루 해야제. 평식으 성이 언제 농사를 질라카나? 목돈 생기믄 서울로 튈라카는 기 다 아는데?”

“니가 내 속을 워찌 안댜?”

평식과 영석이 툭탁거리고 있자니 문이 드르륵 열리며, 평식의 처 안젤라가 고개를 들이밀고 안을 살핀다.

“뭐여?”

“그만 해여. 카드 그만 해여.”

그래도 남편이라고 노름판에서 행여 돈이나 잃을까 싶어 좇아온 꼴이었다. 평식이 당장 도끼눈을 부릅뜨고 윽박질렀다.

“남정네들 노는디, 워디 지집년이 끼어서 아갈배길 놀리는 겨?”

“미안해여. 돈 많이 없어여. 그만 해여.”

곁에서 낄낄거리던 패들이 한마디씩 거들어 평식의 화를 돋구었다.

“어여, 들어가 봐. 마누라헌티 잘해 줘. 잘못혀 주믄 내가 혀 줄 터니께.”

홀아비 강 씨가 안젤라를 훔쳐보며, 능글맞은 목소리로 농이랍시고 지껄였다. 더 견디지 못하고 평식이 자리에서 일어나 카드짝을 바닥에 패대기쳤다. 한 대 후려갈길 듯 평식이 손을 치켜 올리자, 안젤라는 비명을 지르며 두 손으로 얼굴을 가렸다.

"맞구 들어갈텨, 그냥 들어갈 텨?"

안젤라가 걷어채인 강아지처럼 꼬리를 감추고 안채로 들어간 뒤, 평식은 다시 카드 패를 나눠 받았다.

"어즈간히 혀. 요즘 외국 색시덜 공주 뫼시듯 섬겨두 야반도주허는 것이 다반사라는디. 돈 버리구 쪽팔리지 않으려믄 잘해 줘."

"즈깐 년이 워딜 가."

그러면서도 평식은 은근히 뒤가 켕겼다. 벌써 음정면 안에서만 외국인 색시 다섯이 달아났다는 소문은 들어 알고 있는 바였다.

"토끼믄 필리핀까정 쫓아가선 집안을 절단을 낸다구 혔어."

"뻥끼를 쳤구만."

"뻥끼가 아녀."

"뻥끼치믄서 뻥끼라구 허는 눔 봤어?"

"어여, 핵교덜이나 와."

강 씨가 지폐 한 장을 귓구녕에 꽂은 채 패를 서둘렀다. 오늘 따라 끗발이 붙었는지 강 씨는 구 원 페어 가지고도 평식의 이, 팔 투 페어를 낯빛도 바꾸지 않은 채 자그시 눌렀다. 공연히 제 처에게 화풀이를 하고 난 평식이 모처럼 줄을 잡아 자잘한 판을 먹고 나니, 얼굴 시커먼 외국인 노동자 둘이 들어선다. 가구공장에서 일하는 수루와 베루니였다.

라면 두 봉지를 꺼내든 그들은 어깨 너머로 카드판을 기웃거렸다.

"샀으믄 빨리 가봐, 새꺄."

"많이 땄어여?"

"오늘따라 워째 잡것덜이 끓어쌌는댜?"

"귀경 줌 허겄다는디, 돈 안 드는 일에 그리 야박을 떨건 뭐여?"

평식의 짜증을 놀리듯 진근이 빈정거렸다. 그 말에 용기를 얻은 듯, 수루와 베루니는 진근의 곁에 아주 쪼그리고 앉는다.

"워쩌? 너두 한번 헐터?"

진근의 말에 수루는 빙긋이 웃기만 할 뿐, 않겠다는 말은 않았다.

패가 돌아가면서 진근의 카드 패를 어깨 너머로 들여다보던 수루가 종알종알 훈수를 두기 시작했다. 처음에는 꼴 같지 않아 웃어만 넘겼는데, 수루 말대로만 하면 진근이가 판을 쓸어 담았다.

"너 씨벌눔, 자꾸 갱새이 깔겨?"

아까부터 패가 말려 벌써 두 번씩이나 안방을 들락거리며 판돈을 갖다 댄 평식이 험악한 얼굴로 수루들을 노려보았다.

"워째 처남헌티 험한 말이래?"

워낙 눅눅한 말투로 진근이 빈정거리자, 평식은 얼굴이 벌게져 정색을 하며 화를 냈다.

"가뜩이나 패가 말리는 판에 오널따라 워째 시커먼 종자덜이 거시기에 보리알 끼듯 낑기냔 말여."

"아, 인터내셔날하구 좋구만 워째 그려? 세계화 시댄디 말여, 노름두 이르케 각국 사램덜이 섞여 노니께 여그가 꼭 거 뭐시냐, 라스비가슨가 거 같구만."

"제미, 퍽두 좋겄다."

평식은 마침 다이아 칠짜리 한 장을 새로 깔고 나서 화가 풀렸는지. 그 정도에서 험한 말들을 거둬들였다. 손에 숨긴 칠 원 페어가 있으니, 누가 보아도 끽해야 투 페어로 볼 수밖에 없는 패였다. 평식은 담배를 새로 붙여 물고 모처럼 지갑에서 돈을 꺼내 들었다.

"오천 받구, 만여."

"뭐여? 집이라두 진 겨?"

"돈으루 확인혀."

줄을 맞추던 진근이 자신이 없어 패를 접으려 하는데, 수루가 옆구리를 찔렀다.

"아직 안 나왔어여. 한 번은 더 봐요."

망설이던 진근이 그 말에 평식의 베팅을 얌전히 받았다. 미심쩍은 눈으로 영석과 강 씨도 따라붙었다. 마지막 한 장이 날아왔다.

평식이 내친걸음으로 만을 질렀다. 막장에 줄이 맞은 진근은 암만해도 평식이 집을 지은 듯하여 몸을 사렸다.

"워쩌, 울멘서라두 확인은 혀야지."

그때, 수루가 만에 이만을 더 치라고 부추겼다. 무어라 귓속말로 속삭이자, 진근이 그 말대로 따랐다. 영석과 강 씨가 우르르 죽고, 거꾸로 몰린 평식이 고민에 빠졌다.

"멀 쥐구 겁두 읎이 설친댜? 에이스 투 페어라두 잡은겨?"

"웬간허믄 돌아가셔두 되는디."

"못 먹어두 고여. 이만에 삼만 더 없어."

자신이 없어 죽으려는 진근에게 수루가 훈수를 뒀다.

"거짓말, 거짓말."

"참말이믄 워떡혀? ……그려. 믿는 김에 푹 믿어 보는 겨."

삼만만 더 얹은 진근에게 평식은 가소롭다는 얼굴로 패를 까 보였다.

"쎄븐 삼봉이여."

"미안혀서 워쩐댜? 난 줄여. 사오륙칠팔 쪼루룩."

수북히 쌓인 지폐들을 긁으며 진근은 수루와 눈을 맞추며 함박웃음을 나누었다. 검은 얼굴에 하얀 이를 고스란히 드러내고 웃는 웃음이었다. 그 순간 평식의 발길이 수루에게 날아갔다.

"에이, 재수 읎는 새끼. 직명에 못 살려구 남의 나라 와서 노름 훈수까즉 두구 자빠졌댜?"

코를 정통으로 걷어채인 수루가 몸을 말고 엎어진 뒤에도 평식은 분을 못참고 발뒤꿈치로 수루의 등을 찍어댔다.

그때였다. 수루의 입에서 날카로운 외침이 터져 나왔다.

"그만해, 나쁜 새끼야."

모두들 어이가 없어 멀거니 얼굴만 쳐다보는 틈에 수루는 베루니의 손목을 잡고는 재빨리 가게 밖으로 몸을 피하려 튀어나갔다. 그러나 가게 여닫이문에 가로막혀 뒤쫓아간 평식에게 덜미가 잡혀 그 자리에서 검은 빨래처럼 짓밟혀야 했다.

"이 좆만헌 새끼가, 바나나나 따먹음서 원숭이랑 숭숭이나 허든 새끼덜이……."

"그만해여. 그만. 새끼야는 나쁜 새끼야."

검은 입술이 터져 붉은 피가 흘렀지만 수루는 온몸을 둥글게 만 채 평식의 발길에 채이면서도 여느 때와 달리 입을 다물려 하지 않았다.

보다 못한 패들이 달려 나와 뜯어말리고서야 수루는 베루니의 부축을 받고 다 부서진 라면 봉지를 끌어안은 채 가게 밖으로 나갔다. 시끄러운 소리에 나와 본 안젤라는 문도 제대로 열지 못한 채 소리 없는 눈물만 주룩주룩 흘리고 있었다.

"워째 불쌍한 애헌티 화풀이를 헌다냐?"

진근의 말에 평식이 아예 가게 문을 걸어 잠그고 들어왔다.

별 시덥잖은 새끼덜 땜에 노름두 못 놀겄다니께."

모두 기분이 나지 않았지만, 돈 잃은 평식이 일어서질 않아 어쩔 수 없이 자리에 눌러 앉아 새 판을 돌리기 시작했다.

자장면에 이과두주까지 시켜서 점심을 때운 뒤, 밤이 이슥해지도록 이어진 이날의 카드판은 나중에 일성이와 재범이까지 합세하여 제법 볼 만한 판이 되어 버렸다. 중간에 철물공장 러시아 노동자 비치가 소시지를 사러 왔지만 평식은 문을 열어 주지 않고 다음에 오라고 부드럽게 돌려보냈다. 외국인이라도 얼굴이 희어서 미국 사람처럼 뵈는 것들한테는 함부로 새끼라는 말도 쓰지 않는 평식이었다.

첫 끗발이 개 끗발이라는 말처럼 초장에 재미를 보던 강 씨가 가장 먼저 손을 털고, 개평이라도 얻을까 하여 남의 패나 기웃거리며 말참견이나 하고 있는 중에, 성질을 부리며 한바탕 힘을 썼던 평식이 비로소 몸이 풀렸는지 뒤로 가면서 잃었던 돈들을 차곡차곡 거둬들이고 있었다.

형광등 불빛 아래 푸르스름한 담배 연기가 자욱한 골방에서 모처럼 오 집을 짓고 마지막 판돈을 있는 대로 앞에다 쌓아놓던 평식은 난데없는 문소리에 짜증 섞인 목소리로 다음에 오라고 외쳤다.

"오늘 가게 쉬니께, 담에 와."

그런데도 연신 두들기는 문소리에 귀찮아, 평식은 안채에다 대고 안젤라를 불렀다. 그리고 모이통에 모인 돼지 새끼들처럼 화투판에 머리를 박고 있는 그들을 누군가 부르는 소리를 어렴풋이 들었다.

"집여. 오 집."

제 패를 까고 수북이 쌓인 돈을 집어 오려는 순간 뒷덜미에서 혀를 차는 소리가 들렸다.

"아조, 증신을 잃어 버렸어."

그때서야 돌아본 패들은 거기 정복을 입은 경관들이 딱하다는 얼굴로 내려다보는 걸 알게 되었다.

“그게여, 동니서 아는 동무덜끼리 재미삼아 노는 거시유. 도박이 아니라니께.”

유치장에 갇힌 제 동무들을 돌아보며, 평식이 두목답게 열심히 변호를 하고 있었다.

“기러니께 거기가 하우스를 연 것이구, 저이덜을 불러 모아 매일 밤마다 판을 벌인 거 아녀?”

“아니라늬께유. 그냥 치킨에 호프 내기루다가 재미삼아…….”

“뭔 닭새끼 튀긴 거시 팔십만 원이나 된댜? 동산리는 잠깐 입가심두 디게 세게 노는구만. 지난 번 방범대 바자회 헐 띠는 오천 원짜리 일일찻집 티켓두 서루 밀구 지랄덜을 허드니만.”

“그건유, 사실은 말이쥬…….”

“사실이구 오실이구, 신고가 들어온 거시니께 빼두 박두 못혀. 변호살 사든지 재판 받을 준비나 혀.”

신고라는 말에 평식은 ‘새끼야는 나쁜 새끼야’라고 피를 흘리며 외치던 수루가 생각이 났다. 나가기만 하면 당장 다리께로 끌고 가 새끼줄로 목을 매달아 개울로 던져 놓고, 먼지가 폴폴 나도록 두들겨 패리라 평식은 어금니를 굳게 물었다.

유치장에 돌아와 패들에게 들은 대로 전하자, 모두 입을 벌린 채 말을 잃었다.

“아주 다리 몽댕이를 분질러 놀텨.”

“안즉두 몰러? 작심허구 신고헌 인간이 여적지 게서 머물러 있다구봐?”

강 씨의 말을 듣고 보니 그럴 수도 있겠다 싶어 평식은 조바심이 났다.

분풀이를 하지 못한 채 수루를 놓쳤다간 두고두고 울화병이 될 지경이었다.

“지랭이두 밟으믄 꿈틀헌다는 말이 있잖어. 솔직히 너무혔지 뭘.”

“안즉두 그눔 편을 들어? 속창아리 읎이…….”

“죽겄다는 눔 죽지두 못허게 허구 그 대가리가 깨지도록 쥐어터지게 하는 게 야만적인 고시톱 노름이래매? 그러구두 사람을 고시톱적으루 까대?”

진근이와 평식이 말다툼을 하노라니, 당직 순경 하나가 철창문을 발로 걷어차며 눈을 부라렸다.

“유치장에 갇혀서두 쌈박질이나 허구, 잘헌다.”

평식의 패들은 이장이 달려와 두 손이 파리 삼촌이 되도록 빌어대고, 농협의 강 상무까지 달려와 보증을 서고도 사흘을 꼬박 유치장 안에 갇혀, 무더위 속에서 목에 땀띠가 돋도록 된 옥살이를 한 끝에야 겨우 풀려날 수 있었다. 다들 뒤도 안 돌아보고 헤어져 평식도 불끈거리며 제 집으로 바삐 걸음을 옮겼다. 남들 다 오는 면회 한 번 오지 않는 마누라부터 정신이 버쩍 나게 귀싸대기를 올려붙일 기세였다.

가게 문을 밀고 들어서자, 형수가 툇마루에 앉아 물끄러미 그를 쳐다만 보았다. 잔소리 많은 형이 알면 귀찮아질까 봐, 부러 연락도 않았는데 어찌 알고 왔는지 평식은 고개부터 꺾어 내렸다.

“워떠케 알구 오셨슈?”

“워떠케나 마나, 되련님은 인제 워쩔 거유?”

“뭣을유?”

“뭣을 찾을 때가 아녀여, 시방. 안주인이 보따릴 쌌는디, 뭣을만 찾구 있을 때유?”

평식은 망치로 뒷머리를 한 대 얻어맞은 기분이었다. 믿기지 않아 재차 묻고서야 안젤라가 보따리를 싸서 달아났다는 사실을 믿게 되었다.

평식은 신발도 안 벗은 채 방으로 뛰어 들어갔다. 안방 장롱에 넣어두었던 낙찰계 탄 돈부터 뒤져 보니 고스란히 남아 있었다. 다행이라 여겨 긴 숨을 내쉬고는 평식은 뒤미처 제가 아는 패물들을 뒤져 보았다. 서랍 속에 넣어 두었던 제 결혼 시계며, 4H 일심회원들이 결혼 기념으로 해준 닷 돈짜리 금도야지도 그대로 있었다. 집안을 이리저리 뒤지던 평식은 안젤라가 쓰던 경대 위에 얹힌 편지 한 장과 결혼식 때 끼워준 이부 다이아 반지가 주인을 잃고 동그마니 놓여 있는 걸 보게 되었다.

면사무소에서 일주일마다 두 번씩 배운 서툰 한글로 적힌 편지에는 이렇게 적혀 있었다.

"당신이 수루를 때리는 걸 보고 무서워요. 우리나라 사람보고 새끼야 해서 나빠요. 당신 새끼야 하면 화난 거처럼 우리나라 사람도 화나요. 그리고 카드 하지 말아요. 내가 신고했어요. 착하게 살아요. 멀리 가니까 찾지 말아요."

환상, 실재, 그리고 문학

지은이 양병호, 윤영옥, 유인실, 이승철, 이강하
펴낸이 이남호
펴낸곳 전북대학교출판문화원

초판 1쇄 인쇄 2016. 2. 25
초판 1쇄 발행 2016. 2. 29

전북대학교출판문화원 전라북도 전주시 완산구 어진길 32 (풍남동2가)
전화 (063) 219-5321~2
FAX (063) 219-5323
출판등록 2012년 8월 20일 제465-2012-000021호

값 18,000원

ISBN 978-89-98534-82-0 03810

이 도서의 국립중앙도서관 출판예정도서목록(CIP)은 서지정보유통지원시스템 홈페이지(http://seoji.nl.go.kr)와 국가자료공동목록시스템(http://www.nl.go.kr/kolisnet)에서 이용하실 수 있습니다. (CIP제어번호 : CIP2016005346)